인간행동과 사회환경

신기원 · 김상아 · 김용준 · 오하나 · 이우언 · 임중철

KNOWLEDGE COMMUNITY 공동체

머리말

고대 그리스 철학자 아리스토텔레스는 '인간은 사회적 동물이다'라고 하였다. 인간은 다른 사람들과 관계를 맺고 사회생활을 하며 살아가는 존재라는 의미이다. 환경속의 인간(person in environment)이라는 사회복지의 이념적 토대는 이러한 역사적 맥락을 통해서 형성된 것이다. 그렇다면 인간이 사회생활을 하는데 영향을 미치는 중요한 요소는 무엇일까? 먼저 유전자를 들 수 있다. 인간의 탄생과 성장에 유전자는 절대적인 영향을 준다. 이와 함께 환경이나 의지도 인간발전에 결정적인 영향을 미친다. 그동안 학자들은 '유전자가 중요하다. 혹은 의지가 중요하다, 환경도 중요하다.'의 논쟁을 하였고 이에 따라 학문의 발달도 이루어졌다.

사회복지학에서 이러한 문제를 깊이 성찰하고 학습하게 해주는 분야는 인간행동과 사회환경이다. 인간행동과 사회환경의 교과내용을 보면 생애주기별로 인간의 특성을 파악하고 이와 연계하여 사회복지현장에서 실천 가능한 방안들이 제시되고 있다. 또한 인간행동에 관한 학자들의 주요이론을 학자별 및 시기별로 분류하여 이해하기 쉽게 설명하고 있다. 한편 인간행동에 결정적인 영향을 미치는 환경의 요소들을 사회환경으로 제시하고 있다. 이런 점에서 인간행동과 사회환경은 사회복지를 공부하는 학생들이 필수적으로 배워야 하는 과목이다.

또한 사회복지학에서 공부하는 모든 과목은 인간행동과 사회환경이라는 과목과 밀접한 관련을 맺고 있기 때문에 본 과목은 사회복지를 전공하는 학생들을 사회복지사의 길로 이끌어주는 입문서라고 할 수 있다. 그리고 무엇보다도 본 과목은 사회복지사 1급 자격증을 획득하기 위한 시험과목으로 그 중요성이 인정되고 있다. 이런 점에서 전국의 대부분 사회복지 관련대학들은 1학년 때 인간행동에 대한 이론과 사회환경의 요소들을 학습케 하여 사회복지의 출발점인 인간과 환경에 대한 기본적인 지식을 제공하고 이와 연계하여 다른 사회복지과목들을 학습하고 이해하도록 하고 있다.

본 서는 여러 대학 교수들의 공동작업으로 이루어졌다. 서로의 생각과 집필 방법이 다르기 때문에 어려운 점도 있었지만 학생들이 이해하기 쉽게 공부할 수 있는 정보를 제공하자는 마음에서 일치를 보았다. 주요편제는 학습자들이 사회복지를 처음 접하는 초보자인 것을 고려하여 사회복지실천의 이해, 사회환경의 이해, 인간행동의 발달, 인간행동에 관한 주요이론 순으로 구성하였다. 1장 인간행동, 발달, 사회환경과 사회복지와 2장 사회환경으로서의 가족, 집단, 조직, 지역사회, 문화는 이우언 교수가 집필하였고, 3장 태내기, 영아기, 유아기와 4장 아동기 및 9장 정신역동이론은 김상아 교수가 집필하였으며, 5장 청소년기와 6장 성인기 및 12장 인본주의는 오하나 교수가 집필하였다. 그리고 7장 중년기와 8장 노년기는 임중철 교수가 집필하였고, 10장 행동주의이론과 11장 인지이론은 김용준 교수가 집필하였으며, 13장 사회체계이론과 14장 생태학 이론은 신기원 교수가 집필하였다.

개정판을 내면서 본 과목이 사회복지사 1급 시험과목인 것을 고려하여 각 장마다 기출문제 혹은 예상문제와 해설을 추가하였다. 이 책이 인간행동과 사회환경을 이해하는 좋은 길잡이가 되기를 소망하며 미진한 부분은 앞으로 계속 수정·보완할 것을 약속드린다.

끝으로 출판을 맡아 수고해주신 공동체 가족 여러분과 열성을 다해주신 모든 분들에게 진심으로 감사의 인사를 전한다.

2023년 8월

저자 일동

차례

■ 머리말 / 3

PART 1 사회복지실천의 이해 / 9

Chapter 01 인간행동, 발달, 사회환경과 사회복지 / 11

1. 인간행동과 사회환경의 이해 ………… 11
2. 인간발달과 사회복지실천의 관계 ………… 14
3. 성격과 사회복지실천의 관계 ………… 24
■ 제1장 인간행동, 발달 사회환경과 사회복지 기출문제 ………… 29

PART 2 사회환경의 이해 / 31

Chapter 02 사회환경으로서 가족, 집단, 조직, 지역사회, 문화 / 33

1. 가 족 ………… 34
2. 집 단 ………… 42
3. 조 직 ………… 48
4. 지역사회 ………… 53
5. 문 화 ………… 57
■ 제2장 사회환경으로서 가족, 집단 조직, 지역사회, 문화 기출문제 ………… 66

PART 3 인간행동의 발달 / 69

Chapter 03 태내기, 영아기, 유아기 / 71

1. 신체적 발달 ………… 73
2. 인지적 발달 ………… 84
3. 사회적 발달 ………… 90
4. 사회복지실천과의 연관성 ………… 96
■ 제3장 태내기, 영아기, 유아기 기출문제 ………… 107

Chapter 04 아동기 / 109

1. 신체적 발달 ……109
2. 인지적 발달 ……111
3. 사회적 발달 ……114
4. 사회복지실천과의 연관성 ……118
■ 제4장 아동기 기출문제 ……127

Chapter 05 청소년기 / 129

1. 신체적 발달 ……130
2. 인지적 발달 ……132
3. 사회적 발달 ……136
4. 청소년기의 사회복지실천과의 연관성 ……139
■ 제5장 청소년기 기출문제 ……143

Chapter 06 성인기 / 145

1. 신체적 발달 ……146
2. 인지적 발달 ……146
3. 심리사회적 발달 ……147
4. 사회복지실천과의 연관성 ……151
■ 제6장 성인기 기출문제 ……153

Chapter 07 중년기 / 155

1. 신체적 발달 ……157
2. 인지적 발달 ……160
3. 심리사회적 발달 ……162
4. 사회복지실천과의 연관성 ……168
■ 제7장 중년기 기출문제 ……173

Chapter 08 노년기 / 175

1. 신체적 발달 ……176
2. 인지적 발달 ……180
3. 사회적 발달 ……182
4. 사회복지실천과의 연관성 ……184
■ 제8장 노년기 기출문제 ……188

PART 4 인간행동에 관한 주요 이론 / 191

Chapter 09 정신역동이론 / 193

1. 프로이트(S. Freud)의 정신분석이론 ············194
2. 에릭슨(E. Erikson)의 심리사회이론 ············210
3. 아들러(A. Adler)의 개인심리이론 ············218
4. 융(C. G. Jung)의 분석심리이론 ············224
■ 제9장 정신역동이론 기출문제 ············234

Chapter 10 행동주의 이론 / 237

1. 파블로프(I. Pavlov)의 고전적 조건형성 이론 ············238
2. 스키너(B. F. Skinner)의 조작 조건형성 이론 ············242
3. 반두라(A. Bandura)의 사회학습이론 ············250
■ 제10장 행동주의 이론 기출문제 ············259

Chapter 11 인지이론 / 261

1. 피아제(J. Piaget)의 인지발달 이론 ············262
2. 콜버그(L. Kohlberg)의 도덕성 발달이론 ············278
3. 벡(A. Beck)의 인지치료이론 ············284
4. 엘리스(A. Ellis)의 합리적 정서행동치료(REBT) ············290
■ 제11장 인지이론 기출문제 ············298

Chapter 12 인본주의 이론/ 301

1. 로저스(C. Rogers)의 이론 ············302
2. 매슬로우(A. Maslow)의 욕구위계이론 ············314
■ 제12장 인본주의 이론 기출문제 ············324

Chapter 13 사회체계이론 / 327

1. 주요 개념 ············328
2. 특징 및 이론의 내용 ············332
3. 사회복지실천과의 연관성 ············334
■ 제13장 사회체계이론 기출문제 ············337

Chapter 14 생태학 이론 / 339

1. 주요 개념 ······ 340
2. 특징 및 이론의 내용 ······ 342
3. 사회복지실천과의 연관성 ······ 348
■ 제14장 생태학 이론 기출문제 ······ 350

■ 참고문헌 / 353
■ 찾아보기 / 359

Part 01 사회복지실천의 이해

제1장 인간행동, 발달, 사회환경과 사회복지

01 Chapter 인간행동, 발달, 사회환경과 사회복지

1. 인간행동과 사회환경의 이해

4차 산업혁명 혹은 5차 산업혁명 시대로 불리는 현대사회의 변화는 그 이전의 산업사회와 정보화 사회의 변화와는 질적, 양적으로 다른 엄청난 차이를 보여주고 있으며 변화의 속도가 너무나 빠르게 나타나고 있다. 특히 한국 사회는 경제적인 성장과 더불어 개인적인 삶이 풍요롭고 편리하게 변화하였으며 동시에 사고방식과 삶의 방식조차도 빠르게 변화하고 있다. 예를 들어, 결혼한 가정의 부부가 예전에는 자녀 중심의 삶을 지향하였으나 점차 부부 중심의 삶으로 변화하였고 최근에는 자기 자신을 중심으로 하는 삶의 가치관을 지향하는 양상으로 변화하고 있다. 이러한 변화의 양상으로 인해 가족의 구조와 기능상의 문제가 발생하고 가족의 역기능으로 인해 청소년의 문제가 심각해지고 다양해지는 양상을 보이기도 한다.

빠른 사회변화로 인해 기성세대와 젊은 세대 간의 세대 차이는 더욱 심화되고 노인 세대는 사회변화에 따른 적응상의 문제가 심화되고 있는 양상을 보여준다. 이런 시대적인 변화에 따라 사회복지 분야도 확대되고 전문화되는 양상을 보여주고 있다. 현장의 사회복지사는 누구보다도 시대변화에 따른 인간 행동의 변화의 특징이나 양상을 잘 이해하여야 한다.

박차상 등(2017)에 따르면, 사회복지란 '사람들이 느끼고 겪는 욕구를 파악하고 사회문제의 원인을 규명하는 일에서부터 시작하여 결국에는 그러한 욕구와 문제를 해결하기 위해 여러 측면의 사회복지 현장에 직접 개입하는 실천적 활동'을 말한다. 그리고 사회복지는 현상의 원인을 설명하고 원인을 규명하는 작업보다는 사람들이 직접 겪는 어려움을 해결하는 실천적 측면에 더 큰 비중을 둔다. 사회복지의 개념을 중심으로 볼 때 사회복지사의 역할은 현장에 직접 개입하는 '실천적 활동'이다. 실천적 활동이란 사회복지사가 문제나 욕구를 지닌 클라이언트를 만나 문제해결을 위해 함께 노력하는 과정이다. 실천과정에서 사회복지사가 클라이언트를 만나 초기면접, 상담, 사정, 개입, 평가 등의 활동을 하는 과정에서 가장 기본적으로 필요한 지식이 인간행동과 사회환경에 관한 지식이다.

인간행동에 대한 이해는 사회복지실천에서 매우 중요하다. 사회복지사는 사회복지실천의 대상인 클라이언트의 사회적·심리적 상황을 이해하고 이를 바탕으로 그들의 욕구와 문제를 스스로 해결하도록 도움을 줄 수 있다. 구체적으로 보면, 클라이언트의 초기면접, 사정, 개입, 종결, 그리고 추수지도에 이르는 모든 과정에 인간행동의 심리·사회적 특성, 발달단계에 따른 특성, 그리고 사회환경과 관련된 다양한 사회복지실천의 이론과 관점에 대해서 알아야 한다.

인간행동과 사회환경에 관한 지식과 이론은 사회복지 전공자들이 사회복지를 실천하기 위한 기본지식을 제공하는 중요한 과목이다. 그러므로 예비 사회복지사들은 인간행동과 사회환경에 관한 지식을 습득하여 사회복지실천과 자신들의 삶에 적용할 수 있도록 하여야 한다.

초기 사회복지실천은 전문사회복지사로서 체계적 훈련을 받지 못하였고, 클라이언트의 문제해결을 위해 전문적 지식과 기술도 습득하지 못한 상태에서 클라이언트의 의식주 해결에 중점을 두었다. 1922년 「개별사회사업이란 무엇인가」라는 리치몬드(Mary Richmond)의 저서를 계기로 개별사회사업이 이론화되고 사회복지실천이 전문화되었다. 리치몬드의 개별사회사업의 정의에 의하면 개별사회사업의 기본적 조건은 다음과 같다(전재일 외, 1997).

첫째, 개인과 사회환경 간의 조정이다. 즉, 개인과 그를 둘러싼 사회환경과의 관계를 중요시하여 개인과 사회환경 간의 부조화를 의도적으로 조정하는 것이다.

둘째, 개별적으로 행해지는 조정이다. 다시 말해서 사회복지사에게 제시하는 문제의 개별성을 잘 고려하는 조정이다.

셋째, 개별사회사업 과정은 결과를 예측하는 의식적 조정이다. 개별사회사업 과정은 제 과학이 실증하는 법칙과 성과를 기반으로 한 합리성 위에 전개하여야 한다.

넷째, 개별사회사업의 궁극적 목표는 성격(personality)의 발달이다. 클라이언트의 문제는 성격의 발달을 통해 클라이언트의 적응 능력을 강화하여 해결해야 한다. 개인을 둘러싼 사회환경도 매우 중요하지만 동시에 개인의 내면 강화도 중요하다. 즉, 적응은 개인과 사회환경의 일정 조건을 동시에 달성하는 것이다.

사회복지실천이 이론적 기반을 갖추고 전문화되면서 주요 영역으로 다루어진 분야가 인간과 사회환경 그리고 성격 발달이다. 다시 말해서 인간의 성장과 발달, 사회환경 그리고 성격이론이 사회복지실천의 가장 기초적인 지식이 되었다.

새독과 새독(Sadock & Sadock, 2007)에 따르면, '인간의 행동은 움직이는 활동으로 표현되는 충동, 동기, 소망, 욕망, 본능, 갈망을 포함하는 정신적 총합'으로 정의하였다. 새독의 정의에 따르면 인간의 행동은 외현적 행동(Overt Behavior), 내현적 행동(Covert Behavior), 그리고 인간이 처한 상황적 측면을 모두 포함한다.

외현적 행동은 외부로 표현된 행동, 즉 목소리의 고저, 고함치기, 놀람, 걸음걸이, 자세, 찡그림 등과 같은 겉으로 표현된 행동을 의미한다. 외부로 표현된 행동은 관찰이 가능하고 측정이 가능하다. 행동주의 심리학자들은 인간을 이해하기 위해서 외부로 표현된 행동만을 연구해야 한다고 주장하였으며 그 이유는 인간을 과학적으로 연구하기 위해서는 측정 가능한 행동만을 연구해야 하기 때문이라고 하였다. 인간을 이해하기 위해 행동에 관심을 가진다면 행동주의 심리학의 이론을 바탕으로 하여야 한다.

내현적 행동은 밖으로 표현되지 않은 내면적인 행동을 의미한다. 내현적 행동은 의미는 외현적 행동과 달리 그 의미가 상당히 복잡하다. 즉, 개인의 신념, 태도, 가치관 등과 같은 내현적 행동과 우리의 정신세계에 해당하는 사고 혹은 인지를 의미하기도 한다. 또한 프로이트(Freud)와 같은 정신분석주의 심리학은 정신세계 중 무의식에 관심을 가졌으며 무의식이 인간행동의 동기라고 주장하였다. 따라서 내현적 행동은 인간의 사고과정 혹은 인지, 신념 혹은 태도와 같은 내면의 행동, 그리고 무의식과 같이 매우 복잡한 의미들을 포함하고 있다.

마지막으로 인간이 처한 상황적 측면의 의미를 살펴보면, 인간의 행동은 사회구조적 요인에 영향을 받는다는 것이다. 즉, 앞에서 언급한 인간의 내현적 행동과 외현적 행동 모두 사회구조적 여건에 해당하는 법, 제도, 정치, 경제, 문화 등의 영향을 받는다는 의미이다. 즉, 우리 문화가 코로나19 사태하에서 마스크 착용을 의무화했을 때 거의 대부분의 국민들이 이를 잘 따랐지만 유럽에서는 마스크 사용을 거부하는 시위도 일어나고 착용률이 매우 저조하였다. 이는 문화적 차이로 인한 행동의 차이를 보여주는 좋은 예에 해당한다. 결국 개인의 행동은 사회, 문화, 법과 제도에 영향을 받게 된다.

이상의 내용을 종합해 볼 때, 사회복지실천 현장의 사회복지사는 그들의 직무수행 과정에서 클라이언트를 잘 이해하기 위해서 인간행동과 사회환경에 관한 지식이 기본적으로 필요하며 이를 바탕으로 초기면접, 욕구사정, 개입 등의 활동을 효과적이고 효율적으로 진행할 수 있도록 하여야 한다.

2. 인간발달과 사회복지실천의 관계

1) 발달의 개념

먼저 발달의 개념을 살펴보면, 발달이란 '수태에서 죽음에 이르기까지 일생에 걸쳐서 일어나는 모든 변화'를 의미한다. 모든 변화의 의미를 구체적으로 살펴보면 인간의 신체적, 심리적, 사회적 영역을 모두 포함하는 총체적 영역을 의미한다. 이러한 변화는 생득적으로 타고난 부분과 환경과의 상호작용의 산물로 만들어진다.

사회복지사가 클라이언트를 이해하기 위한 하나의 방법이 바로 발달적인 변화의 특성을 연구하는 것이다. 즉, 클라이언트의 나이를 기반으로 현재 발달단계상 어느 단계에 속해 있는지를 파악하고 그의 신체적, 심리적, 사회적 발달의 양상을 기준으로 현재 상태가 발달단계의 특성에 비추어 정상적인 발달 여부를 파악할 수 있다. 또한 각각의 발달단계에서 주어진 과업이 무엇이며 과업의 성공적인 해결을 통한 정상적인 발달을 지원하기 위해 어떤 지원이 필요한지를 파악할 수도 있다.

발달과 유사한 개념은 성장, 성숙, 학습이 있다. 이들 개념은 차이가 있으며 각각의 의미를 살펴보면, 성장은 시간의 변화에 따른 양적 변화를 의미한다. 즉, 체중과 키처럼 시간의 경과에 따라 양적인 변화를 보이는 부분을 성장이라고 한다. 성숙은 기능의 변화를 의미한다. 즉, 영아기의 아이가 배밀이를 통해서 이동을 하다가 걸어서 이동을 하게 되면 이는 기능의 변화이다. 또 다른 예를 들면 물건을 손가락 전체로 잡다가 엄지와 검지로 잡은 행동으로 변화하게 되면 이는 기능의 변화로 성숙에 해당한다.

성장과 성숙은 유전에 의해서 결정된다. 키가 얼마나 크고 체중이 얼마나 증가하며 언제 배밀이를 하고 언제 걷게 되는지는 이미 유전적 프로그램에 의해서 결정되어 있다는 의미이다. 물론 유전과 환경이 상호작용을 통해서 발달적인 변화가 나타나기 때문에 유전적으로 타고난 변화의 양상도 환경적인 조건의 유불리에 따라서 변화의 양상이 달라질 가능성도 존재한다.

학습은 '후천적인 경험을 통해서 일어나는 변화'를 의미한다. 즉, 성장과 성숙과는 달리 발달 과정에서 경험하게 되는 환경적인 조건에 의해서 일어나는 변화를 학습이라고 한다. 예를 들면, 언어의 사용에서 아이가 '엄마'라는 단어를 말하게 되는 과정을 보면 많은 연습과 부모의 긍정적인 반응 등을 거쳐서 아이가 엄마라고 말을 하게 되고 이는 경험을 통해서 일어나는 변화이다. 인간은 신생아 시기에 대단히 미숙한 존재로 태어난다. 스스로 고개를 가눌 수 없을 정도로 미숙아로 태어나서 동물과 달리 엄청난 변화를 하게 된다. 이러한 변화의 거의 대부분은 학습의 결과로 볼 수 있다. 따라서 후천적 경험의 중요성이 매우 크다.

발달적인 변화는 성장, 성숙, 학습을 통해서 이루어진다. 이 중 성장과 성숙은 유전적으로 타고나며 학습은 후천적 경험을 통해서 이루어진다. 다시 말해서 발달은 성장, 성숙 그리고 학습을 통해서 이루어진다. 그리고 유전과 환경의 영향을 어느 하나도 무시할 수 없는 상호작용 관계로 이루어진다.

성장, 성숙, 그리고 학습의 개념을 요약해서 정리하면 <표 1-1>과 같다.

〈표 1-1〉 발달과 유사한 개념의 정리

구분	발달	성장	성숙	학습
개념	개체가 시간의 변화에 따라서 일어나는 모든 양적, 질적 변화의 연속적인 과정을 말한다.	키가 크고 체중이 증가하는 등의 양적인 변화로서 유전적 프로그램에 의해서 자연히 일어나는 변화로서 환경의 영향을 적게 받는다.	세포나 기관 등의 기능이 성장을 통해서 완전한 상태에 도달하여 그 기능이 발휘되는 것을 뜻한다.	후천적인 연습이나 특별한 훈련에 의해서 생겨나는 행동변화를 의미하는 것으로서 유전적 프로그램에 의한 변화인 성장·성숙과는 구별된다.
예	코프카 : "유기체와 그 기관이 양적으로 증대하고 구조가 정밀해지며, 그 기능이 유능화되는 것"	양적 변화 : 신장, 체중의 증가, 내부기관의 증대	기능의 변화 : 걷기 능력 및 언어 습득은 선행연습과는 무관하게 일정한 연령이 되면 성숙에 의해 발달됨	선천적으로 지니고 태어난 본능적인 반응 혹은 행동 외에 환경 속 경험을 통해 얻어지는 행동이나 반응들(예 뱀 공포)

2) 발달의 원리

인간의 발달적 변화는 개인마다 양상이나 시기에서 다소 차이가 있을 수는 있지만 모든 인간이 발달상에 공통적으로 나타나는 특징이 존재한다. 이를 발달의 원리라고 하며 인간발달의 주요한 원리를 정리하면 다음과 같다.

(1) 상관성

발달이란 시간의 경과에 따른 인간의 모든 변화, 즉 신체적, 사회적, 정서적, 지적 특성 등 모든 측면의 변화를 말한다. 그리고 사회적, 지적, 정서적, 그리고 신체적인 변화는 각기 독립적으로 변화하는 것이 아니라 서로 관련성을 지니고 변화를 하게 된다. 이를 발달의 상호관련성 혹은 상관성이라 한다. 예를 들면, 신체적 건강 혹은 변화의 양상은 지적 발달에 영향을 미친다. 예를 들면, 신생아의 지능 측정은 지적 능력을 직접적으로 평가하기는 불가능하지만 운동발달을 통해서 지적 능력을 측정한다. 그 이유는 발달의 상관성 때문이다.

(2) 연속성

발달적 변화는 획득(+)과 상실(−)의 과정을 거쳐서 일어난다. 즉, 신생아나 영아의 경우는 매우 미숙한 상태에 있지만 수개월 사이에 엄청난 변화의 양상을 보여준다. 획득과 상실로 표현하면 많은 획득의 과정을 보여준다. 예를 들면, 스스로 걷지 못하던 아이가 스스로 걷고 목표물을 향해 이동할 수 있는 것은 엄청난 획득과정의 결과이다. 다른 한편으로 발달단계에 따라 상실이 많아지는 시기도 있다. 즉, 중년기에 접어드는 40대가 되면 획득보다는 상실이 보다 많아지는 시기가 된다. 즉, 근력이나 지구력 등과 같은 신체적 능력이나 사실의 기억과 같은 유동성 지능에 해당하는 타고난 지적 능력 등에서 상실이 일어나게 되며, 이 시기에 획득을 통해서 알게 되거나 얻게 되는 것보다는 상실을 통해서 잃어버리는 것이 많아지는 시기가 도래하게 된다. 나이가 들면서 노화가 시작되는 시기가 바로 여기에 해당한다.

이러한 발달적인 변화의 양상(즉, 획득과 상실)은 일생 동안 지속된다. 이러한 특성을 '발달의 연속성'이라 한다. 물론 발달적인 변화는 영속적이기는 하지만 발달의 속도는 특정한 발달의 영역에 따라서 일정하지 않고 늦거나 빠를 수 있다.

발달이 연속성을 지닌다는 원리와 더불어 발달은 불연속성을 지닌다는 견해도 존재한다. 정확하게 구분해서 단정적으로 연속성과 불연속성으로 구분지어서 인간의 특성을 열거할 수는 없지만 정신적인 특성의 변화는 불연속성의 변화 양상으로 발달하고 신체적인 변화는 영속성의 원리에 따르는 것으로 구분해서 연속성 개념을 설명하고 있는 것이 보편적이다.

(3) 개별성

발달은 연속성을 지니고 보편적인 순서에 의해서 변화하는 양상을 보인다. 그러나 인간은 유전적으로 타고난 능력이 차이가 나며 각자가 살아가는 환경 또한 상당한 차이를 보이기 때문에 발달의 속도나 발달적인 변화의 크기나 내용적인 부분에서 차이가 존재한다. 이러한 발달적인 변화에서 개인이 갖는 차이를 발달의 '개별성' 원리라 한다. 예를 들면, 우리 주변의 아이들이 누구는 말을 일찍 배워서 돌 이전에 엄마, 아빠라고 했는데 누구 집 아이는 돌이 지나고 두 돌이 되어가는 데도 옹알이 정도의 말을 사용한다고 무엇이 문제인지 모르겠다는 이웃들을 흔히 보게 된다. 유전적으로 타고난 언어능력이 문제가 아니라면 단지 언어적인 변화가 다소 빠르거나 늦은 것에 따른 언어사용의 차이를 보일 수가 있으며 이러한 특성을 '개별성'이라 한다.

(4) 순서성

신체 및 운동적인 변화 즉 발달은 일정한 방향이나 순서를 통해서 일어나며 발달의 이런 특성을 발달의 '순서성'의 원리라 한다. 대표적인 발달의 순서는 다음과 같다.

① 머리에서 아래로

신생아로 태어난 아이는 신체적인 발달이 우선 목 → 허리 → 다리와 같은 순서로 변화가 나타난다. 즉, 처음에 목을 가누고 다음으로 허리로 힘을 줘서 앉을 수가 있고 다음으로 다리로 설 수 있는 순서로 신체발달을 보여준다.

② 중심에서 말단으로

인간의 중심은 뇌이며 이를 지배하는 것이 중추신경이다. 다음으로 척수가 있고 신체발달에 말초신경이 분포되어 있다. 이들 신경의 발달 순서도 중추신경에서 말초신경 방향으로 발달이 진행된다.

③ 전체운동에서 특수운동으로

영아들은 처음에는 온몸을 움직여서 이동을 하다가 점차 배밀이를 하고 다음으로 양손으로 그다음에는 양손과 양발로 움직이는 것과 같은 점차 특수하고 세분화된 운동으로 변화하게 된다.

(5) 직기성

발달의 주요한 특성 중의 하나가 특정한 내용의 발달은 일정한 시기에 최고의 변화를 보여주지만 이 시기를 적절한 발달을 이루지 못하게 되면 정상적인 발달을 이루지 못하거나 불가능하게 되며 그 결과 발달상의 문제를 가져올 수 있는 발달적 원리를 의미한다. 비교행동학자 로렌츠(Lorenz)는 알에서 갓 부화한 새끼오리는 처음 움직이는 대상을 어미로 학습하게 되며 어미 학습의 결정적 시기이다. 이때 로렌츠처럼 사람을 어미로 학습한 경우에 어미가 나타나도 이미 결정적 시기가 지나서 학습이 불가능한 것을 실험을 통해서 보여주었다. 이런 오리의 행동을 '각인(Imprinting)행동'이라 하였다(그림 1-1). 이와 같이 인간도 특정한 인간의 행동은 특정한 시기에 최적으로 잘 이루어지며 이 시기를 지나치면 학습이 매우 어려운 발달의 원리가 존재하며 이를 '적기성'이라 한다.

인간의 경우는 출생해서 1세 이전의 시기가 애착행동(Attachment Behavior) 학습의 결정적 시기로 알려져 있다. 따라서 이시기에 적절한 애착형성을 하지 못하면 평생 애착형성이 어려울 수 있으며 그 결과 다른 사람을 신뢰하고 사랑하는 마음에 문제가 발생할 수 있다.

|그림 1-1| 로렌즈의 오리 : 각인 행동

출처 http://www.britannica.com/EBchecked/media/118499/Konrad-Lorenz-being-followed-by-greylag-geese-1960

3) 발달단계와 발달과업

인간의 발달은 영속성의 원리에 따라 지속적으로 변화하는 양상을 보인다. 그러나 발달의 속도는 일정하지 않으며 때로는 발달적인 변화의 양상이 질적 그리고 양적 부분에서 상당한 차이를 보여줄 수가 있다. 이러한 발달의 특성을 고려해서 발달을 보다 효과적으로 잘 이해하고자 하는 이론적인 틀이 바로 '발달단계' 이론이다. 즉, 발달이 영속적이지만 특정한 시기를 중심으로 변화의 양상에서 상당한 차이를 보여주고 있으며 이를 근거로 발달을 몇 가지 단계로 구분하고 그 각각의 단계별로 주요한 발달적인 변화의 양상을 기술하고 이를 바탕으로 특정한 단계에 해당하는 인간의 행동을 이해하고 혹은 발달적인 변화의 목표를 설정하거나 발달적 변화상의 문제를 진단하는 기준으로 활용하는 등의 인간발달의 변화를 설명하고 이해하는 것이 매우 유용하다.

발달적인 변화의 양상이 두드러진 것을 기준으로 발달의 단계를 나누는 것은 매우 어려운 일이다. 따라서 발달이론가 혹은 국가별 상이한 기준을 사용할 수 있다. 본 서에서는 가장 보편적인 발달단계를 나누는 기준에 따라서 발달단계를 태내기 → 영아기 → 유아기 → 아동기 → 청소년기 → 성인기 → 중년기 → 노년기로 나누고 이들 단계에 따라서 발달 단계별 행동 특성을 정리하고 사회복지 실천과의 관련성을 정리해 보고자 한다.

발달단계에 따라 발달을 설명하는 것과 함께 반드시 논의해야 할 부분이 바로 발달과업(development task)이다. 즉, 각각의 발달단계에는 그 단계에서 '반드시 발달해야 하는 혹은 발달하는 과업'이 존재한다. 특정한 발달단계에서 발달과업을 이루지 못하게 되면 정상적인 발달에 문제가 발생하는 의미를 가진다. 물론 각 문화권에 따라서 발달의 과업은 차이가 날 수 있다. 발달의 원리 중 상관성을 고려하더라도 발달단계에 중요한 과업을 이루지 못하게 되면 발달상의 문제가 야기되고 나아가 정상적인 발달의 단계를 거치지 못하게 되므로 발달과업은 정상적인 발달을 이루는 데 매우 중요하다.

발달과업에 관한 가장 대표적인 이론은 하비거스트(Havigust)의 발달과업이론이다. 미국의 교육학자 하비거스트는 발달과업(developmental task)이론에서 인간발달 과정에는 각 단계마다 달성해야 할 과업이 있다고 전제하고 단계별 과업이 성공적으로 달성될 때 다음 단계에서 요구되는 과업을 훌륭하게 처리할 수 있다고 주장한다. 발달과업이란 개인의 일생 중 어떤 특정한 시기에 나타나는 과업으로서 그 과업을 성공적으로 성취하면 행복을 누릴 수 있고, 그 다음 발달단계의 과업도 잘 이루게 된다. 그러나 만일 이에 실패하면 개인적으로 불행을 초래할 뿐만 아니라 사회적 인정이나 다음 단계의 과업 달성에 지장을 초래하게 된다고 한다.

이와 같이 발달과업은 개인의 정상적인 성장발달을 하기 위해 일정한 시기에 이룩해야 할 과업으로서, 이것은 개인으로 하여금 건전하게 성장하게 하고 바람직한 인격을 형성하도록 도와준다. 따라서 교육목표의 설정과 계획은 각 단계의 발달과제를 기초로 이루어져야 하며, 교육내용은 발달과업을 성취할 수 있는 것으로 선정・조직되어야 한다.

〈표 1-2〉 하비거스트의 발달단계별 발달과업

영아기 및 유아기	• 걸음걸이 배우기 • 고체(딱딱한) 음식물 먹기 • 말 배우기 • 배설통제의 학습 • 성차 및 성예의 학습 • 사회적 환경에 대한 단순한 개념의 형성 • 부모·형제·타인과의 정서적 관계의 학습 • 선악을 구별하는 것을 배우고 양심 발달
아동기	• 일반적 놀이에 필요한 신체적 기능 습득 • 성장하는 유기체로서 자신에 대한 건전한 태도 형성 • 친구 사귀기의 학습 • 남성과 여성으로서의 적절한 사회적 역할을 학습 • 읽기·쓰기·셈하기의 기본적 기술을 학습 • 일상생활에 필요한 개념의 발달 • 양심·도덕성·가치척도 발달 • 인격적 독립의 성취 • 사회집단·제도에 대한 태도의 발달
청년기	• 남녀 간의 새롭고 보다 성숙한 관계 형성 • 남성 또는 여성으로서의 역할 학습 • 부모와 다른 성인으로부터 정서적 독립 • 결혼과 가정생활 준비
성인 초기	• 배우자를 선정 • 결혼 후 배우자와의 동거 방식을 배움 • 가정생활 준비 • 아이 기르기 배움 • 가정관리 배움 • 직업 적용 배움 • 시민적 책임의 수행 • 적합한 사회집단 발견
중년기	• 성인으로서의 시민적, 사회적 책임을 수행 • 경제적 표준을 확립하고 유지 • 10대의 젊은이에게 책임감 있고 행복한 성인이 되도록 조력 • 성인다운 여가활동 수행 • 하나의 인격자로서 배우자와 건전한 관계 형성 • 중년기의 생리적 변화를 인정하고 이에 적응 • 연로한 부모에 대해 적응
노년기	• 약해지는 체력과 건강에 적응 • 은퇴와 수입 감소에 적응 • 배우자의 사망에 적응 • 자기의 동년배와 친밀한 관계 형성 • 사회적, 시민적 책임 이행 • 만족스러운 생활조건 구비

다음으로 발달이론과 사회복지실천의 관련성을 살펴보면, 우선 사회복지실천의 대상인 인간 혹은 클라이언트는 발달단계상의 뚜렷한 차이를 보여준다. 따라서 발달단계별로 클라이언트의 주요한 욕구와 문제들이 차이가 나게 된다. 클라이언트의 특성을 발달단계별로 정리하고 단계별로 적합한 사회복지 서비스를 제

공하고자 하는 것이 '생애주기별 맞춤형 사회복지서비스'이며 문재인 정부에서도 '생애주기별 맞춤형 사회복지서비스 정책'을 수립하여 발달단계로 주요한 서비스 내용을 정책화하고 행정부서를 통해서 시기에 적절한 맞춤형 서비스를 제공하고 있다.

현 정부가 2019년 '혁신적 포용국가 원년'을 선포하면서 발표한 '돌봄부터 노후까지' 생애주기별 기본생활 보장내용을 정리한 내용은 아래의 |그림 1-2|와 같다.

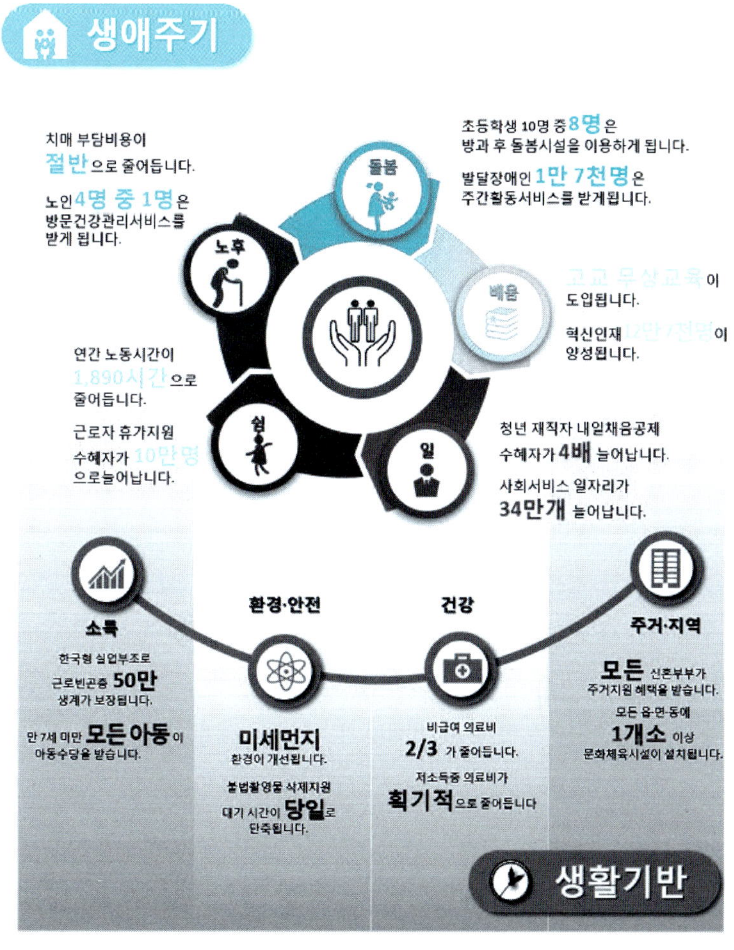

|그림 1-2| 생애주기별 주요 정책과제〉
출처 : 대한민국 정책브리핑(2019).

3. 성격과 사회복지실천의 관계

인간행동과 사회환경 교과목은 인간행동에 관심을 갖고 인간 행동에 대한 이해를 바탕으로 사회복지사가 전문성을 갖추도록 하기 위한 내용으로 구성되어 있다. 인간행동은 개인의 성격에 의해서 결정되기 때문에 인간행동 이해를 위해 심리학의 성격이론들을 학습한다. 즉, 성격은 개인의 행동, 사고방식을 결정하는 중요한 원인으로 작용한다. 사회복지전문직에서 성격이론의 학습을 통해서 인간이 행하는 행동에 대한 정확한 이해를 획득하도록 도움을 준다. 개인의 성격적인 특성은 개인 행동의 이해와 더불어 개인의 정상 혹은 비정상으로 구분하는 기준을 제공하기도 한다. 또한 개인의 성격은 안정성과 일관성을 기본 가정으로 하고 있으므로 성격의 파악은 개인 행동의 변화 여부 혹은 특정한 상황하에서의 행동을 예측할 수도 있다.

먼저 성격(personality)의 정의를 살펴보면 학자들에 따라 여러 가지 정의가 있으나 공통적으로 받아들이는 정의는 '개인의 독특한 행동 및 사고방식'으로 정의된다. 동일한 상황이라 하더라도 개인마다 다르게 보여주는 행동이나 사고방식의 차이는 성격 차이에 기인하는 것이다. 그러나 성격이 무엇이며 성격의 유형은 어떻게 구분되고 성격의 측정은 어떻게 할 것인가에는 심리학자 혹은 심리학의 이론에 따라 상당한 차이가 존재한다. 본 서에서는 인간행동의 이해를 위해 필요한 심리학의 대표적인 이론들을 살펴보게 된다. 사회복지실천은 어떤 성격이론을 바탕으로 행해지는가에 따라 따라야 할 실무원칙, 개입목적, 개입기법이 달라질 수 있다.

인간의 행동은 매우 복잡하고 이해하기 어렵기 때문에 다양한 성격이론들이 존재한다. 따라서 사회복지사는 다양한 성격이론들을 학습하고 이들 이론들의 장단점을 알고 있어야 한다. 다양한 성격이론의 장단점을 바탕으로 인간행동을 이해할 수 있어야 하며 특정한 개인 혹은 클라이언트를 이해하기 위해 최적의 성격이론을 선택하는 능력도 갖추어야 한다.

사회복지가 전문직으로 인정받는 배경에는 성격이론이 절대적인 기여를 하였다. 즉, 사회사업실천방법의 발달에 많은 기여를 하여 사회복지사가 전문직으로 발달하는 데 과학적 토대를 제공하였다. 성격이론은 개별사회사업의 발달에 긍정적 영향을 미쳤으며 집단사회사업에 있어서도 치료적 모델의 발전에 많은 영향을 주었다. 정신분석이론은 전통적 집단치료모델의 이론적 토대를 제공하였고, 자아심리이론과 교류분석이론은 집단성원의 자아인식을 증진시킬 수 있는 이론적 기초와 방법을 제공, 개인심리이론은 성장집단에서 많이 활용되고, 인지행동이론은 비합리적 신념체계의 수정, 자기주장훈련, 사회기술훈련집단에서 많이 활용되었다. 또한 가족에 대한 접근에 있어서도 성격이론이 많은 영향을 미쳤다.

인간의 행동은 너무나 다양하고 복잡하기 때문에 인간의 행동을 쉽게 이해하기란 어쩌면 불가능한 일일 수도 있다. 인간의 행동을 분석하고 이를 통해서 인간을 과학적으로 이해해 보고자 하는 학문분야가 바로 '심리학(psychology)'이다. 1879년 독일에서 시작된 심리학은 '인간의 행동을 과학적 방법으로 연구'하는 학문으로 출발하였다. 다른 사회과학 분야의 학문에 비해서 역사가 매우 짧지만 그래도 이제는 140여 년의 역사를 갖게 되었다. 심리학의 목표는 '인간 이해'이다. 지금까지 100년이 넘도록 심리학은 인간을 이해하기 위해서 무엇을 주제로 어떤 방법으로 인간을 연구하는 것이 최선의 방법이 될 것인지를 두고 연구를 해왔다. 그 결과는 완벽한 인간 이해를 위한 방법을 찾아내기보다는 다양한 관점의 인간 이해의 방법들을 제안하고 있다. 이런 관점이 바로 인간을 이해하기 위한 다양한 심리학 이론으로 자리를 잡고 있다. 이들 이론이 인간 이해를 위한 하나의 단일한 최선의 방법이 아니라 각각의 방법이 나름대로의 장점과 단점을 지니고 특정한 인간의 행동에 더 적합한 형태로 존재하고 있다. 다시 말해서 인간의 외현적 행동을 중시하는 '행동주의', 인간의 사고를 중요시하는 '인지주의', 그리고 과학적 방법으로 인간을 분석하고 탐구하기보다는 각각의 인간의 독특성에 관심을 두는 '인본주의' 등으로 발전해 왔다. 따라서 사회복지사는 어느 하나의 단일한 이론이 아니라 인간을 이해하기 위한 심리학의 다양한 관점을 학습하고 이를 바탕으로 보다 객관적이고 합리적으로 인간을 이해할 수 있는 능력을 갖추어야 한다.

심리학의 대표적인 성격이론들을 살펴보면 다음과 같다.

① 정신분석이론 관점의 인간이해

19세기 후반에 오스트리아의 정신과 의사인 프로이트(S. Freud)에 의해서 만들어진 심리학파이다. 정신분석주의는 인간의 정신을 의식과 무의식으로 구분하였으며 의식보다는 무의식이 중요하다고 가정하였다. 즉, 인간의 행동을 결정하는 동기는 의식이 아니라 우리가 알지 못하는 무의식이다. 따라서 인간의 행동을 이해하기 위해서는 행동의 원인이 되는 무의식이 어떻게 행동에 영향을 미치는지를 알아야 한다고 주장한다. 사회복지실천현장에서는 개인치료와 집단치료 모델에 적용되고 있다.

② 행동주의 관점의 인간이해

소련의 심리학자 파블로프(Pavlov), 미국의 심리학자 왓슨(Watson)에 의해서 만들어진 학파로 이들의 이론을 고전적 조건형성 이론이라 한다. 이후에 미국의 심리학자 스키너(Skinner)에 의해 발전된 이론이 조작적 조건형성 이론이다. 이들 이론은 보이지 않는 정신을 연구하는 것은 과학적이지 못하며 따라서 정신연구를 통한 인간 이해는 불가능하다고 간주하였다. 따라서 이들은 인간을 과학적으로 연구할 수 있는 유일한 방법은 눈으로 볼 수 있고 측정이 가능한 외현적 행동뿐이라고 주장하였다. 외현적 행동만을 정확하게 분석하고 행동의 원인을 밝혀내면 인간을 이해할 수 있다고 가정하였다. 따라서 이들을 행동주의라고 부른다. 사회복지실천 현장에서 행동주의 이론은 행동수정기법 등으로 활용되고 있다.

③ 인지주의 관점의 인간이해

인간 이해를 위한 과학적 연구방법에 초점이 맞추어지면서 정신에 관한 연구가 관심에서 벗어난 기간이 꽤 길었지만 형태주의 심리학파를 중심으로 인간의 '지각과정'이 우리가 감각기관을 통해서 사물을 감각한 이후 이것이 뇌로 전달되어 감각적 자극 자체로만 인식이 되는 것이 아니라 우리의 뇌의 활동을 통해서 이를 해석하고 조직화하는 적극적인 처리과정을 거치게 된다는 사실들이 밝혀지면서 인간의 정신활동의 중요성이 다시 부각되었다.

그리고 인간의 정신을 과학적으로 연구하는 객관적인 방법으로 외현적 행동을 통한 내현적 행동인 사고과정을 추론하는 것과 인간의 사고과정과 유사한 컴퓨터와 뇌를 비교하여 사고과정을 연구하는 '정보처리이론'을 통해서 인간의 사고과정을 과학적으로 연구하게 되었으며 인간의 사고과정을 주로 다루는 심리학의 학파를 인지주의라고 한다.

이들 심리학파의 연구를 통해서 인간의 기억과정을 정보의 부호화, 저장, 인출의 과정으로 구분하여 각각의 과정을 설명함으로써 인간의 사고과정에 관한 많은 연구업적들이 만들어지게 되었다. 사회복지실천에서는 비합리적 사고의 수정을 통한 정서치료와 자기주장훈련 등에 이론이 적용된다.

④ 인본주의 관점의 인간이해

과학적 연구방법을 통해서 인간을 이해하고자 하는 정통적인 심리학의 학파와 달리 과학적인 연구를 통한 인간의 연구 자체를 부정하는 심리학을 제3의 심리학이라 하며 이 중 대표적인 학파가 인본주의 학파이다. 따라서 인간은 모두가 다른 존재(독특성; uniqueness)이므로 과학적인 연구를 통해서 인간의 대표적인 특성을 찾아내고 그 결과를 바탕으로 '인간은 어떻다'라고 설명하고 이해하는 것은 잘못되었다고 보는 입장이다.

인본주의는 인간은 누구도 같을 수가 없는 각자가 다 독특한 존재이므로 인간 개개인에 관심을 가져야 한다고 주장한다. 인본주의의 기본 가정은 인간은 누구나 선한 존재이며 각자가 나름대로의 능력을 가지고 세상에 태어난 존재라고 본다. 즉, 인간이 각자 지니고 있는 독특성(Uniqueness)을 존중받게 되면 인간은 각자가 원하는 삶을 통해서 만족스러운 삶을 살아갈 것으로 가정하고 있다. 그러나 우리의 삶은 태어나면서부터 각자의 독특성이 그대로 받아들여지기보다는 부모, 형제 그리고 주변의 중요한 인물들에 의해서 특정한 행동 혹은 삶을 살도록 강요를 받게 된다. 그러면서 독특성을 잃어버리고 사회에서 요구하는 모습의 자신을 만들게 되는데, 이를 페르소나(persona, 가면 혹은 성격)라 한다.

페르소나가 자신이 원하는 삶과 일치하면 만족스러운 삶을 살게 되지만 이것이 자신이 원하는 삶과 멀어지면 멀어질수록 만족하지 못하는 불만족한 삶이 된다. 이러한 불만족에서 벗어나기 위한 유일한 방법은 자신의 독특성을 찾는 것이며 이를 바탕으로 자신이 원하는 삶을 살아가는 것이다.

위에서 살펴본 심리학의 관점들은 클라이언트의 욕구와 문제를 해결하고 나아가 삶을 변화시키는 사회복지서비스 실천과 매우 깊은 연관성을 지닌다. 심리학의 이론들과 사회복지실천의 연관성에 관한 내용을 요약해 표로 제시해 보면 다음과 같다.

〈표 1-3〉 심리학파의 이론과 사회복지실천과의 연관성

구분	19세기 후반~20세기 초	20세기 중반
심리학파	정신분석주의, 행동주의, 인지주의	인본주의, 사회체계이론
주요 내용	• 정신분석주의 : 초기 아동기의 경험중시 5세 이전의 경험-무의식으로 남아 지속적 영향 • 행동주의 : 관찰 가능한 행동만 관심 행동은 자극과 반응의 결합(조건화)으로 습득됨 • 인지행동모델 : 비합리적 신념에 의한 행동과 정서의 문제 초래	• 인본주의 : 인간의 독특성 긍정적 인간관 · 무조건적 긍정적 존중 • 사회체계이론 : 환경 속의 인간 개인(체계)는 집단, 지역사회, 국가와 같은 상위체계와 상호작용
인간행동에 관한 이해	• 개인의 문제를 진단하고 치료하는 진단주의 학파 • 외현적 행동이 학습되는 환경적 조건에 관심(특정 체계 내의 개인 간 상호작용에만 한정하여 이해) • 인지행동모델 : 긍정적피드백을 통한 긍정적사고 및 행동의 강화	• 개인 : 타고난 능력소유, 근본적으로 선한 존재 • 다양한 체계수준의 환경 간 영향 고려
사회복지 실천함의	• 개인을 변화시키는 데 필요한 개입방법의 다양성 제공	• 개개인의 존중을 통한 문제해결 • 개입수준의 변화 : 개인과 관련성을 지니는 다양한 환경들과의 관계 모두를 함께 사정하고 개입함

제1장 인간행동, 발달 사회환경과 사회복지 기출문제

1. 인간발달의 원리로 옳지 않은 것은?

① 유전과 환경의 영향을 모두 받는다.

② 일생에 걸친 예측 불가능한 변화이다.

③ 발달의 정도와 속도는 개인마다 다르다.

④ 일정한 순서와 방향성이 존재한다.

⑤ 멈추는 일이 없이 지속된다.

2. 인간발달이론이 사회복지실천에 기여한 내용으로 옳지 않은 것은?

① 클라이언트의 욕구와 문제를 파악 하는데 도움이 된다.

② 클라이언트의 사회환경보다 생물학적 요소가 더 중요함을 이해하게 된다.

③ 사회복지사가 파악해야 할 클라이언트에 관한 사항을 사정할 수 있게 한다.

④ 클라이언트의 발달과업 수행에 필요한 서비스가 무엇인지 파악할 수 있게 한다.

⑤ 사회복지사가 모든 연령층의 클라이언트를 이해하고 그들과 함께 일할 수 있게 한다.

3. 인간발달의 원리로 옳은 것을 모두 고른 것은?

ㄱ. 각 발달단계는 고유한 특징이 있어 그 이전 단계나 이후 단계로부터 구분된다.

ㄴ. 새로운 발달단계는 바로 이전 단계까지의 발달을 통합한다.

ㄷ. 발달의 순서는 바꿀 수 없다.

ㄹ. 인간발달에는 개인차가 있어 예측이 불가능하다.

① ㄱ, ㄴ, ㄷ　　② ㄱ, ㄷ, ㄹ　　③ ㄷ, ㄹ

④ ㄴ　　⑤ ㄹ

4. 다음의 설명으로 옳은 것을 모두 고른 것은?

ㄱ. 성장은 키가 커지거나 몸무게가 늘어나는 등의 양적 변화를 의미한다.
ㄴ. 성숙은 유전인자에 의해 발달 과정이 방향 지어지는 것을 의미한다.
ㄷ. 학습은 직 · 간접 경험 및 훈련과정을 통한 변화를 의미한다.

① ㄱ ② ㄴ ③ ㄱ, ㄴ
④ ㄴ, ㄷ ⑤ ㄱ, ㄴ, ㄷ

5. 인간발달이론의 유용성에 관한 설명으로 옳지 않은 것은?

① 발달에 영향을 미치는 사회적 영향력을 평가할 수 있는 준거틀을 제공한다.
② 인간과 환경 간의 상호작용을 파악할 수 있게 해준다.
③ 적응과 부적응을 판단할 수 있는 기준을 제공한다.
④ 모든 인간에게 동일하게 적용할 수 있는 전형적인 패턴을 제시한다.
⑤ 인생주기의 시기에 따르는 주요 발달과업을 이해할 수 있게 해준다.

1. **정답 : ②** 인간발달은 일정한 순서와 방향을 가지고 일생에 걸쳐 연속적으로 일어나는 체계적이고, 질서정연하며, 일관된 원리에 따라 진행되는 변화이다. 따라서 어느 정도 예측이 가능하다..

2. **정답 : ②** 인간발달이론에서는 인간의 발달이 사회환경과 생물학적 요소의 상호작용 속에서 진행된다고 본다. 두 요인 중 어느 요인에 상대적으로 더 우선되거나 중요하다고 보지 않으며 인간발달을 이해할 때 두 요인을 함께 고려해야 한다고 본다. 종종 두 요인 중 어느 하나가 더 중요하다는 문장이 출제되고는 하는데 이는 틀린 문장이다.

3. **정답 : ①** ㄹ. 인간발달에 개인차가 있기는 하지만 일정한 방향과 순서로 진행되므로 어느 정도의 예측이 가능하다.

4. **정답 : ⑤**

5. **정답 : ④** 상황에 따라, 그리고 발달 시기에 따라 인간발달의 특징에는 차이가 존재한다. 따라서 인간발달이론이 모든 인간에게 동일하게 적용 가능한, 단일하거나 전형적인 패턴을 제시해 주지는 못한다.

Part

02 사회환경의 이해

제2장 사회환경으로서 가족, 집단, 조직, 지역사회, 문화

Chapter 02

사회환경으로서 가족, 집단, 조직, 지역사회, 문화

김상아 외(2014)에 따르면 사회환경은 인간의 삶에 직접 혹은 간접적으로 영향을 미치는 크고 작은 조건이나 상황을 의미하며 사회가 추구하는 사회적 성격, 문화구조와 전통, 사회제도와 정책, 경제 수준, 정보화 정도, 인간 상호 간 관계 등을 포함하는 것이다. 이러한 사회환경에는 사회구성원들이 공통적으로 공유된 성격으로 국민성과 문화를 형성한다. 이러한 사회환경은 개인, 가족, 동료집단, 조직, 기관, 지역사회, 국가로 확대될 수 있으며, 이들 체계는 서로 상호작용을 통해 서로에게 영향을 미치며 그 결과 개인에게 영향을 미치고 이를 통해 개인은 성장과 발달을 이루게 된다. 인간과 사회환경은 상호 분리된 체계가 아니라 상호작용하고 서로 영향을 미치는 하나의 통합된 체계로서의 속성을 지닌다.

인간의 복잡한 행동을 이해하기 위해서 심리학 이론을 바탕으로 개인의 성격을 이해하고 행동을 분석하기도 한다. 그리고 사회적 환경과의 관련성 속에서 인간의 행동을 이해해야 한다. 심리학은 개인의 심리적, 신체적, 정신적인 부분에 관심을 가지고 이들과 행동과의 관련성을 찾고 인간을 이해하려고 한다. 따라서 환경과의 관계성을 기반으로 인간을 이해하기 위해서는 사회학을 기반으로 한 사회환경과 문화적 맥락을 기반으로 인간의 행동을 이해하여야 한다.

인간행동은 그 행동이 행해지는 현장이라고 할 수 있는 사회환경 속에서 구체적으로 하나가 된다. 따라서 우리가 인간행동을 이해하기 위해서는 개인을 중심으로 한 미시적인 차원뿐만 아니라 개인을 둘러싼 환경적인 요소, 즉 사회문화적인 맥락에서 이해하는 거시적인 차원의 접근도 모색해야 한다. 이러한 견해에 따르면 인간의 부적응을 규명하고 치료하는 데 있어서 심리적 차원의 접근과 사회·문화적인 환경적 차원의 접근을 통합하는 접근이 필요하다.

위에서 살펴본 바와 같이 사회복지사는 인간행동을 이해하기 위해서 개인의 생물학적·지적·정서적·무의식·신체적 요인 등과 행동의 관련성을 통해 행동을 이해하는 과정이 필요하며, 또한 사회적·가족적·정신적·경제적·공동체적인 것 등과 관련해서 인간의 행동을 분석하고 이해할 수 있어야 한다. 이와 같이 전체로서의 인간 행동에 대한 관심은 사회복지전문직의 관심의 폭을 넓히고 인간행동을 전문성 있게 이해하도록 하는 데 기여하였다. 따라서 사회복지사는 심리학적 지식과 사회환경적 지식을 기반으로 종합적이고 통합적인 관점에서 인간을 이해하고 클라이언트의 문제를 해결하도록 원조하여야 한다. 예를 들면, 클라이언트의 문제가 가족 간의 갈등이라 하더라도 이러한 갈등의 원인과 관련하여 소득, 직업, 주거환경, 건강보호 등과 같은 기본적인 신체적 욕구 충족의 문제와 문제해결을 위해 개인의 강점분석, 직업을 갖기 위해 필요한 지식과 기술 수준 및 동기부여의 정도 그리고 가족관계의 문제, 이웃과의 관계성 등과 같은 사회적 관계망의 분석과 같은 다양한 요인을 분석하고 이를 바탕으로 문제해결을 할 수 있는 지식과 방법을 갖춘 전문가가 되어야 한다. 따라서 개인의 심리적 차원의 이해, 즉 성격발달에 관한 지식만 필요한 것이 아니라 사회적 환경에 관한 이해가 필요하며 관련된 지식을 알아야 한다.

인간의 행동에 미치는 주요한 환경요인은 가족, 집단, 조직, 지역사회, 그리고 문화적 요인들이 있다. 본 장에서는 이들 요인에 관해서 살펴보고자 한다.

1. 가 족

가족은 사회의 가장 기본적인 단위이며, 인간의 생리적·정서적, 경제적 욕구 등을 충족시켜 주는 1차 집단이다. 보호와 애정, 경제적 부양, 자녀의 양육과 사회화, 종족보존, 교육 등 다양한 기능을 수행한다. 따라서 가족은 친밀한 대인관계

경험의 토대를 제공해 주는 사회적 환경으로서 개인의 행동과 성격 형성에 지대한 영향을 미친다. 가족성원의 사회화와 사회통제라는 과업을 이행하는 과정에서 개인의 성격 형성과 발달에 어떤 다른 사회적 환경보다 중요한 영향을 미친다.

오늘날 가족은 핵가족에서 소가족화로 되어 가고 있으며, 가족의 구조도 한부모가족, 노인가족, 조손가족, 독신가족, 다문화가족, 공동체가족 등 다양한 형태로 나타나고 있다. 이러한 가족의 구조와 기능의 변화는 집단, 조직, 지역사회, 전체사회에 영향을 미칠 수 있다.

한 가족의 문제는 그 한 가족만의 문제가 아니라 전체 사회문제와의 연속선상에서 해결능력을 필요로 하기 때문이다. 따라서 사회복지사가 다양한 문제와 상황에 처해 있는 클라이언트를 효과적으로 지원하기 위해서는 한 개인에게 가장 일차적이고 직접적인 환경체계인 가족을 이해하는 것이 매우 중요하다.

1) 가족의 정의

(1) 가족의 개념

가족의 개념은 문화와 시대, 학자의 관점에 따라 다양하게 정의되고 있다. 사전적 정의의 가족은 어버이와 자녀, 형제자매, 부부 등 혈연과 혼인관계 등으로 이루어진 집단을 말한다.

머독(Murdock)은 "가족은 공동의 거주, 경제적 협동, 생식의 특징을 갖는 집단으로 사회적으로 인정받은 성관계를 유지하고 있는 최소한의 성인 남녀와 한 명 이상의 자녀로 이루어진다"라고 정의하고 있다(김혜경 외, 2008).

우리나라 건강가정기본법(제3조 제1호)은 "'가족'이라 함은 혼인·혈연·입양으로 이루어진 사회의 기본 단위라고 말한다"라고 정의하고 있다. 이와 같이 현재 우리나라의 경우 가족법에서는 미혼모가족, 동성애가족, 공동체가족 등과 같은 사회적 관계로 이루어지는 가족에 대해서 명확하게 인정해 주고 있지 않다. 이러한 우리나라와는 달리 스웨덴, 노르웨이, 프랑스 등에서는 동성애가족까지도 가족으로서 합법적인 보호를 하고 있다. 현재 차별금지법안이 국회에 계류 중인 상황에서 향후 이 법안이 통과되면 동성애자에 관한 지위도 서구사회와 동일하게 변해갈 것으로 예상이 된다.

가족은 전통적 의미와 함께 혈연적 관계가 아닌 2인 이상의 친밀한 관계를 갖는 다양한 집단으로 구성하여 살아가는 대안적 형태를 가지면서 사회의 정치적 개입에 의해 변화하며, 그러한 변화에 대하여 역동적으로 적응할 수 있는 중요한 사회제도의 하나라고 정의할 수 있다. 인간은 누구나 가족의 사랑과 보호를 받으면서 성장하고, 가족을 통하여 사회생활에 적응할 수 있는 능력을 배양한다. 또한 가족은 인간이 최초로 경험하는 사회로서 생활규범을 배우고 문화를 익히는 사회제도이다.

(2) 가족의 기능

가족의 기능이란 가족이 수행하는 역할, 행위를 뜻하는 것으로 사회의 산업구조의 변화에 따라 시대의 흐름과 문화의 발전에 따라 가족의 가정 내 역할이나 사회적 역할이 달라지고 있다. 가족은 구성원들을 위해서, 더 큰 사회를 위해서 고유한 기능을 수행한다. 학자에 따라 조금씩 다른 기능을 제시하고 있지만 가족이 담당하는 기능을 다음과 같이 요약할 수 있다(조흥식 외, 2010).

첫째, 친밀한 관계의 근원을 제공한다. 사회가 산업화되고 복잡해질수록 사람들은 관계 내에서 친밀성을 발견하려고 노력한다. 직업세계에서나 우리 주위의 더 큰 사회 내에서는 개인이 대부분 역할로서 지각되기 때문에 타인과 개인적 수준에서 친밀성을 공유하는 것은 쉽게 이루어지지 않기 때문이다.

둘째, 경제적 협조단위로서의 기능이다. 가족은 경제적 기본 단위로서 생산활동과 소비활동을 동시에 수행하고 있으며, 경제활동을 통하여 구성원의 생계를 유지하고 재산을 소유한다. 현대사회에서는 농업이나 가사를 제외하고는 대부분의 생산활동이 가족 이외의 직장에서 이루어지고 있기 때문에 가족은 전형적인 소비기능을 수행하는 단위가 되었다.

셋째, 자녀를 출산하고 그들을 사회화시킨다. 전통적으로 자녀출산은 가족의 주된 기능이었다. 가족은 노인세대가 사망할 때 그들을 대치할 아동을 출산하고 양육하여 사회가 계속적으로 유지될 수 있도록 하는 기능을 수행한다. 가족은 자녀의 신체적·인지적·사회적 발달을 촉진하고 훌륭한 사회인으로 성장할 수 있도록 지도하고 원조한다.

넷째, 가족구성원에게 지위와 사회적 역할을 할당한다. 결혼에 의해 새로운 가족이 형성되면 남편이나 아내의 새로운 가족 역할이 부과되는데, 그것이 사회에서 진정한 성인의 지위를 획득하도록 돕는다. 가족은 개인의 인종, 사회경제적 수준, 종교 등을 결정하기 때문에 우리가 사회 내에서 특정한 지위와 위치를 획득하게 하는 역할을 한다.

2) 가족의 구조

전통적 사회에서는 가족의 형태가 확대가족이 대부분을 차지했지만 현대사회에서는 핵가족에서 소가족화되어 가고 있다. 지금까지는 자녀를 낳아 기르는 기간이 가정생활의 핵심이었다면 그 기간은 가족의 삶의 일부분에 지나지 않게 되었다. 결혼을 포기하는 젊은 세대의 증가와 독거노인의 증가로 1인가구가 증가 추세에 있고, 결혼을 하더라도 자녀출산을 하지 않는 무자녀가족 등 사회 전체적으로 다양한 가족이 출현하고 있고, 동시에 한 사람의 생애를 통해 다양한 형태의 가족 관계가 만들어지고 있다. 이러한 가족들은 구성원에게 각기 다른 영향을 미치고 있으며, 저출산 문제 이혼 가정의 자녀 양육 문제 등과 같은 여러 가지 문제점을 지니고 있다.

(1) 한부모가족

한부모가족은 이혼, 별거, 사망, 유기, 가출 등으로 인하여 부모 중 한 사람과 18세 미만의 자녀로 구성된 가족을 말한다. 한부모가족은 최근 이혼의 증가로 인하여 관심이 더욱 높아지고 있으며 계속적으로 증가하는 추세를 보이고 있다.

2020년 기준 우리나라 한부모가구는 약 153만 가구로 전체 가구에 한부모가구가 차지하는 비율이 7.1%이다.

(2) 노인가족

노인가족은 65세 이상 노인이 자녀나 친척과 동거하지 않고 독신 또는 부부가 함께 독립적인 가구 형태를 이루고 생활하고 있는 가족을 말한다. 노인가족은 최근 핵가족화로 인하여 노인부양의식이 약화되고, 노인 자신이 독립적인 생활의 욕구로 인하여 증가하는 추세를 보이고 있다. 노인가족은 노년기의 신체적·경제적·정서적·사회적 문제를 대부분 노인 스스로 해결해야 하는 어려움 때문에 다양한 문제가 발생한다. 통계청이 발표한 '2021 고령자 통계'에 따르면, 2020년 가구주 연령이 65세 이상인 고령자 가구는 473만 2,000가구로, 이 중 35.1%인 166만 1,000가구가 혼자 사는 고령자 1인 가구였다. 현재 고령자 가구와 고령자 1인 가구는 계속 증가하는 추세다. 고령자 가구는 2000년 173만 4,000가구에서 2010년 311만 1,000가구로 급증했으며, 이후에도 꾸준히 증가하고 있다. 고령자 1인 가구 또한 2000년 54만 3,000가구에서 2010년 106만 6,000가구로 늘어난 이후로 증가세다. 고령자 1인 가구는 계속 증가해 2037년에는 현재의 2배 수준인 335만 1,000가구가 될 것으로 통계청은 전망했다.

(3) 재혼가족

재혼가족은 이혼 전 혼인 관계에서 생긴 최소 한 명의 자녀와 함께 사는 재혼한 부부로 구성된다. 재혼한 부부는 이전 혼인 관계에서 얻은 자녀 외에 둘 사이에서 새롭게 자녀를 출산할 수 있기 때문에 이들 가족이 서로를 받아들이고 살아가는 과정에서 여러 가지 문제가 발생할 수 있다. 이혼의 증가로 재혼가족도 증가하고 있는 추세이다. 2020년 기준으로 혼인건수는 21만 4천 건으로 전년대비 10.7% 감소했으며, 이혼건수는 10만 7천건으로 전년대비 3.9% 감소하였다. 재혼가정에서 발생하는 문제 또한 증가하고 있다. 가장 대표적인 문제는 경제적 갈등과 직전 배우자와의 사이에서 낳은 자녀들로 인한 가정불화다. 특히 경제적인 주도권을 아버지가 쥐고 있는 경우에는 갈등이 더욱 고조되는 경우가 많다.

(4) 독신가족

독신가족은 성인이 된 남녀가 혼인을 하지 않고 혼자서 사는 가족을 말한다. 성인남녀가 혼인을 하지 않거나 노인이 되기 이전에 이혼이나 사별한 이후 재혼을 하지 않고 혼자서 사는 가족형태이다. 독신가족은 개인주의적 사고, 경제적 지위의 상승, 혼인과 가족에 대한 가치관의 변화, 이혼의 증가, 교육기간의 연장, 자아실현의 경향 등으로 인하여 점차 증가하고 있다. 이를 반영하듯 2019년 전체 가구 구성에서 1인 가구 비율은 상승한 반면, 우리 사회의 가장 흔한 가족 형태로 여겨지던 부부와 미혼자녀로 구성된 가구 비율은 하락했나. 2019년 1인 가구는 30.4%로 2015년보다 비율이 9.1%포인트 상승했다. 부부와 미혼자녀로 구성된 가구 비율은 2018년에는 31.7%로 2015년보다 12.5%포인트 하락했다. 독신 혹은 1인가구의 비율은 빠르게 증가하고 있으며 이러한 경향성은 앞으로도 지속될 것으로 예상된다.

(5) 조손가족

조손가족은 가족해체의 증가로 파생되는 새로운 가족의 형태로서 아동이 부모로부터 양육받지 못하고 조부모와 함께 살면서 양육을 받는 가족을 말한다. 조손가족은 조부모의 건강악화와 고령으로 인한 경제활동의 어려움 등으로 경제적 어려움을 겪고 있으며, 조부모의 건강문제, 양육부담, 손자녀의 정서적 불안정, 사회적 부적응, 교육의 불평등 등을 경험하고 있다. 2005년 5만 8,058가구였던 조손가족 수(통계청 장래가구 추계)는 10여년 만에 15만 3,000가구(2015년)로 3배 가까이 급증했다. 20년 뒤인 2035년이면 다시 두 배(32만 1,000가구)로 껑충 뛸 것으로 정부는 추산하고 있다. 당연히 다양한 지원 정책도 많이 생겼다. 하지만 조손가족은 여전히 힘들다. 가난해서 힘들고, 아파서 괴롭고, 또 위기를 극복하는 방법을 몰라 절망한다. 사회적 약자들의 결합인 탓에 노인빈곤과 아동빈곤, 세대갈등 등 다양한 요인이 중첩되어 복지정책의 사각 아닌 사각지대로 남아 있다. 2021년 대구에서 발생한 고등학생 형제의 조모살인 사건은 조손가정의 문제를 극명하게 보여주는 하나의 예가 된다.

(6) 다문화가족

다문화가족은 한 가족 내에 다양한 문화가 공존하고 있는 가족을 의미한다. 다문화가족은 외국인 노동자의 증가와 한국남성과 외국인 여성과의 결혼으로 이주여성의 증가, 북한이탈주민이 지속적으로 증가하면서 새로운 가족형태로 부각되고 있다. 여성가족부의 다문화가족 실태조사(2021)에 따르면 2020년 전체혼인건수 21만3천건 중 외국인과의 혼인건수는 1만 5천 건으로 전체 결혼의 약7%에 해당한다. 2021년 5월 기준 결혼이민자수는 168,797명에 이르며 결혼귀화자수는 2021년 5월 기준으로 144,215명이다. 연도별 증감추이는 2019년 4.3% 증가를 최고점으로 해서 2020년 1.5%로 감소하였고 최근 코로나 사태로 인해 상당히 많은 줄어들어 2021년 5월 기준으로 0.6% 증가하는 감소세를 보여주고 있다. 다문화가정의 학생수는 2021년을 기준으로 147,378명으로 전체학생수 5,355,832명의 2.8%이며 다문화학생수는 2018년 2.2%에서 매년 증가하는 추세를 보여주고 있다. 다문화가족의 증가에 따라 다문화가정의 차별, 경제적 어려움, 자녀교육 등의 문제들이 사회문제화되는 양상을 보여주고 있다.

3) 가족의 생활주기

가족은 상대적으로 예측 가능한 방식으로 성장하고 변화하기 때문에 가족을 이해하는 데 유용한 방법의 하나로 각 발달단계를 검토할 수 있다. 가족의 생활주기는 인간의 생애주기와 마찬가지로 가족의 탄생에서 소멸까지 일련의 단계가 있고, 이들 단계마다 과업이 있다는 것을 전제한다. 모든 가족이 이 생활주기의 단계를 거치며, 그 적응과정에서 많은 스트레스를 경험하는데, 스트레스가 심할 경우 가족 문제가 발생할 수 있다. 따라서 가족이 어떤 생활주기의 단계를 어떻게 거쳐 왔고 현재 어느 단계에 있으며, 그 적응 상태는 어떠한지에 대한 평가가 이루어져야 한다.

가족의 생활주기 상에서 어떤 문제는 가족의 발달상 어느 가족이나 겪을 수 있고, 어떤 문제는 특정가족에서만 일어날 수 있다. 이처럼 다양한 생활주기의 상황에서 가족구성원이 떠나기도 하고 새 가족구성원이 들어오기도 한다. 또한 가족구성원이 연속되는 생활주기를 통해 진보하고 새로운 발달과업을 맞아들임에 따라 개인은 새 역할을 받아들이고 다른 역할은 포기해야 할 수도 있다.

가족의 생활주기는 가족의 유형과 특성에 따라 다양하지만 일반적으로 가정이 형성하는 시기부터 축소되어 끝나는 시기까지를 통해 보면 특징적 단계를 구분지을 수 있다.

유영주는 외국 학자들이 제시한 주기에 약간의 수정을 가해서 우리나라 가족에 맞는 유형을 제시하고 있다(유영주 외, 2004).

〈표 2-1〉 한국 가족의 생활주기

단 계	특징 및 과제
형성기	결혼으로부터 첫 자녀 출산 전까지 약 1년간
자녀출산 및 양육기	자녀출산으로부터 첫 자녀가 초등학교에 입학 때까지
자녀 교육기	첫 자녀의 초등학교, 중학교, 고등학교 교육 시기
자녀 성년기	첫 자녀가 대학에 다니거나 취업, 군 복무, 가사를 협조하는 시기
자녀 결혼기	첫 자녀 결혼으로부터 막내 자녀 결혼까지
노년기	막내 자녀 결혼으로부터 배우자가 사망하고 본인이 사망할 때까지

출처 : 유영주 외(2004).

2. 집 단

집단은 2인 이상의 모임으로서 공통된 목표와 규범을 공유하며 구성원들이 서로 심리적인 유대관계와 상호의존적 관계를 형성하며 서로 의사소통을 하며 사회적이고 생산적인 상호작용이 이루어지는 장을 의미한다. 인간과 관계를 맺는 다양한 체계 가운데 가족 다음으로 개인의 성장과 발달에 영향을 미치는 것이 집단이다. 집단경험은 인간본성을 포괄하는 성격형성과 발달에 많은 영향을 미친다. 예를 들면, 또래와의 놀이를 통해 사회생활에 필요한 기초적 도덕성, 사회적 역할 분담, 지도력을 학습하게 된다. 주요한 집단으로는 가족과 학교, 직장 등이 있으며 이들 집단 내에서 구성원들 간의 상호작용을 통해 대인관계의 기초가 되는 사회적 기술과 사회적 규범을 습득하게 되고 자아정체감을 형성해 나간다. 집단은 구성원들의 상호작용을 바탕으로 한 사회체계로서 개인의 다양한 욕구를 충족시키고 문제를 해결하며, 구성원 각자와 사회에 긍정적 · 부정적 영향을 미친다.

1) 집단의 개념

손광훈(2014)은 집단을 서로가 동일한 집단에 소속되어 있다는 집단의식이 있고 공동의 목적이나 관심사가 있으며 이들 목적을 성취함에 있어서 상호의존적이며 의사소통, 인지, 반응을 통하여 상호작용하며 단일한 행동을 할 수 있는 능력이 있는 2인 이상의 사회적 집합체로 정의하고 있다.

인간의 성격은 한 개인이 집단에 소속되어 고유의 지위, 권리, 역할을 부여받고 타인과 상호작용을 함으로써 형성되고, 그러한 집단성원과의 관계를 통하여 지속적으로 성장하고 변화하며 수정된다.

얄롬(Yalom)은 집단의 치료효과를 희망고취, 보편성, 정보의 공유, 이타주의, 원초적 가족집단의 교정적 재현, 사회화기술의 발달, 모방행동, 대인관계적 학습, 집단결속력, 정화, 실존적 요인을 제시하고 있다.

2) 집단의 유형

집단의 유형은 집단의 크기, 성원 간의 상호작용, 정서적 결속 정도, 집단의 구성방법, 집단의 목적에 따라서 분류한다.

(1) 사회적 관계에 따른 유형 : 1차 집단과 2차 집단

1차 집단은 혈연과 지연을 중심으로 자연발생적으로 형성된 집단으로 가족, 또래집단 등을 들 수 있다. 정서적으로 친밀한 관계 속에 개개인의 개별성이 조화를 이루어 개인의 자아가 바로 집단의 공동목표, 즉 우리라는 개념으로 발전한다.

2차 집단은 정서적 결속이 미약하고 특별한 목적 성취를 위하여 상호작용하는 집단을 의미한다. 인간관계는 형식적인 수준에서 형성되고 수단적인 관계로 이용될 수 있다.

(2) 집단 구성 동기에 따른 유형 : 자연집단과 형성집단

자연집단은 자연발생적으로 만들어진 집단으로 공식적인 지원체계가 없다. 또래집단과 같은 집단의 특성으로 설명될 수 있으며 일차집단과 유사하다. 반면 형성집단은 치료집단, 위원회, 팀 등을 포함하는 인위적 구성집단은 어떠한 외부의 영향력이나 전문가의 개입을 통하여 의도적으로 구성된 집단으로 후원이나 외부의 협력 없이는 구성될 수 없는 집단이다.

(3) 집단의 목적에 따른 유형 : 치료집단

치료집단의 주요목적은 교육, 성장, 치유, 사회화 등이다. 치료집단을 목적중심으로 분류하면 다음과 같다.

① 교육집단

교육집단은 구성원들에게 지식, 정보 또는 기술의 향상을 목적으로 한다. 구성원들의 자기표출보다는 전문가의 강의형태 또는 구성원들 간의 토의로 학습이 이루어진다. 집단의 공통 관심사를 가진 사람들로 구성되며, 집단 지도자는 최상의 학습효과를 얻을 수 있도록 구성원의 지식, 기술, 경험 등을 고려하여 집단을 구성한다. 예를 들면, 성교육집단, 예비부부 및 신혼부부집단, 위탁가정 부모집단 등이다.

② 성장집단

성장집단은 구성원의 자기인식을 증진시키고, 자신의 사고를 변화의 기회를 제공함으로써 개인의 잠재력을 최대한 발휘할 수 있도록 한다. 성장집단은 사회정서적 질병의 치료보다는 사회정서적 건강증진에 초점을 두며, 집단을 개인의 성장기회로 활용하려는 사람들로 구성된다. 예를 들면, 청소년 진로탐색 집단, 은퇴 후 생활설계를 위한 노인집단 등이다.

③ 치료집단

치료집단은 구성원들의 행동변화와 개인적 문제의 해결 및 상실된 기능의 회복을 돕는다. 치료집단은 전문가에 의해 치료집단에 적합한가에 대한 사정 후 공통적인 문제를 경험하고 있는 사람들로 구성된다. 집단지도자는 전문가, 권위적 인물, 변화매개인으로서 역할을 수행하며, 집단구성원 개개인의 치료목표를 구체적으로 수립하여 이를 달성하도록 돕는다. 예를 들면, 발달장애아동 집단, 비행청소년집단, 정신장애인 집단, 성학대피해자 집단 등이다.

④ 사회화집단

사회화집단은 사회적 기술을 습득하고, 사회적으로 수용되는 행동유형을 학습함으로써 지역사회의 생활에서 효과적으로 기능할 수 있도록 원조하는 데 일차적 목적이 있다.

사회화집단은 토의보다는 게임, 역할극, 여가활동 등 특정 프로그램 활동에 참가하여 결속력을 다지며, 대인관계 기술을 향상시킨다. 사회화집단은 사회기술훈련집단, 자치집단, 스카우트활동, 캠핑, 스포츠활동 등을 주요 활동으로 하는 여가집단으로 구분된다.

3) 집단의 특성

집단은 두 명 이상이 모인 집합체로서 공통의 목적을 가지고 있다. 또한 집단은 전체로서의 집단을 인식하고, 다른 집단과 구분되는 특징을 지니고 구성원들이 상호작용하면서 각자의 행동에 영향을 미친다는 특성을 가지고 있다. 이러한 집단의 특성은 다음과 같다(이근홍, 2015).

(1) 일정 규모

집단의 크기가 최대한 어느 정도인가에 대해서는 한정되어 있지 않지만 최소 두 명 이상의 구성원으로 이루어진다. 집단은 구성원들 간의 상호작용에 의해 제한을 받으며, 대부분 규모가 작은 편이다. 집단이 구성원들 간에 직접적인 상호작용을 하지 않을 경우에는 더 이상 집단이라 할 수 없다.

(2) 공통목표

집단은 구성원들 간의 역할차이가 최소화되어 있으며, 직접적인 상호작용을 통해서 전체적인 성격에 따라 움직인다. 집단의 공통적인 목표를 가지고 있으며, 목표는 명백하기보다는 오히려 암시적이다. 집단의 목표는 집단 구성원들의 소속감이나 사랑과 같은 욕구로부터 나타나며, 비공식적이고 개인적인 관계의 본질에서 유래한다.

(3) 정체성

집단의 구성원들은 공통의 집단 정체성을 공유하며, 전체적으로 집단을 인식한다. 집단에 대한 정체성은 집단활동을 통해서 우리 의식이 나타날 때 더욱 명백해진다. 집단은 구성원으로서 소유하는 자기 본위에 주요한 영향을 미친다. 집단의 구성원들이 상대적으로 구별되지 않으며 서로 인간적인 측면에 의해 관련되어 있기 때문에 집단이 유지되고 발달하며 자기 본위 의식의 증진에 기여한다.

(4) 배타성

집단은 모든 사회체계 중에서 가장 배타적이다. 집단구성원들의 관계가 개인적인 차원에서 이루어지며, 개인의 내부에서 우러나오는 감정에 의해 이루어지기 때문에 다른 체계에 대해 배타적이다. 배타성은 집단의 잠재적인 안정성과 구성원들의 사회화에 기여한다.

(5) 자기조직화

집단구성원들 사이의 관계와 효과적인 상호작용은 구성원들의 내적이고 자연스러운 상황에 기인한다. 이러한 관점에서 집단은 스스로 조직된 것이며, 집단과 관련된 행동은 이성적인 요소보다는 정서적인 측면에서 나타난다. 집단의 관계는 어떤 다른 목적달성을 위한 도구나 수단이기보다는 그들 스스로의 목적 달성을 위해 이루어진다.

(6) 개인행동에 대한 영향

집단은 구성원들에게 사회화와 사회통제의 기능을 수행한다. 모든 집단은 독특한 하위문화를 소유하며, 이것은 집단과 관련된 구성원들의 행동에 영향을 미치는 규범을 포함한다.

4) 집단의 발달단계

집단에 대한 아이디어를 구성원들 간에 공유함으로써 형성된 집단은 시간이 지남에 따라 집단의 내부구조, 의사소통과 상호작용의 형태, 응집력, 사회통제, 문화 등이 형성되며 변화되어 간다. 사회복지사는 집단의 발달단계별 특성을 이해하고 관찰과 사정을 통해 집단구성원에게 적합한 개입방법을 사용할 수 있다. 다음은 노든(Northen, 1982)의 집단발달단계 모델이다.

(1) 준비단계

이 단계는 회원들이 집단의 구성원이 되어 실제적인 상호작용을 하기 이전의 단계를 의미한다. 이 단계에서는 유사한 내용의 문제를 가진 개인들의 접수 및 집단구성에 관한 조치가 행해지며, 이 단계에 고려해야 할 변수로는 집단의 크기, 성원의 특성과 배경, 그리고 집단의 환경적 위치 등이다.

(2) 오리엔테이션 단계

다른 학자들의 접근단계, 형성단계, 시작단계에 해당되며, 성원들은 불안과 긴장을 가진 채 새로운 상황에 들어오게 되며 타인에 대한 관심보다는 자의식이 강한 상태에 있다. 이 단계에서는 집단 성원 간에 인간적 유대가 발생하고, 보다 주장이 강하고 투쟁적인 성원이 리더의 역할을 담당하게 되며 의사전달은 이를 중심으로 나타난다. 집단성원들 간에 불안과 긴장이 가장 높은 단계이며, 관계의 형성이 중심과제가 되는 단계이다

(3) 탐색과 시험단계

이 단계에서는 상호작용의 유형이 발달하는 것이 특징이며, 이러한 상호작용은 상황에 대한 탐색과 시험 그리고 조화와 갈등의 관계가 중심이 되며, 이러한 상호

작용을 통하여 응집력이 있는 집단이 형성되기에 이른다. 성원 간의 상호작용이 증가함에 따라 하위집단이 형성되기 시작하며, 집단의 규범과 가치에 관련하여 통제적 기제가 발전한다.

(4) 문제해결단계

이 단계는 집단성원의 상호의존성과 집단의 응집력이 높은 수준에 이르고, 문제해결을 위한 매개체로서 집단을 이용하는 단계이다. 성공적인 집단만이 이 단계에 도달할 수 있으며, 성원들이 집단의 내부나 외부에서 오는 변화의 압력이 효과적으로 반응할 수 있을 때만 이 단계를 유지할 수 있다.

(5) 종결단계

목적이 달성되어 이제 더 이상 집단이 존속할 이유가 없어지게 되면 종결된다. 처음부터 집단은 일정한 기간 동안에 설치하도록 계획되어 그 기한이 도래하면 종결하게 된다.

3. 조 직

동물로서 평가하면 인간은 다른 동물에 비교해서 생존 가능성이 낮은 신체를 가지고 있다. 그러나 인간은 조직을 통해서 협력과 협동을 통해서 지구상의 최상위 지배자가 되었다. 인간에게 조직은 매우 중요하면서도 복잡하게 관련되어 있다. 조직이란 일정한 구조를 가지고 특정한 목적을 달성하기 위해서 의도적으로 설립한 사회체계이다. 조직은 업무분담 및 권력통제가 필요하며, 적절한 지도력과 책임성이 부여되어야 한다. 인간은 조직을 이용하여 자신의 사회적 욕구나 야망을 실현하고 각 개인은 여러 유형의 조직과 관계하면서 자신에게 부여된 임무를 수행한다, 사회적 단위로서의 조직을 이해하는 것은 사회복지실천에서 효율성을 높이기 위한 필수사항이다.

조직은 2명 이상이 모인 집합체로서 특정 용도의 목적을 달성하기 위해 인위적으로 구성되며, 목적수행을 위해 업무를 조직적으로 수행하고, 조직 내의 구성원은 각자의 역할과 지위가 주어진다. 예를 들면, 위원회, 조합, 직장, 정당 등이 조직에 해당한다. 조직에 대한 다양한 견해가 존재하지만 이들 중 대표적인 학자들의 관점을 소개하면 다음과 같다(백정현, 2006).

- Gaus : 조직이란 기능과 책임의 배분을 위한 합의된 목적수행을 위한 인원의 배치이다.
- Simon : 넓은 의미에서 조직이란 집단적인 행동 행위의 한 형태이다.
- Etzioni : 조직이란 일정한 환경하에서 특정 목표를 추구하기 위해서 구조화된 사회적 단위이다.
- Waldo : 조직은 구조이며, 관리하는 기능이라고 지적하고 있는 데 전자는 정태적인 형태를 추구하는 것이요, 후자는 동태적인 운동을 의미한다. 즉, 조직이란 행정 목적에 참여하는 인간을 협동시키기 위해서 구성원들을 상호간에 체계적으로 결합하는 구조이며 수단의 정비라고 정의한다.
- Weber : 조직이란 계속적이고 의도적인 특정한 종류의 활동체제이다.
- Holland : 사회복지실천의 시각에서 일반조직과 구분하여 사회서비스 조직을 강조하면서 사회복지실천에서의 조직의 특성을 정리하고 있다. 즉, 사회복지서비스 조직은 소비자들에게 직접 서비스를 전달하며 서비스 제공자와 받는 자 간 인간관계를 중요한 과정으로 간주하고, 서비스를 받는 자들의 복지 향상에 조직의 정당성을 부여한다. 이와 같은 조직의 의미에는 사회복지사가 지켜야 할 가치관과 활동목적 및 전문성을 반영하고 있다.

1) 조직의 개념

조직은 특정한 목적을 달성하기 위해서 의도적으로 설립한 체계로서 일정한 크기와 구조를 가지고 구성원들이 업무에 의해서 상호 관련되어 있는 사회적 단위이다.

조직은 위원회, 클럽, 정당의 형태를 취하면서 합당한 권리를 행사할 수 있는 체계를 갖춘 집합체이다. 파슨스(Parsons, 1960)는 조직을 특정한 목표를 추구하기 위해서 의도적으로 구축한 사회적 단위로 보고 회사, 군대, 학교, 병원, 교회, 교도소 등이 여기에 속하며 부족, 계급, 인종집단, 친목집단, 가족은 제외된다고 정의한다. 종합해 보면 조직은 구체적이고 명백한 목표와 목적을 달성하기 위해 구성원들이 비교적 좁은 행동 범위에 그들 스스로 제한하고 권위와 위계적 통제의 형태로 제각기 권력을 행사하며, 체계의 목표에 순종하고 규정된 역할에 충실한 사회체계로 정의할 수 있다.

2) 조직의 특성

조직은 일정한 형태를 가지고 있으면서 특정한 목적을 달성하기 위해 설립된 집합체이다. 이러한 조직은 체계적인 업무수행을 위해 일정한 구조를 가지고 있다. 구성원들이 통제와 지도력을 바탕으로 분업을 통해서 각자의 책임을 수행한다.

(1) 특정 목적

조직은 구성원들 간에 묵시적 혹은 명시적으로 합의된 공통의 목적을 달성하고자 노력하며 이러한 목적은 조직이 실현하고자 하는 하나의 바람직한 상태인 것이다. 특히 조직은 특정한 목적을 명확하게 설정해야 구체적인 활동 계획을 세울 수 있으며 조직을 편성하거나 관리할 수 있게 된다.

(2) 분화

조직이 특정한 기능을 효율적으로 수행할 수 있도록 영역별로 나눈 형태를 분화라고 한다. 조직이 목적을 달성하기 위해서는 구성원 간에 업무가 적절하게 분배되어야 하며, 합리적인 조정이 있어야 한다. 구성원들에게 업무수행에 대한 권한이 적절히 위임되었을 때 그들에게 안정감과 만족감을 제공할 수 있다.

(3) 지도력

지도력은 조직의 목적을 달성하기 위해서 구성원들을 조정하여 활동하게 하는 기술이나 영향력이다. 지도력은 조직의 목적 달성과 구성원들의 역할행동에 크게 변화를 가져올 수 있으므로 조직환경에 적절한 지도력을 발휘할 필요가 있다.

(4) 권력과 통제

권력은 힘을 사회적 상황에 도입시키는 능력으로서 조직의 질서를 유지하는데 필요하다. 권력이 없으면 조직도, 질서도 존재할 수 없다. 조직이 다른 사회체계들과 다른 특성 중 하나는 권력을 명시한다는 것이다. 조직을 성공적으로 이끌기 위해서는 구성원들에 대한 통제가 유지되어야 한다. 통제는 계획적이고 신중하게 이루어져야 하며, 이에는 신체적 · 물질적 · 상징적 통제가 있으며 이들은 조직환경에 적절하게 활용되어야 한다.

(5) 구조

조직은 특정한 목적을 달성하기 위해 체계적인 구조를 가지고 있으며, 조직이 업무를 기획하고 수행하며 통제하기 위해 기반을 이루는 구조는 구성원들에게 전문적으로 업무를 분화하고 조직의 질서를 유지할 수 있도록 한다.

(6) 책임성

조직은 목적을 달성하기 위해 구성원들에게 일정한 업무를 부여하며 담당 업무에 대해서 책임을 지도록 한다. 책임성은 구성원들에게 자신이 조직을 위해서 무엇을 해야 하는가를 인식하도록 하여 조직의 발전에 기여할 수 있는 기초가 된다.

3) 조직의 유형

(1) 사회적 기능에 따른 유형

파슨스(Parsons, 1960)는 조직이 사회적 필요성을 충족시키기 위해서 어떠한 기능을 수행하느냐에 따라 경제조직, 정치조직, 통제조직 및 사회조직으로 구분될 수 있다고 하였다.

(2) 통제형식에 따른 유형

모든 조직에는 고위관계자와 하위 관계자가 있으며, 고위관계자가 이용할 수 있는 세 가지 권력은 물리적 힘을 사용하는 강제적 권력, 물질적 보상을 사용하는 보상적 권력, 도덕적인 설득 혹은 사회적 수용의 보장을 사용하는 규범적 권력 중 어느 것을 사용하느냐에 따라 조직을 구분할 수 있다.

첫째, 강제적 조직은 구성원들의 의사와 관계없이 조직의 목적을 달성하기 위해 강제적으로 통제하는 조직으로 주요 권력의 형태는 억압이고, 대부분의 구성원들은 소외감을 느끼며 행동의 제약을 받는다. 교도소, 군대, 폐쇄병동 등이 여기에 해당한다.

둘째, 공리적 조직은 구성원들이 실리적인 목적하에 소속되며 돈과 같은 인센티브를 사용하여 조직의 목표를 달성하도록 한다. 구성원들은 자신의 이익을 위해 조직에 가입하기 때문에 조직의 목표를 어느 정도 지지하는 경향이 있으며 보상이 매력적일수록 더욱더 개입한다. 회사, 은행, 경제단체 등이 해당되며, 가입과 탈퇴가 자유롭다.

셋째, 규범적 조직은 흔히 자발적 협회라 불리며, 조직의 주요 권력형태는 규범이다. 구성원들의 개입은 도덕적이며 조직에 높은 귀속감을 가지고 있다. 종교단체, 정당, 자원봉사단체 등이 이에 속한다.

넷째, 혼합조직은 앞의 세 가지 권력이 각기 다양하게 복합적으로 사용되는 조직을 말한다. 현실적으로 한 가지 유형의 권력에 의존하는 조직은 없다. 교도소는 재활 프로그램을 통한 규범적 권력을 사용할 수 있지만 강제적인 권력에 의존하며, 회사는 구성원들을 고무하기 위해 독려할 수 있지만 그들의 참여는 주로 임금에 의존하게 된다.

4. 지역사회

지역사회는 일정한 지리적 구역을 전제조건으로 일정한 지역에 사는 사람들의 집합체를 말한다. 이에 공동체는 공동의 관심과 이해관계를 전제조건으로 기능적 기준에 의해 형성되며 그 구성원이 공동의 이익을 추구하고 이해관계를 같이 하는 개인이나 집단조직체를 의미한다. 지역사회는 지리적 의미와 기능적 의미를 함축하고 있으며 일정한 지리적 범위 내 사람들의 집단 또는 공동의 이해관계, 소속감, 문화에 기초하여 활동하는 사람들이 집단으로 구성된 사회적 단위이다. 지역사회는 사회의 중요한 부분이며 그 자체가 하나의 사회로서 가족, 집단, 조직의 행동에 영향을 미치고 그들에게 영향을 받으며 변화하고 발전한다.

최옥채(2005)는 지역사회를 “다양한 욕구나 문제를 가지고 있으며, 일정한 규모의 지리적 공간 안에서 지역사회 주민의 상호작용이 활발하게 이루어지고, 지역사회의 욕구나 문제를 해결하기 위해서 사회복지실천이 가능한 일정한 규모의 장”으로 정의하고 있다.

1) 지역사회의 개념

지역사회의 일반적 개념은 "일정한 지리적 범위 내 사람들의 집단 또는 공동의 이해관계, 소속감, 문화에 기초하여 활동하는 사람들이 집단으로 구성하는 사회적 단위"라고 정의할 수 있다(김광희, 2012). 지역사회는 한 지역을 구성하는 주민들과 조직체의 지리적 분포로 이루어지는 활동영역을 강조하는 지리적 의미의 지역사회와 지역사회 주민들 간의 합의성, 일체성, 공동생활양식, 공통의 관심과 가치, 그리고 공동노력을 강조하는 사회적 동질성을 지닌 사회적 단위를 지역사회로 정의하는 기존개념에 대해서 워렌(Warren)은 급속한 산업화와 도시화를 경험하고 있는 지역사회에는 적합하지 않다고 비판하며, 지역사회를 "지역적인 수준에서 사람들의 욕구를 충족시키기에 적절한 주요 사회기능들을 수행하는 사회적인 단위와 체계의 연합"으로 정의하여 근린, 자발적 연합체, 그리고 더 광범위한 지역사회에 이르는 사회적 단위들을 포함시키고 있다.

2) 지역사회의 유형

현대화에 따라 지역사회를 유형화하는 방법은 다양하나 가장 흔히 사용하는 기준은 던햄(Dunham)이 나눈 인구의 크기, 경제적 기반, 정부의 행정구역, 인구구성의 사회적 특수성을 들 수 있다(이우언 외, 2019).

첫째, 인구의 크기에 따른 구분은 대도시(서울, 부산, 대구, 대전, 인천, 광주 등), 중소도시(오산, 군산, 강릉, 청주, 춘천 등), 읍지역(평창, 금산 등)과 같은 작은 부락 등의 구분에서 흔히 볼 수 있는 지역사회의 형태이다. 이러한 구분은 사회조사의 경우 응답자들의 성장지를 파악하는 데 가장 많이 사용되고 있다.

둘째, 경제적 기반에 따른 지역사회의 구분은 광산촌, 산촌, 어촌, 관광지, 공업단지 등의 구분에서 볼 수 있다. 이러한 분류는 주민들의 경제생활뿐만 아니라 사회・문화적 특성을 파악하고자 하는 인류학적인 조사・연구에서 흔히 사용되고 있다.

셋째, 정부의 행정구역에 따른 구분은 특별시, 광역시·도, 시·군·구, 읍·면·동 등으로 지역사회를 구획하는 것으로서 일반적으로 인구의 크기가 중요시되지만 반드시 인구의 크기에 따라 비율적으로 구분되지는 않는다.

넷째, 인구구성의 사회적 특수성을 기준으로 한 지역사회의 구분은 도시 저소득층 지역, 외국인촌, 장애인 밀집지역, 미국의 할렘가나 차이나타운, 유대인 거주지역 등에서 볼 수 있는 바와 같이 지역사회 구성원 대다수의 경제적·인종적 특성을 중심으로 지역을 유형화하는 것이다.

3) 지역사회의 기능

지역사회는 해당지역 주민들의 기초생활을 형성해 나가는 기본적인 역할과 함께 상호작용을 통해 사회구조와 사회적 기능을 발전시킨다. 또한 지역사회는 개별 구성원들의 사회화 기능과 노덕적 약속, 정책적 요소들을 도출하여 지역의 통합과 발전을 도모하기 위한 여러 가지 기능들을 조정하는 장이 된다. 한편 모든 지역사회가 공통으로 수행하는 주요 기능은 경제제도로서 생산·분배·소비의 기능과 가족제도로서 사회화 기능, 정치제도로서 사회통제기능, 종교제도로서 사회통합의 기능, 사회복지제도로서 상호부조기능의 다섯 가지 기능에 방어와 의사소통기능이 있다(박태영, 2008).

(1) 생산·분배·소비의 기능

지역사회는 생산·분배·소비의 기능이 이루어지는 경제적 공간이다. 즉, 지역사회 주민들이 일상생활을 위해서 필요로 하는 기본적인 재화 및 서비스를 생산·분배·소비하는 과정을 말한다. 오늘날 사람들은 의식주, 보건, 교통, 고용, 여가생활 등과 관련된 다양한 영역에서 재화 및 서비스와 같은 기본적인 욕구를 충족시키기 위하여 서로 의존하고 있다. 따라서 지역사회는 이러한 활동이 이루어지는 환경이 된다.

(2) 사회화 기능

사회화는 지역사회가 공유하는 일반적인 지식, 사회적 가치, 행동양식 등을 지역주민들에게 전달하는 과정을 의미한다. 사회화 과정을 통해서 지역주민들은 다른 사회구성원과 구별되는 생활양식을 터득하게 된다. 사회화 과정은 개인의 유년시절부터 가정을 중심으로 이루어지며, 사회구성원으로서 일생 동안 지속된다.

(3) 사회통제기능

모든 지역사회는 지역주민들이 지켜야 할 법, 도덕, 규칙 등의 규범을 가지게 된다. 그러나 이러한 규범을 준수하도록 하는 강제력이 결여된다면 지역사회의 질서가 붕괴되어 사회해체현상이 나타나게 된다. 사회통제를 담당하는 일차적인 기관은 정부로 사법권과 경찰력을 통해 보편적으로 적용할 수 있는 법을 집행한다. 그러나 여타 사회조직인 가정, 학교, 교회, 사회기관 등도 부분적으로 이러한 기능을 담당한다.

(4) 사회통합의 기능

지역사회는 지역사회체계가 정상적인 기능을 수행하도록 어느 정도 결속력과 사기를 전제로 하는 사회통합의 기능을 가진다. 특히 종교활동과 사회봉사의 참여를 통하여 사회발전에 기여할 수 있는 기능이다. 사회통합의 기능은 정치적・사회적・경제적으로 급격한 변화를 경험하고 있는 사회와 시대에 특히 강조되는 경향이 있다.

(5) 상호부조의 기능

지역사회는 기존 사회제도에 의해 기본 욕구를 충족할 수 없는 경우 상호부조라는 사회적 기능을 가진다. 전통사회에서 상호부조의 기능은 가족, 친척, 이웃,

자선단체 등과 같은 일차적인 집단에 의해 이루어졌으나 현대사회에서는 이러한 기능이 정부, 민간사회단체, 종교단체 등에서 이루어진다.

(6) 방어의 기능

지역사회는 구성원을 보호하고 지키기 위한 방어의 기능을 가진다. 이러한 기능은 특히 안전하지 못한 지역사회에서 주요한 기능이 되어 왔다. 이러한 기능은 공간적 지역사회뿐만 아니라 비공간적 지역사회에서도 관련되어 있는 기능이다. 예를 들면, 동성연애자 집단의 경우 이러한 방어적 기능은 더욱 중요할 수 있는데, 이는 그들에게 피해를 줄 수 있는 집단이 있기 때문이다. 또한 외국에서 생활하는 이민자들의 경우에도 그 사회의 주류집단으로부터 자신들을 보호하기 위하여 방어기능을 가지게 된다.

(7) 의사소통의 기능

지역사회는 생각을 표현하는 공통의 언어 및 상징을 활용하는 의사소통의 장이다. 의사소통의 기능을 하나의 독립된 기능으로 간주하는 것은 매우 의미 있는 일이다. 의사소통이 언어나 문자이든지, 그림 또는 소리를 통한 표현이든지 간에 사람들을 결속시키는 접착제적인 역할을 하는 기능이다.

5. 문 화

사회가 존재하는 곳에는 반드시 문화가 있다. 흔히 서구문화, 한국문화로 표현하듯이 국가나 민족에 따른 문화가 존재하며 또한 동일한 국가 내에서도 대구문화, 서울문화, 전라도문화와 같이 다양한 문화가 존재한다. 이렇듯 인간의 삶과 관련된 대부분의 영역들에서는 그들 나름의 행동양식이나 규범을 지니는 문화들이 존재한다. 따라서 인간을 이해하기 위해서는 반드시 그들이 속한 문화에 대한 특성을 이해하여야 한다.

문화는 사회구성원들이 공유하고 있는 생활양식이나 행동양식, 가치 및 규범체계의 총체로서 사회구성원들에게 내면화되어 인간 행동에 영향을 미치는 사회체계이다. 한국 사회도 결혼이민자, 외국인근로자, 난민, 북한이탈주민, 그리고 중도입국청소년 등이 급증하면서 다문화사회가 되었으며 이는 지구상의 모든 국가의 공통적인 사회현상이 되었다. 그러므로 사회복지실천현장의 사회복지사는 클라이언트의 다양한 문화, 종교, 인종 그리고 민족 등의 배경에 대한 이해가 필수적이다.

생태체계이론에 따르면, 문화는 거시체계로서 하위체계에 속하는 개인 집단, 조직 및 지역사회에 영향을 미친다. 문화체계의 기능은 개인의 사회화, 욕구충족, 사회통제, 사회 존속의 기능을 수행한다. 그리고 문화는 세대 간에 전승되면서 사회의 모든 성원들에게 직접적 혹은 간접적으로 영향을 미치며 사회화 과정을 통해 모든 성원의 성격 발달과 행동에 많은 영향을 미친다. 예를 들면, 한국 사회에서 자란 청소년들은 '집단적인 관계성'을 중요시하는 반면에 서구사회의 청소년들은 '개인적인 독립성'을 중요시하는 경향을 공통적으로 보여준다.

문화는 광의적 의미와 협의적 의미로 구분하거나 규제적인 문화와 개방적인 문화로 구분하기도 한다. 이러한 문화적 특성은 시대의 변화에 따라 새로운 형태로 창출되거나 변화되기도 한다. 우리 사회의 전통적인 문화의 핵심인 '효 문화'도 오늘날 변화하고 있는 양상을 보이고 있다. 최근 코로나 사태와 관련해서 국가별 방역정책과 관련해서도 문화적 차이와 다양성으로 인한 행동의 차이를 극명하게 보여주고 있다(그림 2-1).

유럽 : 노마스크 시위
출처 : https://www.ajunews.com/view/20200820153428937

한국 : 마스크 지급받기 위해 3시간 줄서기
출처 : http://www.gnnews.co.kr/news/articleView.html?dxno=437351

[그림 2-1] 마스크 사용에 대한 한국과 유럽 국가의 국민들의 행동의 차이

1) 문화의 정의와 주요 개념

(1) 문화의 정의

문화라는 개념은 오랜 역사성을 지니고 있으며 인간의 삶 전체 및 사회 전체와 연관되어있는 광범위한 개념이기 때문에 학자들에 따라 다양한 관점의 수많은 정의들이 존재한다. 문화에 대한 공통적인 정의를 말하기 전에 대표적인 정의들을 소개하면 다음과 같다.

- Edward Taylor : "지식, 신앙, 예술, 법률, 도덕, 풍속, 그리고 인간이 사회 구성원으로서 취득한 그 밖의 모든 능력과 습관 등을 포함하는 복합적 전체"
- R. S. Lynd : "동일한 지역에 사는 사람들의 공동체가 하는 일, 행동방식, 사고방식, 감정, 사용하는 도구, 가치, 상징 등의 총체"
- C. Wissler : "넓은 의미에서의 모든 사회적 활동"
- F. M. Keesing : "사회적으로 전수되고 습득된 태도"
- J. P. B. de Josselin de Jong : "인간 공동체의 비유전적 삶의 표현 체계 및 그 산물"

대표적인 학자들의 문화에 대한 이상의 정의들에서 공통적인 내용은 사회 혹은 공동체이다. 즉, 문화란 사회 혹은 공동체를 통해서 형성되는 것을 말하고 있다. 요약해서 정리해 보면 문화란 '인간이 사회의 구성원으로서 생물학적 유전에 의하지 않고 행하는 모든 (의식적인)행위 및 그 결과의 총체'라고 할 수 있다. 즉 인간의 문화는 인간의 생물학적 혹은 동물적 차원을 넘어서는 인간의 의식적·정신적 차원에서 형성되고 전수되는 것임을 말한다.

1) 문화의 개념

문화는 사회구성원들이 공유하는 생활양식이나 행동양식, 가치 및 규범의 총체이다. 문화는 지식, 신앙, 예술, 도덕, 법률, 관습 및 기타 사회구성원으로서 인간에 의해 획득된 모든 능력과 관습의 복합적 총체, 이들은 상호 긴밀한 관계를 유지하면서 하나의 전체를 이루는 통합체이다. 이와 같이 문화는 인간이 소유한 능력의 소산으로서 생활하는 관습의 전체이기도 하다. 문화는 특정한 인간집단이나 지역에서 특징적으로 나타나는 생활양식으로서 선천적으로 가지고 태어나기보다는 후천적으로 특정한 사회에서 성장하는 과정 속에서 익히는 것이다. 이것은 인간의 생존을 위한 필수적인 요소이면서 거의 무의식적으로 인간의 행동과 사고에 영향을 미친다(한상복 외, 1997). 문화는 개인에게 영향을 미치는 거시체계이다.

2) 문화의 특성

문화는 일반적으로 사회구성원들 간에 공유되며, 생득적이라기보다는 인간이 사회 속에서 성장하면서 학습을 통해 습득되며, 한 세대에서 다음 세대로 전승되고 누적되어 나타난다. 이러한 문화의 특성을 통해 사회복지실천에서 개인, 가족, 집단, 조직, 지역사회에 관하여 보다 폭넓고 깊이 있는 이해를 꾀할 필요가 있으며, 다양한 문화가 공통으로 갖는 일반적 특성은 다음과 같다.

첫째, 보편성이다. 문화는 문화사회이든, 미개사회이든 간에 모든 사회에 존재한다.

둘째, 사회성이다. 인간은 사회적 동물로서 문화와는 떼어 놓을 수 없는 불가분의 관계이다. 따라서 문화는 인간을 다른 동물과 구별지어 준다.

셋째, 공유성이다. 한국 사회에 살고 있는 사람은 그들이 아무리 다르게 행동한다 해도 기본적으로 한국인과 비슷한 행위양식을 보이기 마련이다. 우리가 다른 사람을 이해하고 다른 사람의 행동을 예측하고, 다른 사람과 마찰 없이 지낼 수 있는 것은 바로 우리가 문화를 공유하고 있기 때문이다.

넷째, 학습성이다. 문화는 선천적으로 타고나는 것이 아니라 사회경험 속에서 후천적으로 학습되는 것이다. 문화의 학습은 어느 한순간 또는 어떤 짧은 기간 내에 이루어지는 것이 아니라 평생에 걸쳐 진행된다. 문화는 사회화를 통해 개인의 일부가 되기 때문에 인간행동에 밀접하게 관여한다.

다섯째, 축적성이다. 문화는 한 세대에서 다음 세대로 전승된다. 새로운 지식과 생활방식이 쌓이면서 문화전승이 이루어진다.

여섯째, 체계성이다. 문화는 그 내용 하나하나가 별개로 떨어져 있는 것이 아니라 하나의 전체 또는 체계이다. 문화를 구성하는 어떤 한 요소는 그 자체로 독립되어 존재하고 의미를 갖는 것이 아니라 무수히 많은 다른 것들과 관련되어 있으며, 그 관련 속에서만 의미를 가진다.

일곱째, 다양성이다. 인간의 문화형태는 매우 다양하고 상이하다. 문화의 다양성을 감안하여 사회복지사는 개인의 다양한 문화를 좋고 나쁨으로 규정해서는 안 되며, 문화를 올바르게 이해하기 위해서는 문화를 소유하고 있는 당사자의 시각에서 볼 수 있어야 한다.

3) 문화와 관련된 주요 개념

(1) 문화변용

둘 이상의 문화가 지속적으로 접촉하여 한쪽이나 양쪽에 변화가 일어나는 현상이다. 문화변용은 상이한 문화 속의 개인, 가족, 집단, 조직, 지역사회가 만나 상호작용을 주고받으면서 일어날 뿐만 아니라 그 사회가 추구하는 제도, 관습,

가치 등의 사회적 상황으로부터도 영향을 받는다.

(2) 문화생태학

문화생태학이란 인간사회가 환경에 적응하고 변형시키는 방식들에 관한 연구를 말한다. 인간과 환경 간 관계를 중시한 생태학을 바탕으로 문화를 환경에 대한 적응체계로 간주하고 문화의 특정 영역이 환경과 밀접한 관계를 맺는다는 점을 강조한다. 특히 인간의 문화형성에서 환경요인을 강조한다.

(3) 문화상대주의

문화상대주의는 모든 문화에는 절대적으로 우월하거나 열등한 문화가 없으며 전부 상대적으로 고유한 가치를 지닌다는 것이다. 문화의 상대성을 인정하고 각 문화를 그 사회의 독특한 환경과 역사적, 사회적 맥락 속에서 이해해야 한다는 것이다.

(4) 문화사대주의

문화사대주의는 자신이 속한 문화를 비하하고 다른 사회의 문화를 맹목적으로 추종하는 태도를 말한다.

4) 문화의 기능

사회 구성원들을 사회체제에 편입시키면서 사회를 재생산하는 문화의 기능은 문화가 이데올로기와 밀접한 관계가 있다는 점을 보여준다. 다양한 문화적 기제들이 사람들로 하여금 주어진 문화에 순응하게 함으로써 기존의 사회 체제를 유지하고 재생산하는 기능을 한다.

(1) 사회화

문화는 개인이 사회에서 어떻게 행동하고 어떻게 말하며 어떻게 세상을 인식할 것인가를 가르쳐 주는 지침이 된다. 문화는 개인의 성격을 형성하고 변화시키며, 개인에게 다양한 생활양식을 내면화시켜 사회에 적응하며 살아갈 수 있게 한다.

(2) 욕구충족

문화는 개인의 생리적 욕구와 심리적 욕구를 충족시켜 준다. 다양한 생활양식을 통해 의식주 같은 개인의 기본적인 욕구를 충족시켜 주며, 개인이 다양한 문화와 접하면서 사회적으로 안정감을 가지고 살아갈 수 있게 한다.

(3) 사회통제

문화는 행동에 대한 규제와 사회악의 제거를 통해 사회통제기능을 수행한다. 문화는 개인의 행동양식을 규정하며 대인과계와 사회생활에서 자기의 행동이 상대방에게 어떤 영향을 주고 상대방이 어떤 반응을 보일 것인가를 알고 적절히 행동할 수 있게 한다.

(4) 사회존속

문화는 사회의 유지 · 존속에 필수 불가결한 요소이다. 문화 없이는 사회가 존재할 수 없고, 사회 없이는 문화도 존재할 수 없다. 사회가 계속 존재하는 것은 사회가 문화의 학습과 전승을 통해서 새로운 구성원에게 필요한 생활양식을 전해 주기 때문이다.

5) 문화의 유형

문화의 유형은 분석 목적과 의도에 따라 여러 형태로 구분할 수 있다. 소로킨(P A Sorokin)은 문화의 형태를 물질적 문화, 행동적 문화, 이데올로기적 문화 등으로 구분하였으며 볼드릿지(Baldridge)는 물질 문화와 비물질 문화로 구분하였으며 비물질문화를 다시 규범적 문화와 관념적 문화로 구분하였다. 일반적으로 널리 사용되는 문화의 유형은 볼드릿지의 문화유형이며 이들에 관해 살펴보면 다음과 같다.

(1) 물질문화

인간이 그들의 동물로서의 약점을 보완하고 만물의 영장이 된 것은 바로 인간의 물질적인 것을 만들고 이를 다루는 능력을 개발한 것이다. 즉 인간이 환경의 제약을 극복하고 기본적인 욕구를 충족하기 위해서 만들어 사용하는 물질적인 것들과 이들을 다룰 줄 아는 능력이나 기술을 의미한다. 예를 들면, 자동차, 가전제품, 옷, 각종 도구 및 생활에 필요한 용품들과 이들을 다룰 수 있는 기술이 여기에 해당한다.

(2) 비물질문화 : 관념문화와 규범문화

비물질 문화는 문화의 속성 중 인간의 의식적·정식적 차원의 산물이다. 비물질 문화는 다시 관념문화와 규범문화로 나누어진다. 이들에 대해 살펴보면 다음과 같다.

① 관념문화 : 관념문화란 신념, 가치관과 같은 인간의 마음속에 관념적 형태로 존재하는 문화를 의미한다. 종교적 신념, 옳고 그름에 대한 가치관, 신화, 전설, 문학 등이 여기에 속한다.

② 규범문화 : 인간행위의 양식과 방향을 지시하는 것으로서 인간이 공동체 생활에서 하여야 할 행위(권장되는 행위)와 하지 말아야 할 행위(규제되는 행위)로 구분 짓는 문화를 의미한다. 규범문화는 공식적 형태의 법(law)과 비공식적이며 관행적인 관행적 성격의 관습(custom)이 있다. 또한 관습에는 구속력이 약한 민습과 상대적으로 구속력이 강한 원규가 있다. 이들 내용을 좀 더 상세히 살펴보면, 민습(folkways)은 관습적인 행위 양식으로 타인에 대한 예의나 에티켓이 여기에 해당한다. 원규(mores)는 살인이나 폭력과 같은 공동체 생황에서 반드시 제재를 받아야하는 행위에 대한 무거운 규범들을 말하며 이를 어기년 엄격한 제재가 따른다. 공식적인 형태의 법은 원규를 공식적으로 성문화한 형태에 해당한다.

제2장 사회환경으로서 가족, 집단 조직, 지역사회, 문화 기출문제

1. 문화와 관련된 내용으로 옳은 것은?

① 관념문화에는 법과 관습이 포함된다.
② 물질문화에는 신화와 전설이 포함된다.
③ 문화는 중간체계로서 개인에게 영향을 미친다.
④ 비물질문화에는 관념문화와 규범문화가 포함된다.
⑤ 규범문화에는 종교적 신념과 과학적 진리가 포함된다.

2. 집단과 조직의 차이점으로 맞는 것을 모두 고르시오.

가. 조직이 집단보다 공식적 상하관계가 뚜렷하다.
나. 집단이 조직보다 대면적 상호작용을 한다.
다. 조직이 집단보다 더욱 목표지향적이고 관료적이다.
라. 집단성원이 조직성원보다 한층 자율적이다.

① 가, 나, 다 ② 가, 다 ③ 나, 라
④ 라 ⑤ 가, 나, 다, 라

3. 다음 지역사회를 설명하는 관점으로 옳은 것은?

- 환경과 지역주민 간의 관계에 초점을 두고 지역사회 내에서 분업을 한다.
- 전문성 강조와 생태 체계적 관점에 주목할 필요가 있다.
- 지역사회 내부와 지역사회 간의 상호보완적 차원에서의 관계 증진과 직업의 계층적 구조가 발생하는지를 점검하고 강조한다.

① 구조적 관점 ② 사회심리학적 관점 ③ 인류생태적 관점
④ 사회체계적 관점 ⑤ 문화적 관점

4. 가족이 개인의 성격과 행동에 미치는 영향을 체계이론의 관점으로 설명할 때 사용할 수 있는 개념은?

① 속박된 경계선과 유리된 경계선
② 부적 처벌과 타임아웃
③ 소속과 애정의 욕구
④ 가족형상과 형제서열
⑤ 오이디푸스 콤플렉스와 엘렉트라 콤플렉스

5. 과업집단에 관한 설명으로 옳은 것을 모두 고른 것은?

ㄱ. 성원들 간의 결속력은 구성원의 개인적 욕구에 근거한다.
ㄴ. 위원회나 자문위원회, 이사회 등이 이에 속한다.
ㄷ. 성원들 간의 지지를 강조하며 치유와 회복에 중점을 둔다.
ㄹ. 공식적인 일정이나 규칙이 규정되어 있다.

① ㄱ, ㄴ, ㄷ　② ㄱ, ㄷ, ㄹ　③ ㄴ, ㄷ, ㄹ
④ ㄴ, ㄹ　⑤ ㄱ, ㄴ, ㄷ, ㄹ

1. **정답 : ④** 문화는 거시체계이다. 문화의 종류에는 크게 물질문화와 비물질문화가 있고, 비물질문화에는 관념문화(신화, 전설, 종교적 신념, 과학적 진리 등)와 규범문화(법, 관습 등)가 포함된다.

2. **정답 : ⑤** 조직은 집단보다 공식적 상하관계가 뚜렷하며, 더욱 목표지향적이고 관료적이다. 또한 집단은 조직보다 대면적 상호작용을 하며, 집단성원이 조직성원보다 한층 자율적이다.

3. **정답 : ③** 인류 생태학적 관점 : 환경과 지역주민 간의 관계에 초점을 두면서, 지역사회 내의 분업이나 상호 의존성으로 인해 어떻게 직업의 계층구조가 발생하는지를 강조한다.

4. **정답 : ①** ②은 행동주의 이론, ③은 매슬로우의 인본주의 이론, ④는 아들러의 개인심리 이론, ⑤는 프로이트의 정신분석이론의 개념이다.

5. **정답 : ④** ㄱ, ㄷ은 과업집단(task group)이 아니라 치료집단(treatment group)의 특징이다.

Part

03 인간행동의 발달

제3장 태내기, 영아기, 유아기

제4장 아동기

제5장 청소년기

제6장 성인기

제7장 중년기

제8장 노년기

03 Chapter 태내기, 영아기, 유아기

태내기는 모체에서 수정이 이루어지는 순간부터 출생하기까지의 시기로서 정자와 난자의 결합을 통하여 생명체가 형성되며 염색체의 결합으로 유전과 성이 결정된다. 임신을 하게 되면서 모체에 여러 가지 변화가 일어나며, 태아는 어머니의 태내에서 어머니의 영양상태, 정서상태, 질병과 같은 내적 요인과 약물, 흡연, 음주, 방사선, 환경오염 등과 같은 외부적 요인의 영향을 받으며 자라게 된다. 따라서 태아의 발달에 영향을 미치는 다양한 요인들을 이해하는 것이 중요하다.

영아기는 태어나면서부터 만 3세까지, 즉 36개월까지를 의미한다. 하지만 일부 학자들은 영아기를 더 세분해서 만 2세까지는 영아기(infancy)로, 만 2~3세까지는 걸음마기(toddler)로 구분하기도 한다. 그중에서도 출생 후 첫 1개월을 신생아기라고 한다. 현행 우리나라의 보육 서비스에서는 영아를 36개월 미만으로 정의하고 있다. 영아기는 발달의 여러 영역에서 급속한 성장이 이루어지는 시기다. 신체 및 운동 발달단계에서 '성장급등기'라고 불릴 만큼 빠른 발달이 이루어지며 언어 발달에 있어서도 다른 사람과의 의사소통이 이루어질 수 있을 정도로 발달한다. 전반적으로 이 시기는 인지발달을 포함한 모든 영역에서 균형적이고 긍정적인 발달을 위해서 새로운 것을 많이 접하고 경험하는 시기이다. 발달이론적 관점에서 프로이트(S. Freud)는 영아기를 구강기라고 하였는데 구강기에는 젖을 떼는 과정을 거치며 원초아에서 자아가 분화된다고 하였다. 에릭슨(E. Erikson)은 유아기라고 하였는데 이 시기에 겪는 심리사회적 위기를 '기본적 신뢰 대 불신'이라고 보면서 이 위기를 잘 극복하면 '희망'이라는 자아기질이 강화된다고 하였다. 피아제(J. Piaget)는 감각운동기라고 하였는데 이 시기에 감각기관과 운동기관을 통해 환경을 직접 탐색하고 경험하면서 인지가 발달하여 인과관계의 인식, 대상영속성 발달, 목적지향적 행동 발달이 이루어진다고 하였다.

유아기는 만 3세부터 초등학교 입학 이전인 6세까지의 시기를 의미한다. 유아기를 다시 걸음마기와 학령전기로 나누는 학자도 있으며, 만 2세부터로 유아기를 구분하는 학자들도 있다. 하지만 본 서에서는 만 3세부터 초등학교에 입학하기 전까지의 기간을 유아기로 구분하였다. 이 시기의 유아는 영아기에 비해 성장속도는 완만해지지만 꾸준한 신체적 성장이 이루어지며 운동능력도 꾸준히 발달한다. 또한 인지능력이 발달하고 상상과 환상이 풍부해지며, 신체발달로 인해 주변 환경에 대한 탐색이 활발해지고, 많은 어휘를 습득하면서 다른 사람과의 의사소통도 활발해진다.

인지발달과 함께 언어적 상호작용은 정서적으로 복잡한 감정과 자아개념을 싹트게 한다. 발달이론적 관점에서 프로이트(S. Freud)는 유아기를 남근기라고 하면서 오이디푸스 콤플렉스와 엘렉트라 콤플렉스를 해결하는 과정에서 초자아가 발달한다고 하였다. 에릭슨(E. Erikson)은 학령전기 또는 유희기라고 하였는데 이 시기에 겪는 심리사회적 위기를 '주도성 대 죄의식'이라고 보면서 이 위기를 잘 극복하면 '목적의식'이라는 자아 특질이 강화된다고 하였다. 피아제(J. Piaget)는 전조작기라고 하면서 아직은 직관에 의존하기 때문에 논리적이지 못하고 보존개념, 서열화, 분류 등의 개념이 발달하지만 아직 불완전한 상태라고 하였다. 특히 권위 있는 존재의 명령을 반드시 따라야 하며, 그렇지 않으면 처벌을 받는다고 생각하는 타율적 도덕성을 가지고 있는 시기라고 하였다.

1. 신체적 발달

1) 태내기의 신체적 발달

(1) 개념

정자와 난자가 만나 수정 후부터 약 280일 동안 어머니의 체내에서 성장하게 된다. 이 기간에 태아는 주로 자궁 속에서 성장하며 비록 어머니의 체내에 있지만 다른 어느 시기 못지않게 환경의 영향을 크게 받으며 자란다. 많은 사람들이 태아기와 태내기를 혼용하는 경우가 많지만, 원칙적으로 태아기는 태내기의 한 시기이다. 일반적으로 태내기는 세 기간으로 구분할 수 있다. 첫째, 발생기(germinal stage)이다. 이 기간은 수정란이 자리를 잡고 태반이 발달하는 시기로서 수정 후 약 2주간을 말한다. 둘째, 배아기(embryonic stage)이다. 이 시기는 착상 후부터 임신 8주까지를 말한다. 셋째, 태아기(fetal stage)이다. 이 시기는 임신 3개월부터 출생까지를 말하는데, 이 기간에 성장하는 유기체를 태아(fetus)라고 부른다(최옥채 외, 2021).

(2) 태내발달단계

태아의 발달과정을 크게 3단계로 구분하여 살펴보면 다음과 같다.

① 임신 1단계

임신 1주에서 12주까지 3개월의 시기로 배아가 빠른 속도로 분화하고 조직화되기 때문에 임산부의 건강상태가 좋지 않은 경우 태아에게 직접적으로 영향을 미치게 된다. 정자와 난자가 수정(conception)된 수정란은 세포분열을 하고 자궁에 들어가 1~2주 정도가 지나면 자궁벽에 부착되어 착상되며, 착상 후 3주 동안에는 태아에 대한 외부의 충격을 방지하고 적정 온도를 유지해 주는 역할을 하는 양수가 들어있는 양막주머니가 형성되고, 동시에 태반도 형성된다. 태반은 탯줄을 통하여 수분, 산소, 혈액 등 태아가 필요로 하는 영양분을 공급하고 배설 등 불필요한 노폐물을 배출하는 기능을 하게 된다. 착상 후부터 임신 8주까지를 배아기(embryonic stage)라고 하는데 이 시기에는 눈, 코, 입, 귀, 팔다리 등과 같이 중요한 신체기관과 신경계가 형성된다. 이 시기의 끝 무렵이면 사람의 형태를 갖추게 되며, 무게는 약 90g, 키는 2.5cm 정도가 된다. 또한 임산부는 호르몬 분비의 증가로 인해 잦은 피로를 호소하고 메스꺼움, 구토, 잦은 소변, 복부가 양쪽으로 당기는 통증 등이 나타나기도 한다.

② 임신 2단계

임신 4개월부터 6개월까지의 시기로 태아는 출생 시 신장의 약 1/2인 약 25cm 전후까지 성장하고 몸무게는 약 900g까지 증가한다. 임신 4개월의 태아는 손발을 움직이며 성별을 구분할 수 있을 정도로 외부 생식기도 발달한다. 이 시기에 태아는 정서적인 면에서 유쾌, 불쾌, 불안, 노여움 등의 감정을 느낄 수도 있다. 임신 5개월이 되면 전신에 솜털이 돋고 손발톱, 머리털이 생기며 빨기, 삼키기, 딸꾹질 등의 반응과 신체활동도 활발해지기 때문에 태아의 움직임을 여실히 느낄 수 있다. 임신 6개월에는 자궁의 상태나 태아 모두 안정된다. 신체적으로 태아의 눈이 완성되어 깜박일 수 있게 되며, 태아는 정해진 시간에 자고 일어나기 시작하며 엄지손가락을 빨기도 한다. 임산부가 1단계에서 느꼈던 임신초기 증상의 대부분이 없어진다.

③ 임신 3단계

임신 7개월부터 출산까지의 시기로 태아의 크기가 약 50cm에 이르고 3.2kg까지 성장하며 태아의 발달이 완성된다. 일반적으로 임신 7개월이 지나게 되면 태아는 신경계의 조절능력이 생기고, 조기에 출생하더라도 생존이 가능하다. 임산부는 몸무게가 증가하면서 근육과 골격에 무리가 오고, 이는 통증과 근육경련을 일으킬 수 있다. 또한 자궁의 팽창으로 주위 장기들이 압박을 받아 불편을 느끼게 된다. 임신 9개월에는 태아가 좀 더 확실한 움직임과 근육자극에 대한 반응을 보이게 된다. 9개월부터는 태반이 퇴화되기 시작하면서 태아도 세상에 나올 준비를 하게 된다. 분만예정일은 마지막 월경이 시작된 날에 7을 더한 후 9개월을 더한 것으로 산출하지만, 대부분 정확한 배란일을 잘 모르기 때문에 분만예정일을 정확히 계산하기는 어렵다. 대개 출산 10~14일 이전부터 태아의 머리가 골반부위로 내려오면서 나타나는 불규칙적인 자궁수축으로 인한 가진통을 경험하게 된다. 분만과정은 대개 세 단계로 구분되는데, 첫 번째 단계에서는 자궁경부가 열리며, 양수가 터지기 시작한다. 두 번째 단계는 아이가 실제로 태어나는 시기이며, 세 번째 단계는 산후과정으로 태반과 기타 부산물이 지속적인 자궁수축의 결과 밖으로 나오게 되는 단계이다.

(3) 임산부가 태내발달에 영향을 미치는 요인

① 유전적 요인

태아는 부모에게서 물려받은 유전인자로 인해 신체적 성장을 비롯한 인간의 다양한 특징, 즉 운동신경의 발달, 연령에 따른 지적 능력의 변화, 신체적 성숙의 시기, 기질(temperament) 등에서 영향을 받는다(이인정 외, 2007). 기질은 성격의 타고난 측면으로 정서적 특징과 관련이 있다. 임산부가 임신 후 가장 관심을 갖는 것 중에 하나가 유전적 요인으로 인한 장애아 출산이며 이를 사전에 예방하기 위해 임신 15주에서 17주경 양수를 채취하여 태아세포를 얻어 배양증식한 후 유전병을 진단받기도 한다. 하지만 정상인 태아세포에 손상을 줄 우려가 있고, 낙태의 원인이 되는 경우가 있기 때문에 치료목적으로 제한해야 한다는 주장이 강조되고 있다(조흥식 외, 2010). 유전적 요인으로 인한 장애는 다음과 같다.

〈표 3-1〉 유전적 요인과 장애

증후군	특 징
클라인펠터(Klinefelter) 증후군	XXY, XXXY와 같이 X염색체가 정상보다 많아 남성의 특징이 약하고, 고환이 미성숙하여 생식이 불가능하다. 가장 흔한 남성 성선기능저하증의 원인 중 하나이다.
XYY증후군	표현형은 남아이며, 행동이상과 큰 키가 특징이다.
터너(Tuner)증후군	X염색체가 한 개이고 전체 염색체 수가 45개인 성염색체 이상으로 증상이 일정하지는 않다. 외견상 여성이지만 여성 호르몬의 부족으로 2차 성징이 나타나지는 않고 생식을 하지 못한다.
다운(Down)증후군	가장 흔한 염색체 이상으로 몽고증이라고도 불린다. 23쌍의 염색체 중 21번 염색체의 이상으로 인해 발생한다. 성격이 밝고 명랑한 편이지만 지능은 50 정도의 수준이다.
혈우병	혈액이 혈관 밖으로 나와 일정 기간이 경과한 후에도 응고되지 않고 계속 출혈하는 증상이다. 남성과 여성 모두 혈우병의 유전자를 갖고 있지만 여성에게서는 발병하지 않고 남성에게서만 발병한다.
에드워즈(Edwards) 증후군	양수과다, 작은 태반, 단일제대동맥, 저체중, 지능저하, 청각장애, 후두골돌출, 저위의 변형된 귀, 잉어 같은 입, 좁은 입천장, 특징적인 손자세 등을 보인다.
페닐케톤뇨증(PKU)	페닐알라닌이라는 단백질 분해효소의 부족으로 소변으로 패닐피브르산이 유출되며, 금발과 백안, 치아 사이의 공백을 보인다.
파더우(Patau)증후군	전회, 후각 및 시신경의 불완전 발육, 소운동 발작, 지능저하, 소두증, 구순 및 구개파열, 사지이상 등을 보인다.
타이삭스(tay-sacks)병	뇌세포의 지방을 분해하는 효소의 결핍으로 중추신경계가 붕괴되어 경련성 발작을 일으키고, 심한 경우 실명, 청각 상실이나 지적 장애를 유발하는 장애이다. 출생 시에는 정상으로 보이지만 6개월부터 발달지체 현상을 보이고 대개 초등학교 입학 전 사망한다.
묘성(cat-cry)증후군	고양이 같은 울음소리, 저체중 출산, 지능저하, 소두증, 양안격리증, 살이 오르지 않고 키가 작음, 큰 전두동(前頭洞), 머리카락이 일찍 희어짐 등을 보인다.

출처 : 김동배 · 권중돈(2005); 김정휘(1996).

② 나이

일반적으로 모의 연령이 25~29세 사이에 있을 때 태어나면 성장에 가장 좋은 태내 환경조건이 이루어지는 것으로 알려져 왔다. 또한 모의 임신횟수도 태아의 발달에 영향을 미치는데, 모의 연령변인을 고려하지 않는다면, 태내환경은 첫 아이보다 이후에 출생하는 아이에게 보다 유리하다. 첫 임신에서는 자궁과 태반 간의 순환이 늦게 이루어지므로 둘째아이부터는 첫째아이보다 신체가 큰 경향이 있고, 출생결함이나 기형이 나타나는 비율 또한 낮은 경향이 있다. 그러나 출산간격이 너무 짧거나 출산횟수가 많아질수록 이러한 이점은 상쇄된다(정옥분, 2005).

③ 영양상태

태아는 출산 시까지 모든 영양분을 전적으로 모체에 의존하게 되므로 임산부의 영양상태는 태아의 발달에 결정적인 영향을 미치게 된다. 임신초기의 영양결핍은 뇌와 신경계의 발달에 지장을 초래하며, 전체적인 영양상태뿐 아니라 특정 영양소의 결핍도 태아의 성장에 영향을 미친다. 단백질 결핍은 골격, 콩팥, 장 기관의 발육을 저해하며, 비타민 부족은 신체기형의 원인이 될 수 있다. 철분의 부족은 자율신경계의 손상으로 나타난다. 임신 중기부터 태아는 모체로부터 철분을 흡수해 자신의 혈액을 만들기 시작한다. 따라서 이 시기 충분한 철분 공급은 매우 중요하다. 철분 부족은 빈혈과 임신중독증을 초래할 수 있다. 임신 중에는 기초대사량이 증가하고 태아 및 모체와 관련된 조직이 증대되면서 체중이 증가한다. 따라서 임신기간에는 이전에 비해 약 15~30% 정도 더 증가된 열량을 섭취해야 한다.

④ 정서상태

임산부가 정서장애를 가지고 있거나, 불안이 심하거나, 혹은 원치 않은 임신을 한 경우에는 그렇지 않은 임산부에 비해서 임신기간 중 입덧, 자연유산, 조산이나 난산의 가능성이 높아진다. 또한 임신 중 공포, 불안 등 정서적 결함은 아드레날린을 분비하게 하고 이것이 모의 혈액을 통해 태반으로 들어가게 된다. 또한 심한 정서적 충격은 일시적으로 태반에 혈액공급을 차단시켜 태아에게 산소결핍을 유발하게 된다. 이러한 상태가 반복되면 태아의 신체발육에 지장을 줄 수 있으며, 출생 후에 잘 울고, 잘 놀라는 등 정서적인 불안정을 보일 수 있다.

⑤ 질병

임산부의 질병은 태반을 통해 태아에게 전이되거나 출생 시 태아에게 감염된다. 풍진은 바이러스 감염에 의한 것으로 온몸에 발진과 미열을 동반하고 전염력이 클 뿐 아니라 태아에게 지적장애, 시각장애, 청각장애, 심장질환을 유발할 수 있는 질병이다. 임산부가 매독이나 임질 등의 성병에 감염된 경우 태아의 30%는 출산 이전에 사망하며, 그렇지 않은 경우에도 기형아 출산이나 시각장애를 초래하기도 한다. 당뇨병이 있는 임산부는 건강한 임산부보다 기형아를 낳을 확률이 3배 이상 높다.

⑥ 임산부의 분만횟수

출산 경험이 있는 임산부가 첫아이를 임신한 임산부보다 자궁과 태반 사이의 혈액의 흐름이 빨라 태내환경이 더 좋다.

⑦ 약물

태아는 임산부와 연결된 태반에서 혈액 체계에 의해 서로 연결되어 있어 약물 또한 다른 영양물질들과 동일하게 태아에게 전달된다. 따라서 임산부의 약물오용 등은 태아에게 직접적인 영향을 미치게 된다.

⑧ 흡연

임산부의 흡연은 혈관을 수축시킨다. 이로 인해 충분한 피가 태아에 미치지 못하게 되므로 영양실조가 걸리게 될 뿐 아니라 일산화탄소가 산소를 운반하는 혈색소인 헤모글로빈과 강력히 결합되어 산소부족 현상을 일으키고 혈관내막 기능을 약화시켜 미숙아가 태어날 수 있다. 따라서 흡연은 출생 시 저체중의 원인이 되며 선천성 기형, 발육지체, 신경장애의 위험을 높이는 등 유아기의 사망과 질병 발생의 원인이 될 수 있다.

⑨ 음주

알코올은 태반을 자유롭게 통과하여 태아의 순환계통과 뇌로 들어가 해를 미친다. 태아는 알코올 해독에 필요한 효소가 없어 태아에게 흡수된 알코올이 그대로 누적되어 태아의 성장장애나 출생 후의 성장장애를 초래할 수 있고, 소뇌증이나 미세운동장애를 일으킬 수 있다. 또 안면이상과 지적장애 또는 학습능력의 장애 등 정신적 부작용을 낳는 태아알코올증후군을 초래할 수도 있다(김정휘, 1996).

(4) 태내 진단

태내 발달이 정상적으로 이루어지는지를 관찰하기 위해서는 정기 진찰 및 산전 진단 검사를 통해 알 수 있다. 정기적인 산전 진찰 시기는 임신 28주까지는 4주마다, 임신 36주까지는 2주마다, 그 이후에는 매주 정기 진찰을 하게 된다. 고위험 임신의 경우 일주일에 2회 진찰이 필요할 수 있다. 정기 진찰 시 검사항목은 다음과 같다.

〈표 3-2〉 정기 진찰 시 검사 항목

시기(주수)	실시 항목
최초 방문 시	초음파, 빈혈 검사, 혈액형 검사, 풍진 항체 검사, B형 간염 검사, 에이즈 검사, 소변 검사, 자궁 경부 세포진 검사
9~13	초음파(목덜미투명대), 융모막 융모 생검, 이중 표지물질 검사
15~20	사중 표지 물질 검사, 양수 검사
20~24	임신 중기 초음파, 태아 심장 초음파
24~28	임신성 당뇨 선별 검사, 빈혈 검사
28	Rh 음성인 경우 면역 글로불린 주사
32~36	초음파 검사(태아 체중, 태반 위치, 양수량)

출처 : 대한산부인과학회 홈페이지.

① 표지물질 검사

이중 표지물질 검사(더블마커 검사)는 9~13주 사이에 시행하며 다운 증후군을 선별하기 위한 검사이다. 삼중 표지물질 검사(트리플마커 검사)는 16~18주 사이에 시행하며 다운 증후군, 에드워드 증후군, 신경관 결손증을 선별하기 위한 검사이다. 검사의 진단율은 약 60% 정도로 알려져 있다. 사중 표지물질 검사(쿼드 검사)는 삼중 표지물질에서 한 가지 표지물질을 추가하여 검사하는 것으로 70~80% 정도의 진단율을 보여 최근에 삼중 표지물질 검사보다 더 많이 시행되고 있는 검사이다.

② 융모막 융모 생검

9~13주 사이에 태아의 염색체를 검사하기 위해 시행하는 것으로서, 양수 검사에 비해 조기 진단할 수 있는 장점이 있으나 유산할 위험이 1.5~3% 정도로 더 높으며, 결과가 확실하지 않은 경우가 많으므로 염색체 이상이 의심되거나 35세 이상 임산부에게만 제한적으로 실시된다.

③ 양수 천자

분만 당시 산모의 나이가 35세 또는 그 이상일 때(쌍태 임신의 경우 31세 이상), 과거 염색체 이상의 태아를 임신하였을 때, 부모 중 한 사람 이상이 염색체 이상이 있을 때, 가까운 친척 중 염색체 이상 또는 다운 증후군의 병력이 있을 때, 멘델성 또는 다인 유전 질환의 병력 또는 가족력이 있을 때, 반복적(습관성) 유산의 병력이 있을 때, 삼중 표지물질 등의 선별 검사에서 염색체 이상의 양성 소견이 있을 때, 비정상 초음파 검사 결과가 있을 때 실시된다. 임산부의 복부에 주사 바늘을 삽입하여 양수를 채취해 분석함으로써 태아의 유전 질환 여부를 검사하는 방법이다. 충분한 양의 양수를 얻을 수 있을 때까지 기다려야 하므로 보통 16~18주 사이에 시행되며 다운 증후군을 포함하여 200여 종의 유전적 결함을 판별할 수 있다. 양수검사 시 유산할 위험은 0.5% 정도이다.

④ 초음파 검사

초음파 검사는 가장 일반적인 태내 진단 방법으로 임산부의 복부에 초음파를 통하게 함으로써 자궁 내부의 사진을 찍어 태아를 볼 수 있게 한다. 정확한 임신 기간, 쌍생아 출산 가능성, 탯줄이나 태반의 위치, 자궁 내 이상이나 태아의 사망 여부를 알 수 있다. 정밀 초음파 검사는 선천성 기형의 조기 진단율을 향상시키기 위한 것으로 임신 20~22주경에 시행하는 검사이다. 선천성 기형의 빈도는 약 1~2% 정도이다.

2) 영아기의 신체적 발달

모체로부터 갓 태어난 신생아의 평균 몸무게는 보통 3.5kg이며, 키는 50cm 전후다. 출생 시 체중이 2.5kg 이하는 저출생체중아라고 한다. 출생 시 남아가 여아보다 몸무게와 키가 약간 큰 경향이 있다. 머리가 신장의 1/4 정도로 머리가 신체에서 차지하는 비율이 매우 크고 머리둘레가 가슴둘레보다 크며, 가슴과 배가 크고, 팔이 다리보다 길다. 두개골에는 6개의 숫구멍이 존재하고, 신생아는 대부분의 시간을 잠자는 데 보낸다.

영아는 출생 직후 외부자극에 대해 분명하게 반응하기보다 주로 반사반응을 한다. 이것은 생존반사(survival reflexes)와 원시반사(primitive reflexes)로 나눌 수 있다(Craig, 1999 : 126-127). 생존반사는 적응이나 생존을 위해 필요한 반사행동으로서 호흡반사(breathing reflex), 근원반사(rooting reflex), 빨기반사(sucking reflex), 동공반사(pupillary reflex), 눈깜짝반사(eye-blink reflex) 등이 있다. 원시반사는 생존을 위한 것은 아니지만 진화론적 관점에서 중요한 반사이며 아기의 정상성 여부를 판단하는 중요한 반사이다. 바빈스키반사(Babinski reflex), 모로반사(Moro reflex), 파악반사(grasping reflex), 걸음마반사(stepping reflex), 수영반사(swimming reflex) 등이 있다.

〈표 3-3〉 신생아의 주요 반사운동

반사운동 유형		특 성
생존 반사	호흡반사	산소를 얻기 위해 흡입하고 이산화탄소를 방출하기 위해 내뿜는 반사
	근원반사	탐색반사 또는 젖찾기반사라고도 하며 어떤 자극이 입술이나 입 근처 볼에 접촉하면 그 자극을 향해 고개를 돌리고 마치 젖꼭지를 기대하는 것처럼 입을 벌리는 반사
	빨기반사	신생아의 입에 닿는 것은 무엇이든지 빨려고 반응을 보이는 반사
	동공반사	신생아의 눈의 동공이 밝은 빛이 들어오거나 잠을 잘 때는 좁아지고, 희미한 빛이 들어오거나 깨어 있을 때는 넓어지는 반사
	눈깜짝반사	신생아의 눈을 향해 물체가 빨리 움직이거나 공기가 불어오면 눈을 깜빡이는 반사
원시 반사	바빈스키반사	발가락을 펴고 오므리는 반사로 생후 1년경에 사라지는 반사
	모로반사	경악반사라고도 하며 껴안는 반사로 생후 3~4개월경에 사라지며, 갑자기 큰 소리를 듣게 되면 그때마다 자동적으로 팔과 다리를 쫙 벌리고 마치 무엇인가를 껴안으려는 듯 몸쪽으로 팔과 다리를 움츠리는 반사

반사운동 유형		특 성
원시 반사	파악반사	손바닥반사 또는 쥐기반사라고 하며 손에 잡힌 것을 꽉 쥐고 놓지 않으려는 반사로 3~4개월경에 사라짐
	걸음마반사	걷기반사라고도 하며 겨드랑이를 잡고 살짝 들어 올려 발을 바닥에 닿게 하면 걸어가듯이 무릎을 구부려 발을 번갈아 바닥에 내려놓는 반사
	수영반사	신생아를 수그린 자세로 물에 내려놓으면 수영을 하려는 행동을 보이는 반사

출생 후 인간의 성장은 수태 이후부터 일반적인 원리에 따라 예측 가능한 방식으로 이루어진다. 성장은 머리에서 시작되어 아래쪽으로 진행되는 두미(cephalocaudal)발달 원리에 따라 몸통과 다리의 성장급등현상이 강하게 나타난다. 또한 신체의 중심부에서 바깥으로 이루어지는 원리에 따라 신체 말부보다 중심부가, 그리고 소근육보다 대근육을 더 빨리 통제할 수 있다.

인간의 뇌는 생후 5년 동안 급속하게 성장하는데, 돌 무렵까지 성인 뇌의 절반 정도로 커지고 만 2세에는 성인기 뇌 무게의 75%까지 성장한다. 뇌 무게의 성장은 뇌의 구조적이고 기능적인 발달과 관련이 있으며, 영아기의 적절한 영양섭취는 두뇌의 성장과 발달을 촉진시킨다.

치아는 약 6개월을 전후하여 나오기 시작한다. 맨 처음 아래 가운데 앞니가 나기 시작하여 늦어도 24개월까지는 20개의 유치가 모두 나온다(조흥식, 2010).

두 돌에 이르는 24개월 무렵에는 아기의 키는 거의 두 배에 가깝게 체중은 세 배 이상 늘어난다. 신체와 체중의 급격한 성장뿐 아니라 골격 및 근육의 발달도 현저하게 나타난다. 신체근육의 움직임을 조절하는 능력에서 변화가 일어나는 것을 운동발달이라고 한다. 운동능력 면에서 거의 무력하던 영아들은 생후 첫 2년 동안 독립적이고 이동적이 되어간다. 첫 발걸음을 떼는 변화는 10~17개월에 이루어지게 된다. 이 시기 동안 영아들은 주변 여러 환경들을 탐색하는 데 도움이 되는 행동을 조절하는 대근육 운동기술과 세분화된 작은 움직임에 관련된 소근육 운동기술을 발달시킨다. 대근육운동은 기기, 서기, 걷기, 뛰기 등과 같이 팔, 다리, 몸통과 같은 대근육을 사용하는 운동을 말하며, 소근육운동은 손으로 물건잡기, 손가락으로 글씨쓰기 등과 같이 몸의 소근육을 이용하는 운동을 의미한다.

만 2세까지는 감각의 발달도 빠르게 진행된다. 영아는 시각이 비교적 덜 발달된 상태에서 태어나므로 한 물체에 시선을 고정하지 못한다. 그러나 생후 1~2주가 지나면 물체에 시선을 고정시킬 수 있게 되고, 6주경에는 움직이는 물체를 추적할 수 있으며, 2~3개월이 되면 색채를 가지고 물체를 구별할 수 있게 된다. 출생 직후 높고 강한 소리에만 반응하던 청각은 생후 며칠이 지나면 여러 가지 소리에 반응하게 되고, 사람의 목소리에 더 민감한 반응을 보이게 된다. 생후 3개월이면 음소를 구별하고 4~6개월이면 소리 나는 방향을 알 수 있게 된다(이근홍, 2016). 영아의 촉각은 출생 전부터 이미 발달되어 있는 것으로 보이며, 피부를 통해 주 양육자를 친밀하게 접촉하는 것은 아기의 심리정서적 발달에 매우 중요하다. 태어나면서부터 맛을 구별하는 미각을 가지고 있으며 성장하면서 더 발달한다. 냄새를 맡을 수 있는 후각도 갖고 태어나며 성장하면서 냄새에 대한 민감도는 증가하지 않는다. 통각의 경우 출생 당시에는 둔하지만 생후 며칠 이내에 고통에 대한 감각이 발달한다.

3) 유아기의 신체적 발달

유아기는 영아기에 비해 성장 속도가 완만해지기는 하지만 지속적으로 성장한다. 영아기에 비해 신체크기에서 개인차가 더 크게 나타난다(Berk, 2011 : 250). 근육과 골격의 발달은 계속 진행되며 만 3세가 되면 어느 정도의 균형 감각이 생겨나고 신체가 성장함에 따라 만 6세경이 되면 머리와 몸의 비율이 성인에 가깝게 성장한다. 몸통과 팔다리도 길어지고 영아기에 볼록하던 배가 들어가고 젖살이 빠지면서 몸이 날씬해진다. 유아기 말에 유치가 빠지기 시작하여 매년 4개 정도 영구치로 대체된다(Berk, 2011).

신경계의 전달능력도 향상되며 6세경 뇌의 무게는 성인의 90~95%에 달한다. 뇌의 크기는 유전에 의하여 결정되지만, 뇌 무게의 증가는 뉴런의 수나 뉴런을 연결하는 시냅스라는 망의 밀도와 수초화의 증가에 의한 것으로, 유아의 신체 협응이나 지각, 주의 집중, 기억, 언어, 논리적 사고, 상상 등 다양한 기술의 발달에 관여한다(Berk, 2011).

유아기의 아동은 대근육 운동기술과 소근육 운동기술에 있어 비약적인 발달을 경험한다. 유아기의 운동기술은 지각이나 신체의 운동을 뒷받침하는 중추신경 및 대뇌의 발달이 대체로 이루어지는 5세에서 7세 사이에 많이 발달한다. 이 무렵에는 성인처럼 달리기와 뛰기 등 운동능력이 발달하며, 보조바퀴가 있는 두발자전거를 타고, 작은 공 주고받기가 가능해진다. 기본적인 생활습관 형성, 예를 들어 혼자 옷을 벗고, 신을 혼자 신거나 옷을 혼자서 입을 수 있는 능력이 생기는 것도 이 시기인 만 5세에서 6세경이다. 삼각형과 사각형을 그릴 수 있을 정도로 정교해지며, 글자와 숫자를 따라 쓰고, 젓가락질을 할 수 있다. 유아기의 운동 발달 속도에는 개인차가 있는데 이는 유아의 동기나 신체적 성숙의 속도, 놀이를 통한 연습 기회, 성인들에 의해 조성된 사회적 분위기에 의해 영향을 받는다. 따라서 이 시기에 유아가 새롭게 습득한 운동기술로 인해 위험한 행동을 하다가 안전사고로 의도하지 않는 상해나 사망이 발생할 수 있기 때문에 많은 관심이 요구된다. 한편 유아기를 지나면서 이미 획득한 운동기술이나 근육의 협력반응 정교화가 아동기에 이루어진다.

2. 인지적 발달

1) 영아기의 인지적 발달

영아는 선천적으로 타고난 반사행동으로 환경에 적응하며, 점차 경험적으로 얻은 적응반응을 반복하게 되고, 그 이후에 반사행동을 통합하여 어느 정도 의도적인 행동을 할 수 있게 된다. 즉, 자신의 행동과 그 행동에서 나타나는 결과를 예측할 수 있게 되면서부터 자신의 욕구를 충족하기 위해 의도적으로 행동하게 되며 새로운 목적을 성취하기 위한 목적지향적 행동을 한다.

24개월까지의 영아에게 이 시기 가장 중요한 인지적 발달은 대상영속성(object permanence)을 형성하는 것이다. 대상영속성은 대상이 내 눈에 보이지 않아 없는 것 같이 생각되더라도 그것이 여전히 별도로 어딘가에 존재한다고 인식하고 있는 것을 말한다. 대상영속성의 개념은 자신과 주변 환경에 대한 두 가지 논리적인 사고를 할 수 있어야 획득할 수 있다. 첫째, 자아는 주변 세계와는 물리적으로 분리된 독립적 존재라는 것이며, 둘째, 주변의 물체는 눈앞에 있지 않아도 계속 존재한다는 것이다. 인지발달이론을 연구한 피아제(J. Piaget)에 따르면, 4개월의 아기는 장난감을 담요 속에 감추면 곧 장난감을 잊어버린다. 그러나 대상영속성을 형성한 만 2세의 영아는 담요를 들추어 장난감을 찾을 수 있다. 장난감이 눈에 보이지 않아도 그 심상을 마음속에 간직하여 그것이 존재함을 알 수 있기 때문이다. 탁자 위에 있는 과자가 지금 당장 눈에 보이지 않더라도 탁자 위에 과자가 있음을 기억하고 그것을 얻기 위해 몇 가지 동작을 목적지향적으로 조합하는 것은 대상영속성이 형성되어야 가능한 행동이다(조흥식 외, 2010). 대상영속성의 단계는 다음과 같이 6단계로 설명할 수 있다(Santrock, 1992 : 166).

〈표 3-4〉 대상영속성의 단계

단 계	반응 및 특징
1단계	분명한 대상 영속성이 없으며, 불빛이 볼 수 있는 범위 내에 움직일 때, 불빛을 따라가지만 불빛이 사라지면 신경 쓰지 않는다.
2단계	대상영속성의 기본 형태가 발달하는 단계로 1단계와 같은 실험을 하면 소극적이나마 기대하면서 불빛이 사라진 지점을 잠시 응시한다.
3단계	유아의 대상영속성의 감각이 좀 더 발달되는 단계로 간단한 도식을 협응할 수 있는 새로운 능력을 가진 유아는 사라진 대상을 찾는 분명한 행동을 보이고, 물체가 사라진 지점을 계속해서 바라보거나 손으로 찾는다.
4단계	유아는 물체가 사라진 지점에서 없어진 물체를 적극적으로 찾으며 찾고자 하는 목표를 성취하려는 새로운 행동을 한다. 좋아하는 장난감을 스크린 뒤에 숨기면 유아는 스크린을 바라보다가 손으로 스크린을 밀려고 하고, 스크린이 너무 무거워 움직이지 않거나 고정되어 있으면, 스크린 주위를 기어가거나 스크린을 찬다. 이 새로운 행동은 보이지 않는 물체가 여전히 존재한다는 것을 믿고 있다는 증거이다.
5단계	유아는 물체를 여기저기 옮기면서 숨겨도 찾을 수 있다. 이것은 유아가 사라진 물체에 대해서 오랫동안 생각을 하고 있다는 것을 의미한다.
6단계	유아는 사라진 물체를 찾을 수 있을 뿐만 아니라, 물체가 숨겨졌을 것 같은 장소도 찾을 수 있다. 이러한 행동은 유아가 사라진 물체를 상상할 수 있고, 한 장소에서 다른 장소로 옮겨졌다는 생각을 할 수 있다는 것을 의미한다.

한편 이 시기의 언어발달은 울음으로 시작된다. 출생 직후의 울음은 전혀 분화되지 않은 반사적인 울음이다가 생후 1~2개월 사이에 울음의 강도와 음조로 아기는 배가 고픈지, 고통스러운지, 졸린지 등과 같은 것을 표현하기 시작한다. 또한 이 시기에는 모음 "우"와 비슷한 소리를 내는데 이를 목 울리기(cooing)라고 한다. 4~5개월경에 나타나는 옹알이는 모음과 자음이 결합된 형태로 언어와 유사한 최초의 말소리이다. 어머니나 주변 사람들로부터 옹알이 소리에 대해 반응을 얻게 되면 모국어를 습득하는 중요한 기제로 작용된다. 반면에 자신이 내는 옹알이 소리에 대해 주위에서 반응이 없으면 옹알이를 하지 않게 된다. 문장의 발달 역시도 연령이 증가함에 따라 문장의 길이가 길어진다. 만 1세경이 되면 한 단어의 문장을 사용하여 자신의 생각을 표현하고자 한다. 만 2세경인 24개월 무렵에는 두 개 이상의 단어를 연결시키며, 두 단어의 문장을 사용하게 된다.

2) 유아기의 인지적 발달

유아기는 언어와 지능 발달의 결정적 시기라고 한다. 피아제(J. Piaget)는 이 시기를 전조작기라고 하였다.

(1) 인지발달

이 시기의 주요한 인지적 발달 특징을 직관적 사고라고 하였다. 직관적 사고는 어떤 사물을 볼 때 대상이나 상태가 갖는 여러 속성 중에서 가장 두드러진 지각적 속성에 의해 판단하는 것이다. 이 단계의 유아는 불가역성, 상징적 사고, 자기(자아)중심적 사고, 중심화 경향, 전환적 추론(전도추리), 물활론적 사고, 꿈의 실재 등의 특성을 보인다고 하였다. 피아제는 아동기인 구체적 조작기에 획득되는 보존개념, 서열화, 유목화 능력은 유아기부터 발달하기 시작하지만 불완전하여 아직 획득되지는 않는다고 하였다.

① 불가역성

피아제(J. Piaget)는 이 시기 유아의 인지발달을 전조작기라고 명명한 바 있다. 조작(operation)이란 어떤 힘을 가하여 대상의 상태를 변화시키는 것을 의미한다. 조작을 이해할 수 있으려면 가역성을 이해할 수 있어야 한다. 가역성(reversibility)이란 어떤 문제에서 일련의 단계를 따라가고 그 다음 머릿속에서 원래 시작점을 향해 역방향으로 사고할 수 있는 능력으로 논리적인 조작의 과정이다. 예를 들어, 유아에게 둥근 찰흙 덩어리를 준 뒤 납작하게 만들었을 때 유아는 다시 둥근 찰흙 덩어리가 될 수 있다고 이해하지 못한다. 피아제는 학령전기 유아는 조작을 이해하지 못한다고 보았고, 따라서 이 시기 유아는 불가역성이라는 인지발달 특성을 보인다고 하였다.

② 상징적 사고

유아기에는 정신적 표상이 가능해서 눈에 보이지 않는 대상이나 사건에 대해 상징적 사고를 할 수 있다. 예를 들어, '요리하기 놀이'와 같은 활동을 할 때 실제 재료가 없어도 '이것 먹어봐 맛있지?' 하면서 가상적인 사물이나 상황을 상징화할 수 있다.

③ 자기(자아)중심적 사고

유아기 초기에는 타인의 관점에서 생각하지 못하고 자기(자아)중심적으로 생각한다. 예를 들어, 유아가 인형을 마주보고 앉아있는데 자신의 위치에서는 인형의 얼굴이 보이지만 반대편에 앉아있는 유아에게는 인형의 뒷면이 보인다. 하지만 반대편의 유아도 자신이 보고 있는 모습대로 보일 것으로 생각한다. 이는 자신의 관점과 타인의 관점이 다르다는 것을 알지 못하기 때문에 나타나는 특징이다. 자기중심성은 타인의 관점이나 역할을 고려하지 못하며 자기중심성의 극복은 아동기 이후에 가능하다.

④ 중심화 경향

사물을 볼 때 사물이 가진 두 가지 이상의 차원을 동시에 고려하지 못하고 한 가지 차원에만 주의를 집중하는 경향이 특징이다. 예를 들어, 밑면적과 높이가 다른 두 개의 컵에 동일한 양의 물을 넣고 어떤 컵의 물이 더 많은지 물었을 때 유아는 밑면적과 높이를 함께 고려하지 못하고, 물의 높이가 높은 컵의 물이 더 많다고 대답하거나, 밑면적이 넓은 컵의 물이 더 많다고 대답할 수 있다.

⑤ 전환적 추론(전도추리)

어떤 한 사건으로부터 다른 한 사건을 추론하는 것으로, 두 가지 사건이 시간적으로 가까이 일어나면 두 사건 간에 아무런 관계가 없는데도 한 사건이 다른 사건의 원인이 된다고 생각함으로써 인과관계가 있는 것으로 생각하는 것이다(Shaffer, 1996 : 256). 예를 들어, 피아제(J. Piaget)의 딸이 어렸을 때 '나는 아직 낮잠을 자지 않았기 때문에 지금은 오후가 아니다'라고 한 것과 같이 사건의 논리적 연관성을 고려하지 않고 전환적 추론을 한다.

⑥ 물활론적 사고

물활론적 사고는 무생물을 살아 있는 것처럼 생각하고 자신과 같이 사고하며 소망과 감정과 의도를 갖는다고 생각한다. 예를 들어, 유아는 밤이 되면 "해가 잠자러 집에 갔다"고 한다. 유아기 초기에는 움직이는 모든 것이 살아 있다고 생각하며 유아기 말에는 스스로 움직이는 것만 살아 있다고 생각한다.

⑦ 꿈의 실재

유아는 꿈과 현실을 명백히 구분하지 못하며, 마음속으로 상상한 것과 현실의 상황을 엄격하게 구분하지 못한다. 5~6세경에는 꿈과 현실을 어느 정도 구별할 수 있으며, 6~7세가 되면 꿈이 실재적이 아니라는 것을 알게 된다.

(2) 언어발달

인지발달과 더불어 언어발달도 두드러진다. 초기 유아기에 유아가 사용하는 단어의 수가 200~300개 정도이던 것이 5세경에는 2,500개 정도로 증가한다. 이와 같이 단어 수가 증가하는 것은 유아의 인지적 성숙으로 인해 사물을 범주화할 수 있는 능력이 발달하는 것과 관련이 있다. 유아기 말까지 유아는 보통 10,000개의 새로운 단어를 습득할 수 있다고 하는데, 이는 하루에 평균 6개 정도의 새로운 단어를 습득하는 것이다. 단어습득 속도나 학습능력에는 분명 개인차가 존재한다. 2~3세경에 이르면 세 단어 이상을 이용하여 문장을 만들기 시작하며 말의 길이가 점차 길어지게 된다. 유아기 동안 유아의 언어는 점차 성인의 것과 더 유사해지는 방향으로 발달한다. 이 시기에는 말의 길이가 점차 길어지고, 평서문, 의문문, 부정문, 명령문, 복합문, 관계문 등으로 변화시킬 수 있는 변형문법규칙을 학습하게 된다.

〈표 3-5〉 우리나라 영유아의 언어발달 특성

연 령	언어발달 특징
0~1세	• '어어', '우우', '무' 등의 소리를 낸다. • 혼자 옹알거린다. • 말하는 사람쪽으로 고개를 돌리고 쳐다본다.
1~2세	• 몇 단어 정도를 사용한다. • '있다', '없다' 등과 같은 사물의 존재 여부를 확인할 수 있다. • 남의 말을 흉내 내려고 한다. • 자신의 욕구를 말로 표현하려고 한다.
2~3세	• 상황에 따라 음성의 크기 및 음색의 강약을 조절할 수 있다. • 부정어와 긍정어를 구별한다. • 소유어(나의 것, 너의 것)를 안다. • 간단한 질문(누구, 어디에, 언제 등)에 답할 수 있다.
3~4세	• 주어-목적어-동사(나는 공을 본다)가 나타나는 문장을 사용한다. • TV 만화 프로그램이나 비디오를 보고 대강의 줄거리를 안다. • 5단어로 구성된 말을 할 수 있다. • 의문이 나면 즉시 질문한다.
4~5세	• 단모음과 복모음, 단자음과 복자음의 발음을 구별한다. • 몇 단어 정도를 사용할 수 있다. • 전화를 받고 묻는 말에 대답한다. • 6~8개 단어로 이루어진 문장을 말한다. • 아는 글자를 쓰려고 한다.

연 령	언어발달 특징
5~6세	• 어른과 대등한 발음의 정확도를 보인다. • 낯선 사람과도 대화한다. • 숫자와 글자를 쓸 수 있다. • 리듬, TV광고, CM송 등을 부른다.

출처 : 이경화 외(2010).

3. 사회적 발달

1) 영아기의 사회적 발달

(1) 영아기의 정서적 발달

정서의 이해와 표현은 일찍부터 발달하기 시작한다. 영아들도 자신의 정서를 표현하고, 주 양육자인 어머니의 정서표현에 적절하게 반응한다. 영아기 정서반응의 일반적인 특성은 정서상태의 지속기간이 비교적 짧고 폭발적인 표현의 빈도가 잦으며, 특히 이 시기의 유아들은 작은 일에 쉽게 좋아하고, 떼쓰기 등의 분노의 표출도 자주 하지만, 곧 풀어지기도 한다.

영아들의 기본적 정서표현발달의 주요 유형에는 기쁨과 분노 및 불안 그리고 공포 등이 있다. 긍정적 정서인 기쁨은 미소, 웃음, 목울림 소리로 알 수 있는데, 즉 부드러운 음성이 들리거나 신기한 것이 보이면, 아기는 만족의 표현으로 미소를 짓거나 웃고 목울림 소리를 냄으로써 자신의 감정을 표현한다. 기쁨을 유발하는 자극은 아주 어린 영아에게는 감각적·운동적 그리고 기본생리적 요인이 대부분이지만, 점차 성장하면서 사회적 관계에서 유발되는 사회적 자극이 첨가된다. 분노는 신생아 때부터 고통스러움에 대한 일반적인 반응으로 나타나는데, 배가 고프다든지, 아프다든지, 춥거나 덥다든지, 또는 주변 자극이 너무 많거나 적다든지 등의 이유로 분노하게 되고, 그것을 울음으로 표현한다. 2세경이 되면, 자의식이나 독립의 요구 때문에 어른의 요구에 대해 심한 분노나 저항의 표현으로 발구

르기나 차기, 물건을 던지거나 부수는 행동을 한다. 특히 화가 나서 바닥에 뒹구는 것과 같은 분노발작 행동(temper tantrum)이 자주 나타난다. 그러나 점차 언어능력이 발달하면서 분노대상자에게 직접 언어적으로 화를 내게 된다.

(2) 사회적 발달

영아들은 생후 6~8개월이 되면서 주 양육자와 애착(attachment)관계를 형성하는데 대부분 어머니가 그 대상이 된다. 애착은 친밀한 정서적 관계를 말하는 것으로 애착의 정도는 12개월 전후에 절정에 달했다가 18개월이 되면서 다른 사람에게 확대되어 간다. 이 시기에 주양육자는 영아에게 필요한 자극을 주고, 영아가 울면서 신호를 보낼 때 신속하게 반응함으로써 영아와 최초의 애착관계를 형성한다. 하지만 영아에게 필요한 자극을 주고, 영아가 울면서 신호를 보낼 때 신속하게 반응함으로써 길러진다.

이때 주 양육자가 부적절하게 자극을 주거나 따뜻하게 대해주지 않으면 애착 형성에 장애가 나타난다. 또한 애착이 형성될 무렵에 영아는 낯선 사람이나 장소에 대해 경계심을 나타내어 울거나 매달리거나 두려워하는 얼굴 표정을 지음으로써 낯선 사람에 대한 불안이나 공포감 등의 정서를 표현한다. 12개월경에 최고에 달했다가 그 후로 서서히 감소된다. 한편 영아는 낯선 사람에 대한 불안과 경계심을 지니면서 동시에 애착하는 사람으로부터 격리되는 것에 불안감을 갖는데 이것은 생후 8~9개월경 흔히 나타나는 어머니와의 분리불안(separation anxiety)이다. 분리불안은 낯선 사람에 대한 불안이 사라지기 시작하는 13개월에서 18개월경에 가장 심하게 나타나지만(Snow, 1998), 2세경이 되면 점차 사라진다. 보울비(Bowlby, 1958)는 그의 애착이론에서 영아에게는 안전에 대한 기반으로서 애착에 대한 본능적 욕구가 있음을 지적한 바 있다(이윤로, 2006).

〈표 3-6〉 보울비의 애착단계

단 계	특 성
1단계 (출생 ~ 2, 3개월)	웃기, 응시하기 등을 통해 누군가와 가까움을 유지하려 한다. 아직 친숙한 대상자나 덜 친숙한 대상자에 대한 반응이 차이 나지 않는다.
2단계 (2, 3개월 ~ 6, 7개월)	선택적 상호작용을 시작한다. 더 친숙한 대상자에게 반응을 많이 보인다. 보호자와 낯선 얼굴을 비교한다.
3단계 (6, 7개월 ~ 1년)	주 보호자에 대한 애착이 분명해진다. 보호자가 떠날 때 운다. 보호자를 따라다닌다. 낯선 사람이나 상황에 대해 경계한다.
4단계 (생후 2년까지)	완전한 대상영속성을 획득한다. 보호자가 보이지 않더라도 어디엔가 있다는 확신을 갖는다. 다른 사람들과 사회적 상호작용을 더 잘하게 된다.

출처 : 이윤로(2006).

또한 영아기에는 자신의 상상을 통해서도 불안감을 느낄 수 있다(정옥분, 2004). 그러므로 이 시기의 부모는 영아의 불안과 공포에 대해 공감적인 태도로 수용해 주고, 강제로 이러한 감정표현을 금지하지 말아야 한다(공계순 외, 2005).

에인스워스(Ainsworth, 1983)는 8가지 에피소드로 구성된 낯선 상황 실험에서 애착유형을 크게 네 가지 유형으로 구분하였다.

〈표 3-7〉 애착유형별 영유아의 행동 특성

애착유형	특 성
A유형 (불안정－회피애착)	• 어머니가 방을 떠나도 울지 않고, 어머니가 돌아와도 무시하거나 회피한다. 어머니에게 별로 반응을 보이지 않는다. • 어머니와의 관계에서도 친밀감을 추구하지 않으며, 낯선 사람에게도 어머니와 비슷한 반응을 보인다.
B유형 (안정애착)	• 주위를 탐색하기 위해 어머니로부터 쉽게 분리된다. • 낯선 사람보다는 어머니에게 더 확실한 반응을 보이며, 어머니가 다시 돌아오면 긍정적으로 반응하고, 바로 안정이 되는 모습을 보인다.
C유형 (불안정－저항애착)	• 어머니가 방을 떠나기 전부터 불안해하고, 어머니 옆에 붙어서 환경탐색을 별로 하지 않는다. • 어머니가 방을 떠나면 심한 분리불안을 보인다. • 어머니가 다시 방에 돌아와서 안아주려고 하면 분노를 표현하고, 쉽게 달래지지 않는다.
D유형 (비조직적 애착)	• 회피애착과 저항애착이 결합된 것이다. • 어머니와 재결합했을 때 어머니에게 차가운 반응을 보이고, 어머니가 안아줘도 먼 곳을 쳐다보는 등 별로 긍정적인 반응을 보이지 않는다.

출처 : 공계순 외(2005).

영아기에 형성된 애착은 이후 아동의 인지와 정서 및 사회성 발달에 중요한 영향을 미친다(Thompson, 1998). 즉, 어머니와의 안정된 애착관계를 형성한 영아는 유아기에 자신감과 호기심 및 타인과의 관계에서도 긍정적인 성향을 보이고, 아동기에 가서도 도전적인 과제를 잘 수행하고, 좌절감을 느끼는 상황에서도 잘 인내하며, 부적응과 문제행동을 덜 보이는 것으로 나타났다. 또한 영아기에 형성된 안정된 애착은 이후 주변세계에 대한 신뢰감 형성에 영향을 끼친다.

2) 유아기의 사회적 발달

(1) 유아기의 정서적 발달

유아기는 유아의 정서적 분화가 두드러지게 나타나는 시기로 대체로 5세경에는 성인의 정서와 거의 동일하게 발달한다. 유아기에 나타나는 정서로는 공포, 분노, 질투, 애정, 호기심, 기쁨 등이 있다.

공포는 유아가 마음에 생각하지 않은 것이 강렬하게 나타날 때 여기에 대항하지 못하여 심리적 균형을 잃은 상태를 말한다. 유아는 지능의 발달과 더불어 이전에 알지 못했던 위험의 가능성에 대한 인식이 높아지면서 공포의 빈도가 더욱 높아진다. 5세 이전까지는 직접적이고 구체적인 자극에 의해서만 공포를 느끼지만 6세가 되면 그 대상은 상상적인 것으로 변한다.

분노는 유아기에 가장 보편적으로 나타나는 정서이다. 유아의 분노는 자기가 하려고 하는 일이 저지되거나 원하는 것을 가질 수 없거나, 타인과 불리하게 비교되거나, 무엇을 강요당하거나, 자기의 체면을 손상시키는 것 등에 의해서 발생한다. 유아의 분노는 주로 떼쓰기로 표현되며 4세경에는 공격적 행동으로 분노를 표시하며, 5세 이후에는 공격적 언어로 분노를 표시하게 된다(유안진 외, 1996). 유아의 분노는 성격형성에 많은 영향을 미치므로 되도록 분노가 발생하지 않도록 화목한 가정적 분위기를 조성하고 바람직한 행동의 학습을 강화해야 한다.

질투는 애정을 구하는 욕구가 충족되지 않은 데서 일어나는 분노와 실망이 혼합된 정서라 할 수 있다. 질투는 대체로 적극적이고 공격적인 유아에게 많으며,

지능이 높은 유아일수록 많고, 남아에 비해서 여아가 많다. 심한 질투는 5~6세까지 보이다가 그 이후에는 흥미의 범위가 넓어지고 사회성이 발달하면서 질투의 표현이 억제된다.

한편 정서를 표출하는 데 있어서 유아기의 특성으로는 표출이 빠르고 변하기 쉽다는 것이다. 학령기의 유아들은 성인과 달리 정서를 외적 동작에 남김없이 표출하기 때문에 지속시간이 길지 않다. 그러나 성장함에 따라 정서의 외적 동작에 대한 표출에 사회적 제약이 가해지기 때문에 지속시간이 길어져 정서경험을 오래 기억할 수 있으며 자제력도 생기게 된다. 또한 정서는 변하기 쉽다. 유아들은 잘 놀다가 금방 싸움을 하고 다시 사이좋게 놀기도 하는 것처럼 어른들이 이해하기 곤란할 만큼 정서가 돌발적이며 극단적으로 변해간다. 유아의 정서가 이와 같이 쉽게 변하는 것은 정서를 보유하지 못하고 즉각적으로 표출하게 되면 인지적 발달과 경험이 부족하여 장면에 대한 이해력이 결여되기 때문이라는 것이다(김제한, 2001).

(2) 유아기의 사회적 발달

유아기의 유아들은 영아기에 비해 다양한 사회관계를 맺는 시기이다. 따라서 넓어진 환경반경 만큼 인간 상호관계에 따른 정서적 긴장이 심하게 나타나고, 언어의 발달로 자기주장도 강해지게 된다. 또한 단체 활동에 소속되면서 사회적 기준을 배우는 단계로 훈육이 시작된다.

① 자아개념 발달

이 시기에는 자아개념이 발달되고, 영아기에 비해 유아의 사회적 관계가 확대되면서 사회인지가 발달된다. 또한 자기통제력이 점차 증가하면서 도덕성의 발달 토대가 마련된다.

자아개념이란 자신이 주변에 있는 물체나 다른 사람과 구분되는 독립적인 존재이고, 시간이 지나도 지속적으로 존재할 것이며, 자신만의 독특한 특성을 가지고 있음을 알게 되는 것이다. 인간이 언제부터 자아개념을 형성하는지를 정확히 알기는 어렵다. 하지만 몇 가지 실험을 통해서 약 2세를 전후하여 영아가 자기 자신을 인식하기 시작한다고 본다. 그 대표적인 실험이 거울실험이다. 영아에게 거울을 비춰주면 1세 이전의 영아는 하나의 흥미로운 자극으로만 인식한다. 영아의 얼굴을 닦으면서 은밀하게 코에 빨간 점을 찍으면, 만 1세 무렵의 영아는 그것에 흥미를 가지면서 거울의 빨간 점을 만진다. 거울 속의 사람이 자신임을 알지 못하는 것이다.

그러나 15개월 된 영아는 거울 속의 빨간 점을 보고는 자신의 코를 만지기 시작한다. 만 2세가 되면 대부분의 영아가 자신의 코를 만지는 반응을 보인다. 이러한 실험결과에서는 만 2세를 전후로 자기에 대한 인식이 싹틈을 보여준다. 따라서 유아기에는 자아개념이 형성되어 가면서 아이가 자신에 대한 긍정적인 평가, 즉 높은 자아존중감을 가지고 성장할 수 있도록 지지하는 양육자의 역할이 중요해진다. 자기평가와 함께 자신에 대한 다른 사람의 평가를 스스로 어떻게 인식하는지가 자아존중감 형성에 중요한 영향을 미친다. 높은 자아존중감은 이후 학업, 대인관계, 직업적 성취 등의 모든 영역에서 관련이 있다고 할 수 있다(권민균 외, 2007).

② 사회적 인지발달

학령전기 유아는 또래아동과의 놀이나 어린이집, 유치원 등을 통해 영아기에 비해 사회적 관계가 확대되면서 타인의 감정이나 생각을 이해하는 능력과 함께 사회문화적 집단에 대한 인식이 싹트게 된다. 하지만 자아중심성으로 인해 아직은 타인의 생각과 느낌이 나와 다를 수 있다는 것을 충분히 이해하지는 못한다. 성별 구분을 할 수 있게 되면서 서서히 성역할에 대한 고정관념을 형성하게 된다. 이 무렵 여아는 요리를 하거나 인형놀이를 하고, 남아는 로봇장난감과 전쟁놀이 등을 한다. 또한 집단으로 어울려 활동하면서 집단에 대한 인식과 고정관념이 싹트게 된다. 학령전기 유아의 이러한 인식과 고정관념은 자신이 속한 내부집단에 대한 관심과 친밀감을 증가시키는 반면 자신이 속하지 않은 집단에 대해서는 상대적으로 부정적인 관념을 가진다. 특히 중요한 타인(significant others)이 보이는 말과 태도, 보육 및 교육기관에서 접하는 교육 내용이나 대중매체를 통해 전달되는 이미지 등은 고정된 관념을 더욱 강화시킬 수 있기 때문에 부모나 교사 등 유아들에게 타인의 생각과 감정이 나와 다를 수 있음을 알고 존중하는 것, 내가 속한 집단에 대한 소속감과 친밀감을 가지면서도 내가 속하지 않은 집단에 대해서 부정적인 편견을 갖지 않고 수용하는 자세를 기르도록 가르쳐야 한다.

③ 도덕성 발달

학령전기에 자기통제와 자기조절을 잘 했던 유아는 학령기와 청소년기가 되어도 자기통제를 잘하고 집중력이 좋고 계획적이어서 좋은 학업성취를 보이며 자존감도 높은 것으로 알려져 있다(Kail, 2008). 학령전기에 들어오면서 유아는 자기통제력이 점차 증가한다. 이는 자신의 행동을 통제하고 유혹에 충동적으로 반응하지 않는 능력이다. 자기통제와 자기조절은 도덕성 발달의 기초가 된다. 이 시기 유아들은 피아제의 인지발달이론에서 타율적 도덕성 단계로 규칙은 권위적인 성인에 의해서 만들어지는 것이므로 반드시 따라야 한다고 믿고 규칙을 어기면 반드시 벌을 받게 된다고 생각한다. 학령전기 유아들의 도덕적 타율성은 유아에게 순종을 강조하는 교육을 통해서 심어질 수도 있고, 세상의 다양한 기준과 관점을 이해하지 못하는 인지적 제한에서 기인할 수도 있다. 타율적 도덕성 단계에 있는 학령전기 유아는 때로 규칙을 융통성 없이 적용하여 걱정과 죄의식에 사로잡힐 수 있다. 따라서 사회적 규칙 따르기를 익히면서도 필요 이상의 죄의식에 휩싸이지 않도록 규칙이 가지는 의미를 설명해 주어야 한다(조흥식 외, 2010).

4. 사회복지실천과의 연관성

1) 태내기 문제와 사회복지실천과의 연관성

태내기의 발달에 사회복지영역에서 관심을 기울여야 할 부분으로는 임산부의 건강, 인공유산, 미혼모, 불임 등을 예로 들 수 있다. 태아에게 부정적 영향을 미칠 수 있는 임산부의 상태를 점검하고 이에 대해 의료적인 조치와 함께 심리적·정서적 상담을 통해 부정적 영향을 최소화하는 노력을 해야 한다. 또한 임산부가 원치 않는 임신이거나, 태아와 산모의 상태가 매우 위험하여 낙태가 불가피할 경우에는 조기에 조치하도록 적절한 도움을 주어야 한다. 낙태를 원하는 여성과 상담할 때, 사회복지사는 다양한 정보와 대안, 그리고 가능한 서비스를 제시하여 클라이언트로 하여금 스스로 결정할 수 있도록 도와야 한다. 한편 불임은 심리적·정서적인 문제일 뿐 아니라 경제적인 문제일 수 있기 때문에 불임에 대해 상담하고 치료할 수 있는 기관을 안내할 뿐 아니라 국가의 경제적 지원방안에 대한 정보를 제공하여야 한다. 하지만 치료가 불가능할 경우 입양이나 결연관계에 대한 정보를 제공하고 필요시 전문기관에게 의뢰하여 상담을 받도록 할 수 있다.

① **인공유산**(induced abortion)

태아가 생존능력을 갖기 이전의 임신시기에 인공적으로 임신을 종결시키는 것으로 치료적 유산과 선택적 유산으로 나눌 수 있다. 우리나라에서는 아직 유산의 정의가 완전히 확립되지 않았으나, 모자보건법 시행령 제15조를 참고해 보면, '인공임신중절수술은 임신 24주일 이내인 사람만 할 수 있다'라는 규정이 있다. 먼저 치료적 유산이라 함은 모자보건법 제14조에서의 정의 및 허용 한계를 통해 다음과 같은 경우 인공유산을 하는 경우를 말한다.

- 본인 또는 배우자가 대통령령으로 정하는 우생학적 또는 유전학적 정신장애나 신체질환이 있는 경우
- 본인 또는 배우자가 대통령령으로 정하는 전염성 질환이 있는 경우
- 강간 또는 준강간에 의하여 임신된 경우
- 법률상 혼인할 수 없는 혈족 또는 인척 간에 임신된 경우
- 임신의 지속이 보건의학적 이유로 모체의 건강을 심각하게 해치고 있거나 해칠 우려가 있는 경우

한편 선택적 유산이라는 것은 사회적인 요구 및 선택에 의한 인공유산을 말하며, 오늘날 대부분의 유산이 이 범주에 속하고 있다. 인공유산은 임산부의 자궁이 천공되거나 자궁근염, 복막염, 패혈증 등의 감염위험과 산모의 사망 등의 부작용이 발생할 수 있을 뿐 아니라 심리사회적으로 다양한 문제를 야기할 수 있다는 점에서 중요한 사회복지의 관심영역이라고 할 수 있다.

② **산후 우울증**(postpartum depression)

산후 우울증은 대개 출산 후 첫 10일 이후에 나타나서 산후 1년까지 지속될 수 있는 것으로 발생률은 산모들 중 10~15% 정도이며, 초기에 서서히 증상이 생기고 시간이 지나면서 악화되며, 치료를 받지 않을 경우 몇 달에서 몇 년 동안 산후 우울증을 앓을 수 있는 것으로 알려져 있다.

우울한 기분, 슬픔, 불쾌한 감정변화, 갑자기 눈물을 흘리거나 불안정하고 예민한 모습, 불안, 초조, 집중력 저하 등의 우울증의 증상을 보이며, 출산시기와 관련이 있어 출산 후 아기에 대해 죄책감을 느끼거나 양육에 대해 심리적 부담감을 심하게 느끼는 등의 증상을 보이는 경우 산후 우울증을 앓고 있는 것은 아닌지 의심해 볼 필요가 있다. 20~40대에 걸쳐 아기를 출산한 여성이라면 누구나 산후 우울증을 경험할 수 있으며, 특히 초산인 경우 더 쉽게 경험하는 경향이 있다. 특히 과거에 우울증 같은 기분 관련 장애를 경험한 사람일수록 산후 우울증에 걸릴 가능성이 높아지며 이전에 산후 우울증을 경험한 적이 있는 사람이 또 다시 출산을 할 경우 우울증에 걸릴 위험률이 50~80%로 높아진다고 한다.

또한 출산 후에 급격한 호르몬의 변화, 출산과 관련된 스트레스, 양육에 대한 부담감 때문에 산후 우울감을 느끼는 경우도 많다. 이러한 우울함이 발생하는 빈도는 30~75%로 산후 우울증보다 높게 나타나며, 출산 후 3~5일 사이에 시작된다. 우울하고 불안정한 기분, 울고 싶은 마음, 의존감의 증가, 쉽게 눈물이 나는 것을 흔히 경험하고, 며칠에서 몇 주간 지속될 수 있다. 하지만 산후 우울증에 비해 증상이 약하고, 대부분 수일 내에 특별한 전문가의 치료 없이 호전된다. 원인은 아직까지 명확하지 않다. 최근 산후 우울증으로 인해 어머니가 아기를 살해하거나, 함께 자살하는 등의 사회문제가 자주 언론에 보고되고 있는 현실을 고려할 때 조금만 주변의 관심이 있다면 이러한 문제는 예방과 치료가 가능하다는 점에서 사회복지의 주요 관심사라고 할 수 있다.

③ 미혼모(unmarried mother)

미혼여성이 아이를 출산해 어머니가 되는 것을 뜻하지만, 보통 미성년자의 경우를 말한다. 산업화와 도시화가 급속도로 진전되면서 성 가치관의 타락과 성 개방 등으로 인한 미혼모 발생이 우리 사회에 심각한 문제로 야기된 바 있다. 자의든 타의든 간에 결혼하지 않은 상태에서 자녀를 가진 여성, 미혼모 문제는 성과 관련된 중요한 사회문제의 하나로서, 미혼모 자신의 심리적·정신적 피해는 물론 태어난 아기의 양육도 큰 문제가 된다. 특히 미혼모가 10대 소녀인 경우에 문제는 더욱 심각하다. 10대 소녀는 아직 신체적 성장이 계속되고 있는 상태인데, 임신기간 중 호르몬의 변화를 겪음으로써 성장이 억제된다. 모체가 어릴수록 임신으로 인한 신체적 손실과 위험은 더욱 커지며, 원하지 않은 임신으로 한 아이가 축복받지 못하고 태어난다는 것은 개인적으로나 사회적으로 큰 불행이다. 따라서 정신적·육체적 성숙과 함께 경제적으로도 자립할 수 있는 능력을 갖추어 혼인을 통해 부모가 될 수 있도록 우리 사회가 보다 관심을 가지고 지원해야 할 사회복지 관심사라고 할 수 있다.

④ 불임(infertility)

불임이란 남성 또는 여성의 생식세포인 정자 또는 난자의 발생부터 정자와 난자의 수정, 수정된 배아의 발달, 배아의 자궁 내 착상까지 전 과정 중 어느 한 단계에서라도 이상이 있어 피임을 시행하지 않은 부부가 정상적인 부부관계에도 불구하고 1년 이내에 임신에 도달하지 못한 경우를 말한다. 배우자 중 어느 한쪽에서 정상적으로 수정 가능한 생식세포(gamete)를 만들어 낼 수 없는 선천적 또는 후천적 결함이 있을 수 있고, 여성에서 자궁이 없는 경우와 같이 특수상황에 처한 부부가 있지만 대부분의 불임부부는 이러한 절대적 불임 상태가 아니며, 수태능력이 저하된 상태(subfertility)로 볼 수 있다. 따라서 시간이 지나면 임신이 될 수 있지만, 알려진 원인이 있든 없든 간에 이들 부부에서의 임신능력은 매우 떨어져 있는 상태이므로 의학적으로는 불임치료를 시작하도록 권장하고 있다.

하지만 성생활과 같은 개인적인 영역에 의학적인 치료가 시작되는 것이기 때문에 상당한 정신적 긴장을 겪게 될 뿐만 아니라 특히 불임의 원인이 되는 쪽에서 스트레스를 더욱 많이 겪고 우울해질 수 있다. 그러나 불임은 부부 모두에게 해당되는 진단명이라는 점과 상호 지지와 협조가 뒷받침되어야 원하는 결과에 좀 더 빨리 도달할 수 있는 만큼 무엇보다 부부간의 격려와 배려를 위한 상담과 교육이 필요하며, 치료과정에서 예상되는 비용이 적지 않을 뿐 아니라 최근 우리 사회 저출산 문제를 해결하기 위해 국가적으로 지원대책을 마련한 바 있어 사회복지에서 관심을 가져야 할 부분이다.

2) 영유아기 부적응행동과 사회복지실천과의 연관성

출생 직후 영아에게서 발견되는 다양한 유전적·선천적 질환은 사회복지사들이 관심을 가져야 하는 중요한 문제이다. 조기에 진단과 치료를 시작할 수 있도록 장애인종합복지관을 비롯한 관련단체나 시설을 연결하는 적절한 개입을 해야 한다. 또한 영유아에 대한 학대는 우리 사회의 적극적인 관심과 개입이 필요한 심각한 사회문제로서 사회복지사들이 이에 대해 주도적인 관심을 가져야 한다. 이와 관련해서는 아동기에서 함께 살펴볼 필요가 있다. 이 밖에도 최근 다문화가족이 증가하면서 문화적 차이와 부부갈등, 의사소통의 문제로 영유아에 대한 건전한 양육과 보호가 어려운 경우도 있다. 사회복지관, 건강가정지원센터, 다문화가정지원센터, 아동청소년정신건강센터 등 관련기관에 대한 정보제공과 의뢰를 통한 적절한 개입이 요구된다.

(1) 신체적 질병이나 장애의 조기 발견 및 조기 개입

영유아의 신체적 및 심리적 발달과 관련하여 사회복지실천에서 관심을 기울여야 할 부분은 선천성 질병이나 장애를 가진 경우 사회복지사는 의료비 지원사업을 통하여 조기치료 및 재활치료를 받을 수 있도록 도와주어야 한다. 또한 장애아를 둔 부모나 가족에 대한 지지적 서비스를 제공하여 부모들의 고통을 줄여나가고 가족 간 갈등을 완화시킬 필요가 있다. 한편 부모교육 프로그램을 개설하여 영유아의 인지 및 언어발달과 정서발달 및 신체발달에 촉진적인 환경을 조성할 수 있는 기술을 교육할 필요가 있다. 영유아의 부모가 이 시기에 관심을 가져야 할 대표적인 장애 중 장애인복지법상 장애인으로 분류되는 지적장애, 언어장애, 자폐성장애 등을 자세히 살펴보고자 한다.

① 지적장애(ID : Intellectual Disabilities)

지적장애는 장애인복지법상 정신적 장애 중 발달장애에 속한다. 지능지수가 70 이하인 경우 지적장애로 진단받을 수 있다. 지적장애는 발달 시기에 발병하는 장애로 개념적, 사회적, 실행적 영역에서 지적 기능과 적응 기능 모두에 손상이 있는 장애이다(APA, 2013). 지적 기능이란 현재 개별적으로 실시하고 표준화된 하나 이상의 평가에 기초한 지능지수(IQ)로 정의하고 있다. 이 검사들은 다양한 언어적 및 시공간 기술과 수학적 개념을 평가하는데 이는 우리가 지능이라고 알고 있는 것으로 일반적인 개념을 구성하는 것이다. 적응기능이란 개인이 일상생활의 요구에 얼마나 효과적으로 대처하고 얼마나 독립적으로 삶을 영위하며 지역사회 기준에 따라 살 수 있는지를 말한다. 적응행동의 구체적인 예는 다음과 같다.

- 개념적 기술 : 수용언어 및 표현언어, 읽기 및 쓰기, 돈의 개념, 자기 주도성
- 사회적 기술 : 대인관계, 책임성, 자존감, 잘 속음, 순진, 규칙 따르기, 법을 지킴, 속임 피하기
- 실제적 기술 : 일상생활에 관한 개인 활동, 일상생활의 중요한 활동
- 직업 기술 : 안전한 환경 유지하기

또한 지적장애의 심각도는 세 가지의 주요 영역인 개념적, 사회적, 실행적 영역에서의 적응 기능에 기초하여 정의되었으며 정도에 따라서 경도(mild), 중등도(moderate), 고도(severe), 최고도(profound)로 세분화된다.

지적장애의 유병률은 일반 인구에서 대략 1% 정도이며, 연령에 따라 차이가 있다(송영혜 외, 2017). 지적장애의 원인은 다양하지만 크게 유전적 요인, 신경생물학적 원인, 사회적 차원과 심리적 차원으로 나누어진다. 지적장애의 유형 중 하나인 다운증후군은 21번 염색체의 비정상성, 프래더 윌리 증후군은 15번 염색체 장애, 윌리엄스 증후군은 7번 염색체의 일부분이 없는 유전적 돌연변이의 결과이다(송영혜 외, 2017). 이를 예방하기 위해서는 유전적 질환에 대한 조사, 산전 진단, 풍진예방과 예방접종, 출생 초기의 선천성 질환에 대한 검사, 조기발견 및 치료 등이 중요하다. 특히 유전적 위험성이 의심될 경우 산전에 유전상담을 실시하도록 한다. 또한 영양부족, 유독물질에 대한 노출, 임신이나 출산 시 스트레스 요인과 같은 다양한 생물학적 환경과 신체적 및 정서적 돌봄과 유아 자극의 박탈과 같은 많은 환경적 영향, 학대나 방임과 같은 부모의 일탈 등도 지적 발달과 행동발달에 영향을 미칠 수 있다. 따라서 지적장애 영유아를 양육하는 가족과 가족을 둘러싼 환경에 대한 정보를 통해 서비스 욕구를 파악할 필요가 있으며, 향후 지적장애 영유아의 예후에 대한 가족들의 현실적인 기대를 유지시키면서 해당 영유아가 성장하면서 능력과 자존심을 향상시키도록 지원해야 한다. 지적 기능과 적응능력에 따라 가벼운 정도의 지적장애의 경우 조기특수교육을 받을 수 있도록 도와주는 것이 필요하지만, 심한 지적장애의 경우 돌봄을 담당할 수 있는 다양한 서비스에 대한 정보와 경제적인 지원 대책 마련이 필요할 수 있다.

② 언어장애(language disorder)

언어의 습득은 유아기에서 시작해서 청소년기, 성인기까지 연령에 따른 단계적 증가를 보이는 것이 특징이다. 언어장애는 영유아기 발달 시기 동안 나타난다. 만 3세 정도가 되면 언어에서의 아동 간 개인차가 안정되고 이 시기가 지난 후에도 문제가 남아 있다면 전문가의 진단을 받아볼 필요가 있다(APA, 2013). 언어장애의 발생빈도는 아동의 3~10%, 일반 인구에서는 3~5%로 나타나고 있으며 남아가 여아에 비해 두세 배 많은 것으로 알려져 있다(이근홍, 2015). 발생원인은 확실하게 알려져 있지 않지만 일반적으로 대뇌의 발달지연이나 손상 등으로 발생하고, 말더듬증의 경우 불안이나 스트레스를 유발하는 상황과 일부 관계가 있을 것으로 추정되고 있다. 언어장애는 장애인복지법상 신체적 장애에 속하며 별도의 예방법은 없는 것으로 알려져 있기 때문에 조기발견이 특히 중요하며 언어발달 문제는 신체적 원인뿐 아니라 여러 가지 심리사회적 원인에 의해서 나타날 수 있으므로 언어적인 발달이 늦어지는 경우 빠른 시일 내에 전문가로부터 진단을 받는 것이 바람직하다.

언어장애에 대한 치료는 나이, 장애종류 및 장애 정도에 따라 다르며, 일반적으로 유아에 언어장애가 있는 경우에는 가능한 한 빠른 시기에 치료를 받아야 한다. 언어장애는 원인을 정확히 찾고 장애 정도를 종합적으로 평가한 뒤 전문가에 의해 치료받는 것이 중요하며, 특히 전문가가 부모나 가족을 교육시켜 이들에 의해 가정 내에서 언어치료가 병행되면 더욱 효과적이다. 전문가의 평가를 통해 심리적인 원인이 있는 것으로 밝혀진 경우 심리적인 평가 및 치료가 필요할 수 있으며 난청이나 구강 내 음성구조에 이상이 있는 경우 그에 대한 치료가 필요할 수 있다. 지적장애를 가지고 있으면서 언어장애를 중복으로 가지고 있을 경우 언어치료뿐 아니라 특수교육을 병행하여야 할 수도 있다. 지속적인 언어상의 문제로 또래로부터 따돌림 당하거나 낙담하게 되는 경우가 많으므로 사회적 활동이나 또래관계를 기회가 닿을 때마다 장려하고 사회적 장애를 최소화하기 위해서 부모상담, 또래관계나 학교생활에 대한 모니터링을 실시하는 것이 필요할 수도 있다. 또한 언어장애치료를 위해 장기간 비용부담이 발생할 수 있기 때문에 저소득층일 경우 국가로부터 진단 및 치료에 관한 서비스를 받을 수 있도록 관련 제도에 대한 안내가 필요하다.

③ 자폐스펙트럼장애(Autism Spectrum Disorder)

장애인복지법상 정신적 장애 중 발달장애에 속하는 자폐성장애는 미국정신의

학회에서 정의한 자폐스펙트럼장애에 속한다. 미국정신의학회에서는 자폐성장애, 아스퍼거증후군, 소아기붕괴성 장애, 비전형자폐 등을 모두 한 범주 안에 포함시켜서 자폐스펙트럼장애로 통합한 바 있다. 3세 이전부터 언어 표현 및 이해, 어머니와의 애착행동, 사람들과의 놀이에 대한 관심이 저조해지는 양상으로 나타나며 3세 이후에는 또래에 대한 관심의 현저한 부족, 상동증(반복행동), 놀이행동의 심한 위축, 인지발달의 저하 등이 함께 나타나는 발달상의 장애로 전반적 발달장애라는 이름으로도 알려져 있다.

자폐스펙트럼장애아동의 75%가 지적장애의 문제를 동반하는 것으로 알려져 있으며 전문가에 의해 자폐스펙트럼장애로 진단되었다면 저절로 좋아지지는 않는다고 설명할 수 있다. 하지만 반대로 아무 치료도 하지 않는다면 정상적인 유아들과의 차이가 점점 벌어질 수도 있기 때문에 가능한 한 빨리 치료계획을 세우고 실행하는 것이 필요하다. 자폐스펙트럼장애에 대한 치료 및 재활은 '통합적 치료(integrative treatment)'이다. 영아기에는 사회적 상호작용의 첫 단추이자 첫 출발점인 부모나 1차 양육자와의 애착을 발달시키는 치료를 받는 것이 좋고, 만 3세경인 유아기 초기에는 사회적 상호작용 촉진에 기초를 둔 행동치료와 놀이치료 및 언어적 훈련을 받아야 하고, 만 4~6세 사이의 시기에는 그룹 놀이치료와 사회기술 훈련이 포함된 다양한 프로그램이 필요하며 동시에 과잉행동, 상동행동, 자해적 행동 등에 대한 행동치료와 약물치료가 필요하기도 하다. 또한 초등학교 시기에는 꾸준한 사회기술 훈련과 더불어 다양한 인지학습적 도움과 언어적 활용을 도울 수 있는 도움이 필요하다. 한편 자폐스펙트럼장애는 일반적으로 평생 지속되며 이들 중 지능(IQ)이 70 이상이고 5~7세 수준의 언어소통능력을 가졌을 때 최상의 예후를 가진다고 전문가들은 설명하고 있다. 또한 치료환경과 가정환경이 지지적이고 아이의 요구를 잘 수용할 수 있는 경우는 더욱 긍정적인 영향을 미친다고 알려져 있기 때문에 자폐스펙트럼장애아뿐 아니라 가족에 대한 사회복지서비스 제공이 함께 요구되고 있다.

(2) 애착과 신뢰감 형성을 위한 사회적 지원 방안 마련

영아기에 가장 중요한 사회적 욕구는 부모와의 긍정적 정서관계 형성이다. 특히 부모의 보살핌과 양육은 영유아의 심리적·정서적 발달에 결정적인 영향을 미친다. 애착은 아기와 양육자 사이에 오가는 정서적 친밀함으로 생후 6개월에서 만 1세 사이에 충분히 경험해야 아이의 정서적 안정과 사회성 발달에 도움이 되며, 부모와 애착이 형성되지 않을 경우 반응성 애착장애(RAD : Reactive Attachment Disorder)에 걸릴 수 있다. 반응성 애착장애는 그 이름에서 의미하듯 양육자와의 애착에 문제가 있어서 정서적 발달 및 신체적 발달의 차질을 빚는 것을 말한다. 반응성 애착장애 영아들은 신체적·지적·정서적인 발달이 지체될 수 있다. 생후 약 8~9개월이 되면 대부분의 영아들은 낯선 사람을 비선별적으로 받아들이지만, 반응성 애착장애 영아는 아무에게나 강한 애착을 보이거나 반대로 지속적으로 접촉을 거부할 수도 있다. 반응성 애착장애 아동은 눈맞춤이 어렵고, 혼자서만 놀려고 하고, 이름을 불러도 반응이 없는 등 자폐스펙트럼장애와 유사한 행동 특성을 보인다. 그러나 자폐스펙트럼장애와는 달리 심각한 의사소통 장애와 상동행동은 보이지 않는 경우가 많다. 또한 사회성 발달 능력이 있기 때문에 바람직한 환경이 주어지면 정상 발달의 가능성도 높다(국립특수교육원, 2009).

따라서 사회복지사는 영유아기에 부모 간에 효과적인 애착관계가 형성될 수 있도록 양육기술과 정보를 제공하여야 하며 특히 빈곤가정이나 기초생활수급자, 차상위계층 가정은 물론 점점 늘어나고 있는 다문화가정에 대해서도 건전한 양육과 보호가 이루어지도록 관심을 기울여야 한다. 이를 위해 국가 및 지방자치단체, 관련 사회복지서비스기관이 연계하여 취약한 영유아 및 부모를 지원하는 사업을 다양하게 전개하는 것도 필요하다.

한편 맞벌이 부부의 증가 및 핵가족화로 영아와 부모 간 상호작용이 적을 수 있기 때문에 영아시설이나 보육시설에서도 안정되고 애정이 담긴 양육을 통하여 영아가 기본적 신뢰감을 구축할 수 있도록 하여야 하며, 영아기의 신체 및 운동발달, 인지발달, 언어발달 그리고 사회적 애착관계 형성을 지원할 수 있는 전문적인 양육서비스를 제공하여야 한다. 특히 영아시설이나 보육시설 종사자의 경우 어머니를 대신하는 모성인물(mother figure)로서 영아와 반복적인 상호작용을 통하여 애정 어린 양육을 지원하여야 한다. 미혼부모의 자녀이거나 기타 이유로 부모나 가족으로부터 양육을 받을 수 없는 경우에도 입양이나 가정위탁보호를 통하여 영아의 보육이 강화될 수 있도록 하여야 한다(권중돈, 2014).

제3장 태내기, 영아기, 유아기 기출문제

1. 태아의 발달단계에 대한 설명으로 맞지 않은 것은?

① 태아의 발달은 9개월에 걸쳐 일어난다.

② 초기 3개월은 태아의 급속한 세포분열이 일어나는 시기이므로 가장 중요한 시기이다.

③ 임신 180일을 생존가능 연령이라고 한다.

④ 임신 4개월 경 임산부는 가벼운 태동을 느낄 수 있게 된다.

⑤ 임신기간은 개인에 따라 차이가 있어 수정 후 34~40주 사이에 아이가 태어난다.

2. 출생 후 1개월 이내의 신생아에게 나타나는 신체적 발달 특징으로 맞지 않은 것은?

① 의학적으로 출생 후 약 2주간을 신생아라고 한다.

② 주요 반사는 빨기와 쥐기이다.

③ 출생 당시 남자아이가 여자아이보다 체중과 신장이 더 발달해 있는 경향이 있다.

④ 생후 10일 동안 특정 부위 운동이 활발히 이루어진다.

⑤ 신생아의 체온은 성인보다 다소 높은 편이다.

3. 영아기(0~2세)의 발달 특성으로 옳은 것을 모두 고른 것은?

ㄱ. 애착관계 및 대상영속성이 확립된다.
ㄴ. 모로반사, 바빈스키반사 등의 반사행동이 나타난다.
ㄷ. 피아제(J. Piaget)의 감각운동단계로서 목적지향적 행동을 한다.
ㄹ. 서열화 및 분류화를 획득한다.

① ㄱ, ㄴ, ㄷ　② ㄱ, ㄷ　③ ㄴ, ㄹ

④ ㄹ　⑤ ㄱ, ㄴ, ㄷ, ㄹ

4. 2~3세 유아의 특징으로 옳지 않은 것은?

① 숟가락질을 할 수 있다.

② 혼자 넘어지지 않고 잘 걸으며 뛸 수 있게 된다.

③ 프로이트(S. Freud) 이론의 항문기에 해당되고 배변훈련이 시작된다.

④ 양육자와의 애착관계가 시작되고 분리불안이 늘어난다.

⑤ 언어활동이 급격히 증가하고 낱말을 이어 문장으로 말하기 시작한다.

5. 유아기(3~6세)의 발달에 관한 설명으로 옳은 것을 모두 고른 것은?

ㄱ. 피아제(J. Piaget)의 자기중심적 사고가 활발한 시기이다.
ㄴ. 에릭슨(E. Erikson)의 주도성과 죄책감이 중요한 시기이다.
ㄷ. 프로이트(S. Freud)의 오이디푸스 콤플렉스와 엘렉트라 콤플렉스가 나타나는 시기이다.
ㄹ. 콜버그(L. Kohlberg)의 인습적 단계의 도덕적 사고가 나타나는 시기이다.

① ㄱ, ㄴ, ㄷ　② ㄱ, ㄷ　③ ㄴ, ㄹ
④ ㄹ　⑤ ㄱ, ㄴ, ㄷ, ㄹ

1. 정답 : ③ 30주 정도가 지나면 신경계의 조절능력이 생기고 조산아보육기에서의 생존이 가능해지므로 임신 210일을 생존가능연령이라고 부른다.

2. 정답 : ④ 신생아의 운동은 전신운동과 신체 특정부위의 운동으로 분류할 수 있다. 신경근육계통의 미분화로 생후 10일 동안은 전신운동이 활발하게 이루어진다.

3. 정답 : ① 서열화와 분류화를 획득하는 시기는 피아제의 구체적 조작기에 해당하는 아동기이다. 영아기는 피아제의 감각운동기에 해동하며 대상영속성과 목적지향적 행동이 발달한다. 양육자와의 애착관계 형성은 이 시기 사회정서 발달에서 가장 중요한 부분이며, 영아기의 초반(신생아기)에는 모로반사, 바빈스키반사 등의 반사행동이 나타난다.

4. 정답 : ④ 양육자와의 애착관계 형성과 분리불안은 영아기(0~2세)의 발달 특성이다.

5. 정답 : ① 유아기는 피아제의 전조작기(자기중심적 사고), 에릭슨의 주도성 대 죄책감 단계, 프로이트의 남근기(오이디푸스, 엘렉트라 콤플렉스), 콜버그의 전인습 단계에 해당한다.

Chapter 04

아동기

아동기는 만 7~12세까지의 시기로 초등학교 입학부터 졸업까지의 시기를 말한다. 공식적으로 학습이 시작된다고 하여 학동기(學童期)라고 한다. 이 시기는 아동이 가정과 학교환경의 영향을 동시에 받게 되며, 특히 학교에서 사귀게 된 또래들과의 관계는 아동발달에 많은 영향을 미치게 된다. 아동기에는 다양한 영역에서 발달이 동시적으로 진행된다. 그러므로 각 영역의 발달이 다른 영역에 어떠한 영향을 미치는지 이해하는 것은 아동발달을 총체적으로 이해하는 데 도움이 된다.

발달이론적 관점에서 프로이트(S. Freud)는 아동기를 성 에너지가 무의식 속으로 잠복하는 시기이기 때문에 잠복기라고 하였으며, 에릭슨(E. Erikson)은 이 시기의 심리사회적 위기는 근면성 대 열등감이며, 이 위기를 잘 극복하면 '능력(유능함)'이라는 자아 특질이 강화된다고 하였다. 피아제(J. Piaget)는 구체적 조작기라고 하면서 새로운 형태의 인지발달이 이루어지는 매우 중요한 시기라고 하였다.

1. 신체적 발달

1) 신체적 성장

아동기는 신체적 성장과 발달이 앞서 영유아기에 비해 느리게 진행되지만 아동기 말에는 사춘기의 성장급등 현상으로 인해 신장과 체중이 급격히 증가한다. 12세가 되면 출생 시에 비해 신장은 약 세 배가 되며, 체중도 약 열 배 이상이 된다. 초등학교 입학 무렵에는 남아가 여아보다 신체적 성숙이 더 빠르지만 11~12세경에는 여아의 신체적 성숙이 남아에 비하여 더 우세해진다. 이러한 현상은 신체적 급성장이 이루어지는 사춘기가 남아보다 여아에게서 약 2년 정도 먼저 시작되기 때문이다(Berk, 2011) 얼굴 면적이 전체의 10%로 줄고, 유치가 영구치로 바뀐다. 뇌 발달이 계속 촉진되어 뇌의 각 부분이 더 효율적으로 기능하며, 뇌는 성인의 약 95% 정도로 발달한다. 아동기에는 뼈와 근육의 성장이 균형 있게 이루어지는 것이 일반적이지만 이 시기에 뼈의 성장이 근육의 성장을 초월하는 경우가 있으며, 이때 밤잠을 설치고 보행 시 통증을 느끼는 성장통(growing pain)을 느끼는 경우가 많다.

2) 운동기능 발달

새롭게 발달하는 운동기능은 없지만 운동기술이나 근육의 협응이 점차 세련되고 정교화되어 운동의 속도, 정확성, 안정성, 역량 등이 더욱 발달하고 정교해진다(강봉규, 1992). 이 시기에는 자신의 신체를 이용한 달리기, 던지기, 뛰기 등의 능력을 활용한 스포츠와 조직적인 단체놀이에 강한 관심을 보인다. 운동발달에서 성별로 차이가 존재하며, 남아가 여아보다 운동속도와 반응이 다소 빠르게 나타난다. 운동발달은 아동의 성격발달에 중요한 영향을 미친다. 운동을 잘하는 아동은 활발하고 적극적으로 자기표현을 할 수 있고, 다른 아동과 비교하여 자기의 운동기술과 역량을 평가하기 때문에 자아의 발달과 자존감 형성에 밑바탕이 된다. 또한 운동을 통해 우정관계를 형성하고 게임의 규칙을 준수하고 집단 내에서 구성원들과 협력하는 방법을 배우는 등 사회성 발달에도 중요한 영향을 미칠 수 있기 때문에 아동기에 적절한 운동발달이 이루어질 수 있도록 해야 한다.

3) 지능 발달

아동기는 지능발달에 있어서 중요한 시기로 알려져 있다. 지능은 새로운 지식을 획득하고 적용하는 학습능력, 합리적이고 혁신적인 사고능력, 환경에 대한 적응능력 등으로 구성된 개인의 총체적 능력이라 할 수 있으며, 일반적으로 지능지수(IQ : Intelligence Quotient)로 표현한다. 지능은 유전요인과 환경요인에 의해서 영향을 받고 있는 것으로 알려져 있으며, 아동의 가정환경, 학교환경, 지역사회환경 등과 같은 외부환경을 개선함으로써 아동의 지능발달을 도모할 수 있다고 주장하는 학자(Weinberg, 1989)도 있지만 오늘날까지 지능의 발달과 관련하여 지능이 유전에 의해 영향을 받는다는 관점과 환경적 자극에 의해 변화한다는 관점이 팽팽히 맞서고 있다(권중돈 · 김동배, 2010). 지능의 발달과 더불어 지적 발달에 중요한 요소 중의 하나가 창의력(creativity)이다. 창의력을 높이기 위해서는 부모나 교사가 아동이 자유롭게 질문하고 탐색할 수 있도록 허용적 태도를 가져야 하며, 다양한 인지적 · 문화적 경험을 할 수 있도록 도와주며, 창의적 표현에 대한 적절한 보상과 격려가 요구된다.

한편 아동기에는 단기기억보다 장기기억이 증가하고 그 범위가 점점 확대된다. 또한 간접기억보다는 직접적인 경험을 기억하는 능력이 현저하게 향상된다. 논리적 기억보다는 맹목적으로 암기하는 기계적 기억이 급격히 발달하며, 우연적이고 우발적으로 얻은 정보보다는 의도적으로 학습한 정보를 더 잘 기억한다. 또한 기억전략과 변형기억이 현저하게 발달되는데, 기억전략이란 기억저장고에 정보를 집어넣거나 인출하기 위해서 사용하는 의도적인 활동이며, 변형기억이란 기억을 더욱 증진시킬 수 있는 방향으로 전환하는 능력이다.

2. 인지적 발달

1) 인지발달

아동기의 지각발달의 경우 유아기와 비교해 볼 때 중요한 변화는 일어나지 않지만 탐색전략, 논리적 조직화, 탈중심화 등이 발달한다. 아동기에는 특정한 문항을 찾기 위해 자극의 배열을 탐색하는 능력인 탐색전략을 보다 신속하고 정확하게 사용할 줄 알게 된다. 지각정보를 논리적으로 조직화하고 전체－부분 조합을 할 수 있는 논리적 조직화 능력도 이 시기에 발달한다. 아동기에는 사물의 지배적 특징에 얽매이지 않고 다른 특정한 측면을 보거나 사물의 전체로 시각을 이동할 수 있기 때문에 사물의 여러 특징과 측면을 동시에 고려하는 다면적 사고를 할 수 있다. 그와 더불어 자기 자신의 시각에서 타인의 시각으로 옮겨 지각할 수 있으며, 다른 사람의 인지, 사고, 감정 등을 추론해서 이해하는 능력을 갖게 된다(이근홍, 2011). 피아제(J. Piaget)는 자신의 인지발달이론에서 아동기를 구체적 조작기라고 명명한 바 있다. 이 단계는 보존개념, 분류기술(유목화), 서열화, 조합기술 등의 개념적 기술들이 점차적으로 발달하여 획득되는 시기이다. 또한 체계적이고 논리적인 사고를 할 수 있으나, 아직은 구체적인 사물이나 구체적 행위에 한정된다. 이상과 같은 구체적 조작사고의 발달은 아동기 동안 읽기, 쓰기, 셈하기 등의 기본적 학습을 가능하게 한다.

(1) 보존개념

보존개념은 형태가 바뀌어도 양이나 부피와 같은 물리적 부분은 변화하지 않고 그대로 유지된다는 것으로 보존개념의 획득은 수, 길이, 면적 및 양, 무게 및 부피의 순서로 나타난다. 보존개념을 획득하기 위해서는 가역성(reversibility), 보상성(compensation), 동일성(identity)의 원리에 대한 이해가 선행되어야 한다. 가역성은 어떤 상태변화가 그 변화의 과정을 역으로 밟아 가면 다시 원래상태로 복귀할 수 있다는 개념이다. 보상성은 높이의 감소가 폭이라는 차원으로 보상되는 개념이다. 동일성은 어떤 방법으로든 더하거나 빼지 않았으므로 이전의 상태와 동일하다는 개념이다(권중돈 · 김동배, 2010).

(2) 분류기술(유목화)

대상물 사이의 공통점, 차이점 및 관련성을 이해할 수 있기 때문에 대상물이 지니고 있는 속성에 따라 그것들을 분류할 수 있다. 만 7~10세 사이의 아동에게 파란색 꽃 4송이와 노란색 꽃 12송이를 보여 주고, 노란색 꽃과 꽃 중에 어떤 것이 더 많은가 물어보면 꽃이라고 응답한다. 이는 꽃이라는 상위유목에 하위유목인 파란색 꽃과 노란색 꽃이 모두 포함된다는 사실을 이해하기 때문이다. 또한 구체적 조작기에는 다양한 물건이나 대상을 두 개 이상의 속성에 따라 분류하는 것이 가능하다(정옥분, 2009).

(3) 서열화

이 시기에는 사물의 길이나 무게 같은 양적 차원에 따라 차례로 배열하는 능력도 가지고 있다. 또한 두 가지 이상의 속성을 동시에 고려하여 순서대로 배열하는 다중 서열화 과제도 해결할 수 있다(정옥분, 2009).

(4) 조합기술

조합기술은 수(數)를 조작하는 능력으로서, 일정한 수의 사물이 있으면 그걸 펼치든 모으든 또는 형태를 바꾸든 수는 같다는 것을 이해할 수 있는 능력을 의미하는 것이다. 조합기술은 더하기, 빼기, 곱하기, 나누기와 같은 사칙연산을 할 수 있게 된다.

2) 도덕성 발달

아동기에 들면 자기중심성이 감소하고 다른 사람의 관점을 물론 다양한 정보를 고려할 수 있게 된다. 피아제(J. Piaget)에 의하면 아동기 초기인 만 7세에서 10세까지는 타율적 도덕성과 자율적 도덕성이 함께 나타나다가, 10세경에는 자율적 도덕성 단계에 도달한다고 하였다(정옥분, 2009). 사회적 관계의 확대로 또래와의 상호작용이 증가함에 따라 도덕적 판단을 하는 데 보다 융통성을 발휘하는 자율적 도덕성이 발달한다(Siegler, Deloachem & Eisenberg, 2006). 이 시기의 아동들은 절대적인 옳고 그름이 없음을 이해한다. 또한 다른 사람들의 시각과 맥락적 상황을 고려하게 되고, 도덕적인 판단에서 결과보다는 동기가 더 중요함을 이해하게 된다. 따라서 규칙은 사람 사이의 약속에 의해 만들어진 것으로, 변경될 수 있다고 생각하기 때문에 도덕적 판단을 할 때 행위자의 의도와 그 행동이 일어난 상황을 고려해야 한다고 생각한다. 예를 들어, 아픈 사람을 태운 구급차가 빨간 신호등에서 멈추지 않고 주위를 살피며 지나갔다고 해서 운전기사가 잘못했다고 생각하지 않는다(손병덕 외, 2020). 이전 단계에서는 규칙이 절대적이었다면 이제는 규칙이 상대적이라는 점을 깨닫고 어른과 도덕적 판단력이 비슷해진다. 이 시기에는 도덕성 교육을 통해 규칙을 잘 지키게 훈련하는 것이 필요하며, 이득이 되는 여러 가지 규칙들을 습관이 되도록 훈련하는 것이 필요하다.

3. 사회적 발달

1) 정서 발달

아동기는 유아기에 비해 정서적으로 안정된 시기로 기본적인 정서가 거의 발달하게 되며 인격의 기초가 형성된다. 이 시기에 사회적 행동과 밀접한 관련성을 지니고 있는 정서는 분노, 질투, 공포 등이다. 아동기에는 학교생활을 통해 다양한 사회적 관계가 형성된다. 이러한 관계로 말미암아 행동에 방해를 받거나, 야단을 맞거나, 다른 아동들과 비교를 당하거나 무시를 당할 때가 더 많아짐으로써 분노의 감정이 이전보다 더욱 빈번하게 된다. 분노를 느낀 아동은 떼를 쓰는 대신에 표현하는 방법을 변화시켜 표정이나 언어를 통하여 표출하게 된다. 또한 아동은 자신이 부정적 정서를 솔직하게 표현하는 것이 경우에 따라 바람직하지 않다는 것을 이해한다. 이 시기의 모든 아동이 정서조절에 능숙한 것은 아니기 때문에 정서 조절에 유능한 아동은 정서적 효능감을 가지게 되고, 공감적이고 친사회적이지만 그렇지 못한 아동은 또래관계에 어려움을 겪고 학교 적응에도 어려움을 경험할 수 있다(Berk, 2011). 또한 아동기가 되면 자신의 진짜 감정을 숨기는 일에 점점 능숙해지기 때문에 아동의 진짜 감정이 무엇인지를 이해하기 어려울 때가 종종 있다.

아동기의 공포감은 연령의 증가와 함께 감소하지만 이 시기에 학교생활에 대한 불안이 심각해서 학교공포증을 경험하기도 한다. 공포감과 직접적으로 연관된 정서가 불안이다. 불안반응은 아동의 발달과 관련되어 있는데, 이 시기에 주로 부모나 교사의 기대에 충족하지 못할 때 따르는 질책이나 벌, 학습능력이나 운동능력 미발달에 대한 친구들의 조롱이나 무시 등에 대한 불안이 특히 많다.

아동기에는 다른 사람의 입장에서 생각하고 추론하고 이해하는 능력인 조망수용(perspective taking) 능력이 크게 발달하는데, 이는 아동의 사회정서 발달과 밀접한 관계가 있다. 정서조절에 미숙한 아동은 조망수용 능력이 떨어지고 그로 인해 죄책감이나 후회 없이 다른 사람을 학대하며, 반대로 조망수용 능력의 증가는 반사회적 행동을 낮추고, 공감과 친사회적 행동을 높이는 것으로 알려져 있다(Chalmers & Townsend, 1990).

2) 자아개념 발달

초등학교에 입학하면서 가정 밖에서 생활하는 시간이 많아짐에 따라 아동은 유아기에 비해 부모에 대한 의존성이 감소하고 그와 더불어 자아개념이 발달한다. 자아개념(self-concept)은 자기가 누구이고 무엇인지를 이해하는 것으로, 개인이 갖고 있는 신체적 특성, 능력, 흥미, 가치관, 태도, 지위와 역할 등에 대한 개인의 지각이나 느낌을 말한다. 자아개념은 아동의 능력과 관련되어 있으며, 특히 학교생활에서 긍정적 평가나 결과는 자아개념을 형성하는 데 결정적인 역할을 한다. 자아개념이 자신의 존재에 대해 인지적으로 형성된 측면이라고 한다면 자아존중감은 자신에 대한 느낌인 정서적 측면이다(Simmons & Blyth, 1987). 자아존중감은 자신에 대한 평가에 기초해서 자신을 가치 있고 긍정적인 존재로 느끼는 것을 말한다. 아동기의 자아존중감은 학업능력과 관련된 학업적 자아존중감, 또래와의 관계 및 부모와의 관계에서 형성되는 사회적 자아존중감 그리고 자신의 외모와 신체적 능력과 관련된 신체적 자아존중감으로 분화된다(Harter, 1990). 에릭슨(Erikson)은 심리사회이론에서 아동기는 근면성과 열등감이 발달하는 시기라고 하였다. 근면성이란 자신에게 다가오는 외부의 도전을 스스로의 힘으로 극복할 수 있다고 믿는 태도를 말하는 것으로 아동의 성취동기와 경쟁심, 효능감 등을 통해서 강화되는 특징이 있다. 근면성이 높은 아동은 외부세계에 대해서도 자신감을 가질 뿐 아니라 능동적이고 활발한 성격을 형성할 수 있다. 만약 아동이 학업성적이나 학교생활에서 교사로부터 칭찬이나 격려를 받게 된다면 아동은 근면성과 높은 수준의 자아존중감을 형성할 수 있다. 하지만 어떤 일에 있어서 실패를 하여 부정적 평가를 받게 되면 열등감과 낮은 수준의 자아존중감이 발달하게 된다.

3) 학교에 대한 태도

이 시기의 아동은 학교생활을 통해 읽기, 쓰기, 셈하기 등의 인지적 기술뿐만 아니라 다양한 또래들 안에서 자신이 가진 독특한 능력을 발휘하면서 조화롭게 생활할 수 있는 사회적 기술 또한 습득해야 한다. 학교는 아동들에게 학습의 장인 동시에 생활의 장이다. 그래서 대부분의 아동들은 학교에 가기를 좋아하고 학교에서 하는 일에 매우 열성적이며 학교에 대한 긍정적인 태도를 갖게 된다. 하지만 일부 아동들은 학교에 대해서 긍정적인 태도를 갖지 못할 수 있다. 아동들의 학교에 대한 태도에는 부모와 교사의 영향이 크게 작용한다. 아동들은 부모가 학교에 대해서 갖는 생각과 감정을 동일시하기 때문에 부모가 교육의 가치를 인정하고 자녀의 교사를 존중하면 아동들도 긍정적인 태도를 형성하게 된다(최옥채 외, 2011). 교사는 아동의 사회화 과정에 매우 큰 영향을 미치는 것으로 알려져 있다. 저학년일수록 교사의 영향을 많이 받으며, 고학년이 될수록 교사보다는 친구의 영향을 많이 받는다. 교사는 아동의 특수한 재능을 알아보고 바람직한 행동을 형성하고 발달시키기 위하여 칭찬, 비난, 특권, 처벌과 같은 강화를 사용하며, 아동의 능력과 성취도를 비교하여 동일한 사회적 지위를 지니고 있는 아동의 사회적 지위를 차별화한다. 이러한 교사의 행동이나 지도방법에 의해서 아동은 사회적으로 바람직한 행동과 관련 규범을 학습하게 되며, 자신의 사회적 지위에 따르는 사회정체감을 형성하게 된다. 일반적으로 교사의 행동을 긍정적으로 지각하는 아동일수록 긍정적 자기개념을 형성하는 경향이 강한 것으로 나타나고 있다(권중돈, 2020).

4) 또래관계

아동은 학교생활을 통해 또래집단과 사회적 상호작용이 많아지며, 학년이 올라갈수록 급우들과의 관계가 중요해진다. 아동은 주로 이웃에 살고 있는 동성의 또래와 어울리면서 그들과 의사소통의 방법을 배우며, 자신에 대하여 새로운 지각을 할 수 있게 된다. 또래친구는 아동기는 물론 그 이후의 대인관계의 적응양식에도 영향을 미치는 것으로 성격발달에 중요한 의미를 가진다. 아동기는 단체놀이(팀놀이)를 선호한다. 단체놀이를 통해서 집단목표를 개인목표보다 상위에 놓는 것을 배우게 되고 공동의 목표를 성취하기 위한 분업의 원리도 배운다. 아동기에 또래집단에 참여할 수 있는 기회가 적은 아동은 그들의 집단에서 소외감을 갖게 되거나 거부 또는 무시당하고 괴롭힘을 당하는 피해자, 즉 '왕따'가 되는 경우 높은 수준의 불안과 우울, 낮은 자아존중감과 부정적 자아개념을 형성하게 되고, 부적응적 행동을 보일 수 있다. 따라서 학교에서의 성공이나 실패경험이 아동기 자아발달에 중요한 영향을 미친다.

4. 사회복지실천과의 연관성

아동기는 초등학교에 다니는 시기를 말하며 이전 단계에 비해 신체발달 속도는 원만하지만 아직도 신체발달이 꾸준히 요구되는 시기이기 때문에 필수적인 영양공급이 적절히 이루어지지 못하거나 지나친 영양공급으로 인한 비만과 같은 신체발달의 문제가 나타날 수 있다. 또한 조기에 장애를 발견하고 치료받지 못해 발생할 수 있는 다양한 심리사회적 문제들이 없는지 확인해야 한다. 한편 이 시기는 아동학대가 자주 감지되는 시기이기도 하다. 폭력에 노출되어 있는 아동은 주의력이 결핍되고 이는 학문수행의 어려움으로 연결되며 자존감에 영향을 미친다(Marans & Adelman, 1997). 이 밖에도 많은 아동들이 학교에 적응하는 데 어려움을 겪고 행동문제나 학업수행상의 문제를 발생시킨다. 이러한 문제가 교정되지 못하면 아동은 연속해서 실패를 맛보고 낮은 자존감과 계속되는 정서적 · 행동적 문제를 갖게 된다. 특히 이 시기는 생활의 중심이 가정에서 학교로 옮겨감에 따라 학교생활이 중요한 역할을 하게 되며, 또래집단의 비중이 점차 커지고 자신은 누구인가를 깨닫게 되는 자아개념이 발달하는 등 학교생활과 또래관계의 형성에 관심을 기울여야 하는 시기이다. 이상과 같이 아동기 발달과 관련하여 관심을 가져야 할 문제와 영역으로는 학교공포증, 학습장애, 주의력결핍 과잉행동장애, 품행장애, 아동학대 등과 같은 심리사회적 장애들이 있다.

1) 학교공포증

아동기에 학교에 가기를 거부하는 것을 전문적인 용어로 학교공포증이라고 한다. 공포라는 용어에서 의미하듯이 학교공포는 불안과 연결되어 있다. 아동 중 약 5%는 강렬하고 통제할 수 없는 공포증을 경험하는데, 학교공포증은 학교생활에 대한 불안이 심각해져 공포증이라는 정서장애로 나타난 것이다(권중돈 · 김동배, 2005). 학교공포증을 보이는 아동은 학교에 가는 것에 대한 비현실적인 두려움을 보이며 두통, 복통, 메스꺼움, 고열 등의 신체적 증상이 따르기도 하고, 심리적으로는 교사에 대한 불평과 불만, 학업에 대한 염증, 다른 학생에 대한 불만의 호소 등으로 나타나기도 한다. 분리불안장애를 가지고 있는 초등학교 저학년 아동의 경우 학교에 가는 시간을 제외하고는 항상 집에서 보호자와 함께 있으려고 하며, 고학년이 될수록 분리불안과는 관계 없이 학교환경에 대한 공포로 학교 가기를 거부한다. 학교의 선생님을 무서워하거나 따돌림, 학업에 대한 부담 등이 원인일 수 있으며, 이런 아동은 학교 이외의 다른 환경에서는 잘 지내는 특성을 보인다. 학교공포증으로 인한 등교거부를 해결하기 위해서는 등교거부의 원인을 살펴 전문가의 상담 및 가족치료가 필요하며, 더불어 부모와 교사의 협력이 요구된다. 학교에 가지 않게 되면 학습문제가 생기고 친구와 밀어지는 후유증이 생겨 학교에 가지 않으려 하는 악순환이 계속된다. 예를 들어, 등교시간에 아프다는 아동에 대해서 부모는 병원 진찰 후 특별한 이상이 없다는 것을 확인시켜 늦더라도 꼭 등교하게 하고, 교사에게도 신체증상을 이유로 반복적으로 조퇴시키지 않도록 협조를 요청해야 한다.

2) 학습장애

학습장애는 말 그대로 학습하는 능력에 대한 장애를 의미한다. 하지만 모든 학습에 해당하는 것이 아니라 특정 학습영역에 문제를 보이기 때문에 아이들이 장애를 가졌는지 알 수 없는 경우가 많다. 보통 학령기 아동의 약 5~7%에 해당하는 아이들에게 학습장애가 발생한다. 「장애인 등에 대한 특수교육법 시행령」 별표 특수교육대상자 선정기준(2010)에 따르면, 학습장애를 지닌 특수교육 대상자란 개인의 내적 요인으로 인하여 듣기, 말하기, 주의집중, 지각(知覺), 기억, 문제해결 등의 학습기능이나 읽기, 쓰기, 수학 등 학업 성취 영역에서 현저하게 어려움이 있는 사람을 의미한다. 일반적으로 학습장애 학생은 '평균적인 지적 기능을 지니고 있으면서도 특정 기술의 학습에 심각한 문제를 보이는' 학생이라고 할 수 있다. 물론 '학습장애'를 정의하는 데 불명확한 개념이 많다는 비판도 있고, 정의에 대한 논의는 아직까지도 지속되고 있다. 그러나 학습장애는 미국의 경우 특수교육대상자로 판별되는 아동의 약 절반을 차지할 정도로 그 출현율이 가장 높은 장애유형이다(Rita & Allen, 2015).

학습장애는 뇌의 특정 영역에 문제가 발생해서 생기는 것으로 학령기 아이들에게만 나타나는 것이 아니라 아동기에 제대로 교육을 받지 못한 경우에도 생길 수 있다. 학습장애는 유심히 살펴보지 않으면 학습장애가 있는지조차 제대로 알지 못하는 경우가 많다. 하지만 학습장애의 경우 최대한 빨리 치료를 해야 아이들의 학업에 문제가 생기지 않기 때문에 다양한 치료를 통해 이런 문제를 해결하는 것이 좋다. 학습장애와 유사한 개념으로 학습부진아, 학습지진아가 있다. 학습장애가 정상 이상의 지능을 지니고, 정서나 사회환경 문제도 없으나 주된 원인이 개인 내적 문제에 있어 학업성취도가 떨어지는 아동을 말하는 반면, 학습부진아는 정상지능을 지니고, 신경계에 이상은 없으나 정서문제, 사회환경, 신체적 장애 등으로 인해 성취도가 떨어지는 아동을 말한다. 정서적 문제가 있는 학습부진아는 학업성적이 갑자기 떨어지는 경우가 있다. 다음으로 학습지진아는 학습문제의 주된 원인이 낮은 지적 능력에 있고, 이로 인해 학습진도가 떨어지는 아동을 말한다. 이와 같이 세 부류의 차이는 원인에 따라 다르다. 하지만 명확히 구분이 되지 않는 경우가 있기 때문에 원인적인 요소 외에도 다각적인 측면에서의 판별이 필요하다.

학습장애는 아동에게 실패반응에 대한 두려움, 철회반응, 무기력 반응, 낮은 자존심 등을 갖게 할 수 있다. 학습장애를 가진 아동이 성공적으로 생활에 적응하기 위해서는 집요함과 추진력, 좌절에도 포기하지 않는 개인적 성품, 목표설정과 성취노력을 가져야 한다(이근홍, 2007). 학습장애를 치료하기 위해서는 전문가에 의한 특수교육이 필요하고 가정에서도 아동의 교육환경과 교육계획에 관심을 가지고 노력해야 하기 때문에 부모교육과 상담서비스가 요구된다.

〈표 4-1〉 학습장애 아동이 보이는 특성

초등학교 저학년생	• 글자, 소리 관계 학습이 느림 • 기본적인 단어를 혼동함 • 읽기와 맞춤법에서 동일한 실수를 지속적으로 보임 • 숫자의 순서를 바꾸고 수학부호를 혼동함 • 사실을 잘 기억하지 못함 • 새로운 기술학습이 느리고 암기에 주로 의존함 • 충동적이고 계획을 세우기 어려워함 • 연필을 안정되게 잡지 못함 • 시간학습이 어려움 • 협응이 빈약하고 물리적 환경을 인식하지 못하여 사고가 잘 남
초등학교 고학년생, 중학생	• 글자의 순서를 바꿈 • 접두사, 접미사, 어근, 기타 맞춤법 전략학습이 느림 • 큰 소리로 읽으려고 하지 않음 • 단어문제 풀기를 어려워함 • 글자쓰기를 어려워함 • 연필을 주먹으로 꼭 쥐는 등 이상하게 잡음 • 쓰기과제를 회피함 • 사실을 잘 기억하지 못함 • 친구를 잘 사귀지 못함 • 몸짓언어와 얼굴표정을 이해하기 어려워함

출처 : Common signs of learning disabilities(http://if-blog.tistory.com/1807?top3).

3) 주의력결핍 과잉행동장애

주의력결핍 과잉행동장애(ADHD : Attention Deficit Hyperactivity Disorder)는 아동의 발달상 흔히 볼 수 있는 행동장애의 하나로서, 주의집중력 부족, 충동적인 행동, 그리고 과잉활동 성향이 주요한 특성이다. 이러한 1차적인 문제로 인해서 2차적으로 학습수행, 또래와의 관계 등 사회적인 적응에 심각한 문제를 일으킬 뿐만 아니라 그 결과 낮은 자존감 등의 정서적 부적응을 초래하게 되는데, 학습상황이 구조화되고 대인관계가 넓어지는 학령기에 이르러 특히 문제가 되고 있다.

초등학교에 진학하게 되면 아동들이 성취하여야 할 기본적인 과제가 추가적으로 늘어난다. 몇 가지 예를 들면, 집단 내에서 서로 협동할 수 있는 능력이 요구되며, 학교의 일정한 규칙을 준수해야 한다. 또한 수업시간에 일정한 시간을 얌전하게 앉아 있을 수 있어야 하며, 지속적으로 어른이 감독을 하지 않더라도 일정 시간 동안 주의를 집중시킬 수 있어야 한다. 이 밖에도 초등학교 교과과정을 배울 수 있는 지적 능력, 인지기능 또는 운동능력이 발달되어야 한다. 그런데 주의력결핍 과잉행동장애아동들은 이 시기가 되면 행동상의 문제가 더 뚜렷해지고 위에서 언급한 기본적인 과제의 습득에 어려움이 있다. 가만히 앉아 있으라고 주의를 주어도 몸을 비튼다거나, 다른 아이들을 방해하는 일도 나타나고 수업시간에 떠들어서 수업 전체를 방해하기도 한다. 주의력, 집중력에도 문제가 생겨서 산만하며, 지속적인 집중을 하지 못하여 학습에 장애가 오고 숙제가 무엇인지도 모를 뿐 아니라, 충동적인 행동도 이 시기가 되면 뚜렷해져서 선생님의 말을 끝까지 듣지도 않고 행동으로 옮긴다거나 항상 생각보다는 행동이 앞서게 된다. 또래들과의 놀이에서도 기본적인 규칙을 지키지 못하며 다른 아이들의 놀이에 끼어들어 방해를 하고 수업시간에도 흔히 주의를 받게 된다. 항상 부산하며 바쁘고, 체계적으로 일을 하지 못하고 지속적으로 어른의 감독이 필요한 경우가 많은 문제 때문에 학령기에 이르면 학습에 많은 문제가 발생한다.

주의력결핍 과잉행동장애의 원인에 대해서는 많은 연구가 있었는데, 현재의 연구결과는 유전적인 소인과 분만 전후의 합병증, 뇌의 기질적인 장애, 태내에서 독성물질에 노출 등과 같은 신경의학적인 요인, 사회심리적 요인이라고 알려져 있다. 특히 유전적인 소인이 중요한데 주의력결핍 과잉행동장애가 있는 아동을 보면 형제의 발생률은 대략 30% 내외이며, 만약 부모가 주의력결핍 과잉행동장애인 경우에 그 자녀는 57%의 발생률을 보였다는 보고가 있다. 미국 내 주의력결핍 과잉행동장애의 발병률에 관한 연구에 의하면, 미국 아동들은 3~15%가 증상을 보이고 있다고 한다. 주의력결핍 과잉행동장애아동들의 주요한 특징인 부주의, 충동성, 과잉행동은 정상아동들도 어느 정도 나타난다. 정상적인 아동들에 비해 주의력결핍 과잉행동장애아동들에게서 이러한 특징들이 얼마나 심각하고, 이러한 특징들로 인해 학업이나 일상생활에 얼마나 지장을 받고 있으며, 얼마나 여러 상황과 환경에서 계속적으로 나타나는가를 고려해야 한다.

주의력결핍 과잉행동장애는 과거에는 성장하면서 저절로 호전되는 질환으로 생각하였으나 최근의 연구들은 청소년기에 이르러 충동성, 주의력 결핍 등의 증상은 호전되나 정상적인 아동에 비해 그 정도가 심하고, 자존심의 저하, 학습능력의 저하, 반사회적 행동을 보일 수 있다고 하며 일부에서는 성인이 되었을 때 반사회적 인격장애, 알코올중독증, 약물남용이 될 수 있다고 보고하고 있다. 주의력결핍 과잉행동장애아동은 자극에 대하여 아주 민감하게 반응하기 때문에 주위 환경을 차분하게 만들어 주는 환경적인 접근, 행동치료, 약물치료, 특수교육, 정신치료 등이 필요하며, 아동의 지속적인 문제로 인해 2차적으로 부모－자녀관계가 악화될 소지가 있어 부모상담을 통하여 아동을 다루는 방법에 대한 교육과 상담이 필요하다.

4) 아동기 품행장애

아동기 행동장애는 정신과 진단명으로 '파괴적 행동장애(disruptive behavior disorder)'라 불리며, 그 안에 적대적 반항장애(oppositional defiant disorder)와 품행장애(conduct disorder)가 포함된다. 부모나 어른에게 반항적인 대도를 일부 보이는 것은 발달과정에서 오는 정상적인 면으로 볼 수 있지만, 적대적 반항장애나 품행장애의 진단이 내려지는 경우는 그 정도와 문제행동의 빈도가 심하여 정상발달과정으로 받아들일 수준을 훨씬 넘어서는 경우에 해당된다(국가건강정보포털 의학정보).

적대적 반항장애는 지속적으로 부정적이며, 명령에 순종하지 않고, 부모나 선생님과 같은 권위적인 대상에게 적대적 행동을 보이는 것이 특징이다. 권위적 대상이 아닌 또래와는 별다른 어려움이 없는 경우가 많고, 사회적 규범을 심각하게 무시하거나 타인의 권리를 지나치게 침해하는 위험한 행동을 하지는 않는다. 이런 종류의 반항적 태도는 사춘기를 전후한 아동과 청소년에게서 일반적으로 발견할 수 있다. 하지만 아동의 발달 정도나 정신적 성숙도에서 기대하는 바를 뛰어넘는 수준으로 적대적 태도를 보이고, 권위적 대상에 대해 과도한 반응을 보이는 것은 문제행동이라 할 수 있다. 품행장애는 아동기 또는 청소년기에 가장 흔히 관찰되는 질환 중의 하나로서, 갑자기 발병하지 않고 서서히 발병하다가 다른 사람의 권리를 침해하는 정도로 진행한다. 주로 남자아동들이 여자아동들에 비해 일찍 나타나는 경우가 많으며, 남자아동이 여자아동에 비해 네 배에서 12배까지 많고 반사회적 인격장애나 알코올의존이 있는 부모를 둔 아동에서 빈번히 나타나며, 사회경제적 요인과 밀접한 관련이 있는 것으로 알려져 있다(대한신경정신의학회, 2005). 주요 특성은 반복적으로 다른 사람의 권리를 침범하거나 자신의 나이에서 지켜야 할 사회적 규범을 어기는 행동이 나타나는 것이다. 이러한 행동으로 사회적·학습적 또는 직업적인 영역에서 기능의 손상을 초래하며, 인지적인 기능이 떨어지는 경우도 많아 충동적이거나 지루함을 참지 못하고 계속해서 자극을 찾으려는 특징이 있다(김기태 외, 2019).

품행 장애는 지나친 공격성, 타인을 해치는 행위, 자기 물건이나 남의 물건을 파괴하는 행동, 사기와 도둑질, 그 나이에 지켜야 할 규칙들을 빈번히 어기는 것 등을 특징으로 한다. 중요한 특징은 공격성과 타인의 권리를 침해하는 것, 규칙을 지키지 않는 것으로 정의할 수 있다. 주의력결핍 과잉행동장애, 우울증, 학습장애가 동반되기도 하며 지나치게 엄한 부모의 훈육, 편부모 가정 등의 가족환경, 부모의 훈육이나 지도가 부족한 경우, 사회경제적으로 어려운 환경에 처해 있는 것과 같은 사회심리적 요소도 중요한 원인 중 하나이다(국가건강정보포털). 이밖에 대중매체의 영향으로 인한 인지적인 왜곡도 주요 요인으로 지목하고 있다(임 혁·채인숙, 2012). 품행장애는 지능이 정상이고 장애의 정도가 가벼운 아동은 성인이 되었을 때 예후가 좋지만, 일찍 시작되었고, 지능도 낮으며, 또래관계가 적어 사회적응기술이 부족하고, 형제, 부모의 지지가 없을 때 약 40%가 성인기에 반사회적 인격장애로 발전된다는 연구결과도 있다(민성길 외, 2006). 품행장애를 가진 아동들은 거짓말, 도벽, 가출, 방화, 파괴행위, 무단결석 등의 다양한 문제를 일으키기 때문에 가족, 교사, 또래친구, 사회복지사 등이 각별한 관심을 기울여야 하며, 품행장애의 특성상 문제를 인식하고 변하고자 하는 동기가 낮은 탓에 다각적인 치료 프로그램의 도움을 받도록 해야 한다. 환경적으로는 일관성 있는 규칙을 만들어서 다양한 문제행동을 조정하도록 하고 따뜻한 환경 내에서 용납과 사랑을 장기간 지속적으로 일관되게 제공함으로써 내적 억제력, 긍정적 자아상 회복, 새로운 적응기술을 획득하도록 해야 한다.

5) 아동학대

아동학대란 아동복지법 제3조에서 보호자를 포함한 성인에 의하여 아동의 건강, 복지를 해치거나 정상적 발달을 저해할 수 있는 신체적 · 정신적 · 성적 폭력 또는 가혹행위 및 아동의 보호자에 의해 이루어지는 유기와 방임을 말하는 것이다. 아동학대의 유형은 신체적 학대, 정서적 학대, 성적 학대 및 방임으로 나눌 수 있다. 신체적 학대는 가해자의 손 · 발 · 주먹이나 도구, 화학물질 등으로 아동에게 타박상, 골절, 화상 등의 신체적 손상을 입히는 것이다. 정서적 학대는 아동에게 위협을 가하거나, 말이나 행동으로 멸시, 증오, 차별 등을 행하는 것이다. 성적 학대는 가해자가 자신의 신체 및 도구에 의해서 아동의 성적 신체부위를 강제적으로 손상시키거나, 가해자의 성적 신체부위를 접촉하도록 아동에게 강요하는 행위를 말한다. 방임은 부모 또는 보호자가 고의적 · 반복적으로 아동에 대한 양육과 보호를 소홀히 하여 아동의 건강과 복지를 해치거나 정상적인 발달을 저해할 수 있는 행위를 말한다.

아동학대 발생건수는 2015년부터 2019년까지 사이에 2배 이상 증가하였으며, 학대자의 80%가 부모로 가장 가까운 부모로부터 대부분 발생하고 있다(아주경제, 2021. 8. 4). 이러한 학대부모는 보통 어린 시절에 학대를 받아온 경험이 많고 음주를 비롯한 약물남용문제, 실직, 빈곤과 사회적 고립상태에 놓인 경우가 많아 학대의 가능성을 더욱 높이는 것으로 알려져 있다. 학대하는 부모의 성격을 보면, 자신의 정서적 욕구를 어떻게 충족시키는지 알지 못하고, 분노조절이 어려우며, 책임전가가 많고, 자신감이 없는 경향을 보이고 있는 것으로 알려져 있다(Zastrow & Kirst-Ashman, 2001). 한편 학대받은 경험이 있는 아동은 신체적으로 심각한 손상을 받기도 하지만 심리적인 어려움도 초래하는데, 공격성이 많아지고 자기파괴적인 행동(자살시도, 자해)을 보이기도 하며, 대인관계 형성에서도 어려움을 보이며 기타 야뇨증, 낮은 자존감, 사회적 고립의 문제를 보이기도 한다(Ashford et al., 2001).

아동복지법에서는 아동학대의 예방과 방지에 대한 국가와 지방자치단체의 책임을 규정하고 있으며, 중앙과 지방에 아동보호전문기관을 설치하여 아동학대의 사전과 사후에 개입하도록 하였다. 아동학대 신고를 활성화하기 위해 누구든지 아동학대 범죄를 알게 된 경우나 의심이 갈 경우 112로 신고할 수 있도록 하였다. 또한 2014년부터 시행된 「아동학대범죄 처벌 등에 관한 특례법」에서는 직무상 아동학대를 인지할 가능성이 높은 25개 직군을 신고의무자로 규정하고 있다. 여기에는 아동복지시설, 어린이집, 유치원 초등학교 및 중학교 등 아동이나 청소년 관련 시설의 종사자, 의료기관 종사자, 아동복지전담공무원, 119구급대의 대원 등이 해당된다. 신고의무자는 직무를 수행하면서 아동학대를 알게 되거나 의심이 드는 경우 즉시 신고해야 하며 만약, 정당한 사유 없이 신고하지 않으면, 1,000만 원 이하의 과태료를 부과받게 된다. 최근 경제위기로 인한 빈부격차의 확대 등이 사회문제로 대두되면서 빈곤으로 인해 충분한 영양공급과 보호를 받지 못하거나, 맞벌이 빈곤가구의 증가로 신체적 · 의료적 · 정서적 · 교육적 욕구에 관심을 두지 않고 방치되는 등 아동방임의 문제가 증가하고 있다. 학대받은 아이들은 신체발달이 저하되고, 우울증, 불안장애와 같은 정신건강의 문제, 대인관계의 어려움과 낮은 자존감, 인지적 미성숙 등 다양한 문제들을 보이게 된다. 따라서 아동학대를 예방하기 위해서는 빈곤, 실업, 결손가정, 알코올 문제가 있거나 자녀양육에 대한 지식 등이 부족한 부모 등 학대의 가능성이 높은 부모에 대한 교육과 상담이 필요하며, 빈곤과 실업으로부터 가정의 경제적 조건을 개선시킬 수 있는 방안이 강구되어야 한다. 또한 학대받은 아동을 위한 아동보호종합센터를 비롯한 사회복지기관에서 아동학대 예방사업뿐 아니라 학대아동을 위한 일시보호 프로그램, 의료 및 심리상담과 치료 등을 실시하여야 한다.

제4장 아동기 기출문제

1. 아동기(7~12세)발달의 특징 중 맞지 않는 것은?

① 프로이트(S. Freud)는 이 시기를 잠복기라고 하였다.
② 신체적으로 급격하게 성장하며, 전체적인 신체체계가 안정되는 시기이다.
③ 인지적으로 성숙하여 자신을 둘러싼 세계에 대해 사고하고 이해하는 것이 변화한다.
④ 피아제(J. Piaget)는 이 시기를 구체적 조작기라고 하였다.
⑤ 아동기 전의 자기중심적 사고에서 타인을 이해하고 존중하는 사회적 사고로 성숙하고, 인간관계가 성숙하게 된다.

2. 아동기(7~12세)의 발달 특성으로 옳은 것을 모두 고른 것은?

ㄱ. 자아정체감이 형성되는 결정적인 시기이다.
ㄴ. 유치가 영구치로 바뀌고 보존 개념을 획득할 수 있다.
ㄷ. 가설연역적 추리 및 조합적 사고를 할 수 있다.
ㄹ. 한 가지 속성에 따라 대상을 배열하는 서열화가 가능하다.

① ㄱ, ㄴ, ㄷ ② ㄱ, ㄷ ③ ㄴ, ㄹ
④ ㄹ ⑤ ㄱ, ㄴ, ㄷ, ㄹ

3. 아동기(7~12세) 사회성 발달에 대한 설명으로 옳은 것은?

① 아동기 초기에 이르면 개인의 성이 상황의 변화에 따라 변화하지 않는다는 것을 인식한다.
② 추상적, 가상적 자기기술이 가능하다.
③ 후기아동기에는 또래보다 부모가 더 강력한 사회화 대리인의 역할을 한다.
④ 단체놀이를 통해 개인의 목표를 집단의 목표보다 높이는 것을 배운다.
⑤ 성장함에 따라 자기개념은 단순해지고 폭이 좁아진다.

4. 아동기의 사회적 발달에 관한 설명으로 옳은 것은?

① 자아의식이 발달하여 고독에 빠지기 쉽다.
② 단체놀이를 통하여 협동, 경쟁, 협상하는 능력이 향상된다.
③ 부모의 기대와 문화적 기준에 맞는 성 역할 기준을 내면화한다.
④ 사회적 관계가 확대되어 가족으로부터 독립을 준비하고자 한다.
⑤ 학년이 올라갈수록 급우들과의 관계가 약화되며 성인의 승인을 받고 싶어 한다.

5. 다음에서 설명하고 있는 것은 무엇인가?

> 수를 조작하는 능력으로서, 일정한 수의 사물이 있으면 그것을 펼치든지 모으든지 또는 형태를 바꾸든지 하더라도 수가 같다는 것을 이해할 수 있는 능력을 말한다.

① 유목화 ② 보존개념 ③ 조합기술
④ 역조작 ⑤ 동일성

1. 정답 : ② 신체가 급격히 성장하는 시기는 청소년기이다. 이때는 이전보다 2배 정도 성장률이 빨라진다. 이러한 성장 급등기간은 약 2년 6개월~3년 동안 지속된다.

2. 정답 : ③ 아동기에는 유치가 영구치로 바뀌고, 보존 개념, 서열화, 유목화 능력을 획득한다. ㄱ과 ㄷ은 청소년기의 발달 특성이다.

3. 정답 : ① 아동기 초기(학령전기, 3세경)의 성역할에 대한 인식 : 성의 항상성 이해, 남녀 생식기 차이 이해, 성역할의 동일시

4. 정답 : ② 아동기에는 단체놀이(팀스포츠)를 통해 협동, 경쟁, 협상 능력을 배운다. ①은 청소년기, ③은 유아기에 해당하는 진술이다. ④의 경우 아동기이 사회적 관계가 확대되는 것은 맞지만 가족으로부터 독립을 원하거나 구체적으로 준비하고자 하는 시기는 청소년기 이후이다. ⑤ 초등학교 저학년 때는 성인(교사)의 승인을 받고 싶어 하지만 학년이 올라갈수록 또래 친구들의 승인을 받고 싶어 한다.

5. 정답 : ③ 조합의 능력 : 보존의 능력 중에서 숫자에 대한 보존 능력을 획득한 아동이 갖게 되는 개념적 기술이다. 일정한 수의 사물이 있으면 그것을 펼쳐 놓든지 밀집해 놓든지 또는 형태를 바꾸든지 그 숫자는 마찬가지라는 것을 이해하는 것이다.

05 Chapter 청소년기

청소년과 청소년기에 대한 정의는 시대와 학자에 따라 조금씩 차이가 있다. 우리나라의 경우 아동복지법에서는 아동을 18세 미만의 자로 규정하고 있고, 청소년기본법에서는 9~24세 이하를 청소년으로 규정하고 있으며, 청소년보호법에서는 청소년을 19세 미만의 자로 규정하고 있고, 민법에서는 미성년자를 19세 미만의 자로 규정하고 있다. 이와 같이 우리 사회에서 청소년기의 연령기준은 명확하지 않다. 그러나 연령범위 자체는 청소년기를 이해하는 데 크게 영향을 미치지는 않는다.

청소년기(adolescence)는 인간의 발달단계에서 가장 격정적이고 불안정한 시기이며, 아동기에서 성인기로 넘어가는 과도기로서 급격한 신체적 성장을 하는 시기이다. 최근 들어 생활수준의 향상과 함께 청소년의 신체적 성숙이 매우 빠르게 진행되고 있으며, 성적 성숙이 급격하게 이루어지는 시기라고 하며 사춘기(puberty)라 불린다. 심리적으로는 심리적 이유기, 심리사회적 유예기라고도 칭하며, 부모로부터 독립하고 자아정체감을 형성하며 정서적 변화가 급격히 일어나는 질풍노도의 시기(storm and stress period)라 부르기도 한다. 사회적으로는 부모로부터의 독립을 추구하는 과정에서 부모와 잦은 갈등을 일으키는 제2의 반항기(second opposition period)이지만, 여전히 어린이도 성인도 아닌 중간인, 주변인(marginal man)에 머물러 있는 특징적인 발달양상을 보이는 시기이다. 즉, 대부분의 청소년 전기는 중·고등학생 시기로서 주로 신체적 성숙과 인지적 발달을 경험하며, 청소년 후기는 문제를 스스로 처리하고 결정하게 되면서 전기의 부모와 갈등이 점차 긍정적인 관계로 회복된다.

〈표 5-1〉 청소년 관련법

관련법률	연 령
청소년 기본법	9세 이상~24세 이하의 자
청소년 보호법	만 19세 미만의 자
청소년활동 진흥법	9세 이상~24세 이하의 자
청소년복지 지원법	9세 이상~24세 이하의 자
아동·청소년 성보호에 관한 법률	19세 미만의 자
소년법	19세 미만의 자
형법	14세가 되지 아니한 자
민법	19세 미만의 자
근로기준법	15세 미만의 자(초·중등교육법에 따른 중학교 재학 중인 18세 미만의 자)
아동복지법	18세 미만의 자

1. 신체적 발달

출생 후 영아기의 제1성장급등현상을 경험하고 만 2세경부터 둔화되던 신체적 발달이 이 시기에는 신장의 증가와 체중 또한 급격히 증가하여 청소년기가 끝날 무렵에는 대부분 성인의 체격에 도달하게 된다. 즉, 개인에 따라 다소 차이는 있지만 여성의 경우 남성보다 2~3년 정도 빨라서 대체로 여성은 10~11세경에, 남성의 경우에는 12~13세경에 접어들면서 신장과 체중이 급격한 성장을 하게 되는데, 이러한 신체적 성장 비율이 이전보다 2배 정도 빨라지며, 신장뿐 아니라 몸무게도 증가한다(남자 20kg, 여자 16kg 정도), 이러한 급격한 신체적 발달 특성 때문에 청소년기를 제2의 성장급등기라고 부르기도 한다. 급격한 신체구조적인 발달의 영향으로 신체 내부기관(간장, 폐활량, 소화기능 등)의 발달로 내분비선이 발달하여 청소년기의 가장 특징적인 여드름, 성호르몬의 분비로 인해 남성은 어깨가 벌어지고 외부생식기, 신장의 증가, 목소리 변화를 갖게 되며, 여성은 체지방이 증가하고 가슴과 자궁이 발달하고 허리가 가늘어지는 등의 체형의 변화가 나타난다.

하지만 청소년기에 모든 신체 부위에서 극적인 변화가 일어나는 것은 아니며, 뇌의 무게는 이미 10세경에 성인의 95% 수준까지 발달하게 된다. 급격한 신체발달과 함께 근육 및 신경계의 발달과 밀접한 관련성을 지니고 있는 운동능력의 발달도 현저하게 나타난다.

청소년기의 성에 따른 운동발달 차이는 근육발달의 차이도 있지만 내부기관의 발달 차이도 보이며, 소년의 근육발달이 소녀보다 앞서게 되며 소녀의 운동에 대한 흥미는 상대적으로 낮다. 그리고 운동발달은 성격발달과도 밀접한 관련성이 있는 것으로 알려져 있다. 즉, 운동신경이 발달되면 자신감을 가지고 생활하는 활발한 성격을 가지게 되지만, 운동능력의 발달이 지연되는 청소년은 긴장감, 열등감 등과 같은 부정적 정서를 경험하게 되면서 가정생활이나 학교생활에서 부적응적 행동을 보이는 경향을 나타낸다.

또한 신체적 발달과 함께 청소년은 성적 성숙(sexual maturation)의 시기도 점차 빨라져 성장가속화 현상이 나타나고 있다. 즉, 생식기관의 발달과 관련되어 일어나는 사회적·심리적 적용과정 모두를 의미하며, 성적 성숙에 있어서도 성에 따른 개인차이가 나타난다. 사춘기가 되면 남성은 남성호르몬, 여성은 여성호르몬의 분비량이 더 많아지게 된다. 남성은 고환에서 안드로겐을 분비하게 되어 신장의 증가와 함께 남성으로서 2차 성징의 발달로 정자생산 및 성적 욕구의 증가를 경험하게 된다. 여성은 난소에서 에스트로겐을 분비하여 유방의 발달과 음모의 성장이 이루어지고, 임신이 가능하도록 자궁이 발달한다. 유방이 발달하고 음모와 겨드랑이의 체모도 발달하게 되고, 초경(menarche)을 경험하게 된다. 최근에는 초경이 점차 저연령화되고 있으며, 이러한 청소년기의 신체적 변화는 단순히 여기에서 끝나는 것이 아니라 청소년의 심리적인 측면에 많은 영향을 미친다. 남자 청소년의 경우 조숙한 남자 청소년은 친구보다 강하고 체중도 무겁기 때문에 더 우수한 능력을 갖게 된다. 뛰어난 운동기술을 바탕으로 능동적으로 운동경기에 참여함으로써 부러움의 대상이 되며, 긍정적인 자아개념을 갖는다. 조숙한 여자 청소년의 경우 동년배보다 신체적으로 더 많이 발달되고 초경을 경험하는 시기도 빠르기 때문에 자기에 대한 인식의 변화를 또래들보다 빨리 느끼게 되면서 이러한 변화를 경험한 청소년은 자의식이 강하여 자신을 여전히 아이 취급하는 것에 반발심을 갖거나 타인이 자신의 내적 변화를 몰라줌에 따른 고립감, 어색함 등을 느낄 수 있다. 그리고 이전과는 다르게 작은 주변의 자극에도 지나치게 수줍음을 타거나 불안감 등의 반응을 보일 수 있다.

이러한 청년기의 급격한 신체적 발달은 자신과 타인에 대한 지각의 변화를 일으키기 때문에 심리사회적 발달에 많은 영향을 미친다. 신체적 성숙이 빨리 이루어진 조숙한 청소년은 지도력을 발휘하고, 학교생활이 안정적이며, 인지능력과 사회적 대처기술의 발달이 빨리 이루어지며, 긍정적인 교우관계를 형성하지만, 미성숙한 청소년은 부정적 자아개념과 의존욕구를 보이고 공격적 행동을 자주 보이는 경향이 있다. 청소년기의 급격한 성장에는 영양상태, 사회환경, 유전인자, 생활양식, 문화 등에 따른 현저한 개인차가 존재하다. 따라서 청소년기는 어느 발달단계보다 신체 이미지가 자아존중감에 중요한 영향을 미치는 시기이므로 건강한 신체발달을 이루어야 한다.

2. 인지적 발달

청소년기는 정서변화가 매우 심하여 이 시기를 질풍노도의 시기라고 부른다. 정서변화는 성적 성숙과 많은 관련성을 지니고 있으며, 2차 성적 발달에 의한 성적 충동의 강한 정서를 경험하게 된다. 청소년기는 성적으로 성숙한 시기이므로 성의식이 높아짐에 따라 성적 수치심이 강해지고, 이성에 대한 호기심이 있으면서도 겉으로는 이를 거부하거나 때로는 허세적인 반항적 행동을 하게 되는 경우가 많다.

청소년들은 자신의 관념을 최고의 가치로 생각하고, 자신의 관념세계와 타인의 관념세계를 정확히 구분하지 못하는 경향이 있으며, 자신을 특별한 존재로 생각하며 자신이 우주의 중심이 된다고 믿을 만큼 강한 자아의식을 보이게 된다. 즉, 자아중심성이 강해지면서 무모한 행동을 서슴없이 강행한다. 이 시기를 피아제

(Piaget)는 형식적 조작기 단계라고 하였으며, 형식적 조작기의 인지 특성은 추상적 사고, 가설-연역적 추리, 조합적 사고, 관련변인의 연결, 다차원적 사고, 미래예측 등이다. 정신적 조작의 범위와 대상이 넓어져서 추상적이고 광범위한 부분까지 가능하게 되며, 자아중심성의 발달은 11~12세경에 시작되며 15~16세경에 정점을 이루다가 다양한 대인관계의 경험을 통해 자신과 타인에 대한 객관적인 이해를 증가시켜 나가면서 점차 사라지게 된다. 청소년은 자신의 능력에 대한 확신이 부족하고, 자신의 장래에 대한 확신이 부족하기 때문에 작은 일에도 지나치게 불안해하는 경우가 많으며, 부정적 감정을 경험하는 빈도가 많아진다. 이런 자아의식이 점차 발달하면서 청소년은 혼자 있고 싶어 하고, 고독에 빠지기가 쉬우며 열등감에 휩싸이기도 하며, 이상과 현실 사이의 괴리를 목격하고는 실존적 공허함에 빠지기도 한다.

청소년들은 이러한 급격한 정서변화에 어떤 경우에는 부정적 정서경험을 지나치게 억압하여 우울증, 거식증, 폭식증에 걸리기도 하면서 지나치게 충동적으로 반응함으로써 비행행동을 보이기도 한다. 그리고 청소년기에는 창의력 이상주의적 성향이 강하며, 인본주의적 이슈, 도덕, 종교 등에 관심이 많은 시기이다.

이와 같이 청소년은 자신의 지각과 경험보다는 논리적 원리에 의해 지배를 받기 때문에 보다 추상적인 사고가 가능해지며, 자신이 경험하지 못한 사건에 대한 가설을 설정하여 미래의 사건을 예측하는 가설적·연역적 사고가 발달하는 시기이다. 즉, 청소년기의 형식적 사고의 발달은 청소년에게 부정적 영향을 미치기도 하며, 추상적 사고의 발달로 추상적인 이론과 관념적인 사상에 몰두하고 불완전한 현실을 비판하거나 비관하기도 한다. 미래사건을 예측할 수 있는 사고능력의 발달로 인하여 청소년들은 가까운 미래에 일어나게 될 진학이나 취업, 결혼 등에 대해 지나친 염려를 함으로써 과도한 불안을 경험하기도 한다. 이 시기에는 양적으로 보여줄 수 있는 측면에서도 인지적 변화가 일어나며, 지능은 언제나 일정한 것이 아니라 일생 동안 발달하며 일반적으로 아동기를 거쳐 청소년기에 달하면서 지적 수준은 성인수준에 가까워지며, 정보처리능력도 향상되어 양, 속도, 방법 등에서 우수한 결과를 보이며, 기억용량도 발달하여 단기기억과 장기기억이 모두

연령에 따라 점차 증가하여 청소년기 시작인 12세경에 거의 성인의 수준에 도달하는 것으로 나타난다. 따라서 부모에 대한 의존성과 자신의 독립성에 대한 추구로 부모와 종종 긴장관계가 되기도 하지만, 학문적으로든 운동으로든 다양한 역할들을 체험해 볼 수 있는 것이 친사회적인 자아정체감 형성에 도움이 될 것이다. 그리고 인지적 발달을 도모하기 위한 어떠한 상황에 스스로를 정신적으로 조절하는 능력과 학교생활을 통해 논리적 사고능력을 키워나가야 할 것이다.

청소년기의 자기중심성(자아 중심성)은 자신의 독특한 세계와 타인의 보편적인 세계를 구분하지 못하고, 자신이 특별한 존재라는 착각에 빠져 자신에 대한 강한 자의식을 보인다. 이러한 경향은 15~16세경에 최고조에 달하다가 다양한 사회생활을 경험하며 대인관계가 넓어지며 타인에 대한 객관적인 이해가 이루어지면서 서서히 사라진다. 청소년기의 자아중심성이 강하게 나타나는 특징적 행동으로는 '상상의 청중(관중)'과 '개인적 우화'가 있다. 전자는 청소년 자신이 집중적으로 관심과 주목의 대상이 되고 있다고 믿는 것이며, 후자는 자신은 특별하고 독특한 존재이므로 자신의 감정이나 경험의 세계는 다른 사람과 근본적으로 다르다고 믿는 것을 말한다.

또한 청소년기의 자아정체감 발달을 에릭슨(Erikson, 1968)은 급격한 신체적 변화와 성적 성숙이 이루어지는 단계이며, 성인기로 옮아가는 과도기적 단계로서 진학, 이성문제, 교우관계 등과 관련된 선택의 중요한 결정의 시기이며, 현저한 인지발달이 이루어지기 때문에 이 시기의 발달과업 중에서 가장 핵심적인 과업이 자아정체감(ego identity) 형성이라고 하였다. 즉, 자신의 독특성에 대한 비교적 안정된 느낌을 갖고, 어떤 행동이나 정서의 변화에도 변하지 않고 나는 누구인가를 지각하는 것이다.

이러한 자아정체감(ego identity)은 네 가지 차원으로 구성되어 있다. 첫째, 인간성 차원으로 각 개인이 인간이라는 느낌, 둘째, 성별 차원으로 남성과 여성이라는 느낌, 셋째, 개별성 차원으로 각 개인이 독특하고 특별하다는 인식, 마지막은 계속성 차원으로 시간경과에도 불구하고 동일한 사람이라는 인식으로 말할 수 있다. 그는 청소년기의 1차적 위험으로 정체감 혼란을 들었다. 이 혼란은 다양한 형태로 표현되며, 그중 하나는 책임감 있는 성인처럼 행동하기를 미루는 것이다. 또 다른 방식은 구체적이고 체계적으로 계획하지 않은 행동에 자기 자신을 몰입하며 정체감 혼란을 경험하면서 방어기제를 사용하기도 한다고 말한다. 최종의 정체감을 성취하기 이전에 일정 기간 자유시험기를 기술하기 위한 '심리사회적 유예'라는 용어를 사용한다. 정체감 대 정체감 혼란의 위기를 극복하기 위해서는 일관성 있는 자아개념을 통합하면서 가장 잘 해결될 수 있으며, 정체감이란 재평가와 시험의 단계를 거쳐야만 성취할 수 있다.

에릭슨의 정체감에 대한 개념을 발전시킨 마르시아(Marcia, 1980)는 자아정체감의 발달 상태를 정체감 유실, 정체감 유예, 정체감 혼란, 정체감 성취의 네 가지로 나누고 있다. 먼저 정체감 유실(identity foreclosure)은 부모나 사회의 가치관을 자신의 것으로 그대로 선택하므로, 위기도 경험하지 않고 쉽게 의사결정을 내리지만 독립적 의사결정을 하지 못하는 상태다. 이는 부정적 정체감으로서 개인적 성공에 대한 부모나 사회의 지원을 받지 못할 때 형성된다. 이러한 부정적 자아정체감은 비행청소년에게 잘 나타난다.

정체감 유예(identity moratorium)는 정체감 위기상태에 정체감을 확립하기 위한 다양한 역할실험을 수행할 수 있는 시기로서 정체감 성취 또는 정체감 혼란 중 어느 방향으로도 나아갈 수 있는 가능성이 있는 상태를 말한다. 즉, 이 시기를 심리사회적 유예기간이라고도 하는데 아직까지 자신이 어떤 능력이 있고 자신에게 무엇이 적합한지 결정하지 못한 상태이다.

정체감 혼란(identity diffusion)은 정체감 확립을 위한 노력을 하지 않으며, 자신의 가치관에 대한 의문도 제기하지 않으며, 개인적 신념체계를 확립하지 못하고 자신의 능력에 대해 회의적이며 직업역할을 수행하지 못한다. 즉, 자신에 대한 의미 있는 대안을 탐색하지 않고, 미래를 위한 어떤 노력도 기울이지 않는 상태이다.

정체감 성취(identity achievement)는 개인적 이념체계를 확립하고 위기를 성공적으로 극복하여 자율적 의사결정을 하고, 직업적 역할을 성공적으로 수행할 수 있는 상태를 말한다. 따라서 청소년이 정체감을 형성하기까지는 고집을 부리며 반항적인 행동을 거치면서 자신을 시험하고 의식해나가는 과정이 유용한 방법일 수도 있다. 청소년들이 안정된 자아정체감을 형성하기 위해서는 신체적 성숙과 성적 성숙, 추상적 사고능력의 발달, 정서적 안정성의 확보, 부모나 또래집단으로부터의 자율성을 확보할 수 있어야 한다. 청소년들은 다양한 역할실험을 통하여 자신의 특성을 인정하고 타인의 견해를 존중하고 이해하며, 세계에 대한 지식을 습득하는 과정이 필요할 것이다.

3. 사회적 발달

청소년기의 사회적 발달 측면에서 가장 큰 변화를 보이는 영역은 대인관계(가족관계, 교우관계)의 발달을 꼽을 수 있다. 청소년기는 심리적 이유기라 하여 부모의 지지와 승인을 필요로 하면서 동시에 부모의 통제를 거부하려고 하는 시기이다. 이러한 특징으로 인해 이 시기에는 부모의 권위에 도전하며 부모와 잦은 갈등을 겪는다. 또한 청소년기에는 애착대상이 부모에게서 친구로 이동한다. 청소년기에는 부모나 가족으로부터 분리되어 친구나 자기 자신에게 의존하려는 경향이 증가한다. 이러한 또래집단(동년배집단)과의 강한 유대관계로 인하여 또래집단의 인정을 받고자 하는 욕구가 매우 강한 시기이며, 청소년기의 또래집단은 아동기보다 더 조직적이고 구성원들이 이질적인 특징을 보인다. 이러한 동년배들은 정서적 안정을 제공하며, 우정을 통해 자신을 표현하고 타인을 이해하기도 하지만, 동년배와 이질적인 측면이 많을 때는 갈등이나 긴장, 소외 등을 경험할 수도 있다.

1) 가족관계의 변화

청소년기는 가족으로부터 보호, 지지, 지도가 필요한 동시에 독립을 준비하는 단계인데, 특징적인 사회적 발달 중의 하나는 부모나 가족으로부터 분리되어 친구나 자기 자신에게 의존하려는 경향이 높아진다. 신체적 성숙과 함께 부모의 통제를 받지 않으려 하며 부모로부터 분리하려는 독립과정을 준비하면서 가족과의 갈등을 불러온다. 이처럼 자기의 판단에 의해 독립적으로 행동하려는 성향을 심리적 이유라고 부른다. 청소년 자신은 성인이라 생각하지만 부모의 입장에서는 보호가 필요한 아직 어린 아동으로 간주하기 때문에 부모와 갈등상황에 놓이게 된다. 즉, 인지발달로 부모의 통제와 지시를 논리적으로 비판하거나 반항하는 행동을 하며, 애정과 의존의 대상인 부모에게 애착을 나타내면서도 부모로부터 멀어짐으로써 느끼는 편안함을 동시에 가지려 한다.

이러한 청소년의 특성 때문에 부모는 자식이 성장한 데 대하여 보람도 느끼지만 거부당하는 데 대한 상실감을 동시에 경험한다. 청소년들이 심리적 이유를 추구하는 과정에서 부모에게 반항하는 행동적 특성 때문에 청소년기를 제2의 반항기라고도 부른다. 우리나라의 경우 청소년시절의 학업성적이나 진학에 대한 과도한 부담감으로 부모와 자녀 간의 대화가 부족하여 청소년들의 욕구가 반영되지 못하는 실정이다. 따라서 청소년을 둔 가정에서 갈등 없는 안정된 가족관계를 유지하기 위해서는 청소년들을 지지하고 격려해 주고, 부모와 자녀가 서로의 의견 차이를 토론하며, 청소년들의 욕구가 어느 정도 반영될 수 있도록 방안을 가족성원들이 상의하여 결정하는 것이 바람직할 것이다.

2) 교우관계

청소년기는 또래집단(동년배집단)과 강한 유대관계를 형성하고 가족 간의 애정보다 우정을 더 소중히 생각하며, 가족성원들과의 대화보다는 친구와 더 많은 시간을 보내게 된다. 청소년기가 되면서 부모보다는 또래들의 지지와 이해를 더 필요로 하며 동년배집단을 통해 사회성이 발달하게 된다. 즉, 또래집단을 통해 타인을 이해하고 배려하는 사회적 기술을 획득하게 되지만, 이 시기의 교우관계는 긍정적 측면뿐만 아니라 부정적 측면도 동시에 지니고 있다. 원만한 교우관계는 사회적 적응과 정신건강에도 많은 긍정적 영향을 미치지만, 술, 흡연, 약물남용 및 문제행동을 배우거나 직접 행동에 옮기기도 하며, 친구들로부터 거부되고 무시당함으로써 극도의 스트레스와 좌절감을 경험하여 정신건강이나 부적응적인 행동문제를 일으키기도 한다.

청소년기 초기의 우정은 동성의 친구가 대부분이지만, 중기의 우정은 정서적으로 강렬한 관계를 원하며 신뢰할 수 있는 친구를 찾게 되는데 우정에 금이 가게 되었을 때에는 마음에 큰 상처를 입게 된다. 후기의 우정은 신체적 성숙과 함께 이성에 대한 관심을 갖게 하고, 우정은 상호성과 친밀감을 나타내며 보다 안정된 관계를 유지하면서 친구에 대해 아량이 넓어지고 자신과 친구가 서로 다르다는 점을 인식하게 된다.

이 시기의 이성에 대한 관심은 주로 자기에게 관심을 보이는 사람에게만 관심을 보이는 다소 소극적인 태도를 취하지만, 후기에 접어들면서 점점 개별적인 이성교제가 본격적으로 시작되면서 미래지향적으로 장래문제를 고려하기도 한다. 최근 성 가치관의 변화로 우리 사회가 혼전 성경험에 대한 개방적인 태도를 보임에 따라 성 경험률이 증가하면서 원치 않은 임신으로 이어져 십대 미혼부모가 발생하고, 이들은 가정과 사회로부터 소외되기 쉽고 죄책감과 심한 정서적 갈등과 함께 건강상의 문제를 겪게 되며 학업과 직업의 선택에 많은 제약을 받고 기회가 박탈되는 경험을 맞는다.

현대 사회는 지식정보화사회로 전환됨에 따라 청소년들은 컴퓨터와 가상공간에서의 영향력이 더욱 커지고 있다. 인터넷을 통해 친구와 이메일이나 개인 SNS를 통해 정보를 주고받고 비대면 채팅을 통해 가상공간에서 공동체 활동을 하고 있으며, 컴퓨터 게임이 주된 여가활동으로 자리 잡고 있으면서 과다한 활용으로 인한 인터넷 중독의 문제는 그 심각성이 날로 더해가고 있다. 즉, 청소년들이 컴퓨터를 사용함으로써 교과수업이나 과외활동에 필요한 지식과 정보를 빠르게 수집할 수 있으며, 과중한 학업에 대한 스트레스를 가상공간에서 친구관계를 유지해 나감으로써 풀 수 있게 해주는 긍정적인 측면도 있지만, 정체성 혼란의 시기에 있는 그들은 컴퓨터 및 인터넷의 과도한 남용으로 인터넷 중독 등 비인간화를 초래할 수 있고, 도덕성이나 사회적 책임성의 발달에 매우 부정적 영향을 미치기도 한다. 따라서 청소년기는 감정변화가 심해 내·외부적 사건이 많은 시기이므로 어떤 발달단계보다 정신건강에 매우 위협적인 시기가 될 수 있다. 청소년들의 자살문제, 정신장애, 집단 따돌림 문제, 섭식장애, 약물남용, 십대 임신과 미혼부모, 청소년 비행, 인터넷 중독 등의 가능성에 대한 다양한 예방적 차원의 사전·사후 서비스가 이루어져야 할 것이다.

4. 청소년기의 사회복지실천과의 연관성

청소년기는 아동기에서 성인기로 전환해 가는 과도기로서 청소년의 신체적·인지적·정서적·사회적으로 건전한 성장과 발달이 이루어질 수 있도록 성인들의 이해가 필요하다. 청소년을 둘러싼 다양한 환경이 성장을 촉진하는 방향으로 제공될 때 성장은 극대화될 수 있다. 그런데 우리의 현실은 청소년기는 오로지 좋은 대학에 진학하기 위하여 공부에만 전념해야 할 시기로 받아들여지고 있고, 청소년의 전인적 발달에 대해 별다른 관심을 기울이지 못하고 있는 실정이다. 성인과 동등하게 자주적이고 독립적인 인격체인 동시에 사회를 이끌어 가는 중요한 사회의 구성원으로 바라보며, 그들의 개별적이고 다양한 요구를 인정하며 다면적이고 전체적인 존재로서 인식해야 한다.

이러한 청소년의 건전한 성장과 발달에 대한 우리 사회의 무관심은 다양한 청소년문제에서 찾아볼 수 있다. 즉, 우리나라의 입시제도는 학업성취만을 중요시하며 많은 부적응 현상을 낳은 요인이 되고 있다. 가족갈등으로 비행을 하게 되는 경우, 십대의 자살, 우울증, 공격성, 약물남용, 섭식장애, 인터넷 중독, 십대임신과 미혼부모, 반사회적 행동과 같은 정신적인 문제 등이 있다. 사회적으로는 청소년문제 예방에 소극적인 자세와 문제행동에 대한 치료적 개입보다 처벌 위주의 개입방법 그리고 단편적인 청소년수련제도의 미흡함 등을 들 수 있다. 따라서 청소년복지에 대한 보다 전문적인 연구와 사회복지실천을 강화해 나가야 하며, 청소년기에 발생하는 신체적·심리적·사회적 발달문제에 대해 논의해 볼 필요성이 있다.

1) 신체적 발달 측면의 사회복지실천

청소년기의 급격한 신체구조의 변화는 청소년기의 부정적 신체 이미지를 야기할 수 있으며, 이로 인하여 심리적 문제를 경험할 수 있게 된다. 즉, 청소년들은 사회에서 요구하는 미적 기준을 넘어 소위 얼짱, 몸짱을 만들기 위해 영양 불균형 상태를 자초함으로써 섭식장애 및 생식기능에도 장애를 초래할 가능성이 있다. 인터넷의 발달과 인식의 변화로 인해 급격히 혼전 성경험에 대해 개방적인 태도를 보임에 따라 십대 임신과 성 경험률이 꾸준히 증가하고 있는데, 사회복지실천 현장에서는 청소년의 성에 대한 올바른 이해와 가치관 형성을 위한 프로그램을 형성할 필요가 있을 것이다. 즉, 청소년 임신예방을 위해 학교나 성교육 관련기관의 협력을 통해 성, 피임, 임신에 따른 위험과 책임에 관한 교육과 정보제공 등이 필요하며, 청소년 미혼부모에 대해서는 임신, 유산, 출산, 아기를 기르거나 입양을 결정하려 할 때 상담, 정보제공, 의뢰, 자원 연결 등의 실질적이고 현식적인 도움을 제공할 필요가 있다. 아울러 청소년들의 신체적 변화에 따른 초경불안, 몽정불안, 자위행위, 임신, 성폭력 등과 같은 성에 대한 기초 지식의 이해를 도모해야 한다. 최근 들어 성 가치관의 변화로 예기치 못한 십대 출산은 치명적인 신체적·정신적 건강에 문제를 일으킨다. 이들 십대 미혼부모는 심리적 불안과 공포, 수치심을 느끼며 자신이 감당하기 매우 힘든 중압감으로 학교를 중도탈락하며 취약한 근로조건을 가진 직업에 종사하는 등 사회·경제적 곤란, 가족과의 결별, 아동입양, 사회에서의 고립 등 복합적인 문제를 수반하게 된다. 그들에 대한 다각적 측면의 접근이 이루어지지 않는다면, 결국 사회비용을 부담시킴으로써 사회복지 지출을 증가시키는 결과를 초래하게 된다. 따라서 청소년 미혼부모에 대한 경제적 지원 및 주거지원, 학업, 직업, 부모교육, 상담, 임신예방 프로그램 실시 등 사회복지실천의 사전·사후적 개입이 적극 요구된다. 즉, 미혼부모의 발생을 예방하기 위해 현재 실시되고 있는 청소년을 대상으로 하는 홍보와 성교육이 좀 더 적극적이고 현실적인 방안으로 교과과정의 일환으로 이루어져야 한다. 미혼부모가 증가하고 있는 사회적 변화 속에 이들을 위한 현실적인 재정지원 및 사회복지 서비스의 지원체계가 더욱 보완되어야 할 것이다. 그리고 정부차원의 재정적 지원과 아울러 학업을 포기하지 않고 학업을 계속할 수 있도록 가족과 주변사람들의 정서・심리적인 지원이 이루어져야 할 것이다.

따라서 청소년의 건강한 신체적 성장・발달을 도모하기 위해서 일선 사회복지기관에서는 청소년들과 그들 가족을 위한 치료적 접근을 강화할 필요가 있다.

2) 심리적 발달 측면의 사회복지실천

청소년기는 심리적 격동기로서 다양한 정신장애를 초래할 가능성이 높다. 즉, 정신분열증, 우울증, 불안장애, 공포증, 자살, 물질남용 등의 정신장애를 유발한다. 우리나라의 지나친 입시경쟁은 청소년들에게 많은 부적응 현상을 초래한다. 최근에는 인터넷 중독 등 수많은 2차적인 문제를 양상하고 있다. 청소년기의 중요한 발달과업은 자아정체감 형성이지만, 이들은 정체성이 왜곡될 가능성이 높다.

청소년들의 인지발달을 지원하기 위한 사회복지실천의 개입이 필요하다. 즉, 청소년들의 정체감 형성을 지원하기 위한 자아발견 프로그램, 자기주장훈련법, 대인관계 형성을 위한 개인 및 집단상담 프로그램, 체육활동, 문화예술활동, 자원봉사, 인터넷중독 예방 프로그램, 품성개발 프로그램을 실시하여 청소년들의 전인적 성장을 위한 적극적인 지원체계가 요구된다. 또한 최근 들어 청소년 자살문제가 증가하는 추세이므로 자살시도 증후가 있는 청소년의 생존을 위한 즉각적 지원을 제공하고, 스트레스를 상승시킨 다른 문제들에도 주목하여 개입하는 것이 필요하다. 또한 섭식장애(거식증, 폭식증) 역시 주요한 청소년들의 신체적・정신적 문제로 부각되고 있으며, 뇌에 영향을 미쳐 학문적 성취를 방해하고 각종 사고와도 연계되는 약물남용문제도 심각히 고려해야 할 문제이다. 따라서 청소년들이 자신의 개성과 자질을 발견할 수 있는 다양한 체험학습과 정신건강과 건전한 심리적 발달을 지원하기 위한 치료 및 상담의 적극적 제공이 필요하다. 이러한 인지발달의 다양한 프로그램을 통하여 청소년들의 성장과 변화가 바른 방향으로 이루어질 때 그들의 성장은 극대화될 수 있을 것이다.

3) 사회적 발달 측면의 사회복지실천

청소년은 사회적으로 변화하며 성장하는 과정 속에 있으며, 각 발달 측면들이 서로 균형과 조화를 이루며 성장을 촉진할 수 있어야 한다. 청소년의 사회적 발달과 관련된 대표적인 문제로 비행문제를 살펴볼 수 있다. 관련요인으로는 가족의 와해, 가정폭력, 친구영향, 반사회적 행동에 대한 부모의 태도 등 정신장애와 관련이 있다. 특히 청소년기는 친구와의 강력한 유대를 중요시하는 시기이므로 친구의 영향을 많이 받는다. 여러 연구에서 비행행동은 비행친구와 교류가 많을수록 비행수준이 높은 것으로 나타났으며, 가족의 사회적 지지가 부족한 가정에서는 부정적인 친구의 영향이 크며 학업성취도가 낮을수록 비행행동을 하게 된다.

청소년 비행문제 해결을 위한 대책으로 우리나라는 주로 보호관찰, 교정교육, 갱생보호 등 사후대책에 국한되어 있다. 비행청소년들의 문제해결을 사회와 격리시킴으로써 오히려 건전한 사회적 발달을 방해하는 결과를 초래할 수 있는 측면도 고려하여 처벌 위주보다는 성격 및 행동교정과 사회복귀에 초점을 둔 사회복지의 실천적 개입이 필요하다. 즉, 사회복지실천현장에서는 청소년 비행을 사전에 예방하기 위하여 가족복지정책의 확대를 통하여 가정을 강화하고 청소년 자녀를 둔 가정을 대상으로 가족 상담 및 치료를 실시함과 아울러, 인근 학교와 연계하여 활발한 학교사회사업을 실시하도록 한다. 그리고 비행 가능성이 높은 가출청소년, 학업중단 청소년의 지도를 위한 지역사회 조직사업, 비행, 범죄청소년의 사회복귀를 지원할 수 있는 각종 직업훈련 프로그램이나 대안학교와 같은 교육프로그램, 인터넷 중독과 인터넷비행과 범죄를 예방할 수 있는 건전한 인터넷이나 SNS를 활용한 교육 프로그램을 확대 실시할 필요가 있다.

제5장 청소년기 기출문제

1. 청소년(13~19세)의 발달 특성으로 옳지 않은 것은?

① 극단적인 정서변화를 경험하게 된다.
② 성적 성숙과 자아정체감이 형성되는 시기이다.
③ 피아제(J. Piaget)의 형식적 조작기에 해당한다.
④ 힘과 기술이 향상되지만 신체적 성장 속도는 둔화된다.
⑤ 이상적 자아와 현실적 자아의 괴리로 인해 갈등과 고민이 많은 시기이다.

2. 청소년기(13~19세)의 설명으로 옳은 것을 모두 고른 것은?

ㄱ. 구체적 조작기 사고에서 형식적 조작기 사고로 전환된다.
ㄴ. 모든 사람이 자신에게 관심을 가지고 있다고 생각하는 '개인적 우화'가 나타난다.
ㄷ. 불안, 우울, 질투 등 부정적인 감정을 많이 경험하는 시기이다.
ㄹ. 도덕적 발달이 시작되는 시기이다.

① ㄱ, ㄴ, ㄷ　　② ㄱ, ㄷ　　③ ㄴ, ㄹ
④ ㄹ　　⑤ ㄱ, ㄴ, ㄷ, ㄹ

3. 청소년기(13~24세)의 발달 특성으로 옳지 않은 것은?

① 성장하면서 남녀 모두 체지방이 감소하는 경향이 있다.
② 어느 발달단계보다 신체 이미지가 자아존중감에 중요한 영향을 미친다.
③ 조숙한 남성의 경우 이성 관계에서 긍정적 자아개념을 가지게 된다.
④ 섭식장애의 발병률은 남성보다 여성이 더 높다.
⑤ 초경 이후 약 1년간은 배란이 되지 않아 임신이 가능하지 않을 수 있다.

4. 청소년기(13~18세)에 관한 설명으로 옳은 것은?

① 직업과 배우자 선택, 자녀양육 등으로 스트레스를 받는다.
② 에릭슨은 이 시기를 친밀감 대 고립감의 위기로 표현했다.
③ 체벌적 훈육법은 내적 통제능력을 길러준다.
④ 이상적 자아와 현실적 자아의 괴리로 인해 갈등과 고민이 많은 시기이다.
⑤ 또래집단에서 단체놀이를 통해 상대를 존중하고 규칙과 예절을 배운다.

5. 청소년기 인지발달의 일반적 특성으로 옳지 않은 것은?

① 자기개념(Self-concept)의 발달이 시작되고 자기효능감이 급격히 증가한다.
② 구체적인 사물에 한정되지 않고 추상적 개념을 다룰 수 있다.
③ 가설을 세울 수 있고 인과관계를 추론할 수 있는 연역적 사고가 가능해진다.
④ 피아제(J. Piaget)의 이론에 따르면 형식적 조작기에 속한다.
⑤ 자아중심적 사고로 상상적 청중 현상과 개인적 우화 현상을 보인다.

1. **정답 : ④** ④는 아동기(7~12세)에 해당하는 설명이다. 아동기는 힘과 기술이 향상되지만 그 이전 시기에 비해 신체 성장 속도가 둔화되는 특징을 보인다. 그러다 청소년기에 이르면 급격한 신체적 · 성적 변화를 경험하게 되는데, 이로 인해 청소년기를 제2성장 급등기라 부르기도 한다.

2. **정답 : ②** 피아제에 의하면 청소년기에는 구체적 조작기 사고에서 형식적 조작기 사고로 전환된다. 그리고 청소년기에는 불안, 분노, 질투, 열등감, 수치심, 우울, 죄책감 등과 같은 부정적 정서를 경험하는 경우가 많다. ㄴ은 '개인적 우화'가 아니라 '상상의 관중'에 해당하는 진술이다. ㄹ의 도덕적 발달이 시작되는 시기는 유아기이다.

3. **정답 : ①** 청소년기에 여자의 체지방은 증가하지만 남자의 체지방은 감소한다.

4. **정답 : ④** 청소년기에는 실재하는 현실 세계를 부정하고 지나치게 이상적인 가치를 추구하는 경향이 있다. 그리고 청소년기에 경험하는 생리적 · 신체적 변화로 인해 청소년기에는 자신에 대한 관심이 증가하고 그 과정에서 이상적인 자기와 현실적 자기 사이의 괴리를 인식하게 된다. 또한 성인으로서의 외적인 자기 모습과 아직도 남아있는 아동기적인 행동양식이나 사회적 지위 사이에서도 갈등을 느끼게 된다.

5. **정답 : ①** 자기개념(Self-concept)의 발달이 시작되고 자기효능감이 급격히 증가하는 시기는 유아기이다. 유아기에는 또래친구들과의 대인관계가 활발해지면서 이를 통해 자아개념, 자기 통제력, 주도성, 성 정체성 등이 발달한다.

Chapter 06

성인기

성인기는 성년기, 청년기라고도 하며, 성인기에는 신체 및 인지 발달이 최정점에 이르고, 사회적 측면에서는 사랑하고 보살피는 능력이 심화된다. 동년배들과 성숙한 관계를 맺고, 사회적 역할을 성취하며, 부모와 다른 성인들로부터 정서, 경제적인 독립을 하게 되며, 직업을 준비하고 결혼을 준비하기도 하는 다양한 역할 탐색과 선택을 하는 시기이다.

성인기 동안에 가장 중요한 발달내용은 일과 사랑으로 일을 하기 위한 직업준비를 위한 탐색과 나한테 맞는 이상형(배우자) 찾기 등으로 정의될 수 있다. 성인기에는 심리적 · 신체적으로 원가족으로부터 독립하여 자신의 삶을 함께할 동반자로서 배우자를 만나 가정을 이루어 자녀양육을 통해 부모의 역할을 수행하게 된다. 또한 직업을 갖고 직업을 통하여 사회적 활동이 시작되면서 경제적 여건의 조성 및 사회적 관계를 가장 활발히 펼쳐나갈 수 있는 기회를 갖게 된다. 그러나 모든 사람들이 성인기의 발달과제를 성공적으로 성취하는 것은 아니며, 때로 발달위기를 경험하게 된다. 이러한 발달위기를 어떻게 처리하는가에 따라 새로운 발전의 계기를 맞기도 하고 성인기 이후의 삶의 질을 위협하는 부정적인 경험을 하기도 한다.

1. 신체적 발달

사람의 신체적 발달은 청년기부터 성년기까지가 신체적으로 건강상태와 힘이 최고조에 달해있는 시기이다. 최상의 신체적 상태를 유지하며, 청소년기의 불균형한 모습은 사라진다. 근육 및 감각기관, 신체 내부기관의 기능 또한 최고수준에 달한다. 시력과 청력은 20세경에 가장 좋으나 그 이후부터는 감소한다. 성인기에 해당하는 사람들의 90% 이상이 자신의 건강이 좋다고 인식하지만 이 시기에도 만성적인 질병이나 건강상의 문제를 가질 수 있다. 성인기에는 사고로 인한 손상이 주로 많으며, 주된 사망원인은 사고, 자살, 암 등이다. 성인기에도 건강상태를 유지하기 위해서는 규칙적인 운동과 적절한 영양공급이 필요하며 과도한 스트레스, 흡연과 음주, 약물사용 등은 성인기의 건강 유지에 매우 해로운 요소이다.

2. 인지적 발달

인간의 인지발달은 청년기에 정점에 이른다. 대략 25세경부터 하강곡선을 그리게 되는데 연령의 증가에 따른 인지기능의 쇠퇴는 거의 없거나 매우 적으며 인지기능의 쇠퇴가 있다고 하더라도 종류에 따라 변화의 정도는 다르다는 주장도 있다. 청년기 인지발달에 대해서는 학자들 간에 이견이 있다. 피아제(Piaget)는 청소년기 형식적 조작사고 이후 인지발달이 거의 이루어지지 않는다고 보았지만 학자에 따라서는 이후에도 계속 인지발달이 진행된다고 보기도 한다.

웩슬러 성인지능검사(Wechsler Adult Intelligence Scale) 결과에 따르면, 언어성 검사점수는 성인기에 상승하는 데 비해 동작성 검사점수는 26세를 정점으로 하강하는 것으로 보고 있다. 성인기의 인지변화를 정확히 판단하기 위해서는 각 개인의 교육수준, 사회경제적 지위, 건강상태 등을 동시에 고려하여야만 한다.

성인기의 인지적 발달은 성취단계(achieving stage)로서 지적 기능은 주로 직업선택과 가정의 설계 등 전 생애에 중요한 의미를 갖는 실제적 문제들을 해결하는 데 사용된다. 성취단계와 관련되는 맥락을 고려할 수 있어야 하며, 의사결정의 결과를 예상할 수 있어야 한다.

예를 들어, 직업선택에 있어서 연봉, 직업만족도 등 다양한 요인을 고려하는 동시에 선택의 결과까지도 고려하여 결정할 수 있는 역량을 갖추어야 하는 시기이다. 또한 누구에게도 의존하지 않고 독자적으로 의사결정을 할 수 있는 지적 기능의 사용능력을 개발해야 하는 시기이다. 성인기에 자신의 의견이 논박받거나 부적합한 경험이 누적되면 이분법적 사고는 다면적 사고와 상대적 사고(relative thinking)로 바뀌게 된다. 상대적 사고란 대부분의 지식과 의견은 절대적으로 부여된 것이 아니라 시대상황적 맥락에 따라 바뀔 수 있다는 진리의 상대성을 이해하는 능력을 말한다.

3. 심리사회적 발달

성인기 심리사회적 발달에서 중요한 요소는 부모로부터의 독립, 성역할 정체감 확립, 직업준비와 직업선택, 결혼과 가족형성, 자녀의 출산과 양육을 들 수 있다.

에릭슨이 제시한 성인기(청년기)의 중요한 발달과제는 친밀감 또는 소외감으로 이는 가족 및 그 외의 사람들과 친근한 관계를 형성하는 것이다. 친밀감은 자신의 정체성을 잃을지도 모른다는 두려움 없이 타인과 개방적이고 지지적이며 조화로운 관계를 형성하는 능력이며 친밀감을 형성하기 위해서는 감정이입능력, 자기통제능력, 타인의 장단점 수용능력을 갖추어야 한다. 자신에 대한 합리적인 자아정체감을 가진다면, 다른 사람들과 진정한 친밀감을 형성할 수 있다. 남성의 경우에는 독립성, 정서표현 억제, 남성다운 행동을 남성의 덕목으로 수용한 관계로 상호의존적 관계형성이나 정서적 표현력에서 제한을 받게 된다. 여성은 표현적 · 양육적 · 지원적 역할을 수행해야 할 역할로 받아들이기 때문에 친밀감 형성에 유리하다. 그리고 친밀감을 성취한 성인은 타인과 아이디어나 계획을 의논하고, 개인적 감정표현도 서로 허용하며, 자신을 가치 있고 유능한 존재로 인식하게 된다.

뉴만과 뉴만(B. Newman & P. Newman, 1987)에 의하면, 두 사람이 결혼하여 수년 동안에는 친밀감이 발달하기 어렵다고 한다. 이 수년 동안 두 사람들의 관계는 초기의 적응과정을 거치고 첫 아이의 출생과 확대가족원들로부터의 기대에 의하여 영향을 받는다. 친밀감의 반대는 소외감이다. 소외감을 경험하는 사람은 자신의 안정감을 위하여 자신과 타인 간에 장애물을 설치한다. 소외감뿐 아니라 타인과 지나치게 가까운 관계는 자아정체감에도 위협을 주며, 특히 의존성이 심한 사람들은 성인기에 필요한 독립성을 스스로 획득하지 못하기 때문에 정체감의 혼동과 배우자를 선택함에 있어서 의존할 수 있는 대상을 찾는 경향이 있다.

레빈슨(D. Levinson)에 의하면, 아직 현실에 기반을 두지 못하고 다소 과장된 목표로 구성되어 있는 삶과 직업에 대한 목표와 희망을 명확하게 정의해야 하며, 직업을 선택하고 나아가서 경력을 발전시켜야 하며 친밀한 관계를 형성할 수 있어야 한다고 했다. 청년의 목표를 인정해 주고, 기술이나 지혜를 가르쳐 주며, 청년이 자신의 경력에서 발전하도록 영향력을 발휘하는 멘토를 발견해야 한다고 주장했다.

성인기 결혼과 부부관계에 대해서는 매슬로우는 인간의 성에 대한 욕구는 식욕이나 휴식의 욕구와 더불어 인간에게 가장 중요하며 강렬한 욕구라고 하였다. 성인기에 결혼을 통한 사회적 관계형성은 친밀감 발달과제와 성숙한 사회적 관계를 확립하는 데 매우 중요한 요소이다.

결혼이 이루어지기 전의 남녀 간의 데이트관계가 결혼관계로 변화할 수 있는가의 여부는 두 사람의 정체감 확립상태와 결혼적령기와 관련된 사회적 시계(social clock)의 작동에 의해서 결정된다. 결혼상대자의 선택은 상호작용이 가능한 사람, 상대방의 매력, 개인적 특성에 따라 결정되고, 결혼상대자의 성격, 사회적 배경, 태도와 가치관이라는 세 가지 기준에 입각하여 이루어지게 된다. 결혼상대자를 선택하고 결혼을 하게 되면 첫 몇 년간은 상호적응의 과정이다. 서로 다른 가족문화에서 성장한 배우자는 일상생활과 관련된 모든 영역에서 서로 간에 타협을 요구하게 된다. 특히 수면시간, 식사방식, 화장실 이용 등과 같은 일상생활과 관련한 사항, 금전지출, 성생활 및 여가활동, 본가 또는 원가족(family of origin)과의 관계 등에 대해서 서로 의논하고 협의하여 행동에 대한 결정을 내려야 한다. 또한 이 시기에는 서로에게 심리적으로 헌신할 수 있어야 하며 개인적 자유를 허용할 수 있는 사랑이 있어야 한다. 특히 맞벌이 부부의 경우에는 더욱 많은 부분에서 상호적응이 필요하다. 만약 상호적응의 과업을 성공적으로 이행하지 못할 경우에는 갈등이 많아지고 이혼하게 될 가능성이 높아진다. 결혼한 부부의 결혼만족도를 결정하는 요인은 사회경제적 지위와 결혼생활 기간, 남편의 심리사회적 성숙도, 부부간의 의사소통유형이다. 부부간의 의사소통유형에 따라서는 관례적 의사소통, 통제적 의사소통, 탐색적 의사소통 유형을 갖고 있는 부부보다는 접촉적 의사소통을 하는 부부의 결혼생활만족도가 더 높은 것으로 나타났다. 우리 사회에서는 이혼·재혼 가족에 대한 부정적인 고정관념이 자리잡고 있어 이들 가족들은 역할상실, 경제적 어려움, 사회적 고립, 자녀양육이나 질병의 문제와 같은 이혼이나 재혼에 따르는 어려움 이외에 사회적 낙인감을 동시에 겪게 되는 이중고를 당하고 있다.

성인기의 중요한 또 다른 발달과업 중 하나는 부모역할과 자녀양육 문제이다. 일반적으로 부부는 결혼을 함으로써 자녀를 출산한다. 대부분의 부부들은 결혼 초에 자녀를 갖게 되지만 여러 이유로 그 시기를 연기하는 부부들도 늘고 있으며, 저출산의 경향으로 적은 수의 자녀를 가짐으로써 자녀양육 기간도 짧아지고 있다. 자녀의 출산은 부부의 삶의 방식과 가족생활에 많은 변화를 초래한다. 자녀는 부부간의 사랑을 연결해 주고 친구가 되기도 하며 부부간의 외로움을 감소시켜 주기도 하지만, 첫 자녀의 임신, 출산준비 등이 결혼생활의 긴장을 야기하기도 하고, 결혼만족도나 행복감을 감소시키기도 한다. 그 이유는 자녀양육기술이 부족하거나 의견차이가 발생할 수도 있으며, 수면부족, 가사와 양육에 대한 역할 분담문제, 전체 가족관계의 재조정 미흡 등으로 인한 과도한 스트레스가 부부 사이에 갈등을 야기할 수 있기 때문이다. 이는 결혼생활에 큰 위협이 되기도 한다.

부모됨의 역할을 순조롭게 성취하기 위해서는 다음과 같은 준비가 필요하다(이인정 외, 2008). 첫째, 부모로서의 역할을 준비하는 것이다. 결혼 후에 적절한 시간적 여유를 갖고 부모가 되기를 기대하고 준비하는 것이 부모로의 역할전환에 적응하기 쉽도록 해준다. 둘째, 육아에 관련된 교육이다. 부모라는 새로운 역할수행에 아무런 준비도 없이 첫 아이를 낳는 것은 곧바로 혼란으로 이어지게 된다. 그러므로 부모됨에 대한 교육으로 육아에 대한 지식을 가지고 있어야 한다. 셋째, 부부간의 역할과 책임에 대한 재정의, 그에 대한 만족스러운 합의가 이루어져야 한다. 자녀와 부부를 포함한 전체 가족생활의 재조정이 이루어져야 한다. 따라서 가족의 어려움을 극복하고 적응력을 높여서 건강한 가족을 이루어 나가기 위하여 다양한 보육시설의 확대와 프로그램 개발의 전문성을 높이는 것이 매우 중요하며 이에 대한 다양한 법적 · 행정적 · 사회복지적 개입이 절실하다.

성인기는 직업을 통해 경제적으로 자립하고 자신의 인생을 개척해 나가면서 자아실현을 하는 시기이다. 그러므로 직업 환경은 성인발달에 중요한 영향을 미친다. 대부분의 사람에게는 직장생활은 중요한 의미를 지닌다. 사람들은 상대방의 직업이 무엇이며, 그에게 적절한가의 여부에 따라 개인의 지도력과 대인관계 적응수준을 판단한다. 그렇기 때문에 직업경력을 발전시키는 것은 성인기에 있어서 매우 중요하다. 그러나 어떤 사람들은 부모나 가족의 권고로 인하여 오랫동안 계획한 이후에 직업을 선택하기도 한다. 그러나 직업을 가진 후에는 그 직업에 대한 선호가 달라지기도 한다. 직업선택은 개인적 요인과 환경적 요인에 의해 영향을 받는다. 개인적 요인으로는 개인의 능력, 적성, 관심, 흥미, 연령, 학력, 신체조건 등이 있고, 환경적인 요인으로는 개인의 사회경제적 지위, 교사의 영향, 사회적 분위기, 대중매체 등을 들 수 있다(강인숙 외, 2006).

직업역할을 성공적으로 수행하기 위해서는 자신이 수행해야 할 특정 직업의 업무와 관련된 전문지식과 기술을 학습해야 하며 그 직무에 따르는 지위와 의사결정과정 등의 권위관계에 대해서도 학습해야 한다. 그리고 직업적 요구사항과 위험요인을 정확히 인식하여 대처능력을 기르고 직장동료와의 우애로운 상호관계를 형성할 수 있어야 한다. 성인기에는 직업생활, 부부관계, 자녀출산과 양육, 친척이나 친구관계와 같은 다양한 생활영역을 고려하여 기본적인 가족생활시간을 결정하여야 한다.

직업적 요구를 중시하는 가장은 가족과 여가생활을 하는 시간이 적은 반면 직업적 요구보다 가족생활을 더욱 중시하는 경우에는 가족과의 여가시간이 많아진다. 또 직장동료와의 관계, 친척관계, 친구관계, 이웃관계 등의 생활영역에서 어느 영역에 더 많은 비중을 두는가에 따라 생활시간이 달라진다. 특히 여성의 경우 많은 여성들이 결혼과 육아 후 다시 직업을 가지기 위해 사회로 나온다. 이것은 여성 스스로 주체성을 찾기 위한 것으로 단지 경제적인 이유뿐만 아니라 일에서 오는 만족감, 성취에 대한 긍지를 제공해 주며 동시에 자존감을 높여주는 이유로 보인다.

자신에게 맞는 직업을 선택하여 직업을 통한 자기개발과 자아실현의 비중을 적절히 조화시켜나갈 수 있는 방법을 고려해야 한다. 이 시기에 직업생활이 안정되면 결혼을 하고 새로운 장소에서 생활에 적응하는 능력에 긍정적인 영향을 미친다. 그러나 사람에 따라서는 다양한 직업선택의 변화과정 속에서 수년간 시행착오를 경험하기도 한다. 성인기에는 다양한 역할기대를 재조정해야 하기 때문에 여러 생활영역에서 갈등이 야기될 수 있다. 성인기에는 직장뿐만 아니라 부부, 자녀, 친족, 친구 등과 같은 다양한 사회적 관계망의 역할기대를 적절히 충족시키며, 조화시켜 나갈 수 있는 능력을 갖추어야 할 것이다.

4. 사회복지실천과의 연관성

성인기의 발달과 관련해서 사회복지실천은 다음과 같은 측면에서 관심을 가져야 한다.

첫째, 신체적 변화와 관련된 문제에 대한 대처이다. 성인기에 속한 사람들은 신체발달이 최고조에 달하는 시기이므로, 이러한 최고조의 신체적 기능상태를 지속적으로 유지하기 위해서는 적절한 영양과 규칙적 운동이 필수적이다. 균형 잡힌 식단에 의한 적절한 영양공급은 최고조 신체기능의 발달과 유지를 위해 매우 필요한 조건이 된다. 이를 위해서 사회복지기관에서는 운동시설을 설치하거나 조기체육활동 프로그램을 개발하여 실시하는 것이 필요하다. 그리고 건강하고 균형 잡힌 가정 식단 꾸미기 프로그램, 금주 및 금연 교실, 약물복용, 스트레스 관리 프로그램 등의 교육 프로그램을 개발하여 실시할 필요가 있다. 또한 경제위기가 고조되는 경우에는 실직의 위험이 높아지고 이로 인한 가족들의 고통이 시작된다. 취업교육 및 상담, 직업급여 등을 대비한 프로그램을 확대하여야 한다.

둘째, 성인기의 주요한 심리적 발달과업은 친밀감의 성취감이다. 친밀감은 주로 결혼생활과 관련성이 있기 때문에 예비부부 준비교실 등의 프로그램을 운영하여 신혼기의 결혼생활 적응과 가족생활계획 수립을 지원하고 부부상담을 통하여 부부갈등의 해결을 지원함으로써 친밀한 관계가 유지될 수 있도록 지원할 필요가 있다. 또한 성인기 초기에 자녀를 출산한 부모는 대부분 자녀양육기술이 미흡하며 자녀양육과 관련한 역할분담 문제 등으로 갈등을 경험할 가능성이 높다. 사회복지기관에서는 임산부 교실이나 부모역할 훈련 프로그램, 부모교육, 부모상담 등을 실시하고 가정봉사원이나 자녀양육을 지원할 필요가 있다. 또한 한부모가족이 된 자녀들에 대한 양육지원사업과 맞벌이부부의 자녀양육을 지원할 수 있는 방과 후 보호사업 등 다양한 사업을 실시할 필요가 있다. 또한 최근과 같이 급격한 경제적 변화로 스트레스가 심한 사회적 환경에서는 결혼 초기부터 갈등이나 이혼이 증가할 가능성이 높기 때문에 결혼생활에 대한 부적응 문제해결을 위해서는 이혼을 사전에 예방할 수 있는 부부상담 프로그램을 보다 강화해 나가야 할 것이다. 특히 맞벌이가족의 경우에는 그 위험성이 더 크다.

이를 해결하기 위해 비슷한 연령대의 주부들 간의 상호교류를 촉진하여 친밀감 형성을 지원할 수 있을 것이다. 또한 직장인을 위한 여가, 교육 및 상담 프로그램을 운영할 필요가 있으며, 각종 상담 프로그램이나 여가 프로그램은 점심시간이나 퇴근 이후 시간대를 활용할 수 있도록 다양한 프로그램의 개발 및 운영이 필요하다.

제6장 성인기 기출문제

1. 청년기(20~34세)에 관한 설명으로 옳지 않은 것은?
   ① 신체적 기능이 최고조에 달하는 시기이다.
   ② 주요 발달과업은 진로 및 직업 선택, 혼인준비 등이다.
   ③ 발달과업에서 신체적 요소보다는 사회문화적 요소를 중요시한다.
   ④ 아동기 이후 인생의 과도기로서 신체적 · 성적 성숙이 빠르게 진행된다.
   ⑤ 에릭슨(E. Erikson)의 발달단계에서 친밀감 대 고립감에 해당하는 시기이다.

2. 성인초기(20~34세)에 관한 설명으로 옳지 않은 것은?
   ① 직업을 선택하고 경력을 쌓아야한다.
   ② 타인과의 관계속에서 친밀감을 형성한다.
   ③ 신체발달의 완성되며 매우 건강한 시기이다.
   ④ 자신의 과거에 대한 재평가를 통해 변화가능성을 탐색해야 한다.
   ⑤ 삶과 직업에 관한 목표와 희망을 명확하게 정의해야 한다.

3. 청년기(20~34세)에 관한 설명으로 옳은 것은?
   ① 제2의 성장 급등기이다.
   ② 또래집단의 영향력이 가장 큰 시기이다.
   ③ 질병으로 인한 사망률이 높아지는 시기이다.
   ④ 신체적 기능이 최고조에 달하며 이를 정점으로 쇠퇴하기 시작하는 시기이다.
   ⑤ 단기기억력은 약화되기 시작하지만 장기기억력은 변화하지 않는 시기이다.

4. 청년기(20~34세)에 관한 설명으로 옳지 않은 것은?

① 부모로부터의 독립에 대한 양가감정에서 해방된다.

② 직업의 준비와 선택은 주요한 발달과업이다.

③ 사랑하고 보살피는 능력이 심화되는 시기이다.

④ 사회적 성역할 정체감이 확립되는 시기이다.

⑤ 친밀감 형성과 성숙한 사회관계 성취가 중요하다.

5. 청년기(20~34세) 발달과업으로 옳지 않은 것은?

① 다소 과장된 목표로 구성되어 있는 희망을 명확히 정의해야 한다.

② 여가활동을 개발해야 한다.

③ 친밀한 관계를 형성할 수 있어야 한다.

④ 직업을 선택하고 경력을 쌓고 발전시켜야 한다.

⑤ 부모와 다른 성인들로부터 정서적으로 독립한다.

1. 정답 : ④ ④는 청소년기에 관한 설명이다.

2. 정답 : ④ ④는 청년기가 아니라 중년기에 관한 설명이다.

3. 정답 : ④ ④ 제2의 성장 급등기는 청소년기를 말한다. 또래집단의 영향력이 큰 시기는 청소년기이다. 질병으로 인한 사망률이 높아지는 시기는 영유아기이다. 단기기억력은 약화되기 시작하지만 장기기억력은 변화하지 않는 시기는 노년기이다

4. 정답 : ① 청년기에는 부모로부터의 독립에 대한 양가감정을 갖게 된다.

5. 정답 : ② ②는 중년기 발달과업이다.

Chapter 07 중년기

인생의 생애발달주기의 견지에서 중년기의 개념적 정의는 학자들마다 매우 다양하다. 중년기는 '중간(middle)'이라는 단어의 의미를 내포하고 있는데, 생애 주기상으로 삶의 가운데를 의미하며 삶의 절반을 살아왔다는 의미를 포함한다. 이에 많은 학자들은 중년기를 인간의 인생주기에서 새로운 변화와 성장의 기회를 갖는 전환의 시기로서 발달적 의미를 부여하며, '삶에 대한 재평가・재고찰(reassessment of one's life/ life review)'의 맥락에서 중년기를 특징지었다(김지혜, 2007).

중년기는 사회에서 중추적인 역할을 수행하는 시기로서 직장에서는 생산적이고 활동적인 역할을 수행하며, 가정에서는 부모를 부양하는 경제적 부양책임자의 역할과 동시에 자녀를 양육하는 부모역할을 수행하는 시기이다.

이런 이유로 중년기를 '샌드위치 세대(sandwich generation)'라 부르는데 이는 윗세대와 아랫세대를 동시에 보살펴야 하는 중년 나이의 성인이라는 의미이다(Reley & Bowen, 2005). 따라서 중년기는 다른 생애발달단계보다 경제적・사회적 측면에서 보다 안정감이 있고 성숙한 시기이며, 자신의 성공과 이익뿐만 아니라 자녀세대들의 보다 나은 미래생활을 위해 투자하고 헌신하는 시기이기도 하다.

중년기는 신체적으로 퇴행이 이루어지는 시기이므로 신체적 변화로 인한 심리적 위축과 적응의 문제 등으로 위기를 극복해야 하는 시기이다. 따라서 신체적 변화에 대한 적응, 부부간 애정의 재확립, 직업 활동에 대한 몰두와 더불어 여가선용, 중년기 위기 극복 등이 이 시기의 주요 발달과업이다.

에릭슨(Erikson)은 중년기를 자신과 타인의 행동방향을 제시하고 미래를 계획하고 타인의 욕구를 예측할 수 있는 시기라고 규정한다. 중년기는 생산적인 일과 보살핌의 시기이며, 이 시기에 생산성(generativity)과 침체성(stagnation)이라는 심리사회적 위기를 경험하게 된다. 따라서 이 시기의 심리사회적 위기 갈등을 성공적으로 극복하게 되면 심리사회적 능력과 배려를 획득하게 된다. 반면에 심리사회적 위기를 극복하지 못하여 생산성을 획득하지 못할 경우 침체성이 형성되는데 결국 남을 배려하지 않고 자아도취에 빠져 자기탐닉을 하는 사람이 된다. 즉, 자신의 이익 외에는 그 누구의 이익과 일에 무관심하고 관대함이 결여된 사람으로 살아가게 된다.

펙(Peck, 1968)은 중년기에 성공적으로 적응하려면 심리적으로 네 가지를 성취해야 한다고 주장하였는데, 성취해야 할 주요 과업으로 첫째, 인간관계에서의 사회화와 성 역할화이다. 중년기에 보편적으로 겪게 되는 신체적 변화는 남성과 여성 모두가 갱년기를 경험하게 된다는 것이다. 따라서 이 시기에는 남성과 여성이라는 고정된 성 개념에서 성역할을 재정의 하는 것이 심리적으로 건강하며 특정 성 개체로 보기보다는 폭넓은 대인관계 형성을 통해 개인, 친구, 동료로서 자신의 가치를 평가하는 것이 필요하다.

둘째, 지혜에 가치 부여하기와 물리적 힘(육체적 힘)에 가치 부여하기이다. 이 시기에 적응에 성공한 중년기의 성인은 스태미나(stamina)와 물리적 힘, 젊음의 매력 등이 감소되어도 자신이 지니고 있는 지식과 지혜가 이를 극복할 수 있음을 인식하는 것이 필요하다.

셋째, 정서적 유연성과 정서적 빈곤성이다. 정서적 유연성은 어떤 활동에서 다른 활동으로 정서적으로 달리 투자하는 능력으로 중년기에는 친구나 부모, 친척 등의 죽음이나 자녀독립, 거주지를 이전하면서 관계의 단절을 경험하는 일이 빈번해진다. 체력의 한계도 활동을 변화시키는 요인이 된다. 따라서 이 시기에는 자녀의 독립을 자연스러운 일로 수용하며 퇴직도 새로운 활동을 위한 재도약의 기회로 인식하는 유연성을 경험하는 것이 필요하다.

넷째, 정신적 유연성과 정신적 경직성이다. 중년기는 대부분 정규교육을 완료하고 직업 또는 경력에서 충분히 훈련을 받은 시기이다. 또한 내세나 종교, 정치, 바람직한 오락 등에 관한 일련의 신념이 있는 시기이다. 중년기 성인들은 견해와 활동에서 융통성을 유지하고 새로운 생각에 수용적이어야 한다. 문제에 대한 색다른 해결책을 상상하는 정신적 노력을 포기하지 않고 인생경험을 지배하여 초연한 관점에서 자신의 경험을 새로운 문제의 해결책에 대한 잠정적 지침으로만 사용하고자 해야 한다.

레빈슨(Levinson)은 중년기 발달에 대한 융(Jung)의 주장[1]에 기반하여 중년기 발달과업으로 개성화의 중요성을 강조하였다. 레빈슨(Levinson, 1978)은 동료들과 함께 35~45세 성인 남성 40명(사업가, 행정가, 생물학자, 소설가, 노동자 등의 직업을 가진 사람)을 대상으로 면접과 성격검사를 실시하여 생활변천에 관한 발달이론을 구축하였다. 그는 중년기는 다음 단계를 보다 창의적으로 맞이하는가 또는 심리적 위축과 함께 절망감으로 맞이하는가를 결정하는 결정적 시기라 하였으며, 중년기에 성취해야 할 세 가지 주요 발달과업을 제시하고 있다.

첫째, 자신의 과거에 대해 재평가하는 시기이며, 둘째, 남과 분리하려는 욕구와 애착에 대한 욕구를 잘 통합하는 시기이며, 셋째, 자신이 지나온 발자취를 돌아보고 앞으로 나아갈 방향을 계획하는 시기라 하였으며 이러한 세 가지를 중년기의 주요 발달과업으로 제시하였다.

따라서 중년기의 주요 발달과업을 정리하면 첫째, 신체적 변화에 대한 적응이 필요한 시기이며, 둘째, 부부간의 애정을 재확립하는 시기이고, 셋째, 중년기 위기를 지혜롭게 극복해야 하는 시기이며, 끝으로, 직업 활동에 몰두하고 여가선용을 해야 하는 시기로 정리할 수 있다.

1. 신체적 발달

대부분의 중년기 성인들은 비교적 양호한 건강상태를 유지하고 있지만 신체기능이 다소 저하된다는 점은 약간 인식하고 있는 수준이다. 인간의 노화속도는 개인차가 있으며, 신체의 쇠퇴는 점진적으로 나타난다. 중년기의 주요한 변화로는,

---

1) 개성화를 통한 자기실현의 과정에서 가장 중요한 시기가 중년기라고 하였다.

40대 이후부터 신장이 10년에 0.5인치 정도 감소하는데 그 요인은 처음에는 척추 사이의 디스크가 수축되어 일어나지만 이후에는 척추 자체가 줄어드는 데 기인하며 체중이 증가한다(Memmler et al., 1995). 중년기에는 심혈관계에도 변화가 일어나는데 혈관 내의 지방 찌꺼기(fatty deposits)와 상처조직들이 서서히 축적되면서 심장과 뇌를 포함한 신체 여러 기관의 혈액의 흐름을 방해한다. 40~50대에는 혈압도 상승하게 되는데 폐경기 중년 여성들의 경우 혈압이 급격히 상승한다. 이처럼 중년기 건강을 위협하는 주요 요인으로 비만을 들 수 있는데, 비만은 중년기 사망률 증가의 주요 요인으로 고혈압, 심장질환을 경험할 가능성을 증가시킨다.

폐 용량은 중년기에는 크게 감소하지 않으나, 후기 중년기인 55세 이후부터 폐 조직 내의 단백질 탄력성 감소로 인해 혈관 속으로 산소를 운반하는 폐의 능력이 저하된다. 폐 용량과 산소흡입량은 비례하는데 산소흡입량은 연령에 따라 다르게 나타난다. 최대 산소흡입량(VO_2 max)은 20대를 정점으로 하여 그 이후부터는 급격히 감소한다. 즉, 20대 이후부터는 산소흡입량이 감소하는데, 연령과 활동량과 비례한다.

중년기에는 스트레스를 받거나 신체의 한 부분에 기능 이상이 생긴 뒤 회복능력이 청년기에 비해 감소한다. 중년의 흔한 생리변화는 혈액을 펌프질하는 심장기능의 저하, 위장관에서의 효소분비의 저하, 이로 인한 변비와 소화불량 등이다.

중년기의 건강의 변화(health changes)는 40대부터 전반적으로 신진대사의 저하와 체중의 증가로 인한 건강의 문제가 나타나기 쉽다. 당뇨병, 담석증에 걸리거나 신장결석의 빈도 등이 높아질 수 있다. 고혈압, 심장문제, 암 또한 젊은 시절에 비해 중년에 더 높은 비율로 나타난다. 이러한 질병은 대부분 치료가 가능하기 때문에 발생 초기에 발견하여 치료하는 것이 가장 좋다. 그래서 정기적으로 신체검사를 받는 것이 필요하다.

중년기에는 점진적으로 외모도 변화하기 시작한다. 즉, 머리카락의 재생능력 저하와 멜라닌 색소의 감소로 흰 머리카락이 나기 시작하고 머리카락은 가늘어진다. 또한 주름이 서서히 나타나면서 피부는 건조해지고 탄력성을 잃기 시작한다.

중년기 동안에는 감각기관도 점차 변화한다. 특히 시력에 문제가 생기기 쉬워서 이중초점 안경, 돋보기, 또는 콘택트 렌즈를 사용한다. 단지 안경이 필요하다는 것은 심리적으로 별 문제가 되지 않지만, 늙어간다는 것을 인식하는 것은 두려워할 수 있고 심리적으로 심각한 타격을 받을 수 있다. 중년기에는 청각도 감퇴하여 높은 소리에 대한 민감성이 큰 폭으로 감소하지만 낮은 소리를 듣는 청력은 감퇴하지 않는다. 특히 중년남성들은 중년여성에 비해 소음에 더 많이 노출되기 때문에, 높은 소리에 대한 민감성을 더 먼저 상실하게 된다(Kline & Scialfa, 1996). 그리고 미각, 촉각, 후각 신경도 점차로 둔화되고 쇠퇴하기 시작한다. 대부분 이러한 변화는 매우 서서히 진행되기 때문에 당사자는 변했다는 것을 알아차리지도 못한 채 자연스럽게 적응한다.

육체의 힘과 조화는 20대를 최고로 중년기부터 점차 쇠퇴하기 시작한다. 단순반응시간은 25세 무렵에 최적의 상태에 이르고 반사가 느려지기 시작하는 60세 이전 무렵까지는 생활에 큰 지장 없이 잘 유지된다. 나이가 들면서 더 잘 수행하는 몇 가지 육체적인 일들이 있는데 운전능력, 사냥, 낚시, 골프 등이다. 이러한 중년들의 경험은 육체능력의 경미한 쇠퇴를 극복하는 데 유리하다. 또한 중년의 숙련된 산업근로자는 40대와 50대에 가장 생산성이 높은데, 이것은 부분적으로 젊은 근로자에 비해 더 주의 깊고 의식적이기 때문이다. 중년의 근로자가 일하는 도중에 상해를 입는 경우는 청년기 근로자들에 비해 낮은 편이다.

중년기에는 근육, 관절, 뼈에도 변화가 생기게 되는데 근육조직의 상실은 40대에는 눈에 띄게 나타나지 않지만 50세 이후부터 급격하게 나타난다(Fiatarone & Evans, 1993).

이는 노화(aging)에 의한 근육의 상실로, 신체적 힘이 감소하고 등과 다리 근력이 크게 감소한다. 중년기에는 뼈의 움직임을 위해 쿠션역할을 하는 힘줄과 인대의 효율성이 감소하기 때문에, 관절이 뻣뻣해져 움직임에 지장을 초래하게 된다. 골밀도는 30대 중·후반에 최고치의 정점을 찍고 점차 감소하기 시작하여 50대부터는 감소비율이 급격히 빨라진다(Whitbourne, 2001). 또한 남녀 모두 40세 초반부터 팔과 다리 뼈에 혈액세포를 만드는 골수가 사라지고, 몸통뼈에만 골수가 모이게 된다. 동시에 뼈 속의 칼슘이 빠져나가기 시작하여 뼈 속에 작은 구멍이 생기게 되어 뼈 무게가 감소되고 부러지기 쉽게 변한다. 특히 남성보다 여성들에게 뼈 무게의 감소가 더 크게 일어나는데, 그 이유는 여성들의 뼈는 남성보다 적은 양의 칼슘을 포함하고 있기 때문이다.

중년기 여성이 경험하게 되는 두드러진 신체적 변화는 폐경(female menopause)과 같은 생리적 변화이다. 폐경이 나타나는 시기는 사람마다 개인차가 있지만 일반적으로 50세 초반에 나타난다. 중년여성이 폐경이라는 생리적인 변화를 겪는 2~5년간의 시기를 '갱년기(female climacteric)'라고 한다. 이러한 폐경으로 인해 중년여성은 호르몬 변화를 경험하게 되어 서서히 노화과정이 진행되면서 얼굴에는 주름이 생기고 피부는 탄력이 떨어지고, 유방이 위축되며 체중이 늘고 배가 나오는 등의 신체적 변화를 겪게 된다. 이러한 신체적 변화는 외모 지상주의와 젊음에 가치를 두는 현대 사회적·문화적 분위기 속에서 심리적 소외와 우울의 원인이 되기도 한다(Banister, 1999; Stewart & Ostrove, 1998).

중년기 남성의 경우 남성호르몬인 테스토스테론은 생산의 감소를 포함한 생물학적인 변화가 남성 중년기(male climacteric)에 중요한 요인 중 하나로 작용한다.

중년기의 신체적 특성을 정리하면, 비교적 양호한 건강상태를 유지하고 있지만, 신체적 능력과 건강이 감퇴하기 시작하는 시기이다. 또한 신체구조상의 변화가 있으며, 신체기능도 저하되기 시작하는 시기라 할 수 있다.

2. 인지적 발달

정신기능은 중년에서 정점을 이루며, 중년기의 성인은 새로운 기술, 새로운 사실을 계속 학습할 수 있고, 더불어 이미 경험하여 잘 아는 것을 기억할 수 있다. 일반적으로 지적 능력은 18~25세가 최고정점에 도달하며 그 이후부터는 점차 감소되기 시작한다.

지적 능력은 유동성 지능(fluid intelligence)과 결정성 지능(crystallized intelligence)으로

나눌 수 있다. 먼저 유동성 지능(fluid intelligence)이란 추리능력, 연산능력, 기억, 도형지각능력 등 경험과 무관한 지능을 의미한다. 반면에 결정성 지능은 어휘, 일반상식, 언어이해, 판단과 같이 경험, 훈련 및 교육 등의 환경적 요인에 의해 발달·축적되는 문화적 지능을 의미한다.

중년기에는 지적 능력 중 유동성 지능 수준은 부분적으로 감소하지만 결정성 지능은 계속적으로 유지된다. 존(H. John)은 결정성 지능은 적어도 70세까지는 안정적으로 발달할 수 있으나, 유동성 지능은 35~40세부터 떨어진다고 주장하였다(정은, 2011).

인생의 경험을 통해 증가하는 결정성 지능(crystallized intelligence)은 전 생애에 걸쳐 증가하는데, 중년기에 유동성 지능이 감소해도 전반적 지적 수준을 유지시켜 주는 역할을 한다. 규칙적으로 언어능력을 사용하는 사람은 어휘력이나 언어능력을 더 발달시킬 수 있으며, 중년의 성인이 단기기억검사에서 다소 뒤떨어진다는 몇몇 증거가 있지만, 이것은 보통 다양한 과거 경험에서 얻은 지혜로 보상받는다.

즉, 중년기에 단기기억력은 약화되어 새로운 것을 학습하는 능력은 떨어지나 장기기억력은 과거와 커다란 차이가 없으며, 과거 경험을 통해 터득한 지혜를 통하여 문제해결능력은 탁월하다.

창조적 생산성은 중년에 최고지점에 달한다 할 수 있는데 과학자, 학자, 그리고 예술가가 최고의 실적을 보통 이 시기에 달성하며 이들의 생산능력은 60대와 70대에도 높게 유지되는 경향이 있다.

그러나 다양한 정신운동과정을 통해 획득한 기술은 노년기에 접어들면 점점 쇠퇴하기 시작하며, 특히 기억과 관련된 지적 수행 능력은 중년기 이후에도 현저하게 변화한다(최옥채 외, 2007).

인지유형이나 사고의 특징적 유형도 연령이 증가하면서 잔존한다. 인지유형은 사람의 정보처리과정에 대한 특징적인 유형을 의미한다. 이러한 인지적 유형은 아동기에 형성되지만 성인이 되어서도 지속적으로 개별화된다. 인지유형은 성격유형, 생애 초기의 훈련, 문화적 생활양식과 관계가 깊다. 이러한 인지유형은 청년기부터 안정적 형태로 바뀌어 간다. 중년기 이후에 인지적 유형이 경직되는 경향이 있어, 이러한 이유로 중년기의 성인들이 새로운 개념을 학습하기 어려워하는데 이는 지적 능력이 부족해서라기보다 융통성이 없는 인지스타일 때문이라 하겠다(손병덕 외, 2011).

중년기의 성인은 문제해결능력이 증대하며 통합적으로 사고하는 경향이 있다. 즉, 자신이 보는 것, 읽는 것, 듣는 것을 개인적이고 심리적인 의미에서 해석한다. 통합적 사고능력이 있는 40~50대는 '실제적인 문제해결능력'이 정점에 이른다. 자신의 지적 능력에 도전하고 지속해서 사용한다면 인생은 더 의미 있을 것이다. 이처럼 중년기 정신기능의 잠재력은 거의 변함이 없으며, 인지기능은 성인기 후반까지도 향상된다.

중년기의 인지적 특성을 정리하면 어휘력과 언어능력이 발달하며, 창조적 생산성과 통합적 사고능력이 향상되어 있으며, 단기기억력은 약화되지만 장기기억력은 과거와 커다란 차이가 없으며, 실제적 문제해결능력이 최고정점에 이르는 시기이다.

3. 심리사회적 발달

가정에서 중년기의 역할이란 자녀를 가정 밖으로 내보냄과 동시에 나이 든 부모를 부양해야 하는 것이다. 중년기는 이러한 자신의 문제뿐만 아니라 십 대 자녀와의 관계에서 갈등과 심리적 분리를 경험해야 하는 부모로서의 역할과, 노부모를 경제적·육체적으로 부양해야 하는 자녀로서의 역할을 동시에 수행해야 하는 어려운 세대이다. 많은 학자들은 이러한 중년기의 특성을 '중년기 위기'라는 용어로 표현하고 있다.

(1) 부모역할

일반적으로 청년자녀의 부모는 중년기 성인들이다. 흔히 정서적 위기와 연결된다고 생각되는 두 시기, 즉 청년기와 중년기에 있는 사람들이 한 식구로 산다는 것은 무척 힘든 일이다. 청년과 부모는 각기 자신의 인생에서 결정적인 시기에 있지만 서로 반대방향에 있다. 다시 말하면, 청년들의 경우는 빠른 신체적 성장과 성적 성숙, 신체적 매력과 성적 매력이 증가하지만, 부모들은 중년기와 관련된 신체변화, 건강문제, 에너지 감소, 신체적 · 성적 매력 감소, 생식능력의 감퇴를 경험한다. 이때 청년과 부모 모두가 일종의 정체감 위기를 경험한다(Atwater, 1996).

중년기 부모들이 극복해야 할 또 다른 문제는 부모가 희망하고 꿈꾸는 모습의 자녀가 아닌 있는 그대로의 자녀를 인정하는 것이다. 이러한 현실과 타협하는 데 있어서 그들이 자녀를 자기 마음대로 할 수 없으며, 부모의 복사본이나 개선된 모델로 만들어 낼 수 없다는 사실을 인지해야 한다. 많은 부모들에게 이 같은 사실을 인정하는 것은 너무 힘든 일이고, 많은 청년들은 빗나가려는 욕구가 너무 강해서 이때는 가족 모두에게 어려운 시기가 될 수 있다. 이러한 여러 원인들로 인해 중년기는 일생 중 생활만족도가 가장 낮게 나타나는 시기이기도 한다.

자녀의 자율성과 독립성을 지속적으로 격려해 온 부모는 이러한 위기를 비교적 잘 극복한다. 이들은 자녀를 독립된 하나의 인격체로 생각하므로 그들의 분리에 대해 그다지 상처를 입지 않는다. 오히려 자녀가 자신의 정체감을 발전시켜 나가도록 격려하고 이를 지원한다. 이들은 자신의 에너지를 부부관계를 재확립하거나 봉사활동 등과 같은 사회적 활동으로 전환시킴으로써 생산성의 개념을 확대시켜 나가고, 삶의 의미를 찾고자 한다. 또한 자녀와의 관계에 문제가 있을 경우, 효율적인 의사소통과정을 통해 의견차를 좁히려는 노력도 하게 된다.

(2) 자녀역할

중년기에 노부모와의 관계는 성인기와는 다른 국면을 맞이한다. 성인 초기에는 새로운 가족을 형성함에 따라 자신의 근원가족과 얼마나 조화로운 관계를 맺는가가 중요한 관건이라면, 성인 중기의 중년기 자녀는 노부모에 대한 '효도'의 의무와 자녀에 대한 '부양' 의무 사이에서 어려움을 가지게 된다. 자신이 중년기 위기를 경험하면서도 동시에 노부모에 대한 신체적 부양 의무를 다하고, 가족의 지출이 최고조인 시점에서 경제적인 부양자의 역할을 담당하는 것은 중년기의 문제를 더욱더 심화시키는 요인으로 작용한다.

세대 간의 관계는 부모가 건강하고 활기차 있는 동안에 가장 원만하다. 노인들이 병약해지면, 특히 정신적 쇠퇴나 성격변화를 겪는다면 노부모를 돌봐야 하는 부담으로 종종 관계가 위축된다. 이제 자녀에 대한 부모로서의 책임이 막 끝났거나 곧 끝날 예정인 부모들은, 그리고 이제는 자신이 살 날도 얼마 남지 않았음을 절실히 느끼는 이들은 노부모를 돌보는 일로 인해 자신의 꿈을 이룰 마지막 기회를 빼앗기는 것으로 느낄 수 있다. 일부 성인자녀들이 느끼는 '꼼짝없이 묶여 있다'라는 느낌은 노부모를 모시는 일에서 가장 힘든 일이다(Robinson & Thurnher, 1981).

부모와 자녀는 이러한 보살핌이 의무가 아닌 애착감에서 나올 때 똑같이 만족스럽게 여긴다(Cantor, 1983; Robinson & Thurnher, 1981). 그러므로 전화 통화 또는 방문 같은 애착행동을 고무시키는 것이 자녀의 의무나 책임감에 호소하는 것보다 더 효과적이다(Cicirelli, 1980). 따라서 사회복지사들은 지역사회 내에서 신체적·정신적인 어려움을 겪고 있는 노인이나 치매노인들을 위한 주간보호시설(daycare center)을 통해 도움을 줄 수 있고, 가정봉사원(home-helpers) 파견을 통해 가족들을 원조할 수 있다.

(3) 직장생활

중년기에는 자신의 직업에서 절정에 이르고, 좀 더 많은 돈을 벌고, 보다 많은 영향력을 행사하고, 다른 어떤 시기보다 더 존경을 받는다. 개인적으로도, 사회적으로도 그들이 선택한 분야에서 쌓은 경력의 덕을 보게 된다. 그리고 그들의 경험과 지혜의 축적 때문에 많은 이들이 권력과 책임 있는 지위를 얻는다. 대부분의 공무원들과 사업가, 학계의 거목들, 그 밖에 우리 사회에서 뛰어난 업적을 이룬 사람들 대부분이 중년기에 있는 사람들이다.

40세 이하 또는 65세 이상인 사람들의 뛰어난 업적은 보통 특별한 경우에 속한다. 중년기에는 인생주기에서뿐만 아니라 직업주기에서도 전환기를 맞게 된다. 즉, 자신이 직업에 대해 설정한 목표를 어느 정도 달성했는가를 재평가하게 된다. 정년퇴직까지 시간이 얼마나 남았는지 따져보고 자신이 세운 목표를 제대로 달성하지 못했거나 시간이 별로 남지 않았다고 느끼게 되면 재평가 또는 재적응이 이루어져야 한다. 연령과 직무수행의 관계는 일의 종류에 따라 다르다. 즉, 연령이 증가하면서 어떤 종류의 일은 기술이 숙련되고, 또 어떤 종류의 일에서는 연령과 관련된 직무수행능력의 감소가 있다. 특히 속도와 관련된 직무에서는 연령과 관련하여 상당한 감소가 있다(Salthouse, 1996).

젊은 성인과 비교하여 중년기의 사람들은 새로운 컴퓨터 시스템의 사용과 같은 새로운 과제를 학습하거나 다양한 훈련 프로그램에 적응하는 데에 어려움을 경험한다.

대부분의 직업 분야에서 직무수행능력(job performance)은 중년기 동안 매우 높은 편이다(McEvoy & Cascio, 1989). 그러나 체력이나 재빠른 반응속도를 요하는 직업에서는 그렇지 않다. 예를 들면, 부두의 인부, 항공 관제사, 트럭기사, 운동선수 등의 직업은 중년기 또는 그 이전에 감소하기 시작한다(Sparrow & Dovies, 1988). 사실상 이러한 직업에 종사하는 사람들 다수가 체력이나 반응속도의 감소 등으로 인해 중년기에 직업을 바꾸게 된다. 그러나 속도와 관련되지 않은 대다수의 직업에서 직무수행능력은 중년기 내내 높은 편이다(Salthouse & Maurer, 1996). 이와 같이 인지능력이나 지각능력에서의 감소와는 대조적으로 직무수행에 있어서 연령과 관련된 능력감소가 비교적 적다는 사실은 놀라운 일이다.

중년기의 사람들은 성공적인 직업선택과 에너지와 시간과 노력의 투입으로 그 직종의 전문적 능력을 획득하여 생산적인 결과를 얻는다. 일생 동안 한 가지 직업에 종사하던 시절은 이제 지나가 버렸다. 그러한 이유로 중년기에 새로운 직업으로 전환하기도 한다. 성인 중기의 직업전환의 경험은 레빈슨(Levinson, 1978)에 의해 성인기의 전환점(turning point)으로 묘사된 바 있다. 특히 '테크노 스트레스'로 대변되는 '중년 컴퓨터 불안증후군'은 지금까지 쌓아온 업무상의 노하우를 컴퓨터가

단번에 무용지물로 만들어 버리는 데 대한 중년 관리직이 느끼는 불안감을 의미한다. 노사 양쪽이 급속도로 변화하는 직업세계에서 살아남기 위해서는 재훈련과 직업 상담이 필요하다(Shannon, 1989). 또한 일부의 사람들은 이 시기에 은퇴를 경험하기도 한다.

실직에 대한 두려움은 중년기에 가장 높다(Sheehy, 1995). 또한 일시해고(layoff)의 1/3 정도가 중간관리직인데 이 직위에는 중년들이 많다(Downs, 1996). 이것은 주로 구조조정의 일환으로 행해지며(Farber, 1996), 중년기에 실직하면 새로운 직업을 구하기가 어려워진다(Barnes-Farrell, 1993). 특히 40세 이후에는 새 직장을 구한다 해도 이전보다 봉급이 적은데 55세 이후에는 더욱 그러하다(Kossen, 1983). 이때 많은 중년들은 자신들이 덫에 빠졌으며 자신의 직업목표를 달성할 수 없고 탈출구가 없다고 느끼는데, 이것은 중년기에 발생하는 우울증 또는 기타 다른 심리적 문제의 원인이 된다. 이러한 직업의 부적응 문제를 해결하는 데 있어 중요한 요소는 실직을 바라보는 시각이다. 이 같은 어쩔 수 없는 변화를 다른 것을 할 수 있는 기회로 여기거나 성장을 위한 도전으로 생각하는 사람들은 정신적으로 또 직업적으로도 발전할 수 있다.

(4) 중년의 위기

심리학자인 클라인(Melanie Klein)은 중년의 무의식적 에너지를 우울함(depressive position)이라 하였다. 즉, 중년의 심리적 과제는, 젊음의 활발함을 잃어감에 대한 상실감의 우울로 이에 따른 심리적 반응의 과제가 보편적으로 나타나는 중년기의 위기의 근원이라 지적하고 있다. 비오스트(J. Viorst)도 '상실감의 불안과 위협'이 중년기의 위기의 근원을 이룬다고 지적하고 있다. 즉, 중년의 시기는 연로한 부모와의 사별, 장성한 자녀들과의 이별 등 그동안의 인간관계의 끈이 상실되는 시기이며, 동시에 직장이나 삶의 터전에서 자신의 현실적 한계를 좀 더 구체적으로 체험하게 되는 꿈의 끈이 상실되는 경험들을 보편적으로 경험하는 '분노와 우울감의 시기'라는 것이다.

중년기는 대략 40~64세로 볼 수 있으며, 신체·생리적 감퇴가 서서히 나타나고 여성들은 아이를 낳을 능력이 상실되어 가는 시기이다. 또한 가정이나 사회에서는 책임과 역할, 권한이 절정에 달하는 반면에 내적·외적인 한계 역시 느끼기 시작한다. 그러나 지적으로는 지혜와 도량, 판단력이 무르익을 때이다. 이와 같은 변화를 겪음에 있어 중년기는 정서적·심리적으로 위기를 경험하게 된다. 40세를 전후하여 이전에 가치를 두었던 삶의 목표와 과정의 의미에 의문을 제기하면서 중년기 위기가 시작된다.

사회적으로 성취한 모든 것들이 어떤 면에서는 개인의 내재적 욕구의 억압을 바탕으로 한 것이므로 사회적으로 성공한 사람들도 중년기 위기는 불가피한 것이다. 이러한 위기를 극복하기 위해 성인 전기까지 외부세계로 집중되었던 정신에너지를 내면으로 돌려, 억압하고 방치되어 있던 자신 내면의 진정한 자아를 찾기 위한 탐색이 시작된다. 중년위기는 대부분의 사람들이 정상적인 성인기 발달에서 거쳐 가는 과정으로 성인 중기 이후의 보다 나은 적응을 위해 거쳐야 할 필연적 과정이다.

반면에 대부분의 사람에게 있어서 성인 중기는 평온하고 행복한 시기이며, 어떤 학자(Vaillant, 1979)는 성인 중기는 전기에 비해 자신을 보다 통합된 존재로 느끼고 있다고 주장하기도 한다. 성인 중기에 대한 최근 연구들은 점차 중년기 위기의 존재를 인정하지 않는 경향성을 띤다.

(5) 빈 둥지 현상

빈 둥지 현상(empty nest phenomenon)이란 성인 중기에 자녀가 독립해서 떠나고 부부만 남게 되는 현상을 말한다. 종래에 빈 둥지 현상은 자식이 떠나버린 공허감으로 인해 정서적 빈곤과 우울증으로 연결되는 성인 중기 문제현상으로 생각되었다. 그러나 근래 연구들은 대부분의 중년들은 독립된 자녀를 떠나보내며 안도와 행복감을 맛보며, 부부관계의 만족도 또한 높아지고 있음을 보여준다. 이처럼 부부만족도가 높아지는 이유는 개인의 시간적 여유로 인해 더 많은 경험을 함께 공유하고, 상대방에 대해 더 많은 배려가 가능하며, 의사소통이 많아지고, 경제적 부담의 감소로 인해 더 많은 여가를 즐길 수 있기 때문이다.

빈 둥지 현상의 특이한 점은 가족 중심적이었던 여성들의 경우에만 해당되었던 것으로 나타났다. 많은 여성들은 이제 부모의 책임에서 벗어나 자신을 더 이상 아내로서, 또 어머니로서 정의하지 않으며, 자신의 정체성에 다른 의미를 부여한다. 이러한 과정은 심리적으로 건강한 것으로 보인다. 또한 이 시기의 여성들은 자신의 삶을 매우 긍정적으로 생각하고 있다는 사실을 발견할 수 있다. 여성들은 자녀가 떠난 후 보다 건강하고 경제적으로 여유가 있으며, 따라서 자신의 부모나 친구들과 가까운 접촉을 가질 수 있기 때문이다. 이 시기에 해당하는 50대 초반의 여성들은 자신감이 있으며, 여러 활동에 관여하고, 안정감이 있으며, 성격의 융통성이 높다.

4. 사회복지실천과의 연관성

1) 신체적 측면

중년기의 사회복지실천과정 중 신체적 측면을 살펴보면, 중년기에는 신체적으로 활력이 감소되며, 질병에 대한 저항력도 약화될 뿐만 아니라 질병에서 회복하는 시간도 길어지며, 성인병으로 인한 사망률도 높아진다(U. S. Bureau of the Census, 1980).

따라서 중년기에는 질병을 조기에 발견하기 위한 정기검진 등의 노력이 필요하며, 식습관을 개선하고 규칙적인 운동을 함으로써 성인병 등 중년기의 각종 질병을 예방하려는 노력이 필요하다.

중년기의 신체적 발달과정에서의 위기 극복을 위해 사회복지사는 성인병 예방을 위한 건강 상담 프로그램과 중년기 규칙적인 건강관리를 위한 운동 프로그램을 개설하여 지역사회의 중년기 성인들에게 건강관리 지원서비스를 제공한다.

중년기 남성, 특히 40대 남성의 건강과 관련한 사망률은 전 연령대와 비교하여 볼 때 가장 높다. 그러므로 중년기 남성의 직장에서의 과다한 업무량, 직업과 업무에 대한 불만족, 직장과 개인생활의 부조화 등의 직업 스트레스가 과로사와 높은 발병률 등의 심각한 문제로 나타나고 있다. 따라서 중년 남성들의 직업 스트레스를 완화시키기 위해서 사회복지사는 상담, 교육, 위기개입, 여가활동 등의 프로그램들을 제공해야 한다(권순종 외, 2011).

또한 중년기 여성들의 폐경(menopause)으로 인한 갱년기 장애(climacterium)[2]를 잘 극복할 수 있도록 개인상담, 집단상담, 부부상담 등을 지원하며, 우울증, 불안 등의 정신장애를 사전에 예방할 수 있도록 갱년기 극복을 위한 프로그램을 개설하여 원조할 필요가 있다. 그리고 교통사고 또는 뇌출혈(cerebral hemorrhage)[3] 등으로 중도장애인이 된 중년기 성인에게는 재활 및 치료 프로그램을 지원하고 그의 가족들을 위한 정서적 지원서비스도 제공해야 한다.

중년기는 노년기의 건강문제를 예측하고 건강에 대한 준비를 해야 하는 시기이다. 따라서 사회복지사는 중년기의 건강이 노년기의 건강한 삶에 상당한 연관성이 있으므로 이 시기에 노년기의 대표적 기질성 정신장애인 치매(dementia) 예방을 위한 프로그램을 실시할 필요가 있다.

또한 사회복지사는 병약한 노부모를 부양하는 중년기 성인에게는 주간보호시설 및 장기요양기관 등을 안내하거나 이에 대한 정보를 제공하며, 가정봉사원 파견하여 가사 일을 돕도록 지원하며, 가족부양에 따른 심리·정서적 서비스를 제공해야 한다.

2) 심리적 측면

중년기의 사회복지실천과정 중 심리적 측면을 살펴보면, 이 시기를 '빈 둥지 시기(empty nest period)'라고도 하는데 자녀의 독립으로 부부만 남게 되어, 이때 인

---

2) 갱년기에 접어들면서 발한, 두통, 불면증, 수족냉증, 이명증, 우울증 등이 나타나는 신체적·정서적 장애를 의미한다.

3) 뇌혈관벽의 약한 부분이 터져 생긴 출혈이 원인이 되어 일어나는 뇌혈관장애를 의미하며, 두개골 내의 출혈에 한해 뇌일혈이라고도 한다.

생의 무의함을 느끼면서 심리적 불안 또는 우울, 소외감을 경험하게 된다.

중년기의 많은 여성의 경우 자녀양육, 가사노동 등으로 인해 자신의 신체적·경제적 힘을 대부분 소모한 뒤 중년기를 맞이하게 됨과 동시에 폐경으로 인한 갱년기 장애(climacterium)로 심리적 우울과 소외감에 빠지기 쉽다. 특히 직장생활을 한 중년 여성의 경우 연령과 성별 차이라는 이중고를 겪게 된다. 그러므로 사회복지사는 이들을 위한 상담 및 정서지지 프로그램을 제공하여 갱년기 장애를 극복하고 예방할 수 있도록 적극적인 지원을 해야 한다.

또한 중년기 성인에게 과거에 후회스러웠던 것들, 예를 들어 경력, 자신이 추구하지 못했던 도전들, 자신이 이루지 못하였던 인생의 변화방식 등에 대해 물어보면, 인생변화를 이루지 못했다는 후회를 하는 사람들은 그렇지 않은 사람들보다 심리적 안정감이 낮고, 신체적 건강상태가 나빴다고 한다(Stewart & Vandewater, 1999, 박휘숙 외, 2011 재인용).

이렇듯 중년기에 있어 후회에 대한 해석이 안녕감에 중요한 역할을 한다. 따라서 중년기 성인들은 보편적으로 과거 인생을 평가하게 되나, 이 시기를 인생의 '전환점'으로 이해하도록 유도하는 것이 필요하다.

가정과 관련하여 중년기 성인이 안정된 가족생활을 영위할 수 있도록 가족복지 차원에서의 지원 프로그램을 개발해야 하며, 최근 증가하는 가출청소년 가족, 가정폭력 가족, 알코올중독 가족 등에 전문가 집단으로 구성된 집단적 사례관리가 지속적으로 이루어질 수 있도록 사회복지사는 노력해야 한다(천덕희 외, 2012).

3) 사회적 측면

중년기에 겪을 수 있는 위기 중 하나가 실업(unemployment)이다. 청년기와 달리 중년기의 직업 상실은 수입상실로 인한 경제적 어려움에 봉착하게 되고, 이로 인한 심리적 어려움을 경험하게 된다.

중년기의 직업 상실은 자녀교육과 노부모 부양으로 인한 금전적 지출에 제약을 받기 때문에 경제적 압박 등으로 인한 스트레스에 노출되게 된다. 장기간의 실직은 불안, 우울증, 공허감, 건강약화, 알코올중독 등의 증상을 보이게 되며, 심한 경우 자살에 이르게도 한다. 따라서 중년기 실직에 대처하기 위해서는 개인적 차원에서는 신체적 건강 유지, 특수직업의 기술 소유, 가족 및 사회적 지지, 실직에 대한 인지적 이해능력, 직업상실의 예상과 대비, 융통성·경험의 개방성·탄력성 등과 같은 개인적 성격 특성과 재정적 자원 등이 필요하다(Papalia, Olds & Feldman, 1998).

사회복지사는 중년기 실직자에게 재취업과 관련한 정보 제공과 직업훈련, 재정지원에 관한 상담, 실직자 및 가족 지지 등의 재취업을 위한 고용 관련 서비스 및 정서지지 서비스 등을 제공해야 한다. 또한 중년기 성인의 실직으로 인한 문제를 해결하기 위해서는 사회적인 차원의 대응노력이 필요하다.

중년기 성인들에게 여가활용의 의미는 매우 크다. 따라서 최근 여가환경의 변화에 적응하도록 여가의 의미와 가치 등을 교육하여 여가문화 인프라 구축을 지원해야 한다. 최근 평균수명 연장과 더불어 조기정년제도로 인해 노년기의 여가시간이 크게 늘어나고 있어 중년기 생활의 적응뿐만 아니라 노년기의 역동적인 여가활용을 위해 중년기 여가활용 문제는 이 시기에 매우 중요한 과제이다. 최근 서울시에서는 50+센터를 중심으로 중년세대들의 사회활동지원을 위한 사업을 전개하고 있다. 고무적인 부분은 그동안 중년층들은 사회복지 또는 평생교육 정책에서 소외된 연령대이었으나 50+ 사업을 계기로 평생교육 지원을 기반으로 창업, 창직, 재취업, 사회활동 등의 프로그램에 참여할 수 있는 기회를 갖게 되었다는 점이다. 그러나 중년기 성인들의 욕구에 부합한 맞춤형 프로그램 보급은 매우 부족한 수준이다. 따라서 사회복지사는 중년기 성인들의 욕구에 부합한 사회활동 프로그램을 개발·보급하도록 노력해야 한다.

중년기는 부부간 또는 부모-자녀 관계에서도 위기를 경험할 수 있다. 최근 과거와 달리 신혼파경보다 노년기 황혼이혼의 증가가 두드러지는 양상이지만, 연령대별로 비교해 보면 여전히 중년기 부부의 이혼율이 가장 높다. 여기에서 관심을 가져야 할 것은 이혼율의 증가현상만이 아니라 이혼을 전후로 다양하고 복합적인 어려움과 변화에 직면하게 된다는 점이다. 즉, 중년기의 이혼은 장기적으로 부정적 영향을 미칠 가능성이 매우 높다.

그러나 중년기 성인의 대부분은 자녀양육과 일에 몰두하는 과정에서 부부관계에 소홀하거나 무관심해지는 경향이 있다. 이러한 상황에서 가정폭력, 외도, 실직 등과 같은 위기상황이 발생하면 극단적인 선택인 이혼에 이르게 된다. 따라서 이러한 상황을 예방하기 위해서는 배우자의 관심과 욕구를 우선적으로 파악하는 것이 무엇보다 중요하고, 의사소통을 위한 부부간의 노력이 필요하며 이혼을 예방하는 것이 최선이라 하겠다(조흥식 외, 2011).

사회복지사는 이와 같은 중년기 이혼을 예방하기 위한 부부중심 프로그램을 개발해야 하며, 중년기 남녀의 차이를 이해하고, 의사소통을 개선하며, 부부갈등을 조정하는 방법에 대한 교육 프로그램을 개발·제공하여야 한다.

또한 이혼한 중년성인들 중 특히 여성들이 겪게 되는 자녀에 대한 죄의식, 자녀양육의 어려움, 경제적 어려움을 해결할 수 있도록 상담 및 정서지지 서비스, 도움을 받을 수 있는 각종 정보 등을 제공함으로써 이혼 이후 어려움을 극복할 수 있도록 지원해야 할 것이다.

제7장 중년기 기출문제

1. 펙(Peck)은 중년기에 성공적으로 적응하기 위해서 심리적으로 4가지를 성취해야 한다고 제시하였다. 그 내용으로 바르지 않은 것은?
   ① 인간관계에서 사회화 vs 성 역할화
   ② 생산성(generativity) vs 침체성(stagnation)
   ③ 지혜에 가치 부여하기 vs 물리적 힘(육체적 힘)
   ④ 정서적 유연성 vs 정서적 빈곤성
   ⑤ 정신적 유연성 vs 정신적 경직성

2. 중년기의 인지적 특징으로 바르지 않은 것은?
   ① 결정성 지능은 계속적으로 유지된다.
   ② 문제해결능력은 최고 정점에 이른다.
   ③ 통합적으로 사고하는 경향이 두들어 진다.
   ④ 장기기억력과 단기기억력은 강화된다.
   ⑤ 유동성 지능 수준은 부분적으로 감소한다.

3. 중년기의 사회적 특징으로 바르지 않은 것은?
   ① 자녀와의 분리를 경험하게 된다.
   ② 직업상실 또는 직업유지의 위기를 경험하게 된다.
   ③ 노부모 부양과 자녀 양육의 부담을 갖고 있다.
   ④ 중년여성의 경우 가사와 자녀양육에서 벗어나는 시기이다.
   ⑤ 사회적 지위와 역할이 변화한다.

4. 중년기에 대한 설명으로 바르지 않은 것은?

① 반응속도를 요하는 직업수행 능력도 높은 편이다.

② 새로운 과제를 학습하는 데에 어려움을 경험한다.

③ 자신의 직업에서 절정에 이르는 시기이다.

④ 중년기 위기를 경험하게 된다.

⑤ 직무수행능력은 중년기 동안 매우 높은 편이다.

5. 중년기(성인중기, 40~64세)에 관한 설명으로 옳지 않은 것은?

① 에릭슨(E. Erikson)의 생산성 대 침체성(generativity vs stagnation)의 단계에 해당한다.

② 아들러(A. Adler)는 외부에 쏟았던 에너지를 자기 내부로 돌리며 개성화 과정을 경험한다고 본다.

③ 결정성 지능은 계속 증가하지만 유동성 지능은 감소한다고 본다.

④ 성인병 같은 다양한 신체적 질환이 많이 나타나고 갱년기를 경험한다.

⑤ 남성은 테스토스테론이, 여성은 에스트로겐의 분비가 감소되는 호르몬의 변화과정을 겪는다.

1. **정답 : ②** 생산성(generativity) vs 침체성(stagnation)은 에릭슨이 제시한 것임

2. **정답 : ④** 중년기에는 장기기억력은 강화되고 단기기억력은 약화된다.

3. **정답 : ⑤** 사회적 지위와 역할 변화는 노년기의 사회적 특징이다.

4. **정답 : ①** 직업 분야에서 직무수행능력은 중년기 동안 매우 높은 편이다. 그러나 체력이나 재빠른 반응속도를 요하는 직업에서는 그렇지 않다.

5. **정답 : ②** 중년기에 개성화(외부에 쏟았던 에너지를 자기 내부로 돌리는 과정)를 경험한다고 본 학자는 아들러(A. Adler)가 아니라 융(C. Jung)이다.

Chapter 08

노년기

노년기를 어느 연령으로 정할 것인가에 관한 문제는 그동안 많은 학자들에 의해 논의되어 왔다. 그러나 노년기를 정확히 정의하기는 그리 쉽지 않으며, 그 이유를 정리하면 다음과 같다.

첫째, 노화(aging)가 생물학적 퇴화만을 의미하는 것이 아니며, 심리적·사회적 요인들과 연관되어 있기 때문이다. 즉, 늙음이란 단순히 인간이 살아가는 생물학적 과정만을 의미하는 것이 아니라 그 시대의 제반 환경요인과 밀접하게 관련되어 있다는 것이다.

둘째, 노화에는 개인차가 존재한다. 즉, 노화는 개인의 노력과 더불어 타고난 유전적인 요인과 관련되어 있다.

셋째, 노화는 그 사회의 사회적·경제적 환경에 따라 다르게 정의된다.

우리나라에서는 노인복지 영역, 즉 기초연금수급자의 범위 등에서 적용되는 연령인 65세 이상인 자를 노인으로 규정하고 있다. 이러한 규정이 과학적인 근거나 특별한 이유가 있는 것은 아니지만 일반적으로 65세를 중년기와 노년기를 구분하는 분기점으로 인정하는 것이 보편적이며, 과거 역사적 근거를 찾아보면 이는 1883년 독일이 세계 최초로 실시한 사회보장체계의 수급연령 기준을 65세로 정한 것이 시초이다. 그리고 미국의 경우도 독일을 모델 삼아 1935년 사회보장법 통과 시 퇴직급여 수령연령을 65세로 정한 것이 노인연령을 65세 이상으로 규정한 것의 시초이다.

일반적으로 노년학자들은 노년기를 65~74세 이하의 전기노인집단과 75세 이상의 후기노인집단으로 구분하기도 하며 전기노인, 중기노인, 후기노인으로 구분하기도 한다. 우리 사회는 노령을 주로 연대기적 연령으로 규정하는 경향이 있다. 원시사회에서는 노령을 연대기적인 연령보다는 신체적·정신적 상태로 결정하였다.

모든 사람이 65세에 동일한 정신적·신체적 상태를 유지하는 것은 아니다. 노화는 사람마다 상이한 개인적 과정으로, 심리사회적인 다양한 요인들이 생리적인 변화를 늦추거나 촉진하기도 한다. 따라서 본 장에서는 65세 이상~죽음까지 인생의 마지막 단계를 노년기로 규정하였다.

1. 신체적 발달

1) 신체적 특성

(1) 노화

노화(senescence; aging)란 노령의 과정, 즉 늙어가는 과정을 의미한다. 노화는 노령을 수반하는 정상적인 신체변화 과정이다. 노화는 사람마다 상이한 정도로 진행되며 신체 각 부분도 상이한 영향을 받는다. 신체적 노화는 신체외부의 변화, 신체내부의 변화, 감각기능의 변화로 나타난다. 요컨대 전반적으로 예비력이 감소하기 때문에 잠재하고 있는 질병이 나타나기 쉽고 질병이 발생하면 급격히 상태가 악화되어 쉽게 죽음에 이르게 된다(이혜원, 1998).

신체적 변화에 있어서 전반적으로 신체기능이 퇴화한다. 대화, 보행, 식사, 착탈, 목욕, 배설 등과 같은 일상생활 동작이 쇠퇴한다. 호흡기와 순환기의 약화로 인해 신진대사의 속도가 느려지고 면역기능이 약화되어 다양한 질병이 쉽게 발병한다. 감각기능의 퇴화는 시력저하, 청각, 미각, 촉각 기능의 약화를 초래한다. 수면시간 감소와 수면조절 호르몬 기능이 떨어져 수면패턴이 변화하고 불면증에 시달리기도 한다.

주름이 늘고, 기민성과 민첩성이 떨어지고, 정맥혈관이 두드러지게 드러난다. 노년기에는 감각이 점점 둔화되고 촉각이 떨어지며, 신체의 자동조정기능이 늦게 반응하기 때문에 추위를 더 많이 느낀다.

청각 또한 점점 약해지는데, 일반적으로 고음을 듣는 능력이 먼저 영향을 받는다. 65~79세는 중년기에 비해 청력의 손실이 5배가량 높다. 그리고 남성이 여성보다 청력손상을 더 경험한다. 청력에 문제가 있는 노인은 대화에 끼지 못하기 때문에 외로움과 고독감을 많이 느낀다.

시각도 약해진다. 시력감소는 대개 수정체, 각막, 망막, 조리개, 시신경의 약화를 초래한다. 노인은 대략 30% 이하의 시력을 가지며, 깊이를 지각할 수 없을 뿐만 아니라 어둠 속에서 잘 보지 못해 야간운전에 어려움이 있다. 미국의 경우 법정 시각장애인 절반이 65세 이상인 노인이다. 미각과 후각도 기능이 저하된다. 이러한 감각기관의 둔화는 많은 경우 질병이나 건강상의 문제와 관련이 있다. 미각은 후각과 관련이 있다. 80세 이상에서는 5명 중 4명이 후각기능에 주요한 손상이 있으며, 절반 이상은 전혀 냄새를 맡지 못한다. 후각과 미각을 손상한 사람은 음식 맛을 볼 수 없기 때문에 적게 먹고 종종 영양부족에 시달린다.
자세와 균형을 유지하는 전정감각 또한 일부 그 기능을 상실한다. 그 결과, 노인은 젊은 사람보다 넘어지기 쉬우며, 또한 어지럼증으로 낙상의 가능성이 높다.

나이가 들면서 잇몸이 수축하고 치아색깔은 점점 황색으로 변한다. 최근에는 잇몸질병을 경험하는 노인이 증가하고 있다. 저소득층 노인에게 치아문제는 보다 심각하다. 틀니를 했을 경우 적응기간 동안은 취식과 취침에 지장을 받는다. 틀니를 사용한다는 사실은 신체적으로 노화했다는 의미인 만큼 개인에게는 상당한 상처이다. 성격도 부정적으로 변한다. 반면 어떤 사람은 틀니로 오히려 외모가 좋아져 보다 나은 자아개념을 갖기도 한다. 건강한 치아를 유지하는 것은 원래 가지고 있던 치아구조와 식습관, 그리고 치아관리 습관에 달려 있다.

노년기의 목소리에는 힘이 없고, 들리는 범위도 한정적이다. 이러한 변화는 부분적으로는 후두연골조직이 딱딱해지면서 탄력이 줄어들기 때문에 생긴다. 뇌에 병리학적 변화가 있는 경우 말이 분명하지 않을 수 있다.

피부색깔이 다소 창백해지면서 반점이 생기고 탄력도 줄어든다. 피하근육과 지방층이 없어져서 주름이 늘어난다.

노인도 젊은이가 할 수 있는 것은 거의 할 수 있다. 단지 그 속도가 느릴 뿐이다. 노화하면서 중앙신경체계의 정보처리속도가 떨어지는 것이 노인사고율의 주된 요인이기도 하다. 정보처리속도가 떨어지는 것은 노인생활 전반에서 찾아볼 수 있다. 새로운 자료를 학습하는 속도도 느리고, 기억에서 정보를 끄집어내는 비율도 줄어든다. 신체운동과 정신활동으로 정신운동기술, 특히 속도, 힘, 스태미나 등이 상실되는 것을 줄일 수 있다. 정기적으로 운동하는 것 또한 심장병과 같은 치명적인 신체질환에 보다 잘 저항할 수 있다.

노년기에 지적 기능이 쇠퇴한다는 주장은 과학적으로 증명된 바 없다. 대부분의 지적 능력은 나이가 들더라도 잘 유지된다. IQ검사에서 노인이 젊은 사람보다 다소 낮은 점수를 받는 경향이 있으며, 이 점수는 나이가 들수록 점점 떨어진다. 노인은 지능검사 수행에서 쇠퇴하는 반면, 실제 지적 능력은 떨어지지 않는다. 노년기에 지적인 활동이 적은 것 또한 그 한 요인이다. 지적 능력은 활용하지 않을수록 감소하는 경향이 있다. 이러한 전제는 노인이 지적으로 활동적일 필요가 있음을 강조한다. 지적 활동을 계속할 때 지적 능력을 유지할 수 있다.

모든 사람은 10대 후반이나 20대 초에 자신이 성장할 수 있는 최고로 키가 자란다. 그 뒤로는 뼈의 길이에 변화가 거의 없다. 노인의 경우, 척추 사이의 디스크가 점점 내려앉으면서 전체적으로 키가 조금 작아질 수 있다. 관절 움직임 또한 경직하여 관절과 관계있는 질환을 앓을 확률이 높다. 활동을 하지 않으면 관절은 뻣뻣해지기 때문에 관절훈련을 적극적으로 할 필요가 있다.

항상성[1]은 노년기에 효과가 줄어든다. 안정화하는 기제는 신체를 굼뜨게 만들어 생리적인 적응능력을 감소시킨다. 심장과 호흡이 정상으로 돌아오는 데 오래 걸리고 상처를 치료하는 데도 오래 걸리며, 갑상선이 줄어들어 기초대사율이 낮아진다.

30세 이후부터 근력과 근육 수축 속도가 점진적으로 떨어져 50대 이후에는 활

---

1) 항상성(恒常性)이란 신체 내부의 체온 및 화학적 성분 등이 평형을 유지·조절하는 일을 말한다.

동성 근육질 수가 점차 감소하고, 노인 근육의 크기는 줄어든다. 75세 된 노인의 완력은 30세의 약 55%밖에 되지 않는다. 자율신경계의 일부인 불수의근은 다른 근육에 비해 덜 약해진다.

나이가 들면서 신경계의 기능적 변화는 거의 없지만 신경조직의 일부는 점차 섬유세포로 대체된다. 노인은 반사, 반응을 하는 데 더 오랜 시간이 걸린다. 75세 노인의 뇌 중량은 중년과 비슷하다. 특정의 의학적 상태에 있는 사람은 뇌 조직이 점차 악화된다. 이런 경우 그 사람은 기억을 상실할 수 있고, 무감각해지고, 신체의 조정능력이 떨어지며, 몸치장에도 관심을 덜 기울이며 성격이 변할 수도 있다. 나이가 들면서 효소작용, 위액, 타액의 양이 줄어들어 소화기 힘들어진다. 노인은 공통적으로 소화 장애를 호소한다. 대부분의 소화 장애는 연령 그 자체보다는 스트레스, 정서불안, 노화에 따른 불안감 등의 요인에 의한다. 위 운동의 불규칙성도 노년기 문제 중 하나로, 설사나 변비를 초래한다.

나이가 들수록 폐의 크기가 줄어들어 산소활용이 줄어든다. 공기주머니의 일부가 섬유 조직화하여 폐 속에서 정상적으로 공기를 교환하는 것이 어렵다. 75세 노인의 최대 호흡능력과 최대 산소흡입량은 30대의 40%에 불과하다. 적당한 운동을 유지하는 것은 산소흡입과 혈류작용을 최고수준으로 유지하기 때문에 노화과정을 늦추는 데 매우 중요하다.

심장과 혈관은 노화의 영향을 가장 많이 받는 신체의 일부분이다. 대부분 다른 조직이 적당한 혈액공급을 받는다면 150년 정도 유지할 수 있는 데 반해 심장과 동맥은 생명에 가장 약하게 연결되어 있다. 노화는 다양한 방법으로 심장에 영향을 미친다.

사람은 정상적인 상황에서는 신체체계와 각 기관을 최대한으로 사용하지 않는다. 이를 비축능력이라고 한다. 비축능력으로 인간은 신체의 각 기관과 신체체계가 스트레스를 경험하는 동안 더 높은 수준에서 반응할 수 있다. 젊은 사람은 정상생활의 4~10배에 가까운 비축능력을 가지고 있다.

나이를 먹으면 비축능력은 감소한다. 결과적으로 노인은 스트레스를 유발하는 요구에 젊은 사람만큼 재빨리 반응할 수 없다. 비축능력이 계속 줄어들면서 노인은 점점 자신을 돌볼 수 없다. 그러면서 다른 사람에 대한 의존도가 높아진다.

노인이 성적인 관심과 성행위가 점차 감소하는 것은 사실이나 성욕이 없다는 것은 잘못된 것이다. 건강한 노인은 생리학적으로 70세 이후에도 적극적으로 성생활을 할 수 있으며 중년기에 성 활동이 왕성했던 사람은 대개 노년기에도 정력과 성적인 관심이 지속적이다.

따라서 우리 사회의 노인들 사이의 성적 표현이 정상적이면서도 건전한 것임을 인정할 필요가 있다. 노인은 자신의 성적 욕구를 수용할 필요가 있으며, 건강한 성적 욕구를 표현하는 노인을 비웃어서는 안 된다. 신체적인 접촉, 애정교환은 모든 연령층에서 보다 높은 자존감과 개인적 만족감을 얻는 데 필요하다.

2. 인지적 발달

1) 인지적 특성

노화에 관해 우리들이 가지고 있는 인식은 나이가 들면 개인의 인지능력은 점차 상실된다고 생각하는 것이다. 쉽게 말해 노인이 되면 IQ(Intelligence Quotient) 점수가 낮아져 잘 암기도 못하고 어리석은 판단을 할 것이라는 고정관념을 가지고 있다. 그러나 나이가 들어감에 따른 인지능력의 감퇴 또는 상실은 우리가 생각한 것보다 그리 크지 않다.

실제로 인지능력의 감퇴는 후기 노년기에 일어나며, 중요한 것은 노화가 다양한 유형의 인지능력에 서로 다른 영향을 미치며, 개인에 따라 다르게 나타난다는 점이다(장휘숙, 2006).

노화로 인해 노년기에는 감각·지각 능력이 쇠퇴 및 저하되며 지적 능력과 학습능력이 저하된다. 이러한 변화는 급격하게 변화하는 사회의 정보를 획득하는 데 장애 요인으로 작용하여 노년기 노인들의 삶의 질에 중요한 영향을 미치게 된다.

감각은 감각기관을 통해 외부의 정보를 받아들인다. 환경적 정보가 뇌와 연관되어 있는 오감각은 일반적으로 나이가 들어감에 따라 민감성을 상실해 간다. 감각기능의 감퇴 또는 상실은 노인들에게 있어 사회적·심리적으로 커다란 영향을 미칠 수 있으며, 전기노인들(65 ~ 74세 이하)보다 후기노인들(75세 이상)에게서 더욱 두드러지게 나타난다.

노년기에는 감각기억(sensory memory)능력이 현저하게 떨어진다. 감각기억이란 초기의 단기감각 경험을 의미한다. 이러한 감각기능의 감퇴는 노년기에 경험하게 되는 사회적 사건이나 상황에 대한 대처능력을 떨어지게 만든다. 또한 주의집중력도 정보처리의 중요한 부뷴으로 작용한다(김동기·김은미, 2010).

즉, 노년기에는 단기기억과 최근기억의 능력은 약화되고 그에 반해 장기기억은 단기기억에 비해 감퇴속도가 늦어 최근에 일어난 일은 잘 기억하지 못하나 오래전에 일어난 일은 매우 자세히 기억하는 경향을 보인다. 그리고 암기보다는 논리적 기억능력이 더 많이 감퇴되며 보는 것보다는 듣는 것에 대한 기억력이 더 뛰어난 경향이 있다. 따라서 노인의 학습능력 증진을 위해서 청각을 활용한 교육방법이 더 효과적이다.

지각(perception)은 감각기관을 통해 들어온 정보를 선별하여 형태를 파악하고 의미를 부여하는 과정이다. 노년기가 되면 새로운 자극을 지각하는 속도가 떨어지며, 일단 자극이 지각되면 그 흔적이 오랜 시간 남아 있어 새로운 정보를 처리하는 데 어려움을 겪게 된다(한국노년학회, 2002).

나이가 들면 지적 능력이 감퇴하는가 아니면 안정적으로 유지되는가에 관한 논쟁이 노년학자들 사이에서 있어 왔다. 초기 연구에서는 연령증가에 따른 지적 능력이 저하된다는 지적 능력 감퇴설이 지배적이었으나, 지능의 종류에 따라 감퇴의 정도가 다르다는 사실이 밝혀지고 있다. 최근에는 성인기 이후 지능의 신축성과 후(後)형식적 사고, 지혜와 같은 질적인 면에 관심이 증가되면서 노년기의 지적 성숙성에 관한 논의들이 활발해지기 시작하였다.

웩슬러(Wechsler, 1955)는 나이가 들면 동작성 지능은 감퇴하지만 언어성 지능은 비교적 안정적이라고 하였다. 그 후 카텔과 혼(Cattell & Horn, 1967)은 지능을 유동성 지능(fluid intelligence)과 결정화된 지능(crystallized intelligence)으로 구분하여, 연령증가에 따라 유동성 지능은 감소하나 결정화된 지능은 증가한다고 주장하였다. 그리고 나이가 들면 주의력, 조직력 감퇴로 점점 정보처리능력이 떨어지게 되는 반면, 이러한 감퇴는 직업과 관련된 전문적 지식의 축적과 후형식적 사고[2)]와 지혜의 발달로 보상될 수 있다(한국노년학회, 2002).

노년기가 되면 학습수행능력이 감퇴되기는 하나 시간제한을 둘 경우가 이에 해당하며, 시간제한을 두지 않을 경우 학습수행능력에서의 커다란 감퇴는 일어나지 않는다.

3. 사회적 발달

1) 심리·사회적 특성

노년기에는 심리적 노화(psychological aging)가 일어나는데 이 시기의 심리·성격적 특성은 사회적 지위와 역할의 변화와 배우자와 지인들의 죽음으로 인해 우울 정도와 상실감이 높으며, 내향적이고 수동적으로 성격이 변화하며, 새로운 변화를 거부하며 예전 방식을 고수하려는 경직성이 증가한다.

그리고 매사 행동 시 실제 행동으로 옮기는 데 매우 조심하려는 조심성이 증가하며, 과거의 생을 회상하려 하며, 친숙한 물건에 대한 애착심과 의존성이 증가한다. 또한 유·무형의 유산을 남기고자 하는 의지가 강한데, 이는 자신의 생의 흔적을 남기고 후손들에게 자신의 생이 가치 있었음을 알리려는 마지막 노력인 경향이 있다. 그리고 미래의 남은 생을 헤아리려는 특성을 소유하게 되며, 나이가 들면서 남녀 각각의 전통적 성역할에 대한 지각이 변화하여 남자는 여성성(anima)의 특징인 자애롭고 양육적으로 성역할의 성격이 변화되고, 여성은 독립적이고

2) 문제에 대한 해결은 현실적이어야 하고 정서와 주관적 요인들이 사고에 영향을 줄 수 있다는 생각으로 하나의 문제에 대한 정답은 상황에 따라 달라질 수 있으며, 진실의 탐구는 끊임없이 계속되는 과정이라는 전제를 바탕으로 한다.

자기주장이 강한 남성적 성격, 즉 남성성(animus)으로 변화되어 간다.

노년기의 사회적 특성을 살펴보면 첫째, 경제활동에서 완전히 은퇴하여 사회적 지위와 역할이 변화한다. 이로 인해 부양 의무자에서 피부양자로, 가장에서 가족 구성원 그리고 조부모 역할 등으로 사회적 지위와 역할이 바뀌게 된다. 낮은 사회적 지위로의 변화는 노인으로 하여금 심리적 위축감을 경험하게 하며, 새로운 지위와 역할에 새로이 적응해야 한다. 둘째, 경제활동의 은퇴로 인해 수입이 줄어들어 경제적 어려움을 경험하게 된다. 즉, 의료비의 증가, 은퇴로 인한 수입의 감소로 경제적 어려움에 직면하게 된다. 셋째, 퇴직 후 생활반경이 축소된다. 즉, 은퇴 이후 생활습성의 변화로 취침과 취침시간이 변화하고, 교통수단이 변화하며, 식사장소와 식사습성의 변화, 만나는 사람의 변화로 인해 생활반경이 축소되는 경향이 있다(AASW, 1996).

그러나 노년기를 맞이하는 모든 노인들이 앞에서 언급한 양상들을 보이는 것은 아니다. 대부분 일반적 노년기의 특성이지만 우리 사회에는 연령차별주의(ageism), 즉 노인차별주의가 팽배해 있는 것이 현실이다. 노인차별주의란 연령이 많은 노인에 대한 부정적 태도와 편견을 가지고 있는 인식 또는 관념이라 정의할 수 있다. 예를 들어, 노인이 되면 고집이 세지고, 냄새가 나며, 무기력하고, 새로운 정보를 학습할 수도 없으며, 새로운 것에 대해 거부하려 하고, 성에 대해서도 무관심하다는 등의 우리 사회의 노인에 대한 부정적 인식 또는 관념으로 설명할 수 있다.

에릭슨(Erikson)은 전 생애의 발달변화를 강조하였으며, 노년기에 경험하는 심리사회적 위기를 '자아통합(integrity) vs. 절망(despair)'으로 설명하고 있다. 그는 노년기를 노인 자신이 살아온 삶을 돌아보는 시기로 자신의 생애를 돌아보면서 보람과 가치가 있었다는 것을 인식하고 오랜 삶의 경륜을 통한 지혜를 획득하게 되면 자아통합성을 갖게 된다고 하였다. 즉, 자아통합은 심리·사회적으로 가장 높은 수준에 이른 결과이며, 인생의 모든 관점에서 자신의 인생을 돌이켜 보며 자신이 살아온 인생의 결과를 겸허히 받아들이고, 자신의 인생에 대해 '만족스럽게 잘 살았다'라고 확신하는 능력이 생기게 된다(Hjelle & Ziegler, 1994, 이근홍, 2011 재인용).

즉, 자아 통합된 노인은 삶의 각 요소를 수용하고 큰 두려움 없이 죽음에 직면하는 능력을 가지게 되며, 인생에서 중요시되는 위치를 성취했다는 느낌과 완성했다는 내적 감각을 가지게 된다. 이에 반해 절망이라는 위기를 극복하지 못한 노인은 과거에 대한 후회의 감정이 크며, 남은 시간이 자신의 인생을 변화시키기에 너무도 짧다는 초조함으로 인해 불안과 절망감을 갖게 된다. 또한 죽음을 수용하는 것이 불가능하여 죽음을 공포스럽고 두렵게 생각한다.

따라서 노년기에 겪게 되는 심리사회적 위기갈등을 잘 극복하게 되면 지혜를 획득하게 된다. 반면에 이를 극복하지 못하게 되면 피해망상, 우울증 등을 겪게 된다.

4. 사회복지실천과의 연관성

1) 신체적 측면

노년기의 신체적 기능 상실과 더불어 특정 영역에서의 지적 능력 감퇴는 일반적으로 나타나는 현상이다. 그중 노인에게 가장 흔한 정신장애 중 하나는 노인성 치매(senile dementia)이다. 노인성 치매는 노인에게 나타나는 만성적 혼돈, 망각, 성격변화 등과 같은 인지적·행동적 기능장애를 의미한다(Craig, 1999 : 567).

미국정신의학 정신장애의 진단 및 통계편람 제4판(DSM-IV) 분류에 의하면, 치매는 '직업적 일이나 통상의 사회활동 또는 대인관계에서 유의한 장애가 있을 정도의 인지기능 및 지적 능력의 감소'를 의미한다.

중앙치매센터에서 2020년도에 발간한 보고서에 의하면 2018년 우리나라 추정치매유병률[3]은 전국 65세 이상 노인인구 중 추정치매환자수는 2018년 약 75만 명, 추정치매유병률은 10.16%로 우리나라 전체 노인 10명 중 1명은 치매인 것으로 추정하고 있다. 그중에서 여성이 약 48만 명(62%)으로, 남성에 비해 높은 비율

---

3) 치매 유병률(Dementia prevalence rate)이란 노인 인구 100명당 치매 환자 수를 의미함.

을 보이고 있으며, 연령별 치매환자는 70~74세 구간에서부터 급증하여 85세 이상 초고령 구간에서 가장 많은 것으로 나타났다. 이 추이를 근거로 향후 우리나라 치매유병률은 고령화의 가속으로 인해 급속도로 증가될 것으로 예상된다(중앙치매센터, 2020).

노년기 치매는 치매노인 자신의 문제보다 부양가족의 고충이 더 크다 하겠다. 즉, 가족들의 수발부담으로 인한 양태는 사회적 활동의 제약 및 수발비용으로 인한 가계의 경제적 어려움, 과도한 심리적 부담으로 인한 정신적 스트레스, 노인과 가족관계의 부정적 변화 등으로 가족 자체가 와해(瓦解)될 위기에 직면하게 된다. 따라서 사회복지사는 노년기 성인의 치매 예방과 치료 및 치매가족을 위한 치매에 대한 교육 및 정보제공을 위한 교육, 치매상담전화서비스, 치매가족모임 및 지지서비스, 자조집단 프로그램, 가족치료와 가족 상담서비스 제공과 수발가족의 과중한 역할부담을 경감시켜 주기 위한 휴식서비스, 주·야간보호서비스, 단기보호서비스, 가정방문서비스 등 다양한 노력들을 해야 할 것이다.

또한 사회복지사는 노인치매수발 가족들에게 국가에서 시행하는 치매조기검진사업, 치매노인 사례관리, 치매검진사업, 치매치료관리비 지원 사업 등에 대한 정보를 제공해야 한다.

노년기에 있어 가장 중요한 것은 건강변화에 적응하는 것이다. 노년기의 노화로 인한 건강변화를 수용하고, 현재 수준의 건강을 유지할 수 있도록 식습관 개선 및 규칙적인 운동을 통해 노년의 건강을 유지할 수 있을 것이다.

2) 심리적 측면

앞서 언급한 바와 같이 노년기의 심리적 특성은 사회적 지위와 역할의 변화와 배우자와 지인들의 죽음으로 인해 우울 정도와 상실감이 높으며, 내향적이고 수동적으로 성격이 변화하며, 새로운 변화를 거부하며 예전 방식을 고수하려는 경직성이 증가한다.

이러한 노년기 심리적 특성은 노인의 자존감을 낮게 만들고, 사회적 지위의 하락은 노인의 우울감과 고독감을 증가시킨다. 또한 '빈 둥지 증후군(empty nest syndrome)' 이후 노년기를 준비하지 못한 노인일수록 우울 정도와 상실감은 더욱 크다.

이러한 현상의 실체는 우리나라의 심각한 사회문제로 대두되고 있는 노인자살(elderly suicide) 문제를 보면 알 수 있다. 물론 노인자살의 원인이 심리적 측면만은 아니며 신체적 노화로 인한 노인성 질환과 사회적 측면도 그 원인 중 하나이다.

보건복지부 산하 한국생명존중희망재단 중앙자살예방센터에서 세계보건기구(WHO)의 2019년 사망데이터 베이스에서 추출하여 제시한 자료에 의하면 2019년도 기준 우리나라 노인의 자살률은 인구 10만 명당 59.3명으로 OECD 회원국 중 자살률 1위를 차지할 만큼 매우 심각한 수준이다(한국생명존중희망재단 중앙자살예방센터, 2019).

이러한 노인자살을 예방하는 것은 사회복지기관의 프로그램만으로는 역부족이다. 이러한 문제는 국가적인 대책이 절실히 필요하며, 이를 바탕으로 사회복지기관의 사회복지사들도 노인들의 자존감을 향상시키고 우울감과 상실감을 감소시킬 수 있는 프로그램을 개발 및 제공하도록 노력을 다해야 한다. 또한 노인은 배우자와 가까운 동료의 죽음을 겪으면서 이를 곧 자신에게도 다가올 일로 생각하여 두려움과 외로움, 인생의 허망함 등 심리적 위축을 경험하게 된다.

사회복지사는 이러한 상실에 대처할 수 있도록 정서적·심리적 지지서비스를 제공해야 한다. 즉, 죽음준비교육을 통한 죽음을 수용하기, 배우자 없이 혼자 살기 계획하기, 정서적 지지체계 만들기, 개인적 가치와 자존감 재평가하기 등을 통해 심리적 지지서비스를 제공해야 한다.

3) 사회적 측면

'빈 둥지 시기(empty nest period)'를 거쳐 양육해야 할 자녀들이 없는 노년기 부부에게 있어 부부관계는 매우 중요하다. 즉, 노년기가 평균수명의 연장으로 예전보다 훨씬 길어짐으로 인해 부부 둘만의 관계는 그 어떤 시기보다 중요하다.

노년기에는 대부분 사람들이 누구나 겪게 되는 사건, 즉 '퇴직(은퇴; retirement)'으로 인해 사회적 관계의 축소와 더불어 사회적 지위와 역할이 낮아지고, 경제활동 중단으로 인한 소득감소, 노화로 인한 신체기능 감퇴 등을 경험하게 되면서, 노년기 부부의 역할도 재정립되어 간다. 이러한 노년기 부부역할과 사회역할의 변화를 잘 수용하고 순응하는 경우 새로운 부부관계와 사회관계 정립이 이루어지지만, 그에 순응하지 못할 때 부부갈등과 사회갈등이 야기될 수 있다. 이러한 부부갈등은 황혼이혼으로 이어지며, 특히 남성노인보다 여성노인의 황혼이혼 청구건수가 압도적으로 높다. 이러한 황혼이혼은 최근 노인문제 중 하나로 부상하고 있으며, 노년기 부부관계 재정립에 실패하여 갈등이 극에 달했을 경우 나타난다.

따라서 노년기에는 자아인식과 배우자에 대한 이해 증진, 부부간 의사소통 기술 향상, 친밀감 증진, 행동수정기술, 성적 만족 증진 등과 관련된 교육 및 정보를 제공하는 것이 중요하다. 이러한 프로그램에 참여한 노년기 부부의 경우 부부생활만족감과 부부갈등 대처능력이 향상되었다는 조사결과도 있다(소홍식 외, 2011).

노년기 새로운 사회관계를 재정립함과 동시에 새로운 부부관계의 재정립은 다음과 같은 노년기 과업을 수행할 수 있게 만든다. 퇴직(은퇴)과 수입의 감소에 맞는 경제계획 세우기, 퇴직(은퇴)한 배우자와 함께 할 수 있는 취미생활 만들기, 동년배나 다른 노인들과 관계 맺기, 친구와 가족에 대한 관심 유지하기, 사회적 책임과 시민으로서의 책임감 지속, 노년기에 만족스러운 생활공간 찾기 등이 있다.

노년기에 있어 '일(work)'의 의미 또한 매우 중요하다. 노년기에 있어 일(work)이 가지는 1차적 기능은 경제적 목적, 즉 자신의 생존을 위한 기본 의식주를 포함한 재화 또는 서비스를 생산하는 것이다. 2차적 기능은 자기개발 및 자아실현을 목적으로 하며, 과거의 경험을 바탕으로 후손들에게 자신의 경험과 노하우를 전수하며, 사회에 기여함으로써 사회통합을 목적으로 한다(임병우 외, 2021).

따라서 사회복지사는 노년기 부부관계를 재정립할 수 있도록 도와주며, 부부간 의사소통기술 향상, 행동수정기술, 성적 만족 증진 등과 관련된 교육 및 정보를 제공하며, 노년기의 '일(work)'의 의미와 가치를 자아실현과 사회통합을 위한 방향으로 달성할 수 있도록 제공해야 할 것이다.

제8장 노년기 기출문제

1. 노년기에 나타나는 신체적 특징으로 바르지 않은 것은?

① 주름이 늘고, 기민성과 민첩성이 떨어진다.

② 감각이 점점 둔화되고 촉각이 떨어진다.

③ 잇몸이 수축하고 치아색깔은 점점 황색으로 변한다.

④ 목소리는 성인기기와 별 차이가 없다.

⑤ 항상성은 노년기에 효과가 줄어든다.

2. 노년기의 인지적 특징에 대한 설명으로 바르지 않은 것은?

①시간제한을 둘 경우에도 학습수행능력이 감퇴한다.

②새로운 자극을 지각하는 속도가 떨어진다.

③암기보다는 논리적 기억능력이 더 많이 감퇴된다.

④감각기억(sensory memory)능력이 현저하게 떨어진다.

⑤유동성 지능은 감소하나 결정화된 지능은 증가한다.

3. 노년기의 사회적 특징에 대한 설명으로 바르지 않은 것은?

① 사회적 지위와 역할이 변화한다.

② 수입이 줄어들어 경제적 어려움을 경험하게 된다.

③ 식사장소와 식사습성의 변화한다.

④ 생활반경은 성인기와 별 차이 없다.

⑤ 취침과 취침시간이 변화한다.

4. 노년기의 심리적 특징에 대한 설명으로 바르지 않은 것은?

① 우울 정도와 상실감이 높게 나타난다.
② 외향적이고 수동적으로 성격이 변화한다.
③ 예전 방식을 고수하려는 경직성이 증가한다.
④ 친숙한 물건에 대한 애착심과 의존성이 증가한다.
⑤ 성역할의 성격이 변화된다.

5. 노년기(성인후기, 65세 이상)에 관한 설명으로 옳지 않은 것은?

① 시각, 청각, 미각 등의 감각기능이 약화되고, 생식기능 또한 점차 약화된다.
② 퀴블러 로스(E. Kübler-Ross)는 인간이 죽음에 적응하는 5단계 중 마지막 단계를 타협단계라고 하였다.
③ 신체변화에 대한 적응, 인생에 대한 평가, 역할 재조명, 죽음에 대한 대비 등이 주요 발달과업이다.
④ 에릭슨(E. Erikson)은 자아통합을 이루지 못하면 절망감을 느낀다고 보았다.
⑤ 신장기능이 저하되어 신장질환에 걸릴 가능성이 증가하고, 방광이나 요도기능의 저하로 야간에 소변보는 횟수가 증가한다.

1. **정답 : ④** 노년기의 목소리는 힘이 없고, 들리는 범위도 한정적이다.

2. **정답 : ①** 시간제한을 두지 않을 경우 학습수행능력에서의 커다란 감퇴는 일어나지 않는다.

3. **정답 : ④** 노년기에는 만나는 사람의 변화로 인해 생활반경이 축소되는 경향이 있다.

4. **정답 : ②** 내향적이고 수동적으로 성격이 변화한다.

5. **정답 : ②** 퀴블러 로스(E. Kübler-Ross)의 죽음 적응 5단계는 부정-분노-타협-우울-수용이다.

Part

04 인간행동에 관한 주요 이론

제9장 정신역동이론
제10장 행동주의 이론
제11장 인지이론
제12장 인본주의 이론
제13장 사회체계 이론
제14장 생태학 이론

09
Chapter

정신역동이론

인간의 성격은 추상적인 개념으로 실제로 그 사람의 행동을 통해 관찰되고 이해된다. 인간의 성격을 이해하는 것은 오래전부터 많은 사람들의 바람이었다. 정신역동이론(psychodynamics)은 인간본성 및 성격발달을 설명함에 있어 초점을 정신역동적 요소인 무의식에 둔 것으로, 평소 인간의 무의식에 억압되어 있던 것이 움직여 의식으로 나와 마음을 움직이기 때문에 '생명 조직체는 역동적 체계다'라는 기본적인 가정을 하고 있다. 정신역동이론의 대표적인 학자는 프로이트(Sigmund Freud)로, 그는 정신분석이론(psychoanalytic theory)에서 인간성격의 이해를 통해 행동을 탐구하고자 하는 노력을 본격화하였다. 프로이트는 인간의 성격은 의식세계가 아니라 생각과 행동에 막대한 영향을 미치는 무의식 세계의 탐구를 통해 파악할 수 있다고 주장하였다. 이처럼 정신분석이론이란 인간의 정신세계의 대부분을 차지하고 있는 무의식에 초점을 두어 무의식적인 성적·공격적 충동에 의해 발생하는 갈등을 파악하고 이를 분석한 이론이다. 정신역동이론가들은 대표학자인 프로이트의 정신분석이론을 확장시켰거나 그 개념을 수정하였으며, 어떤 이론은 프로이트의 이론에 대한 반발로 새로운 내용을 주장하였다. 정신역동이론의 주요 학자로는 프로이트(Sigmund Freud)를 비롯하여 에릭슨(Erik Erikson), 아들러(Alfred Adler), 융(Carl Gustav Jung) 등이 있다.

1. 프로이트(S. Freud)의 정신분석이론

1) 주요 생애

오스트리아의 신경과 의사로 정신분석이론(psychoanalytic theory)을 창시한 프로이트는 1859년 5월 6일 오스트리아 모라비아 지방의 프라이베르크에서 태어났다. 프로이트의 성장과정에 가장 큰 영향을 준 인물은 그의 부모였다. 프로이트는 다양한 방면에 관심이 많았으나 유대인이라는 신분으로 인해 의학과 법학을 제외한 다른 직업을 가질 수 없었기 때문에 1873년 비엔나 대학의 의학부에 입학하였다. 1881년 의학박사학위를 취득하였으며 1885년 『히스테리에 관한 연구』를 출판하였다. 이러한 경험을 통해 프로이트는 히스테리의 주요 원인이 성욕 때문이라는 주장을 하게 되었다. 프로이트가 성장한 19세기 유럽의 빅토리아 시대는 성(sexuality)을 추하게 보거나 성스러워 금기시하는 이중적인 태도를 가지고 있었으며 당시 이러한 태도는 히스테리 같은 신경증을 일으킬 수 있을 정도로 많은 사람들의 문제로 주목받고 있었다. 프로이트는 빅토리아 문화가 금기시하던 성에 관한 문제를 정식으로 들고 나온 최초의 학자라고 할 수 있다. 1896년에 부친이 사망하자 무의식적·의식적 죄의식으로 고통스러워했고 이는 죽음에 대한 과도한 공포와 기타 공포증뿐만 아니라 여러 가지 정신병적 장애를 겪는 데 영향을 미쳤다. 그는 이때에 꿈의 의미를 주로 탐색하면서 성격발달의 역동성에 관한 통찰을 갖게 되었고, 자신의 인생 초기 경험과 기억을 검토하고 분석하고 동시에 환자를 치료하면서 그들의 문제를 통해 관찰한 그의 이론을 임상적으로 정교하게 다듬어 1896년 세상에 처음으로 정신분석을 탄생시켰다. 정신분석학(psychoanalysis)이라 명명된 새로운 학문은 첫째, 인간의 생활에 미치는 무의식의 영향에 대하여 밝혔고, 둘째, 신체적인 병의 원인이 마음에 있을 수 있다는 것을 표명하였으며, 셋째, 의학적인 모델을 극복하여 심리치료가 시작되는 계기가 마련되었고, 마지막으로 심리장애를 단순히 현재의 증상과 과거의 외상을 연결하여 이해하던 것을 극복하고 좀 더 복합적이고 역동적으로 파악하게 하였다. 프로이트는 자신이 창시한 정신분석이론에 대한 강한 애정과 집념 때문에 자신의 의견에 동조하지 못하는 동료들을 용납하지 못하였다. 아들러와 융이 대표적인 인물로 그들은 프로이트를 떠나 후일 각자의 이론을 생성하고 학파를 발전시켜 나갔다. 프로이트는 지속적인 연구를 게을리하지 않았으며 총 24권의 저서를 저술하였다. 대표적인 저서로는 『꿈의 해석』(1900), 『일상에서의 정신병리학』(1901), 『정신분석학 입문』(1920), 『신 정신분석학 입문』(1933) 등이 있다.

2) 주요 개념

(1) 인간관

프로이트가 인간본성에 대하여 기본적으로 가졌던 관점은 결정론(determinism)이다. 그는 출생 후부터 만 5세까지, 즉 인생 초기 약 5년간의 비합리적인 힘, 무의식적 동기, 생물학적이고 본능적인 동기, 그리고 심리·성적 사건에 의해서 인간의 행동이 결정된다고 하였다. 본능이란 신체적 흥분이 소망의 형태로 나타난 것으로 '인간은 본능적인 긴장의 충동 때문에 행동하며, 그 행동은 다만 이러한 긴장을 감소시키기 위한 것으로서 본능은 모든 행동의 궁극적인 원인이 된다는 것'이다. 프로이트는 인간의 본능에 삶의 본능(eros)과 죽음의 본능(thanatos)이 있다고 하였다. 삶의 본능은 배고픔, 목마름 성적 충동 등 삶을 가능케 해주고 종족번식을 책임지는 각종 힘으로 삶의 본능이 가지고 있는 에너지를 리비도(libido)라고 하며, 이것은 성적 에너지와 같은 뜻으로 쓰이기도 한다. 죽음의 본능은 공격성, 자살, 살인, 전쟁 등과 같이 부정적이고 파괴적인 힘을 말한다. 죽음의 본능은 삶의 본능과 마찬가지로 인간의 행동을 결정하는 데 중요한 역할을 한다.

한편 그가 주장한 정신결정론은 인간의 정신 안에서 일어나는 것은 어떤 것이라도 우연히 일어나는 것은 없고, 정신적 현상이나 심리적 경험이라는 것은 어떤 것이라도 거기에 반드시 어떤 원인이 있다는 것을 뜻한다(Dewald, 1998). 전혀 관계가 없고 우연히 일어난 것처럼 보이는 사건이라도 단지 그렇게 보일 뿐이지 실제로는 과거의 어떤 일과 연결되어 발생한다는 것이다. 따라서 클라이언트의 문제를 이해하기 위해서는 그 원인을 충분히 이해해야 한다고 할 수 있다(장수한 외, 2012).

(2) 지형학적 모형

프로이트는 정신분석이론에서 지형학적인 모형을 가지고 성격의 구조를 설명하려고 하였다. 프로이트의 가장 큰 공헌 중에 하나는 눈에 보이지 않는 인간의 정신을 지도로 제시하여 가시화하였다는 것이다. 프로이트는 인간의 정신과정을 빙산에 비유하며 지형학적 모형을 통해 인간의 정신생활을 의식(consciousness), 전의식(preconsciousness) 및 무의식(unconsciousness)의 세 가지 수준으로 나타내었다. 프로이트에게 의식은 전체 마음 가운데 얇은 표면에 불과하다. 빙산의 대부분이 수면 아래에 있는 것처럼, 마음의 대부분은 의식이라는 표면 아래에 있다. 전의식은 물 위와 아래를 오락가락하는 수면의 경계부분에 해당하고, 무의식은 물 아래 보이지 않는 부분이지만 인간의 사고와 행동을 전적으로 통제하는 정신세계이다.

① 의식(consciousness)

의식은 현재 느끼거나 알 수 있는 모든 경험과 감각으로 프로이트는 정신생활의 극히 일부분만이 의식의 범위 안에 있다고 하였다. 우리가 어떤 순간에 경험하는 일들은 선택적 여과과정을 거쳐 극히 일부만이 의식으로 나타나게 된다.

② 전의식(preconsciousness)

전의식은 의식과 무의식을 연결해 주는 마음의 통로이다. 즉, 어느 순간에는 의식되지 않지만 조금만 주의를 집중하고 노력하면 쉽게 의식될 수 있는 기억을 말한다. 전의식에는 지금 이 순간의 의식영역 안에 들어있지 않은 어떤 생각, 감정, 공상, 관념, 기억, 경험 등을 포함한다. 예를 들어, 어제 누군가와 했던 약속을 잠시 잊어버리고 있었지만 곰곰이 생각해 보면 기억나듯이 전의식은 많은 부분을 개인이 조금만 노력하면 자발적으로 회상할 수 있기 때문에 의식의 일부로도 나타낼 수 있다.

③ 무의식(unconsciousness)

무의식은 모든 경험, 기억, 억압된 관념 등이 저장되어 있으며 욕구나 본능이 깊이 자리하고 있는 영역이다. 인간의 정신세계의 대부분을 차지하고 있으며, 프로이트는 성격의 일부분으로서 반드시 탐구해야 하는 것으로 생각했다. 즉, 인간행동을 이해하려면 반드시 무의식을 밝혀내야 한다는 것이다. 무의식은 인식할 수 없고 직접적으로 확인할 수 없지만 행동으로부터 추론될 수 있다. 프로이트는 무의식의 증거로 말실수, 망각, 꿈의 존재를 들었는데, 특히 '꿈'은 무의식에 이르는 왕도이며 꿈의 해석을 통하여 무의식의 자료들을 알 수 있다고 하였다. 뿐만 아니라 최면이나 자유연상기법을 통하여 무의식의 자료들을 의식할 수 있다고 하였다.

(3) 성격의 구조

프로이트는 초기 성격구조이론의 중심을 무의식에 두었으나, 1920년대에 이 모형을 수정하여 인간의 성격구조는 원초아(id), 자아(ego), 초자아(superego)의 체계로 이루어져 있다는 구조적 모델을 제시하였다. 인간행동은 이 세 요소 간 상호작용으로 발생한다고 보았다. 원초아는 출생시부터 존재하는 것으로 생물학적 구성요소이다. 자아는 심리적 구성요소이며 생후 4~6개월경 원초아에서 분화되어 출현한다. 초자아는 사회적 구성요소로 만 3~5세경 자아에서 분화되어 출현하며 성격의 세 가지 체계는 각기 고유의 기능과 특성 및 역동성을 지니면서 인간의 성격을 이루고 있다. 하지만 인간의 에너지양은 일정하기 때문에 성격의 세 가지 체계 중 어느 것에 에너지를 많이 투여하는가에 따라 성격에 영향을 미치게 된다.

① 원초아(id)

원초아는 성격의 가장 원초적인 부분으로 태어나면서부터 타고나는 것으로 성격의 기초가 된다. 원초아는 기본적인 심리적 충동인 성욕과 공격성에 따라 행동하려 한다. 원초아는 본능에 따라 움직이므로 모든 억압을 무시하며, 성욕과 공격성과 같은 충동에 의해 나타나는 정신 에너지를 즉각적으로 방출하는 1차적 원리(primary principle)를 나타낸다. 만일 이러한 충동이 억제될 경우에는 성격체제에 긴장이 오기 때문에 원초아는 참을성이 없이 즉각적으로 긴장을 감소하려는 쾌락원칙(pleasure principle)에 따른다. 이러한 원초아의 역동은 외부세계와 상관이 없고 어떤 법칙이나 논리가 통하지 않기 때문에 매우 노골적이며 동물적이고 조직적이지 못하며, 시간이 지나고 경험을 많이 쌓아도 변화하지 않는 특성을 가진다. 따라서 원초아의 지배를 많이 받는 성인의 경우 충동적이고, 비합리적이며 유치한 행동을 보일 가능성이 높으며(최옥채 외, 2009), 사회의 윤리와 가치에 거의 관심을 보이지 않는다.

② 자아(ego)

자아는 현실적 여건이나 초자아의 제한을 고려하여 원초아의 충동을 지연시키거나 표현하도록 하는 역할을 하기 때문에 성격의 집행자라고 한다. 자아는 2차적 사고과정과 현실원칙에 따른다. 2차적 사고과정은 현실검증을 하는 과정으로 이는 외부세계에서 일어나는 자극들이나 지각들을 분별하고 원초아의 소망과 충동에서 일어나는 자극, 지각들을 분별하는 것을 말한다. 또한 자아는 본능이나 충동을 현실적이고 합리적으로 해소시킬 수 있는 상황여건을 고려하기 때문에 현실원칙(reality principle)에 따른다. 현실원칙이란 적절한 시기까지 긴장의 방출을 지연시켜 궁극적으로 사회가 수용 가능한 형태로 만족을 얻도록 하는 것이다. 자아는 원초아와 달리 현실검증력이 있어 실제와 거짓을 구별할 수 있으며, 상당한 양의 긴장을 참을 수 있고, 기억, 판단 등이 가능하다. 자아는 주위 환경에 효율적으로 대처함으로써 원초아의 긴장을 감소시키려고 한다. 원초아의 본능이 가지고 있는 원래의 정신적 에너지의 일부는 자아가 작용하는 데 소모된다. 여기에서 원초아를 만족시키는 어떤 대상이나 과정에 정신적 에너지를 쏟는 것을 집중(cathexis), 반대로 억제하는 데 에너지를 소모하는 것을 반집중(anticathexis)이라고 한다. 원초아는 집중만을 할 수 있으며, 자아는 이 모두를 할 수 있다(이근홍, 2016). 한편 자아는 행동을 통해 충동을 방출하는 것이 자신에게 최선의 이익이 되지 않을 경우에 이를 막는다. 따라서 기본적인 욕구를 충족시키면서 현실세계에 합리적이며 만족할 만한 적응을 할 수 있는 사람이 강한 자아를 가질 수 있으며, 이것은 건강한 성격의 기초가 된다.

③ 초자아(superego)

초자아는 성격의 세 구조 중 가장 마지막에 발달하는 것으로 현실보다는 이상을 추구한다. 이것은 사회규범과 행동기준이 내면화한 형태로 자신의 행동이 윤리적으로 옳고 그름을 판단하게 해준다. 초자아는 출생할 때부터 선천적으로 가지고 태어나는 것이 아니며, 부모나 선생님 등이 주는 보상과 처벌을 통하여 초자아를 자기 내부에 내면화함으로써 발달한다. 프로이트는 초자아를 양심(conscience)과 자아이상(ego ideal)이라는 두 가지 하위체계로 나누어 설명하였다. 양심은 잘못했을 때 처벌을 통해 생기며 이것은 자신에 대한 비판적 평가나 도덕적 억압, 죄의식 등을 야기한다. 자아이상은 주변으로부터 칭찬과 보상을 통해 목표와 포부를 갖게 해주며, 이것을 달성한다면 자존심과 긍지를 느끼게 된다. 초자아는 인간성격의 도덕적 체계이며 현실의 쾌락보다 인내와 절약을 통해 미래의 이상과 완성을 추구하는 것으로 사회에서 공인된 도덕적 기준에 맞추어 행동하도록 하는 것이다.

(4) 불안

사람은 정도의 차이가 있지만 누구나 불안을 경험한다. 불안은 어떤 행동을 하도록 사람을 동기화시키는 긴장상태로, 즉 개인으로 하여금 위급한 상황에 적합한 방법으로 반응하도록 하는 것이다. 불안은 크게 신경증적 불안, 현실적 불안, 도덕적 불안으로 나타난다.

① 신경증적 불안

신경증적 불안은 원초아의 충동이 의식화될지도 모른다는 것으로 인하여 위협을 받고 이에 따라 생긴 정서반응을 말한다. 신경증적 불안은 원초아의 성적·공격적 본능을 자아가 조절할 수 없을 것이라는 두려움이 원인이 되며, 원초아의 본능적 충동이 자아조절을 파괴하려는 위협이 있을 때 발생하게 된다. 이러한 경우에 사람들은 통제력을 상실하거나 고통받는 것을 두려워한다. 이와 같은 공포는 완전히 의식되지 않으며, 원인을 알지 못한 채 불안을 경험하는 경우가 있다 (Nye, 1981).

② 현실적 불안

현실적 불안은 현실세계에 있는 위협적인 상황에 대한 두려움이다. 현실적 불안은 실제 위험의 정도와 비례한다. 예를 들어, 횡단보도를 건너는데 차가 달려온다면 불안을 느낄 것이다. 현실적 불안은 기본적으로 공포와 같고 이러한 위험을 피하기 위해서 현실적 대처가 요구된다.

③ 도덕적 불안

도덕적 불안은 도덕이나 양심에 위배되는 생각이나 행동에 대한 양심과 죄의식에 의해 생기는 불안이다. 도덕적 불안은 원초아가 비도덕적 생각이나 행동을 표현하려고 할 때 또는 초자아가 수치심, 죄의식, 열등감, 자기저주 등의 감정으로 반응할 때 발생한다. 또한 이것은 초자아의 완벽한 명령을 어기는 어떤 것을 행하거나 생각할 경우 부모로부터 벌을 받을 것이라는 객관적인 두려움에 기인한다. 신경증적 불안과 도덕적 불안은 개인 내 힘의 균형이 위협을 받을 때에 생긴다. 자아가 합리적이고 직접적인 방법으로 불안을 통제할 수 없을 때는 자신을 불안으로부터 보호하기 위하여 무의식적으로 방어기제를 사용한다.

(5) 자아방어기제

자아의 방어기제(defense mechanism)는 자아가 불안에 처하여 합리적인 방법으로 이것을 해결하지 못할 때, 현실을 부정하거나 왜곡하면서 무의식적으로 불안을 제거하려는 심리기제이다(Schultz & Schultz, 1994). 즉, 인간은 삶을 살아오면서 성적 충동, 공격적 충동, 적개심, 원한, 좌절감 등 여러 요인에서 오는 갈등을 경험하게 된다. 하지만 스스로 이러한 갈등을 통제할 수 없을 수 있으며, 이때 경험할 수 있는 상처를 막고자 무의식적으로 스스로를 속이고 회피하는 사고 및 행위를 말한다. 자아방어기제는 병적인 것이 아닌 정상적인 행동으로 인간이 불안을 극복하고 자아가 불안에 압도되지 않도록 돕는 무의식 수준에서 일어나는 자아기능의 한 측면이다. 자아방어기제의 적절한 사용은 적응을 도모하고 정신건강을 유지하는 데 도움을 준다. 하지만 이를 과도하게 사용하게 되면 실제의 감정이나 충동을 인식하지 못하고 현실을 정확하게 평가할 수 없기 때문에 정신건강 문제를 야기하게 된다. 개인이 사용하는 자아방어기제는 개인의 발달수준과 불안의 정도에 따라 다르다.

① **억압**(depression)

억압은 위험한 요구들을 의식에서 밀어내는 기제이다. 프로이트가 가장 중요시한 개념으로 신경증상의 기초라고 하였다. 의식하기에는 너무나 고통스럽고 충격적이어서 무의식의 그늘 속으로 억눌러버리는 것을 말한다. 프로이트는 환자가 기억하거나 지각하고 싶지 않은 어떤 것을 무의식 중에 의식 밖으로 몰아내는 것이라고 했으며, 반면 의식적으로 생각과 느낌을 억눌러버리는 것은 억제(suppression)라고 한다. 예를 들어, 정말 만나고 싶지 않은 사람과의 약속날짜를 잊어버리는 것을 들 수 있다.

② **부정**(denial)

억압은 위험한 내적 욕망이나 충동, 생각을 '없다'고 인식하는 것이라면, 부정은 '안 보인다'라고 생각하는 것이다. 위협적인 현실에 대해서 눈을 감아버림으로써, 즉 거부함으로써 불안에 대처하는 방법이다. 이는 방어기제의 가장 단순한 수단으로, 예를 들어 사랑하는 사람의 죽음이나 배신을 인정하려 들지 않고 사실이 아닌 것으로 여기는 경우가 여기에 해당된다.

③ **반동형성**(reaction formation)

반동형성은 억압으로도 안심이 안 될 때 나타난다. '나쁜 생각'이 자꾸 행동으로 표출되려고 할 때 그것과 정반대의 행동을 함으로써 이에 대응하는 것이다. 즉, 위협적인 충동에 대처하기 위해서 적극적으로 그와 반대되는 행동을 하면서 모면하는 경우를 말한다. '미운 놈 떡 하나 더 준다'라는 속담을 예로 들 수 있다.

④ **투사**(project)

투사는 자신에게 있는 '나쁜' 생각과 감정을 밖으로 밀어내는 기제다. 자신이 수용하기 싫은 소망이나 충동을 다른 사람의 탓으로 돌리는 것이다. 예를 들어, '내가 이렇게 된 것은 다 네 탓이다'라고 여기는 것, 또는 자신이 화가 나 있는 것을 의식하는 대신에 '타인이 자신에게 화를 냈다'고 생각하는 것 등을 들 수 있다.

⑤ **합리화**(rationalization)

합리화는 어떤 행동이 참된 동기나 원인을 그대로 인정하면 자기의 무능과 결함이 분명해지므로 다른 핑계 좋은 이유를 달아서 상처받지 않으려고 하는 것이다. 아동학대로 조사받던 부모가 '다 아이가 잘되라고 한 것인데…'라고 이야기하는 것을 예로 들 수 있다. 또 여우가 먹고 싶은 포도가 너무 높은 곳에 달려 있어 따 먹지 못하자 '저 포도는 신포도' 일테니 안 먹겠다고 한 이솝우화도 있다. 합리화는 상실과 실패를 있는 그대로 바로 보지 못하고 변명을 하여 회피하려는 것으로 의식적인 수준에서 둘러대는 것과 달리 무의식 수준에서 나타나는 것이다. 합리화는 무의식에서 일어나는 방어기제로 스스로 의식하지 못하지만 거짓

말은 자신의 행동에 대한 변경이 허구라는 것을 의식하는 상태에서 이루어진다는 점에서 차이가 있다.

⑥ **고착**(fixation)

고착은 특정 발달시기에 고정되어 연령에 따른 정상적인 발달이 더 이상 진행되지 못하는 방어기제이다. 피터팬 증후군처럼 성인이 되어도 어른들의 사회에 적응하지 못하는 '어른 아이' 같은 심리적 증후군을 예로 들 수 있다. 불확실한 미래, 실패나 처벌에 대한 두려움이 강해 다음 발달단계로 이동하지 못하고 초기의 발달단계 이딘가에 머물러 있세 뵈는 경우이다.

⑦ **퇴행**(regression)

편안하고 행복했던 과거의 행동유형으로 회귀하려는 특성을 말한다. 인간발달의 초기 단계는 개인에게 많은 것을 요구하지 않는다. 과도한 긴장이나 도전에 직면하게 되면 개인은 단순한 초기 단계의 행동을 함으로써 현재의 위기를 모면하려 하는 것이다. 예를 들어, 어린아이가 새로 태어난 동생에게 쏟아지는 관심을 자신에게로 돌리기 위해 어린아이 같은 행동을 보이는 경우를 말한다.

⑧ **전치**(치환; displacement)

전치(치환)란 위험한 욕구나 충동을 표현하되 다른 대상으로 위치를 바꾸어 표현하는 것이다. 상사에게 꾸중을 듣고 집의 강아지를 발로 차면서 화풀이하는 것처럼 전혀 무관한 대상에게 자신의 감정을 발산하는 것을 말한다. 전치(치환)은 자신이 원하는 대상이나 사람에게 접근하기 어려울 때에 만만한 대상이나 사람을 향해 에너지를 분출하는 것이다.

⑨ **전이**(transference)

전이는 전에 알았던 사람과 현재의 사람을 동일시하여 전에 알았던 사람에게

품었던 감정을 현재의 사람에게 옮겨와 반복하게 되는 무의식적인 방어기제이다. 어떤 사람이 까닭 없이 좋거나 싫을 때가 있는데, 이는 전에 알던 어떤 사람과 동일시되어 감정이 무의식적으로 전이된 결과인 경우가 많다.

⑩ 승화(sublimation)

충동도 어느 정도 만족시키고 사회적으로 바람직한 결과도 가져오는 치환을 승화라고 한다. 프로이트는 위대한 예술가들은 그의 성적 에너지 또는 공격적 에너지를 창조적 활동으로 승화한 대표적인 사람들이라고 설명하였다. 즉, 승화란 본능적인 성 에너지를 사회적으로 인정받고 존중받는 형태로 활용하는 것이다.

(6) 심리성적 발달단계

프로이트는 인생 초기의 중요한 5년간의 생활경험 속에 인간문제의 근원이 있다고 보았다. 특히 그는 성격의 발달과정이 리비도가 집중적으로 모이는 성감대의 변화에 따라 일련의 예정된 단계를 거친다고 설명하면서 이를 심리성적 발달단계라고 설명하였다. 심리성적 발달단계는 구순기, 항문기, 남근기, 잠복기 및 생식기로 구분되며 프로이트는 이들 단계가 모든 문화권에서 보편적으로 나타난다고 가정하였다. 다음은 프로이트가 제시하고 있는 심리성적 발달단계와 그에 대한 설명이다(박경애, 2011).

① 구순기(oral stage, 0~18개월)

구순기는 출생 후부터 생후 18개월 사이의 연령에 해당된다. 아이는 출생한 이후에 처음으로 입을 통해 성적 쾌감을 느낀다. 물체가 손에 잡히면 잡히는 대로 입으로 가져가 빨며 치아가 생긴 후로는 물어뜯기 시작한다. 영아가 이렇게 입으로 빨고, 삼키고, 깨무는 자극을 통하여 성적 쾌감을 느끼는 것은 자기의지가 아니라 자신을 가장 잘 돌보아 주는 의미 있는 타자, 즉 어머니에 의해서이다. 이때에 어머니의 적절한 보살핌을 받지 못하고 추구하는 쾌감을 획득하지 못하거나 반대로 과잉충족을 하게 되면 성장과정 중에 결함이 나타난다. 이를 구순기적 성격(oral character)이라 한다. 구순기에 적당한 자극을 통하여 욕구를 충족하게 되면 개별화, 분리, 대상관계의 형성 등과 같은 발달과업을 성취할 수 있게 된다. 또한 이러한 경우에 다른 사람과 쉽게 친밀한 관계를 형성할 수 있으며, 공개적으로 다른 사람에게 공격성을 보이거나 탐욕적인 행동을 하지 않는다(권중돈 · 김동배, 2005). 그러나 구순기에 너무 과다하거나 불충분한 양의 자극이 제공되면, 영아가 구순의 만족과 쾌감에 너무 집착하게 되어 다음의 발달단계로 이행하지 못하고 이 시기에 고착되어 어른이 되어도 구순고착적 성격을 갖게 된다. 예를 들어, 어른이 되어도 미숙하며, 의타심이 많고, 음식에 대한 지나친 집착, 과도한 흡연이나 음주, 사람과의 접촉에 대한 지나친 요구, 타인을 비난하거나, 수다스럽게 지껄이거나 논쟁하기도 한다(이옥형, 2002).

② 항문기(anal stage, 18개월~3세)

구강기가 끝나면 리비도의 초점이 구강에서 항문으로 옮겨간다. 항문기는 생후 18개월부터 3세에 해당하는 시기이다. 이 시기 유아는 대변의 배출과 보유 등 배변을 통해 성적 쾌감과 연결되는 항문근육의 자극을 경험한다. 이 시기에 소위 배변훈련(toilet training)이 일어난다. 이 훈련에서 유아는 처음으로 외부의 통제를 경험하게 된다. 부모는 유아가 적절한 때와 장소에서 배설하게 되면 이에 적합한 보상을 주며 그렇지 못하면 이를 규제하기 때문이다. 이 시기를 적절하게 잘 보내지 못하면 대소변을 더러운 것이라고 생각하는 반동형성이 생겨서 지나치게 깔끔하고 규율을 준수하는 결벽성을 갖게 되기도 한다(Crain, 1992). 이는 대표적인 항문기적 성격(anal character)이라고 할 수 있는데, 항문기적 성격은 항문공격적 성격과 항문보유적 성격으로 나누어진다. 항문공격적 성격(anal aggressive personality)은 항문기 전반부에 배변훈련을 하는 과정에서 부모가 지나치게 청결을 강조하면 배변을 함부로 방출함으로써 부모에 대한 적개심을 표현하는 것이다. 이러한 성격을 소유한 사람은 잔인하고, 파괴적이며, 난폭하고, 적개심과 의심이 많다는 것이다. 항문보유적 성격(anal retentive personality)은 항문기 후반부에 배변훈련에서 부모가

지나치고 엄격하게 함으로써 배변을 통제하여 내보내지 않고 보유하는 것이 중요하다고 생각하게 되어 갖게 되는 성격이다. 이러한 성격을 소유한 사람은 인색하고, 깔끔하며, 고집이 세고 완고하며, 지나치게 시간과 질서를 엄수하고 완벽을 추구한다는 것이다. 이러한 행동들은 항문기의 억압에 대한 분노가 소극적으로 나타나는 방식이다(Schultz & Schultz, 1994).

③ **남근기**(phallic stage, 4~5세)

남근기는 4~5세 사이에 아동의 리비도적 관심이 새로운 성감대인 생식기로 옮겨가는 시기이다. 이때의 아동은 자신의 성기를 자세히 관찰하고, 남녀의 신체 차이, 아기의 출생, 부모의 성역할 등에 대해서 상당한 관심을 가진다. 남근기의 두드러진 갈등은 남아의 오이디푸스 콤플렉스(oedipus complex)와 여아의 엘렉트라 콤플렉스(electra complex)이다. 이러한 갈등은 이성의 부모에 대하여 강한 성적 매력을 느끼는 것과 동시에 동성의 부모에 대해서는 적대감을 느끼는 현상이다. 콤플렉스(complex)란 현실적인 행동이나 지각에 영향을 미치는 무의식의 감정적 관념이며(표준국어대사전) 프로이트는 정신분석에서 콤플렉스란 서로 관련된 관념들이 정서적으로 결합되어 의식화된 것이라고 설명하면서 강한 콤플렉스란 본인 자신이 잘 알아차리지 못하고 타인은 알 수 있다고 주장했다.

오이디푸스 콤플렉스는 이 시기 남아의 성격형성에 중요한 역할을 한다. 프로이트에 의하면, 어머니에 대해 강력한 애정의 욕구를 가진 남아는 아버지를 경쟁자로 생각한다. 그러나 아버지는 남아에 비해 대단히 크고 강한 존재이므로 아버지에 대한 경쟁심은 두려움으로 변모하게 된다. 남아는 아버지가 자신의 적대감을 알고 해칠지도 모른다는 불안감을 느끼게 되며, 이러한 피해의식은 남아에게 아버지가 자신의 성기를 잘라버릴지도 모른다는 거세불안(castration anxiety)을 주기도 한다. 이 때문에 남아는 어머니에 대한 성적 욕망을 포기한 채 아버지에 대한 적대감을 억압하고, 아버지와 동일시함으로써 갈등을 해결한다. 이것이 공격자와의 동일시이며, 동일시에 의해 남아는 아버지의 생각, 태도, 행동 등을 모방하고 자기의 것으로 내면화함으로써 아버지를 닮아가게 된다. 엘렉트라 콤플렉스는 여아의 갈등으로 여자아이들은 남자아이들처럼 처음에는 어머니를 좋아하지만 곧 자신이 남근이 없음을 알게 되면서 남근선망(penis envy)을 갖게 된다. 그리고 어머니가 자신의 성기를 빼앗았다고 생각하여 어머니에 대한 적개심을 갖게 되며, 동시에 부러운 기관을 가지고 있는 아버지를 소유하고 싶어 한다. 그러나 여아는 남근을 갖는다는 것이 불가능하다는 사실을 인식할 뿐만 아니라 어머니에게 미움을 사서 보복을 당할 위험이 있다고 보고 여아 스스로 어머니와 동일시하게 된다(이근홍, 2016).

이러한 콤플렉스를 극복하면서 동일시 현상이 나타나 남자아이의 경우 아버지와 같은 남성다움을 갖기 위해 노력하며 여자아이의 경우는 어머니처럼 여성스럽게 되고자 노력한다. 전통적인 프로이트 학파의 여성에 대한 이러한 관점은 상당히 논란의 여지가 있으며 많은 여성들로부터 부정적인 반응을 얻고 있다. 이 시기에서 가장 중요한 것은 성적 태도의 발달이다. 프로이트 이론에서 가장 오해를 받는 것이 성욕(sexuality)이다. 그는 이 개념을 상당히 확대해서 사용하여 유기체가 경험하는 모든 쾌락을 말하였다. 남근기의 성욕의 유형은 이성의 부모와 성교를 원하는 아동의 욕구가 아니다. 비록 남아가 어머니에게서 성적 만족을 느낀다고 하더라도 이것은 성교라기보다는 훨씬 더 광범위한 쾌락이라고 보아야 한다. 성에 대한 호기심, 성적 환상, 성역할 동일시, 그리고 성역할 놀이 등이 나타난다.

이 시기는 또한 양심이 발달하는 시기이다. 아이들은 부모에게서 도덕적 기준을 배운다. 그러므로 부모가 너무 엄격하게 주입식으로 비현실적인 기준을 주입하여 초자아를 과잉통제하는 위험을 초래할 수 있다. 아이들에게 그들이 느끼는 여러 가지 충동이 모두 나쁜 것이라고 가르친다면 아동들은 자신의 자연스러운 충동에조차 죄의식을 느끼게 되면서 결국 성인이 되었을 때에 이성과 친밀한 관계의 형성을 방해하는 요소로 작동하게 된다. 이 시기에 성적 감정은 자연스러운 것으로 수용하고 자신의 신체에 대한 건전한 관심을 가지며 성역할을 확인하는 학습을 할 필요가 있다. 이 시기는 매우 복잡하며 자극적인 감정이 교차되는 시기로, 잘 극복하지 못하면 성 불감증, 동성애 등과 같은 신경성 질환을 유발시킬 수 있다(박경애, 2011).

④ **잠복기**(latent stage, 6~11세)

잠복기는 6세부터 사춘기까지로서 성적 수면상태에 속하는 시기를 말한다. 이 시기는 리비도가 무의식 속에 억압되고 그전 단계의 성적 압력이 통합되면서 심리적으로 평온한 시기이다. 잔잔한 바닷속의 해일과 풍랑이 거세듯이 이 시기의 아이들에게도 아무런 변화가 없는 듯하지만 성적인 부분에서는 다음 단계의 준비를 하고 사회화가 일어나서 아동은 자신의 주변을 넘어서는 보다 큰 세계에 관심을 가지게 되며 성적 충동은 우정, 운동, 취미 등의 활동으로 승화된다.

⑤ **생식기**(genital stage, 11세 이후)

생식기는 사춘기가 되어 생식기관이 발달하고 성호르몬의 분비가 많아지면서 성적 충동을 현실적으로 수행할 신체적·생리적 능력을 갖추게 되는 시기이다. 새로이 분출된 성 에너지는 동성의 사람에게로 향하다가 점차로 이성에 대한 관심이 증폭되어 성욕의 발산을 지향하는 특성이 있다. 이전 단계에서 느꼈던 단순한 쾌감을 넘어서서 진정한 사랑의 대상을 찾아 성적 만족을 얻으려 한다. 이 시기의 아동들은 이성의 부모에 대한 지나친 애정과 밀착감은 불가능하며 성적 관계는 금기시된다는 것을 분명히 안다. 따라서 부모로부터 분리하여 홀로 서며 독립하기를 간절히 바란다. 생식기 이전 단계까지 리비도가 원만히 충족되고 이 시기의 발달이 순조로운 청소년은 성숙된 성격을 갖게 된다. 이상적인 생식기적 성격을 획득하기 위해서는 일하는 것을 배워야 하고, 만족을 지연시켜야 하며, 책임감이 있어야 하고, 적극적인 활동을 통해서 생활문제를 해결해나가야 한다는 것이다.

3) 사회복지실천과의 연관성

정신분석이론은 사람이라면 누구나 많은 관심을 갖는 영역이라고 할 수 있는 인간과 성격의 본질을 심층적으로 분석하고 그에 관한 다양한 정보를 제공하였다는 점에서 인류역사상 실로 막대한 영향을 미친 이론이라고 말할 수 있다. 특히 문제에는 일정한 원인이 있다는 직선적 원인론과 기계론적·결정론적 인간관을 제시하면서, 초기 사회복지실천 이론이 과학적 체계를 잡아가는 기초를 제공하였다. 개인의 과거 경험을 중심으로 개별적으로 접근하는 진단주의 학파에 영향을 미쳤으며, 의료모델을 적용하여 클라이언트의 현재 문제를 치료하는 데 영향을 주었다. 한편 사회복지실천에서 최초의 과학적 기반이라고 할 수 있는 리치몬드(Richmond)의 『사회적 진단(Social Diagnosis)』은 프로이트의 주요 이론의 개념들에 근거하여 저술된 것으로 프로이트의 정신분석이론은 사회복지사들이 인간행동을 이해하는 데 많은 도움을 주었다.

정신분석이론과 사회복지실천의 연관성을 크게 두 가지로 요약하자면 첫째, 사회복지실천에서 클라이언트의 문제사정의 기반에 영향을 주었다는 점이다. 정신분석이론은 과학적 임상경험을 통한 직접관찰에 의해 이루어진 것으로 인간의 정신이 행동을 어떻게 자극하는가와 행동은 정신이 개인의 사회환경과 어떻게 서로 영향을 주고받는가를 강조함으로써 사회복지실천과정 중 클라이언트의 문제를 사정하는 데 필요한 이론적 지식을 제공해 주고 있다. 프로이트는 인생초기 유아기 경험이 성인기의 정신병리에 근원이 된다고 가정하고 있어 감추어진 유아기 행동의 동기를 밝히는 것이 사회복지실천에서 클라이언트의 문제에 대한 사정의 중요한 측면이 된다고 할 수 있다. 둘째, 사회복지실천의 과정과 기법으로 많이 활용되고 있다는 점이다. 정신분석이론은 클라이언트의 가족력과 개인력을 자세하게 밝혀 클라이언트가 현재 가지고 있는 문제에 대한 특징을 파악하도록 하고 있다. 이러한 점은 사회복지실천현장에서 사회복지사가 클라이언트의 정보를 수집하는 데 기여하였으며, 정신분석이론에서의 주요 치료방법인 자유연상기법이나 전이 등은 클라이언트의 관계를 확장하고 클라이언트가 잘 기능하는 데 도움이 되고 있다. 예를 들어, 정신분석이론에서 자유연상기법을 활용할 때 때때로 클라이언트는 인생초기 경험들에 대한 생각이나 느낌을 말할 수 없게 되거나 하고 싶지 않을 때도 있다. 이것을 정신분석이론에서는 치료에 대한 저항이라고 표현하는데, 사회복지실천개입을 하는 과정에서도 이런 저항이 발생할 수 있다. 따라서 사회복지사는 이러한 클라이언트의 저항을 해석하고 분석하였을 때 클라이언트와의 친화관계를 지속적으로 유지해 나가는 데 도움을 줄 수 있다. 한편 개입과정에서 클라이언트는 사회복지사에게 자신의 부모에게 느끼는 감정을 가질 수도 있는데, 이런 것을 전이라고 한다. 사회복지사는 클라이언트의 전이적 욕망이나 공상을 어느 정도 충족시켜 줌으로써 그 욕망의 강도를 약화시킬 수 있다. 이런 과정을 통해 사회복지사는 클라이언트의 신경증적 불안을 야기할 수 있는 자극이 그만큼 줄어들게 되는 효과를 관찰할 수 있다(장수한 외, 2012).

정신분석이론은 사회복지를 실천함에 있어서 인생초기발달에 대한 이해가 필수적이라는 점과 인간의 성과 무의식에 대한 논의를 이끌어 내고, 의식되지 않은 채 인간의 성격 내부에 잠재되어 있는 갈등들을 이해함으로써 클라이언트의 문제를 사정하는 데 많은 이론적 기반을 제공하였다는 점에서 사회복지실천의 과학성과 전문화에 기여한 점이 크다고 할 수 있다. 하지만 다음과 같은 부분에서 한계를 가지고 있다. 첫째, 인간의 성격발달에 있어서 인간의 성적 욕망을 지나치게 강조하였다는 것이다. 특히 유아기의 성욕을 강조하였으며, 성적 에너지가 성감대를 찾아 신체 부위로 옮겨가는 과정을 발달로 보았다는 것이다. 둘째, 인간을 성욕이나 과거의 경험 및 무의식에 지배되는 수동적이고 소극적인 존재로 보았다는 것이다. 셋째, 환경보다 개인을 지나치게 강조하고 개인의 문제를 과거 결정적인 시각에서 접근하기 때문에 정신분석이론을 사회복지실천과정에 적용하였을 때 그 효과성을 검증하는 것이 쉽지 않다는 점이다(김성이 · 김상균, 1994). 넷째, 정신병리 환자 대상의 심리치료에 기초한 이론이기 때문에 정상인의 발달에 적용하기 어렵고 과학적 검증이나 설명이 불가하다, 다섯째, 문화가 성격발달에 미치는 영향을 과소평가하였다.

2. 에릭슨(E. Erikson)의 심리사회이론

정신분석가이며 자아심리학자인 에릭슨에 의해 체계화된 심리사회이론(psychosocial theory)은 프로이트가 성본능(Libido)을 중시한 것과는 달리 인간의 성격발달에서 개인의 자아와 사회의 역할을 모두 중요시하였으며, 특히 사회문화가 성격발달에 미치는 영향을 강조하였기 때문에 그의 이론을 심리사회이론이라고 부른다. 에릭슨은 인간발달이 생물학적인 성숙에 의해 자극되고, 이러한 성숙을 바탕으로 잠재력을 개발할 수 있는 사회적 여건이 충족되며 각 단계마다 직면하는 위기를 극복하면 건전한 자아발달이 이루어진다고 보았다. 결국 사회적 요인이라고 하는 사회제도와 주변사람들이 개인의 발달에 긍정적인 지지를 제공하며 건강한 성격을 갖춘 개인이 다시 사회를 풍요롭게 한다고 주장하였다.

1) 주요 생애

에릭슨은 1902년 독일에서 덴마크인 아버지와 유태인 어머니에게서 출생하였다. 에릭슨의 부모는 에릭슨이 출생하기 전 별거상태에 있었으며, 에릭슨이 출생한 후 얼마 되지 않아 아버지가 사망하고 3세 무렵 어머니는 유대인 소아과 의사와 재혼하였다. 에릭슨은 덴마크계의 외모를 가지고 있었기 때문에 유대인 부모 밑에서 성장하였지만 유대인 친구들로부터 놀림을 받아 학교생활에 제대로 적응하지 못했다. 이러한 경험은 후일 자아정체감 문제를 연구하는 데 기초가 되었다. 에릭슨은 소년시절 우수한 성적을 보였는데, 특히 고대의 역사와 미술을 좋아했다. 고등학교를 졸업한 뒤에는 대학에 진학하지 않고 유럽에서 어린이 초상화를 그리며 방황하였다. 25세가 되던 해에 안나 프로이트(Anna Freud)가 비엔나에서 운영하던 학교에서 아이들을 가르치게 되었고 여기서 만난 안나 프로이트의 격려로 비엔나 정신분석연구소에서 아동정신분석을 공부하기 시작하였다. 1933년에는 심리학을 연구했으며, 이후 아동분석가로 널리 알려지게 되었다. 1961년 하버드 대학의 교수로 임명되었으며 1994년 92세로 사망하였다. 대표적인 저서로 『아동기와 사회』(1950), 『통찰과 책임』(1964), 『자아정체감 : 청년과 위기』(1968) 등이 있다.

2) 주요 내용

(1) 기본 가정

에릭슨 이론의 주요 특징은 첫째, 인간의 발달은 생리적 · 심리적 · 사회적 속성을 지니며, 점성원칙(epigenetic principle)에 의해 지배되는 인간의 전 생애에 걸친 발달과 변화 가능성을 강조하였다는 것이다. 점성원칙이라는 것은 성장하는 모든 것은 기초안을 가지며, 이 기초안으로부터 부분이 발생하고 각 부분이 우세해지는 시기가 있고 이 모든 부분이 발생하여 기능하는 전체를 이루게 된다는 것이다. 또한 에릭슨은 심리사회적 발달을 프로이트의 심리성적 발달의 5단계를 확장하여 심리사회적 위기가 일어나는 8단계로 구분하였다. 각각의 단계에는 개인이 직면해야 하는 위기의 발달과업이 있으며, 성격은 각 단계에서 나타나는 위기를 해결한 결과에 따른다고 하였다. 따라서 심리사회적 발달단계는 각 단계를 통하여 나타나는 자아의 특성에 초점을 맞추었으며, 이러한 인간발달과정은 모든 인간에게 공통적으로 나타난다는 가정을 세웠다. 성격의 단계는 미리 예정되어 있고 그 순서는 불변한다고 한 프로이트와 유사하며, 인생주기의 각 단계에는 그 단계가 우세하게 출현되는 최적의 시간이 있고, 계획대로 전개될 때 완전한 기능을 하는 성격이 형성된다고 하였다.

둘째, 자아정체감의 확립을 중요시했다는 것이다. 즉, 사회가 개인에게 미치는 영향과 개인이 개인적 · 사회적 위기를 극복하면서 '나는 누구인가?', '나는 무엇을 해야 하는가?'에 대한 답을 발견하는 과정에 초점을 두었다. 에릭슨에게 있어 '발달'이란 자아발달을 의미한다. 자아는 환경에 대한 유능성과 지배감을 확보하려고 하기 때문에 발달에 중요한 역할을 한다.

셋째, 성격의 구조를 설명함에 있어 사회 · 문화적 요인을 관련시켰다는 점이다. 사회제도와 보호자는 개인적 효과성의 발달에 긍정적 지지를 제공한다. 그리고 개인의 발달은 결과적으로 사회를 풍요롭게 한다는 것이다. 따라서 자아의 확립과 인간발달의 사회적 측면을 강조하고 인간관계를 가족, 사회, 문화와의 관련성 속에서 설명해서 심리사회적 발달이론이라고도 하였다.

(2) 심리사회적 발달 8단계

① 1단계(0~1세) : 신뢰감 대 불신감(trust vs mistrust)

프로이트의 구강기에 해당되는 인생 초기단계이므로 가장 중요한 단계이다. 이 단계에서 어머니는 어린아이 세계에서 최초의 가장 중요한 존재로서 영아의 사회적 관계는 주로 어머니와의 관계이다. 어머니가 영아의 욕구를 충족시켜주면 영아는 어머니를 신뢰하게 되며 기본적 신뢰감을 형성한다. 하지만 적절히 응해주지 못하거나 일관성 없이 대하면 영아는 좌절하고 불신감을 갖게 되는데 이는 발달단계의 전 과정 동안 지속될 수 있다. 인생의 초기단계에 신뢰감을 형성하는 것은 후에 맺는 모든 관계의 성공 여부와 관련되므로 가장 중요한 시기라고 할 수 있다. 신뢰감 대 불신감의 위기가 성공적으로 해결되어 얻어진 심리사회적 능력이 곧 희망이다. 희망은 확신감과 관련되어 있으며 모성인물이 제공하는 보호의 실에 의해 결정된다. 반면 첫 번째 위기의 부정적 결과는 철퇴(또는 위축)이다. 인생후기의 낮은 자존감, 우울증 그리고 사회적 철퇴경향은 첫 번째 단계를 거치는 동안에 어려움이 있었다는 것을 보여주는 것이다.

② 2단계(2세) : 자율성 대 수치심(autonomy vs shame and doubt)

프로이트의 항문기에 해당되며 상반되는 여러 충동 사이에서 스스로 선택하는 과정을 통해 자신의 의지를 나타내고자 하는 자율성을 갖게 되는 단계이다. 대소변의 통제가 가능해지고 부모의 배변훈련을 통해 사회의 기대와 사회적으로 적합한 행동을 알게 된다. 하지만 배변훈련과정에서 실수하거나 너무 엄격한 배변훈련을 받을 경우 수치심을 갖게 된다. 언어에서 '나', '내 것' 등의 말을 자주 반복하며 자율성을 드러내며 '안 해', '싫어'라는 말로 자기주장을 표현한다. 부모가 유아로 하여금 자율적으로 할 수 있게 이끌어 주는 태도를 보일 때 유아는 자율성을 획득하게 된다. 하지만 너무 엄격한 부모는 유아에게 무능감을 주고 이 때문에 유아는 사회가 기대하는 행동을 적절히 수행하지 못하는 자신에 대해 수치심을 느끼게 될 수 있다. 한편 자율성 대 수치심이라는 심리사회적 위기를 성공적으로 해결하게 되면 긍정적 자아특질이 형성된다. 반면에 자율성 대 수치심과 회의의 부정적 결과는 강박증, 즉 충동을 제한하기 위하여 반복적 행동을 하는 것이다.

③ 3**단계**(3~5세) : **주도성 대 죄의식**(initiative vs guilt)

프로이트의 남근기에 해당되며 언어능력과 운동기능이 성숙하며 공격적으로 환경을 탐색하고 성인의 활동에 열정을 보이며 성인의 일에서 자기능력을 평가하려는 모습을 보인다. 자유롭게 움직이는 것을 허락하는 부모와 가족에 의해 주도성을 격려받고 독립적임을 확신하게 된다. 하지만 반대로 아동이 무언가를 주도적으로 하려 할 때 부모가 심하게 꾸짖거나 목표를 이루지 못하면 새로운 활동을 나쁜 것이라 느끼고 죄의식을 발달시키게 된다. 또한 이 시기는 목표나 계획을 이루려는 목표지향적인 행동을 하게 되는 시기이므로 부모나 교사는 아동이 가지는 환상의 좌절, 죄의식, 처벌에 대한 두려움 등에 방해받지 않고 가치 있는 목표를 설정하고 추구하면서 아동이 주도성을 발달시키도록 방해하지 않으면서 감독해야 한다. 이 단계의 심리사회적 위기를 성공적으로 극복하게 되면 목적의식을 갖게 되며, 반면에 과도하게 방해받게 되면 목표달성에 대한 의지와 용기가 부족하고, 금지의 감정, 즉 생각과 표현의 자유를 방해하는 억제가 강하게 나타난다.

④ 4**단계**(6~11세) : **근면성 대 열등감**(industry vs inferiority)

프로이트의 잠복기에 해당되며 인지적 기술과 사회적 기술을 습득하고 숙달시키려는 근면성이 형성되는 시기이다. 이 단계의 아동들은 학교에서 지적인 기술을 습득하는 과정에 몰입하면서 근면성을 발달시키는데, 여기서의 근면성은 혼자 열심히 하는 것뿐만 아니라 또래들과 협동하여 규칙에 순응하는 것도 포함한다. 아동이 성공을 경험하면 근면성, 유능감을 가지게 되지만 실패 시 부정적 자아상과 열등감을 가져 학습추구의 동기를 잃게 된다. 따라서 이 시기에는 가정의 역할과 함께 교사의 태도가 매우 중요하다. 이 단계를 성공적으로 극복하면 개인적으로나 사회적으로 의미 있는 목표를 추구하면서 사회환경에 적극적인 영향력을 발휘할 수 있다는 자신감인 능력을 갖게 되지만 이 단계에서 실패하게 되면 무능력감을 경험한다.

⑤ 5단계(청소년기) : **자아정체감 대 정체감 혼란**(identity vs role confusion)

이 단계는 프로이트의 생식기에 해당되며, 정신적 성장이 급격한 신체적 변화를 따라가지 못하는 변화의 시기이다. 에릭슨은 심리사회적 발달과정 가운데 특히 청소년기의 발달을 중요시하였는데, 그 이유는 이 단계에서의 심리사회적 위기의 해결이 성인기의 성격에 가장 중요한 의미를 지닌다고 보았기 때문이다. 청소년들은 내가 누구인가에 대한 의문과 탐색을 통해 이제까지의 심리적 정체감을 재규정하게 되며 적절한 제한 속에서 스스로 독립적으로 행동하는 시도를 할 때 정체감이 발달된다. 하지만 심리적 과거와 현재, 미래를 통합하지 못하면 정체감 혼란에 이르게 된다. 또한 청소년기에는 결정해야 할 일이 너무 많고 모든 결정이 다른 가능성을 줄인다고 생각하기 때문에 결정하기 전 스스로 타임아웃을 하게 되는데 이것이 심리사회적 유예기간(psycho-social moratorium)이다. 이 시기의 위기를 잘 극복하면 스스로 지킬 것이라 약속한 대로 충실할 수 있는 성실성(충성심)이 발달하지만, 그렇지 못할 경우 익숙하지 않은 역할과 가치를 거부하게 된다.

⑥ 6단계(청년기) : **친밀감 대 고립감**(intimacy vs isolation)

이 단계는 성인생활이 시작되는 때이며, 이 시기에 경험하게 되는 심리사회적 위기는 친밀감 대 고립감이다. 이 단계에서는 부모로부터 독립하면서 직업을 선택하고 배우자를 만나게 되며 배우자나 직장동료 등 다른 사람과 친밀감을 이루는 것이 중요한 과업이다. 진정한 친밀감은 합리적인 자아정체감이 확립되었을 때만 가능한데 에릭슨이 말하는 친밀감은 성적인 것 이상으로 타인에 대한 관심과 지적인 자극을 유발하는 상호작용에 대한 관심 등 사회적 친밀감을 포함한다. 따라서 이 시기에는 개인적 정체감과 함께 사랑, 친교, 안정된 관계를 맺는 능력이 발달한다. 이러한 친밀감이 형성되지 못하면 자신에게만 몰두하여 고립이 일어나고, 이 시기의 심리사회적 위기를 성공적으로 해결하면 사랑의 능력이 생기게 된다.

⑦ 7단계(중년기, 60대까지) : 생산성 대 침체(generativity vs stagnation)

이 시기에는 자녀를 낳아 키우고 교육하며 다음 세대를 양성하는 데 관심과 노력을 기울이게 된다. 이러한 생산성은 자신의 아이를 낳아 키우면서 발달하며 다른 사람을 가르치거나 직업적 성취를 통해 나타날 수도 있다. 그러나 생산성을 제대로 발달시키지 못하면 성격은 침체되고 황폐해져 자신의 에너지와 기술을 오로지 자기중심적으로 사용하게 된다. 이 시기의 심리사회적 위기를 성공적으로 해결하면 타인을 배려하는 능력을 갖게 되지만, 그렇지 못할 경우 개인적 욕구나 안위를 주된 관심으로 하는 이기주의를 경험하게 된다.

⑧ 8단계(노년기) : 자아통합 대 절망(ego integrity vs despair)

마지막 단계는 노년기로 삶을 돌아보고 마지막 정체감 위기를 해결하는 시기이다. 노년기는 은퇴, 신체적 노쇠, 친구나 배우자의 사망 등을 경험하게 되면서 자신의 삶을 돌아보고 '삶이 무의미한 것이었다'고 느끼고 후회하면 절망에 빠지게 되지만 자신의 인생을 수용하고 삶이 보람되고 자신의 '삶이 보람되고 자신의 삶이 지혜를 가지게 되었다'고 느끼면 보다 높은 차원의 인생철학을 발전시켜 자아통합을 이루게 된다. 이 시기의 심리사회적 위기를 성공적으로 해결하면 자아는 지혜라는 능력을 얻게 되지만 그렇지 못할 경우 인생이 무의미하다고 느끼게 된다.

〈표 9-1〉 에릭슨의 심리사회적 발달단계

구 분	연 령	심리사회적 위기	주요 사회적 관계	주요 특징	바람직한 결과	프로이트의 단계
1단계	0~1세	신뢰 대 불신	어머니 (모성인물)	일관성 있는 양육자의 사랑은 신뢰감을 형성한다. 하지만 양육자의 거부적 태도는 불신감을 발달시킨다.	신뢰, 희망	구강(구순)기
2단계	2세	자율성 대 수치 및 의심	부모 (부성인물)	신체적 기술의 발달을 격려할 때 자율성이 발달한다. 하지만 도움이 부족하거나 과잉보호하는 것은 자신의 능력에 의심을 갖게 하여 수치심이 형성된다.	의지	항문기

구 분	연 령	심리사회적 위기	주요 사회적 관계	주요 특징	바람직한 결과	프로이트의 단계
3단계	3~5세	주도성 대 죄의식	가족	탐색의 자유를 허용하고 아동의 질문에 충실히 답해줄 때 주도성이 발달한다. 하지만 아동의 활동을 제한하거나 간섭하고 질문에 불성실하게 대답할 시 죄의식이 형성된다.	목적, 의도	남근기
4단계	6~11세	근면성 대 열등감	이웃, 학교	새로운 것을 학습할 기회를 부여하고 성취한 것에 대한 인정을 받으면 근면성이 발달한다. 하지만 성취할 기회를 갖지 못하거나 결과에 대해 비난을 받으면 열등감이 형성된다.	유능감	잠복(잠재)기
5단계	청소년기	정체감 대 역할혼미	또래집단, 리더십 모델	자신의 존재, 가치에 대한 인식이 정체감을 발달시킨다. 또한 신체적 불안감, 성역할과 직업선택의 불안정은 역할혼미를 초래한다.	성실, 충성	생식기
6단계	청년기	친밀성 대 고립	친구, 연인, 회사동료	타인과 친밀한 인간관계를 유지하는 능력을 발달시킨다. 하지만 친밀한 관계형성에 실패하면 고립감을 느끼게 된다.	사랑	
7단계	중년기	생산성 대 침체	노동의 분화와 가사분담	자녀나 다음 세대의 지도과정에 참여하여 타인과 사회를 위해 노력할 때 생산성이 발달한다. 하지만 이러한 활동에 참여하지 못할 때 정체감에 빠진다.	배려	
8단계	노년기	통합성 대 절망	인류	자신의 인생이 만족스러웠다고 회상하고 있는 그대로의 자신을 수용하고 인생에 대한 관조를 할 수 있을 때 통합성이 형성된다. 하지만 인생을 후회하고 죽음을 두려워할 때 절망감에 빠진다.	지혜	

3) 에릭슨 이론과 프로이트 이론의 차이점

프로이트의 이론은 생의 초기에 성적 충동과 사회의 요구 사이의 갈등을 잘 처리하는 것이 성격발달에 결정적인 영향을 미치며, 각 발달단계별 적절한 만족과 좌절을 경험하면서 자아와 초자아가 균형적인 발달적 조화를 이루면 건강한 발달을 이룰 수 있다고 보았다. 하지만 에릭슨의 이론은 성장발달단계별 양극개념의 심리사회적 위기를 제시하며, 긍정적 발달 쪽으로의 성취가 다음 단계의 발달에 도움을 주는 것으로 설명하였다. 심리사회적 발달 8단계에서의 각 단계별 과제는 자아 측면과 사회 측면에 관한 발달과제이고, 사회적 현실과의 상호관계에 있어서 자아에 대한 발달과제로 설명하였는데, 특히 출생 후 1년 사이에 신뢰감의 형성은 이후의 모든 인간관계의 사회적 관계에 영향을 미친다고 주장하였다.

또한 두 이론은 모두 생후 초기경험에 중요성을 두고 있지만 프로이트는 특정 단계에서의 실패를 고착으로 되돌릴 수 없는 것으로 보고 있는 반면, 에릭슨은 실패의 수정은 언제라도 가능한 것으로 보아 프로이트보다 낙관적으로 접근하였다. 에릭슨은 프로이트와는 대조적으로 자아를 자율적인 성격구조로 보고 인간발달과 관련하여 자아에 최대의 관심을 기울여야 한다고 주장하였다.

〈표 9-2〉 프로이트와 에릭슨 이론의 차이점

	프로이트	에릭슨
발달특성	심리성적발달(원초아와 성적 욕망을 강조)	심리사회적발달(사회문화적 영향을 강조)
단계	사춘기까지 5단계	전 생애 8단계
구분기준	리비도가 성적 쾌감을 얻고자 하는 신체 부위	심리사회적 위기
강 조	구강기, 항문기, 남근기 등 인생 초기 세 단계에서 성격의 기틀이 확립된다고 보고 만 5세까지의 유년기를 강조	전 생애의 모든 발달을 강조(특히 청소년기 자아정체성 확립을 강조)
환경에 대한 입장	부모와의 관계 이상의 환경 요인을 고려하지 않음	발달단계에서 외부 환경에 대처하고 적응하는 과정을 중요하게 다루고, 개인의 발달과 사회의 발달 사이에 밀접한 관계가 있다고 봄

3. 아들러(A. Adler)의 개인심리이론

아들러는 프로이트와 같이 인생 초기 5년 동안의 경험이 삶을 많이 결정한다고 보았지만 생물학적이고 결정론적인 관점을 비판하고 인간을 전체적인 관점에서 보려고 하였다. 개인이 자신을 어떻게 주관적으로 지각하는가에 따라 행동이 결정된다고 보았기에 자신의 이론을 개인심리이론이라고 명명하였다. 개인심리이론은 인간의 성격을 유전이나 환경적인 요인보다는 각 개인의 주관적 결정에 의해 창조되며 인간을 낮은 곳에서 높은 곳으로, 열등에서 우월한 상태로의 상향이동을 추구하는 존재로 보았다.

1) 주요 생애

헝가리계 유대인으로 정신의학자였던 아들러는 1870년 오스트리아 빈에서 태어났다. 빈 대학에서 의학을 공부한 후 1895년 의사가 되었다. 1902년 오스트리아 빈에서 프로이트를 중심으로 한 수요모임인 '빈 정신분석학회'를 결성하고 초대회장을 맡았다. 1912년 '빈 정신분석학회'에서 8명의 회원들과 탈퇴하여 '개인심리학회'를 결성하고 연구활동의 결과물로 만들어 낸 서서 『신경증 기질(The Neurotic Constitution)』을 발표하였다. 1927년 미국의 롱아일랜드 의과대학 교수직에 임명된 그는 성(性)본능을 중시하는 프로이트의 설에 반대하여, 인간의 행동과 발달을 결정하는 것은 인간존재의 보편적인 열등감 및 무력감과 이를 보상 또는 극복하려는 권력에의 의지, 즉 열등감에 대한 보상욕구라고 생각하였다. 개인의 성격의 형성은 힘이나 개인적 강화 욕구, 사회적 감정과의 일치 욕구라는 두 가지 요소의 상호작용의 결과라고 보았다. 대표적인 저서로는 『신경쇠약의 특색에 관하여』(1912), 『개인심리학의 이론과 실제』(1924) 등이 있다.

2) 주요 내용

(1) 기본 전제

아들러의 개인심리이론의 가장 중요한 기본 전제는 성격은 통합적이고 분리할 수 없는 전체로 보아야 한다는 것이다. 따라서 개인은 나누어질 수 없는 전체로서 사회 내에서 자신이 성장한 목표를 달성하기 위해 끊임없이 노력한다고 주장하였다. 또한 다음과 같은 인간에 대한 기본 전제를 가지고 개인심리이론을 개발하였다. 첫째, 아들러는 개인을 통일되고 자아일치된 유기체적 단위로 보았으며, 이 통일되고 자아일치된 성격구조를 생활 양식이라고 하였다. 생활 양식은 삶에 대한 개인의 지향이나 성격을 나타낸다. 둘째, 개인의 행복과 성공은 주로 사회적 관심과 관련되어 있다고 하였다. 셋째, 아들러는 개인에게 미치는 유전적 요인과 환경을 인정하면서도, 개인은 이 두 요인 이상의 산물이라고 주장한 바 있으며, 특히 인간은 자유롭고 의식적인 활동을 인식하는 창조적인 힘을 가지고 자기인생을 좌우할 수 있는 존재로 보았다. 넷째, 주관성으로 개인이 자신을 어떻게 주관적으로 지각하느냐에 따라 행동이 결정된다고 보았다. 마지막으로 개인은 긍정적인 방향으로 사회적 상황에 반응한다고 하였는데 모든 사람들은 서로 협동하고 상호작용하는 사회적 관계를 맺을 수 있는 선천적 능력을 타고난다고 보았다.

(2) 주요 개념

① 열등감과 보상

아들러는 신체적 결함뿐만 아니라 인생에서 경험하는 모든 불안전감과 부족감에서 열등감이 생겨난다고 하였다. 하지만 이를 보상하기 위한 노력이 인간을 발전시키는 근원이 된다고 믿었으며, 이러한 열등의식이 결코 약점이나 비정상이 아니라 모든 사람에게 공통적으로 존재한다고 보았다.

② 우월을 향한 노력

인간은 우월을 향한 노력을 하는데 이것은 인간에게 공통된 기본적 동기라고 하였다. 우월의 목표는 긍정적인 경향 혹은 부정적인 경향을 취할 수 있는데 긍정적인 경향은 사회적인 관심이나 다른 사람의 행복을 지향하는 이타적 목표이며 부정적인 경향은 개인적인 우월성을 추구하는 자기존중, 권력, 개인적인 허세와 같은 이기적 목표라고 하였다.

③ 생활양식

모든 사람들은 나름대로 열등감을 극복하기 위한 독특한 노력을 하는데 이러한 노력을 생활양식이라고 하였다. 생활양식은 인생의 목표뿐만 아니라 자아개념, 타인에 대한 감정, 세상에 대한 태도를 포함한 한 개인의 독특한 특징을 포괄하는 개념이다. 생활양식의 기본적인 구조는 4~5세경에 형성된다고 하였으며, 불완전한 생활양식이나 잘못된 목표를 지니고 있을 때 정신병리가 발생한다고 하였다. 개인의 생활양식은 인생문제에 접근하고 해결하는 방법을 통해 알 수 있다고 보았으며, 아들러는 아래와 같이 생활양식을 지배형, 획득형, 회피형, 사회적으로 유용한 생활유형 등 네 가지로 구분하였다.

□ 지배형

활동수준은 높으나 사회적 관심이 낮은 유형으로 독단적이고 공격적이며 활동적이지만 사회적 인식이나 관심은 거의 없는 사람이다. 이러한 사람들은 사회적 관심 외의 측면에서 활동적이며 타인의 안녕에는 아랑곳하지 않고 행동한다. 이 유형의 사람들은 외부세계에 대하여 지배하려는 태도를 가지고 있으며 인생과업에 공격적이고 비사회적인 방법으로 대처해 나간다.

□ 획득형

활동수준은 중간이고 사회적 관심은 낮은 유형으로, 기생적인 방법으로 외부세계와 관계를 맺으며 다른 사람에게 의존하여 자신의 욕구를 충족한다. 이들의 주된 관심은 가능한 한 많은 것을 다른 사람에게서 얻어내는 것이다. 그러나 활동수준이 낮은 편이므로 위험한 정도는 아니다.

□ 회피형

참여하려는 사회적 관심도 적고 활동수준도 낮은 유형으로, 성공을 바라기보다는 실패하는 것을 더 두려워하므로 이들의 삶은 인생과업으로부터 도피하는 사회적으로 무익한 행동이 주가 된다.

□ 사회적으로 유용한 생활유형

사회적 관심과 활동수준이 모두 높은 유형으로, 심리적으로 건강한 사람의 표본이 된다. 이들은 사회적 관심이 크기 때문에 자신과 타인의 욕구를 동시에 충족시키면서 인생과업을 완수하기 위해 기꺼이 다른 사람과 협력하며, 타인의 안녕에 공헌하려는 의지가 있다.

④ 가족형상

아들러는 사회적 요인이 성격에 미치는 영향을 강조하면서, 특히 유아기의 성격발달에 있어서 가족성원들의 관계 분위기가 매우 중요한 역할을 한다고 하였다. 가족형상은 가족성원 간의 정서적 유대, 가족의 크기, 가족의 성적 구성, 출생순위, 가족역할모델 등을 포함하는 가족 분위기를 의미하는 것으로, 특히 아들러는 이들 중 형제들의 출생순위가 성격에 미치는 영향을 중시하였다.

⑤ 사회적 관심

아들러는 사회적 관심이란 각 개인이 이상적인 공동사회의 목표를 달성하고자 사회에 공헌하려는 성향을 의미한다고 하였으며, 이는 선천적으로 타고나는 것이긴 하지만 의식적인 개발을 필요로 한다고 하였다. 개인이 가지고 있는 사회적 관심의 수준은 그 개인의 심리적 건강을 측정하는 유용한 척도가 되며, 사회적 관심이 부족한 사람은 적응을 잘 하지 못한다고 주장하였다.

⑥ 창조적 자기

창조적 자기는 인간이 스스로 자신의 성격을 만든다는 주장으로 인간에게는 타고난 유전과 생활 속에서 나온 경험을 통해 창조적 자기를 만들어내는 능력이 있다고 하였다. 즉, 인간은 환경에 영향을 받기도 하지만 스스로 환경에 영향을 미쳐 환경이 자신에게 적절히 반응하도록 창조하는 존재라는 것이다.

⑦ 가상적 목적

인간은 현실적으로 실현 불가능한 많은 가상적 생각에 의해 지배된다고 보았다. 따라서 인간의 궁극적 목적은 현실에서 결코 검증되거나 확인될 수 없는 가상적 목적이라고 하였다. 예를 들어, 어떤 사람이 남을 돕고 착하게 살면 후일 복을 받을 것이라 생각하고 있다면 그는 일상생활에서 자원봉사활동을 열심히 할 것이다. 이러한 가상적 목적은 객관적 실체가 아님에도 불구하고 삶의 방향에 많은 영향을 준다. 만약 가상적 목적이 일상생활을 해나가는 데 도움이 되지 못하면 수정되어야 할 것이다.

3) 아들러 이론의 평가

아들러가 주요 개념으로 제시한 열등감은 약점이나 억압당한 부정적 기제라기보다는 누구에게나 공통적으로 존재하는 것이며, 이른 나이에 형성된 '생활양식'은 자아개념, 타인에 대한 감정, 세상에 대한 태도 등 한 개인의 독특한 특징을 포괄하는 개념으로 개인이 갖고 있는 열등감을 보상하는 방법에 따라서 독특한 자신만의 생활양식을 가지게 된다고 주장함으로써 인간의 성격과 행동을 이해하는 데 새로운 통찰력을 제공하였다.

또한 치료과정에서 클라이언트 중심으로 친밀하고 격려적인 관계의 형성이나 총제적인 이해를 강조한 점은 지금도 많은 치료자에게 영향을 미친다. 하지만 그의 치료 효과성에 대한 입증이 여전히 부족하며 그 치료방법이 의지를 가지고 즉각적으로 변화를 원하는 클라이언트에게 제한된다는 한계점도 있다(손병덕 외, 2020).

4. 융(C. G. Jung)의 분석심리이론

인간은 전체적 성격을 가지고 태어났으며 일생을 통하여 이러한 타고난 전체성을 분화하고 통합해나간다고 주장한 융의 분석심리이론은 비합리적이고 무의미하게 보이는 인간행동에 대한 의미를 이해할 수 있는 기반을 제공하였다. 프로이트와 달리 성격의 발달이 인생 초기에 결정되는 것이라기보다는 일생에 걸친 연속적인 과정이라고 보았고, 특히 중년기가 인간의 성격발달에서 중요한 시기라고 강조하였다.

1) 주요 생애

1875년 스위스 바젤에서 목사의 아들로 출생한 융은 어머니의 우울한 성격과 질병으로 유년기를 혼자서 지내거나 주로 아버지와 보냈다. 1895년 아버지가 사망한 이후 어머니의 병세가 호전되면서 어머니의 관심과 영향 속에서 성장하였다. 하지만 가정형편이 어려워 자신이 돈벌이와 학업을 병행해야만 했다. 1895년 바젤대학 자연과학부에 입학하여 해부학, 생물학 등 의학공부에 필요한 과정을 배웠으며 정신의학을 전공분야로 선택했다. 1903년 부유한 집안의 상속녀인 엠마 라우셴바흐와 결혼하였는데, 엠마는 그의 비서이자 연구를 돕는 내조자로 충실하게 역할을 하였다. 융은 아들러(A. Adler)의 사상을 받아들여 성격에는 내향형과 외향형이 있다고 주장하였다. 1904년경 정신병환자를 치료하기 위해서 정신분석의 유효성을 인식하고 단어를 통한 연상실험을 창시하였다. 그는 단어연상법으로 프로이트가 '꿈의 해석'을 통해서 제기한 억압된 것, 즉 억압이론을 입증하고, 그것을 '콤플렉스'라고 이름 붙였다. 1907년경 융은 오스트리아 빈에 살고 있는 프로이트를 찾아가 교류하면서 서로의 연구에 공감하며 친분을 나누게 되었고 자신의 연구업적들에 의해 프로이트의 두터운 신뢰와 인정을 받게 되었다. 1908년 4월 오스트리아의 잘츠부르크에서 개최된 최초의 국제정신분석학회 제창자가 되었으며, 그 이후 분석심리학을 수립하는 데 노력하였다. 그는 모든 사람들에게는 외향적 기질과 내향적 기질이 동시에 있으며 어느 한쪽이 우세한가에 따라 유형이 결정된다고 하였다. 1961년 6월 6일 사망하였으며, 대표적인 저서에 『심리유형론』(1920) 등이 있다.

2) 주요 내용

(1) 기본 가정

융은 인간이 과거로부터 영향을 받으면서 현재를 살아가지만 미래의 목표와 가능성을 달성하기 위하여 노력하고 자신의 행동을 조절하는 존재라고 하였다. 특히 프로이트가 인간을 불변적 존재로 보는 것과는 달리 인간을 가변적 존재로 보았다. 과거의 조상들로부터 물려받은 타고난 정신적 소인을 갖고 있지만, 이러한 정신적 소인의 발현은 한 개인이 개성화의 과정을 거치면서 서로 다르게 나타날 수 있으며, 인간의 정신구조는 삶의 과정을 통하여 후천적으로 변할 수 있다고 보았다. 이러한 인간관에 의하여 발전된 융의 분석심리이론의 기본 가정은 다음과 같다(권중돈 · 김동배, 2010).

- 정신 또는 성격은 부분들의 단순한 집합이 아니라 하나의 전체성을 이루고 있다.
- 인간의 행동은 의식과 무의식 수준에서 서로 상반되는 두 가지 힘에 의해 동기화된다.
- 인간의 행동은 과거에 의해 상당한 정도 결정되지만 미래의 목표와 가능성에 의해 조정된다.
- 성격의 발달은 전 생애에 걸쳐 일어나는 개성화 또는 자기실현의 과정이며 인생 전반기와 후반기에 각기 다른 특성을 보인다.
- 발달은 타고난 소인 또는 잠재력을 표현해나가는 것이지만 후천적 경험에 의해 서로 다르게 표현된다.
- 개인은 독립된 존재가 아니라 역사적으로 연결되어 있으며, 사회적 규범이나 문화의 요구에 적응해 가며, 개인은 자기실현과정을 통하여 사회의 발전에 기여한다.
- 심리적 건강은 정신의 전체성을 유지하는 것이며, 정신병리는 이러한 전체성의 분리현상이다.
- 정신병리를 파악함에 있어서는 원인과 함께 병리가 지니는 의미를 동시에 파악하여야 한다.
- 내담자의 원조는 무의식의 의식화를 통한 개성화를 촉진하고 정신의 전체성을 회복할 수 있도록 하는 것이다.

(2) 주요 개념

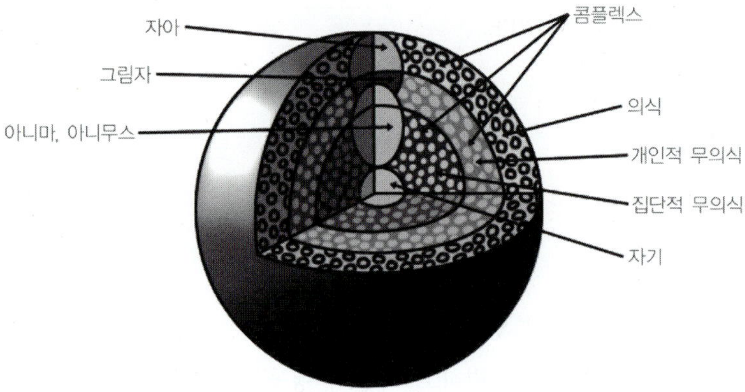

| 그림 9-1 | 마음의 구조
출처 : 이부영(2011).

① 의식과 자아

의식(consciousness)은 개인이 직접 인식할 수 있는 정신의 부분을 말하는 것으로 개인의 의식이 분화되어 가는 과정에서 자아(ego)가 생겨난다. 자아(ego)는 의식적인 지각, 기억, 사고, 감정 등으로 이루어져 있으며 의식을 지배한다. 개인의 의식이 타인으로부터 분화되어 가는 과정을 '개성화'라고 하는데 개성화란 고유한 자기 자신이 되는 과정이라고 할 수 있다.

한편 인간은 자아를 통해 자신을 외부에 표현하고 외부의 현실을 인식하여 자신의 내면세계를 탐색하는 과정에서 가치관 및 행동규범을 지각하게 되고 집단에 적응하기 위한 여러 가지 행동양식을 익히게 되는데 외부세계에 적응하기 위하여 내보이는 이미지, 즉 여러 가지 행동양식을 페르소나(persona)라고 한다.

② 페르소나(persona)

페르소나란 고대 그리스의 연극에서 배우들이 쓰던 가면을 말한다. 우리나라의 탈춤처럼 어떤 사람이 노인의 탈을 쓰면 노인역할을 하고 왕의 탈을 쓰면 왕이 되는 것처럼 인간이 집단 속에서 살아가는 데 있어서도 여러 개의 탈을 썼다가 벗었다가 하면서 살고 있다는 뜻에서 이 말을 고른 것이다. 탈, 가면이라 하면 우선 도덕적인 위선을 연상할 사람이 있겠지만 결코 그런 뜻을 내포하고 있는 것은 아니다. 그러나 탈이 그것을 쓴 사람의 개성이 아닌 것과 같이 '페르소나'라 하면 실상이 아니라 가상이라는 뜻도 포함된다(이부영, 2011). 융은 페르소나를 자아의 가면이라고 했으며 페르소나는 주위의 일반적인 기대에 맞추는 만들어 낸 자신의 태도이며 외부와의 적응에서 생긴 기능적인 콤플렉스(complex)라고 할 수 있다. 우리의 페르소나는 역할에 따라 달라지는데, 예를 들어 중년의 남자가 사업가로서 동료에게 보여지는 이미지와 아버지로서 자식에게 주는 이미지는 다를 수 있다. 따라서 페르소나는 사회가 그에게 부과하는 역할이며 사회가 인간에게 생활에서 담당하기를 기대하는 배역이다. 또한 페르소나의 목적은 남에게 뚜렷한 인상을 주는 것이며 반드시 그렇지는 않지만 가끔은 그 사람의 본성을 감추기도 한다. 하지만 페르소나를 지나치게 사용하여 페르소나에 압도된 사람은 자기의 본성에서 소외당하게 되며 지나치게 발달한 페르소나와 발달되지 않은 성격 간의 갈등 때문에 긴장상태 속에서 살게 된다. 페르소나는 성격이 안정되어 있을수록 발달하지만, 그렇다고 해서 성격의 다른 부분이 도외시되지는 않는다. 그러나 성격의 보다 깊은 부분을 도외시한 채 페르소나를 발달시키면 겉으로 드러난 표면적인 모습 밑에 본질적인 것은 사라진다.

③ 개인무의식(personal unconscious)과 콤플렉스

융은 무의식을 개인무의식과 집단무의식의 두 가지로 구성되어 있다고 생각했다. 개인무의식은 자아(self)에게 인정받지 못한 경험으로써 너무나 약하기 때문에 의식에 도달하지 못하거나 의식에 머물러 있지 못하는 경험을 말한다. 개인무의식은 콤플렉스(complex)를 중심으로 모여 있다고 보았다.

콤플렉스는 감정, 기억, 사고, 지각 등 유사한 내용이 모여 하나의 무리를 형성하고 있는 정서적인 색채가 강한 심리적 내용이다. 콤플렉스는 자립적이고 강한 추진력을 가지고 있으며 우리의 생각과 행동을 매우 강력하게 지배한다. 콤플렉스는 아동기 초기의 외적 체험에 의해 형성되기 시작한다고 알려져 있으며, 콤플렉스는 개인의 사고의 흐름을 방해하고 개인의 의식의 질서를 교란하며 감정적으로 동요하거나 흥분하게 만들고 강한 부정적 정서를 경험하게 하며 이를 행동으로 표현하게 한다. 하지만 콤플렉스는 본질적으로 중요한 영감과 충동의 근원이 될 수 있다.

④ **음영**(그림자 : shadow)

개인무의식 속에는 자신이 모르는 또 다른 자신이 존재하고 있어 자신의 모습과 전혀 다른 모순된 행동을 하게 만든다. 우리 속담에 "등잔 밑이 어둡다"라는 말이 있다. 여기서 등잔이라는 것은 자아의 이면에 자신이 모르는 자신의 분신인 음영을 의미하는 것이다. 음영은 자아와 반대되는 개념으로 인간의 동물적 본성을 크게 포함하고 있어 대부분 부정적이다. 따라서 인간이 사회생활을 무리 없이 하기 위해서는 음영에 포함되어 있는 동물적 본성을 자제해야 하므로 페르소나를 발달시키게 된다. 그러나 음영은 본능의 근원일 뿐 아니라 자발성, 창의력, 통찰력 등 완전한 인간성에 필수적인 요소의 원천이기도 하다. 따라서 자아와 음영이 조화를 이루면 그 사람은 생기와 활력이 넘치게 된다.

⑤ **집단무의식**(collective unconscious)**과 원형**(archetype)

집단무의식은 인류역사를 통해 조상으로부터 물려받은 개인의 지각과 정서, 행동에 영향을 주는 정서적 소인으로서 인간의 정신적 소인이 유전된 것이다. 즉, 모든 개인의 정신이 공통적으로 가지고 있는 하부구조를 말한다. 집단무의식은 개인이 한 번도 직접 의식하지 못한 정신세계이다. 집단무의식은 신화, 민속, 예술 등을 통해 간접적으로 관찰된다. 예를 들어, 우리는 뱀이나 어두움을 두려워하는 소질을 유전적으로 이어받고 있다. 이는 우리의 아득한 조상들이 무수한 세대에 걸쳐 그 공포를 경험했기 때문에 이 공포들이 우리의 뇌 속에 새겨져 나타난 결과이다.

집단무의식을 구성하는 것은 다양한 원형(archetypes)이다. 원형은 인간에게 보편적으로 존재하는 태고유형이다. 원형은 표상 불가능한, 무의식적이고 선험적인 이미지를 의미하는데 시간이나 공간 또는 문화나 인종의 차이와 관계없이 모든 인간에게 보편적으로 존재한다. 원형은 집단무의식 속에서 서로 별개의 구조를 이루고 있지만 결합을 이루는 경우도 있다. 영웅의 태고유형이 악마의 태고유형과 결합되면 '무자비한 지도자' 유형의 인간이 생긴다. 한편 원형은 콤플렉스의 핵심이기도 하다. 태고유형은 자석처럼 관계있는 경험들을 끌어당겨서 어떤 콤플렉스를 형성한다. 예를 들어, 인류가 사랑과 증오, 탄생과 죽음, 남성과 여성에 대해 느끼고 생각하고 행동해 온 모든 것들이 침전된 것이 바로 원형이다. 원형과 본능은 떼어놓고 생각할 수 없는 집단무의식을 형성하는 요소들이지만 차이점은 있다. 본능은 인간의 복잡한 행동을 불러일으키는 충동인 반면 원형은 복잡한 행동을 선험적으로 이해하는 관점이다.

⑥ 아니마(anima)와 아니무스(animus)

모든 인간은 생물학적으로 양성이기 때문에 남성 및 여성들은 양성 특질을 모두 가지고 있다. 남성의 무의식 내부에는 여성적 성격이 있고, 여성의 무의식 내부에는 남성적 성격이 자리잡고 있는데, 남성 정신의 여성적 측면이 아니마이고, 여성 정신의 남성적 측면이 아니무스이다. 만약 남성이 남성적 측면만을 나타내고 있으면 그의 여성적 특성은 무의식에 머물기 때문에 미발달되어 원시적인 채로 남게 되고 그 결과 무의식은 허약하고 과민하게 된다. 남녀 간에는 유전적인 성차가 있으며 게다가 사회화의 압력이 여성은 여성적 측면을, 남성은 남성적 측면을 더욱 발달시키도록 요구하므로 이러한 성차는 더 커지게 된다. 그 결과 남자는 일방적으로 독립적, 공격적, 지적으로 되며, 양육이나 타인과의 관계에 대한 역량은 소홀히 하게 된다. 한편 여성은 양육적인 면이나 감정적인 측면은 발달하지만 자기주장이라든가 논리적 사고의 역량은 무시한다. 그렇다고 해서 이 무시된 측면들이 아주 사라지는 것은 아니고, 무의식 속에 생생하게 남아서 우리에게 신호를 보이게 된다.

⑦ 자기(self)와 자기실현

자기(self)는 집단무의식 속에 존재하는 핵심적 원형으로서 모든 의식과 무의식의 주인이며 모든 콤플렉스와 원형을 끌어들여 성격을 조화시키고 통일시키며 안정성을 유지하는 원형이다. 자아는 '일상적인 나', '경험적인 나'를 의미하는 반면 자기는 '본래적인 나', '선험적인 나'를 의미한다. 자기는 의식과 무의식 사이의 균형을 유지하고 모든 부분을 통일하고 일체성을 부여하기 때문에 성격의 통일성과 안정성을 제공한다. 또한 인간행동의 동기를 유발하며 인생의 완성을 추구하도록 한다.

성격의 궁극적인 목표는 자기실현이지만 자기가 완전히 드러나기 위해서는 성격이 개성화를 통해 충분히 발달되어야 하므로 자기는 중년기에 이르기까지 표면화되지 않는다. 융은 개인이 자신을 정확히 인식하지 못하고 자기를 실현한다는 것은 불가능하므로 자기실현을 달성하는 것보다 더 중요한 것은 정확한 자기인식이라고 했다. 자기 자신에 관해서는 조금도 모르면서 자기 힘을 충분히 발휘하고자 하는 사람이 많기 때문이다.

⑧ 내향성(introversion)과 외향성(extroversion)

융은 자아성향(ego orientation), 즉 태도와 정신기능(psychological function)을 근거로 성격의 유형을 외향성과 내향성으로 분류하였다. 자아성향이란 삶에 대한 일반적인 태도로서 자아가 갖는 정신 에너지의 방향이다. 외향성이란 자아가 외부세상에 지향하는 방향이 능동적인 경우를 말한다. 외향적인 사람은 사람, 사물, 사건들에 무한히 흥미를 느끼며 환경에 쉽게 적응한다. 또한 외부세계가 제공하는 정보에 근거하여 판단을 주로 한다. 한편 내향성은 외부세상에 지향하는 방향이 수동적인 경우로 내향적인 사람에게서 대상의 중요성은 대상 그 자체가 아니라 그것이 자신의 심리에 어떻게 관계되는지에 달려있다. 그러므로 내향적인 사람은 자신의 주관에 의해 판단하는 경향이 있다.

외향성과 내향성은 태어날 때부터 결정되는 것으로 간주되며 인간에게는 누구나 이 두 가지의 태도가 성격 안에 함께 있으나 보통 하나가 우세하여 의식되는 반면 다른 하나는 무의식 속에 있게 된다. 즉, 어느 한쪽의 상대적 우세가 그 유형을 결정하는 것이다. 이러한 융의 성격유형론을 기반으로 후일 이사벨 마이어스(Isabel B. Myers)와 캐서린 브릭스(Katherine C. Briggs)는 성격 측정 도구인 MBTI(Myers-Briggs Type Indicator)를 개발하였다. MBTI 검사는 사람들은 저마다 다르지만 어떤 공통된 특징에 따라 묶을 수 있다는 기본 전제를 가지고, 사람들을 네 가지 척도에 근거하여 16가지 성격유형으로 분류하고 있다(김정택 · 심혜숙, 1991).

〈표 9-3〉 MBTI 네 가지 선호지표의 대표적 표현들

외향성(extraversion)		선호경향		내향성(introversion)
사람을 만나고 활동할 때 에너지가 생긴다. 다양한 사람들과 폭넓은 관계를 형성한다. 말을 통한 의사소통 방식을 선호한다. 생동감 넘치고 활동적이다.	E	에너지의 방향	I	혼자 조용히 있을 때 에너지가 충전된다. 소수의 사람들과 밀접한 관계를 형성한다. 글을 통한 의사소통 방식을 선호한다. 조용하고 신중하다.
감각형(sensing)				직관형(iNtuition)
오감을 통해 직접 경험한 정보를 더 잘 받아들인다. 구체적으로 표현한다. 현재에 초점을 둔다. 실용성을 추구하고, 현실적이다. 전통적인 가치를 중요하게 여긴다.	S	인식기능	N	이론적이고 개념적인 정보를 더 잘 받아들인다. 추상적으로 표현한다. 과거, 현재, 미래를 전체적으로 살펴본다. 미래의 가능성이 중요하다. 새로운 변화를 시도하고자 한다.
사고형(thinking)				감정형(feeling)
의사결정을 할 때 인과관계를 파악하여 객관적으로 판단한다. 원리원칙이 중요하고 이성적이다. 진실과 사실에 주된 관심을 갖는다. 무엇이 잘못되었는지 잘 분석한다. 목표달성이 사람들과의 관계보다 앞선다.	T	판단기능	F	의사결정을 할 때 주관적 가치에 근거해 무엇이 중요한지 판단한다. 주관적 가치가 중요하고 감성적이다. 사람들과의 관계에 주된 관심을 갖는다. 다른 사람들의 의견에 잘 공감한다. 사람들과의 관계가 목표달성보다 앞선다.
판단형(judging)				인식형(perceiving)
조직적이고 구조화된 환경을 선호한다. 어떤 일을 하기 전 미리 계획을 세운다. 미리미리 준비해서 여유롭게 끝낸다. 분명한 목적의식과 방향을 갖고 있다. 빠르게 결정하고자 한다.	J	생활양식	P	새로운 것에 대해 유연하고 개방적이다. 어떤 일을 먼저 시작하고 본다. 마지막 순간에 집중해서 끝낸다. 목적과 방향은 바뀔 수 있다고 생각한다. 결정을 보류하고 정보를 수집하고자 한다.

(3) 성격발달단계

융의 성격은 자아, 개인무의식, 집단무의식의 세 가지로 분리되어 있으나 서로 교류하는 체계로 구성되어 있으며, 성격의 발달을 개성화 과정을 통한 자기실현의 과정이라고 보았다(Hall & Nordby, 1973). 이러한 개성화 과정은 크게 인생의 전반기와 후반기로 구분할 수 있는데 먼저 인생 전반기에는 타고난 잠재력을 발휘하기 위하여 정신 에너지의 흐름을 외부로 지향해 타인과의 관계를 확대하고 사회규범이나 사회적 요구에 자신을 맞추어가는 집단화의 과정을 거치게 된다.

중년기를 전환점으로 하는 인생 후반기에는 정신 에너지의 흐름이 내부로 향하게 되고, 자신의 내면세계에 대한 탐색이 강화됨에 따라 인생 전반기에 분리되어 있는 자아가 다시 자기에 통합되면서 개성화를 이루게 된다. 인생 후반기는 인생 전반기의 자아강화를 바탕으로 무의식의 내용을 의식화하고 이해함으로써 자아가 자기로 접근해 가는 과정, 즉 자아가 성격의 전체이고 주인인 자기로 변환되어 가는 과정이라 할 수 있다. 다시 말해, 인생 후반기는 자아가 정신의 중심을 실현하는 중심화 경향, 무의식을 의식화하는 경향을 보이는 시기이며, 정신의 전체성을 다시 회복하려는 힘이 강하게 나타나는 시기인 것이다. 그러나 무의식은 끝이 없는 세계로서 아무리 의식화해도 결국에는 알지 못하는 부분이 남아 있게 된다. 그러므로 모든 인간은 완전한 자기실현, 즉 개성화를 이룰 수 없으며 어느 정도 온전한 자기실현과 개성화가 가능할 뿐이다(권중돈 · 김동배, 2010). 또한 성격발달은 전 생애에 걸쳐 이루어진다고 보았으나 연령별로 발달단계를 명확하게 구분하여 제시하지는 않았다.

3) 프로이트와 융 이론의 차이점

융의 이론은 현대 심리학뿐 아니라 정신의학, 철학, 종교학 등을 비롯한 다양한 학문 분야의 발전에 기여하였다. 하지만 개념이 너무 어려워 이해하기가 쉽지 않으며, 프로이트 이론과 마찬가지로 환자의 치료과정에서 나타난 경험적 자료를 바탕으로 한 것이기 때문에 과학적인 검증이 어렵다. 프로이트의 무의식을 더욱 심화·확대한 융의 이론은 프로이트의 이론에 기반하였으면서도, 프로이트와 다른 학문적 체계를 가지고 있다는 점에서 그 차이점을 이해할 필요가 있다.

〈표 9-4〉 프로이트와 융 이론의 차이점

구 분	프로이트의 정신분석이론	융의 분석적 심리이론
리비도	성의 역할 강조	성의 역할을 최소화하고 리비도를 어떤 특정한 충동과 결부시키지 말고 보편적인 정신적 에너지로 볼 것을 제안
무의식의 이해	무의식을 전의식, 무의식으로 파악	무의식을 개인무의식, 집단무의식으로 구분하고 프로이트의 무의식은 개인무의식으로 간주
인간관	무의식적인 동기, 생애 초기 5년간 전개된 인간의 성적 충동, 공격적 충동이 인간행동의 강력한 결정요소임	의식과 무의식을 통합하는 개별화 과정을 통해 인간의 총체성이 이루어지며 개인적이고 사회문화적 원형이 갖는 힘의 상호작용을 중시함
발달단계	청소년기까지 5단계 성격발달 단계를 제시하였으며 어린 시절 경험이 무의식에 남아 평생을 좌우한다는 결정론적 관점	노년기까지 4단계 성격발달 단계를 제시(전 생애 포괄)하였으며 성격발달이 후천적으로 변할 수 있다고 봄
주요 개념	의식, 무의식, 원초아, 자아, 초자아, 불안, 심리성적 발달단계	자아, 콤플렉스, 집단무의식, 페르소나

제9장 정신역동이론 기출문제

1. 정신분석이론의 의식, 전의식, 무의식에 대한 설명으로 틀린 것은?
   ① 의식은 인간이 의식하고 있는 영역에서 나타나는 정신적 활동이다.
   ② 전의식은 의식할 수 없는 경험이다.
   ③ 무의식은 본능적인 역동으로 이루어져 있다.
   ④ 전의식은 무의식과 의식 사이에 존재하고 있는 영역이다.
   ⑤ 무의식은 쾌락의 원칙에 지배를 받는다.

2. 다음은 프로이트(S. Freud)의 성격 특성이나 구조에 관한 설명이다. 옳지 않은 것은?
   ① 프로이트는 성격 결정시기를 1세부터 5세까지 강조했다.
   ② 프로이트는 심리적결정론을 주장하였다.
   ③ 프로이트는 개인의 무의식을 강조했다.
   ④ 프로이트는 원초아와 자아 그리고 초자아의 부조화현상을 정신병으로 설명했다.
   ⑤ 프로이트는 동성부모를 증오하는 특성을 부정했다.

3. 융(C. Jung)의 성격이론에 대한 설명으로 옳지 않은 것은?
   ① 성인초기까지는 내적으로 팽창하는 시기이다.
   ② 성격의 태도로 내향성, 외향성을 들었다.
   ③ 사고, 감정, 감각, 직관의 네 가지 심리적 기능이 있다.
   ④ 40세 이후가 되면 우울감과 침체감을 경험한다.
   ⑤ 노인이 되면 죽음 앞에서 생의 본질을 이해하게 된다.

4. 에릭슨(E. Erikson)의 이론에 관한 설명으로 옳은 것을 모두 고른 것은?

ㄱ. 각 단계의 발달들은 이전 단계의 발달을 토대로 이루어진다.
ㄴ. 사회문화적 환경이 성격 발달에 영향을 미친다.
ㄷ. 청소년기의 주요 발달과업은 자아정체감 형성이다.
ㄹ. 인간의 발달은 전 생애에 걸쳐 일어난다.

① ㄱ, ㄴ ② ㄱ, ㄷ ③ ㄷ, ㄹ
④ ㄱ, ㄴ, ㄹ ⑤ ㄱ, ㄴ, ㄷ, ㄹ

5. 아들러(A. Adler)의 개인심리이론에 관한 설명으로 옳지 않은 것은?

① 열등감은 보다 나은 자기완성의 의지를 악화시키는 요소이다.
② 인간은 우월성을 추구하려는 동기를 가지고 있다.
③ 사회적 관심은 가족관계 및 아동기 경험의 맥락에서 발달한다.
④ 인간은 자신의 삶을 스스로 창조해 갈 수 있는 능동적인 존재이다.
⑤ 출생순위, 가족의 크기 등은 개인의 성격발달과 생활양식에 영향을 미친다.

1. **정답 : ②** 전의식은 현재는 의식하지 못하지만, 주의집중을 통해 쉽게 의식될 수 있다.

2. **정답 : ⑤** 프로이트는 남근기의 남아와 여아가 각각 오이디푸스 콤플렉스와 엘렉트라 콤플렉스를 경험한다고 하였다. 이는 이성부모에게 느끼는 성적인 사랑 때문에 동성부모를 질투하고 증오하는 특성을 말한다.

3. **정답 : ①** 융의 이론에서 인생초기는 인생의 전반기로 본다. 이 시기는 외적, 신체적으로 팽창하는 시기이며 성숙함에 따라 자아가 발달하고 외부세계에 대처하는 능력을 발휘한다.

4. **정답 : ⑤** 에릭슨은 발달이 전 생애에 걸쳐 일어나며 점성원리를 따른다고 보았다. 이는 발달에는 미리 정해진 발달의 기본 단계들이 있으며 각 단계의 발달은 이전 단계의 발달을 토대로 이루어진다는 것이다(ㄱ). 에릭슨은 각 단계의 발달 모두를 강조했지만, 특히 청소년기 자아정체성 형성(확립)을 강조했다(ㄷ). 에릭슨의 이론을 심리사회이론이라고도 부르는데 이는 발달이 심리적(정신 내적)인 요인뿐만 아니라 사회문화적인 환경에 영향을 받는다고 보기 때문이다(ㄴ).

5. **정답 : ①** 아들러에 의하면 열등감은 인간이 더 나아지기를 원하기 때문에 느끼게 되는 감정이며, 인간으로 하여금 그 자리에 안주하지 않고 무언가를 추구하도록 하는(즉, 우월을 추구하도록 하는) 자극이자 원동력이다. 따라서 자기완성의 의지를 북돋아준다.

10 Chapter

행동주의 이론

역사적으로 성격이론은 크게 두 가지 갈래로 발전해 왔다. 하나는 프로이트와 그의 제자에 의해 집대성된 이론이며, 다른 하나는 경험주의에 근간을 둔 이론이다. 경험주의 이론가들은 학습과정의 과학적 이해에 일차적 관심을 갖고 인간행동의 대부분이 후천적으로 획득되는 것으로 가정하였다(Ryckman, 2004).

프로이트 이론과 같은 정통적 성격이론이 개인 내부의 성격구조를 살펴봄으로써 성격의 일반적 특성을 찾아내는 것에 관심을 둔 반면, 경험주의 이론에서는 실험과 관찰을 통해 인간행동을 결정짓는 환경적 요인을 찾는 것에 관심을 가졌다. 즉, 행동주의 이론은 경험주의에 근간을 둔 이론으로 정신분석이론의 본능, 충동, 욕구 등 내부 심리적 힘이 행동의 주요 원천이라고 주장한 것과는 달리 행동주의 이론에서는 구체적으로 관찰할 수 있는 행동에 초점을 두었다(김규수 외, 2002).

행동주의 이론에서는 인간행동의 대부분이 학습되거나 학습에 의해 수정된다는 기본전제에 근거를 두고 있기 때문에 학습이론이라고도 불린다.

행동주의 이론은 인간행동과 환경적 사건이 상호 간에 영향을 미치는 방식에 초점을 두고 있다. 즉, 행동을 일으키는 선행조건에 어떤 반응이 뒤따르는가에 대한 기능적 분석을 통하여 행동의 원인과 결과를 발견하고 원인이 되는 자극을 조정함으로써 결과인 반응, 즉 행동을 통제할 수 있다고 보았다.

행동주의 이론의 핵심은 인간의 행동이 객관적인 환경에 의해서 결정된다는 것이다. 심리적인 측면에서 파블로프(Pavlov)의 행동주의는 초기 이론으로 왓슨(Watson)에 의해 인간행동이 실험과 관찰을 통하여 인간행동의 형성원리와 예측·

통제할 수 있다는 이론으로 발전하였다.

20세기 초 러시아의 파블로프(Pavlov)와 손다이크(Thorndike)의 실험에서 발달한 행동주의 이론은 고전적 조건화, 조작적 조건화, 인지적 학습이라는 세 가지 접근 방법으로 분류된다.

1. 파블로프(I. Pavlov)의 고전적 조건형성 이론

1) 파블로프의 생애

파블로프는 1849년 러시아의 라이잔(Ryazan)에서 경제적으로 궁핍했던 몇 년간의 가정교사 생활 끝에 1883년 의학박사 학위를 받았으며 그 후 성 피터스버그 대학의 생리학 교수로 임명되어 오랫동안 생리학 연구에 전념하였다.

특히 1890~1900년, 그리고 1930년까지 파블로프는 소화의 분비활성화에 대해 연구하였다. 생물학자로서 파블로프는 소화생리학을 연구한 공로로 1904년 생리학•의학상을 수상하였다. 그 후 파블로프 자신의 연구 초점과 방향을 '소화'에서 '조건반사'로 변경하였으며, 조건반사를 규명하기 위해 많은 연구를 하였다.

파블로프의 연구의 목적은 심리학 이론을 만드는 것이 아니라 신경계를 이해하는 것이었다. 후반기에는 조건반사의 연구로 전환하고 『조건반사』(1927), 『조건반사와 심리치료』(1941)라는 저서를 출간하였다(정옥분, 2015).

2) 주요 개념

(1) 고전적 조건화

고전적 조건화는 파블로프의 실험에 의해서 유명해졌다. 파블로프는 개가 음식물이 없는데도 어떻게 타액을 분비하는지를 알아보기 위해 간단한 실험을 고안하였다. 파블로프는 개의 타액분비에 관한 연구를 하는 과정에서 다음과 같은 사실을 발견하였다.

개에게 무조건적 자극(음식물 : unconditioned stimulus)을 주었을 때 무조건적 반응(타액분비 : unconditioned response)을 나타내었다. 파블로프는 반복적 시도를 하면서 종소리를 음식물과 연결시킨 결과 종소리(조건자극 : conditioned stimulus)만 울려도 조건반응(종소리를 듣고 개가 침을 흘림 : conditioned response)을 나타내어 종소리가 조건자극이 된다는 사실을 발견하였다. 처음 종소리는 중성자극(neutral stimulus)이기 때문에 타액 분비와는 관계가 없었으나, 중성자극을 일차적 무조건 자극(유발자극)과 연결시켜서 개에게 투입함으로써 중성자극에도 개가 타액을 분비하는 조건반응으로 변화되는 것이다.

이와 같이 중성자극에 반응 유발능력을 가지게 하여 조건자극으로 변화시키는 과정을 고전적 조건형성(classical conditioning)이라 부른다. 이때 음식물을 주는 것은 무조건 자극(unconditioned stimulus)이며, 음식에 대해 타액을 분비하는 것은 무조건 반응(unconditioned response)이다. 처음 종소리는 타액의 분비와 관계가 없는 중성자극(neutral stimulus)이었으나 나중에 종소리만 듣고도 타액을 분비하면 종소리가 조건자극(conditioned stimulus)이 되며 타액을 분비하는 것은 조건반응(conditioned response)이 된다. 이러한 조건반응은 중성자극(neutral stimulus)과 무조건 자극(unconditioned stimulus)의 연합이 지속될 경우에 더욱 강화된다.

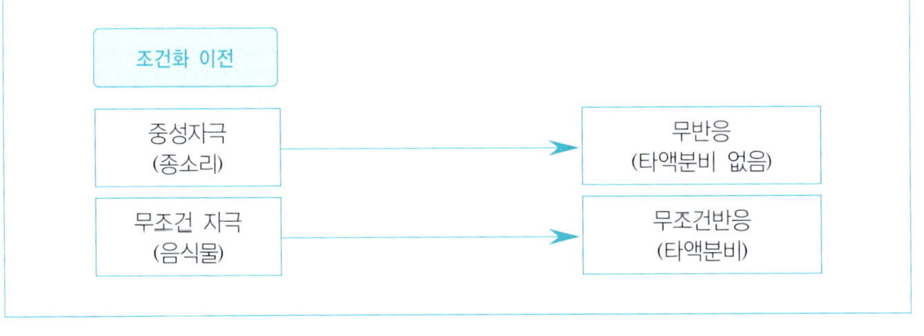

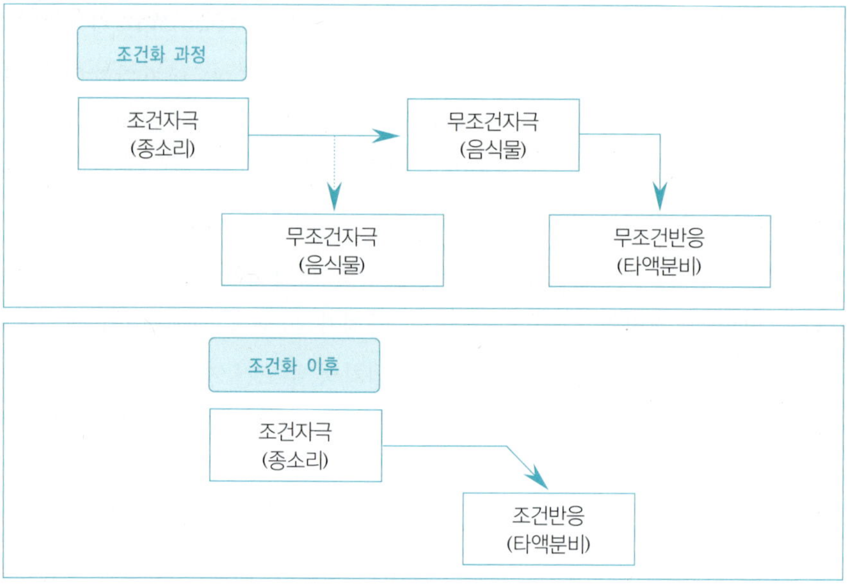

|그림 10-1| 파블로프(Pavlov)의 고전적 조건화 과정
출처 : Liebert & Spirgler(1990).

(2) 고전적 조건형성과 영향요인

파블로프는 조건반사의 강도에 영향을 주는 몇 가지 요인을 확인했는데 그 요인은 강화, 소멸, 자발적 회복, 일반화, 변별화이다.

① 강화

강화(reinforcement)는 행동에 뒤따르는 자극사건이 그 행동을 다시 일으킬 가능성(확률)을 증가시킨다는 것을 의미한다.

② 소멸

소멸(소거 : extinction)은 조건형성이 한 번 이루어졌다고 해서 조건자극이 계속해서 영원히 작용하는 것은 아니다. 예를 들면, 종소리를 타액분비를 위한 조건자극으로 만들 수는 있으나, 만약 음식 없이 종소리만 몇 번 제시하면 종소리는 그 효과를 잃게 되는데 이것이 소멸(extinction)이다.

③ 자발적 회복

자발적 회복(spontaneous recovery)은 소멸 후 상당한 시간이 지난 다음 조건자극을 다시 제시하면 조건반응이 일시적으로 다시 나타나는 것으로 이전에 소멸되었던 반응이 재현되는 것이다. 예를 들면 중독에서 회복되었다고 생각하는 코카인 중독자가 흰색 파우더처럼 마약과 강한 결합을 이루고 있는 자극을 갑자기 접하면 마약을 다시 사용하고자 하는 강한 충동을 경험하게 되는 것이다(Drummond et al., 1995).

④ 일반화

일반화(generalization)는 원래 자극과 유사한 조건자극에 대해 조건반응을 하는 것을 의미한다. 예를 들면, 어떤 음조의 종소리에 타액을 분비하도록 조건형성된 개는 유사한 다른 음조의 종소리에도 같은 반응을 하는데 이것을 일반화라고 한다.

어린 아들의 발달문제에 학습원리를 적용시킨 왓슨(Watson)은 자극일반화에 관하여 인상 깊은 연구를 하였다. 왓슨은 흰쥐를 무서워하지 않던 11개월된 알버트에게 자극을 조건화하여 흰쥐에 대한 공포반응을 만들어 내었다(Corsini & Marsella, 1983). 알버트는 다른 아이들과 마찬가지로 처음에는 흰쥐를 무서워하지 않았다. 왓슨은 흰쥐를 공포반응을 일으키는 큰 소리와 함께 제시하였다. 알버트는 큰 소리에 공포반응을 보였고 여러 번의 실험을 반복한 후에 흰쥐에 대한 공포반응을 이끌어 내는 조건 자극이 되었다. 실험 5일 후 흰쥐와 비슷한 털을 가진 흰색 토끼, 개, 털 코트와 같은 자극에도 공포반응을 보였다.

⑤ 변별화

자극 일반화에 대한 보완적인 과정이 자극 변별화(differentiation)인데, 한 자극이 다른 것과 변별되는 방식을 말한다. 예를 들면, 어두운 곳에서 공포를 느끼는 아동이 극장과 같은 어떤 특정한 어두운 장소에서는 공포를 느끼지 않는 것이다.

2. 스키너(B. F. Skinner)의 조작 조건형성 이론

1) 스키너의 생애

스키너는 1905년 미국 펜실베이니아 주의 조그만 마을에서 태어났다. 그 후 헤밀턴 대학에서 영문학을 전공한 후 1931년 하버드에서 심리학으로 박사학위를 받은 스키너는 미네소타 대학에서 교수로 재직하게 되었다. 행동주의 심리학에서 이룬 스키너의 업적은 교육, 특히 1950년대 이후의 교육에 커다란 영향을 끼쳤다.

스키너가 처음 출판한 저서는 『유기체의 행동론』(1938)이다. 그 이후의 저서로는 『웰덴 투』(1948), 『과학과 인간의 행동』(1953), 『언어적 행동』(1957), 『교수공학』(1968), 『강화의 유관』(1969), 『자유와 존엄을 넘어』(1971), 『행동주의에 관하여』(1974), 『나의 인생』(1976), 『강화계획』(1987) 등 학술서뿐만 아니라 소설과 수필 등의 많은 저서를 집필하였다.

스키너에 의하면 자극과 반응이 연결되는 또 다른 방법은 조작적 조건형성(operant conditioning)을 통해서라고 한다. 즉, 행동은 그것의 결과에 의해서 결정된다는 것이다. 그는 '스키너 상자(Skinner box)'로 알려진 장치로 동물의 조작적 행동(operant behavior)을 연구하였고 강화 이론을 구축하기 위해 행동의 반응률을 측정하는 누적합산기를 만들었다.

2) 주요 개념

(1) 조작적 조건화

스키너의 핵심적인 이론은 조작적 조건화(operant condition)에 기초를 두고 있다.

조작적 조건화란 임의의 행동에 변별자극을 가하는 것으로 그렇게 해서 행동을 습관화시키는 것을 말한다. 조작적 조건화는 행동의 ABC 모형으로 여기에서 A는 선행사건(Antecedents)으로 행동 이전에 일어나는 사건이고 B는 행동(Behaviors),

즉 관찰 가능하고 측정 가능한 반응 혹은 행동이며, C는 결과(Consequences)로 특정 행동의 직접적인 결과이다. 다시 말해 조작적 조건화는 '행동의 결과(Consequences)에 따라 행동(Behaviors)이 변한다'는 학습의 한 유형이다. 이 원리에 따르면 새로운 행동을 만들 수도, 약한 행동을 강화할 수 있으며, 바람직하지 않은 행동을 약화시키거나 제거할 수 있다. 여기에서 강조하는 것은 행동의 결과인데 강화와 벌은 결과를 가장 잘 설명하는 용어이다(김규수 외 공역, 2002).

즉, 인간의 행동은 환경적 자극에 의해 동기화되며, 행동에 따르는 강화에 의해 전적으로 결정된다고 보았다.

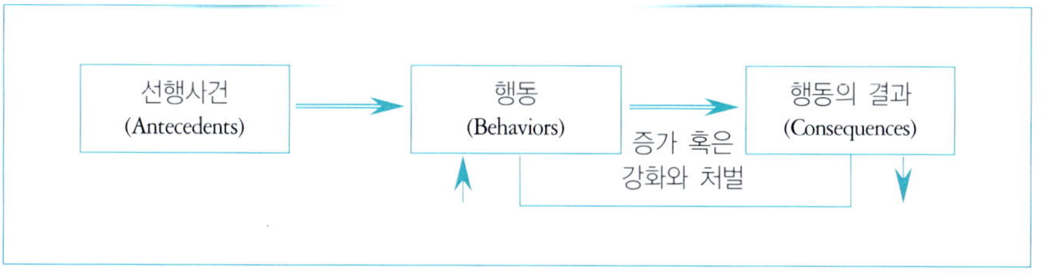

|그림 10-2| 스키너의 조작적 조건화

(2) 강화와 처벌

스키너의 조작적 조건형성의 핵심원리는 강화(reinforcement)이다. 조작적 조건화의 기본전제는 행동이 그 결과에 의해 통제된다는 것이다. 그러나 어떤 행동은 다시 일어날 가능성이 있거나 또 다른 결과는 행동이 재현될 가능성을 감소시키기도 한다. 특정 행동에 뒤따르는 가운데에서 행동 재현 가능성을 높여 주는 것은 강화이며 가능성을 낮추는 것은 벌(punishment)이다(임은희 외, 2019).

강화는 어떤 특수한 반응이 일어날 확률을 증가시키는 모든 것을 말하는데, 예를 들면 흰 쥐에게 주는 먹이, 어린이에게 하는 칭찬, 학생에게 주어지는 상장 등이다. 이러한 강화에는 긍정적 강화(정적 : positive reinforcement)와 부적강화(부정적 : nagative reinforcement)가 있다.

긍정적 강화는 즐거운 결과를 의미한다. 즉, 어떤 행동 뒤에 즉각적으로 제시되어 그 행동의 발생빈도를 증가시키는 자극이다. 이렇듯 특정한 상황에서 어떤 사람이 무언가를 하고 즉각적으로 긍정적 강화물을 받으면, 그 사람은 그 다음 유사한 상황에 접하게 될 때 같은 행동을 하게 될 가능성이 높아진다는 것을 의미한다(임선아 · 김종남 공역, 2012). 예를 들어, 숙제를 잘해 온 학생에게 교사가 칭찬을 해주면 그 학생은 다음 번에도 잘해 올 것이다.

부적강화란 불쾌한(혐오적) 자극을 제거함으로써 행동의 빈도를 증가시키는 것이다. 예를 들어, 자동차 안전벨트 신호음은 안전벨트를 매자마자 그친다. 벨트를 매는 행동이 시끄러운 신호음(자극)을 사라지게 만들었기 때문에 앞으로도 이런 행동을 반복하기 쉽다. 이 경우 신호음은 안전벨트를 매는 빈도를 증가시키기 때문에 부적 강화물이다.

처벌(punishment)은 혐오적인 사건을 표현하거나 긍정적 강화물을 제거하는 것으로 특정 행동의 빈도를 감소시키는 결과를 초래한다. 처벌은 부적강화와 다른 개념이며 부적 강화와는 반대의 효과를 지니고 있다. 긍정적 강화와 부적강화는 바람직한 행동을 증가시키는 것에 초점을 두고 있지만 처벌은 바람직하지 않은 행동을 감소시키는 것에 초점을 두고 있다.

처벌은 사람에게 원하는 어떤 것을 빼앗아가거나 또는 원하지 않는 어떤 것을 줌으로써 반응을 약화시키는 것이다. 이러한 처벌은 두 가지 방식으로 제공된다.

첫째, 특정 행동 뒤 즉각적으로 부정적이거나 혐오적 사건을 표현하는 것이다. 엉덩이를 때리는 것, 야단을 치는 것, 공개적으로 창피를 주는 것 등이 있다. 벌은 반드시 신체적 체벌의 형태로만 제공되지는 않는다. 둘째는 긍정적 강화물을 철회하는 것이다. 예를 들어 좋아하는 음식을 주지 않는 것, 함께 가족 나들이나 영화를 보러 가지 않는 것, 게임이나 인터넷을 할 수 있는 시간을 줄이는 것 등이다(김규수 외 공역, 2002).

처벌은 반응을 감소시키기 위한 것이 목적이지만 처벌을 사용하는 경우에는 부작용이 생길 수 있다. 즉, 처벌로 인해 공격적 행동이 되기도 하고 처벌을 하는 사람으로부터 도피하거나 회피적인 행동이 나타날 수 있다. 예를 들면, 아버지로부터 심하게 처벌을 받은 경험이 있는 아이는 그 이후로 모든 남자들과 접촉을 어려워하여 회피하거나 처벌받은 자극으로 공포감이나 당혹스러움과 같은 정서적 반응이 생기기도 한다. 이러한 정서적 반응이 조건화되면 어떤 처벌행동을 보기만 해도 정서적 반응을 유발할 수 있다(장인협, 1990).

〈표 10-1〉 강화와 처벌의 차이

과정 \ 결과		강화(reinforcement)	처벌((punishment)
		반응 혹은 행동의 증가	반응 혹은 행동의 감소
정적(positive)	제공	정적 강화물 : 음식, 고기, 칭찬, 상, 안아주기 등	정적 처벌물 : 전기쇼크, 신체적 고통, 야단치기 등
부적(negative)	제거	부적 강화물 : 고통스러운 결과를 줄 수 있는 것을 없애 줌	부적 처벌물 : 기쁨이나 만족을 주는 것을 제거시킴

출처 : 손광훈(2010).

(3) 강화계획

강화계획은 강화물을 제시하는 조건을 의미하며, 크게 연속 강화계획(continuous reinforcement schedule)과 간헐적 강화계획(intermittent reinforcement schedule)으로 구분한다. 연속강화는 개인이 특정행동을 할 때마다 지속적으로 강화하는 것으로 행동을 증진시키거나 새로운 행동의 학습에 효과적이다. 간헐 강화계획은 어떤 때에는 강화하지만 어떤 때에는 강화하지 않는 것이다.

간헐적 강화계획에는 시간간격에 따라 강화가 달라지는 고정간격계획, 가변간격계획이 있고, 빈도에 따라 강화시키는 고정비율계획, 가변비율계획이 있다(현성용 외, 2009).

- 고정간격계획(fixed-interval schedule) : 반응하는 수에 관계없이 일정기간이 경과한 후 강화하는 절차이다. 고정간격 계획에 의해 강화물이 주어지거나 강화를 제공하는 시간이 임박하면 강화한다. 예를 들어, 중간고사와 기말고사를 준비하는 학생이 시험기간이 임박해지기 전에는 느긋하게 있다가 시험기간이 임박해지면 공부를 열심히 하는 경우이다. 또 다른 예로는 월급을 받는 근로자를 예로 들 수 있다. 이 강화 스케줄에 따른 반응률은 시간이 지나면서 증대되지만 강화를 얻은 바로 직후에는 반응률이 낮아진다.

- 가변간격계획(variable-interval schedule) : 일정한 시간의 한도 내에서 강화를 주는 시간조정을 다양하게 하는 절차이다. 10분 내에 다섯 번의 강화를 준다고 할 때, 10분 안에 주는 강화 간격은 마음대로 조절할 수 있다. 즉, 처음 강화물은 2분 30초에 한 번의 강화를 주고 그 다음에는 각각 3분 50초, 7분, 8분 10초로 나누어서 강화물을 주는 것이다. 예를 들어, 회사의 사장이 순회하는 순간에 일하고 있는 직원에게 보너스를 준다면 사장의 방문이 불규칙적일 경우 사원들은 장시간에 걸쳐 꾸준하게 일을 할 것이다. 그렇다고 열심히 일을 하리라고 볼 수는 없다. 따라서 가변간격계획은 안정적인 반응을 유도하지만 반응의 속도는 느리게 나타난다.
- 고정비율계획(fixed-ratio schedule) : 특정한 반응을 보일 때마다 강화를 준다. 예를 들어, 전체 열 번 반응을 나타내는 동안 다섯 번의 강화를 제공한다면 두 번 반응이 나타날 때 마다 강화를 준다. 이 강화 계획은 연속적인 강화나 고정간격 강화 계획에 비해 높은 비율의 반응을 보인다. 예를 들어, 근로자가 자신이 일한 실적에 따라 임금을 받는다면 일을 열심히 하여 더욱 많은 급여(강화물)를 받고자 노력할 것이다.
- 가변비율계획(variable-ratio schedule) : 고정비율 계획에서와 같이 일정한 수의 반응을 한 뒤에 강화가 주어지지만, 강화와 강화 간의 반응 수가 어떤 평균 수에 따라서 변동하는 강화계획으로 바람직한 행동이 습관화되어 고정이 된 후에는 간헐적 강화가 연속강화보다 행동을 소멸시키지 않고 유지시킨다. 예를 들면, 일정한 횟수 안에서 거액이 나오도록 설계되어 있지만 언제 나올지 모르는 슬롯머신과 경마가 여기에 속한다.

  가변비율계획은 보상을 받기 위해 유기체가 높은 비율의 반응을 나타내며, 학습된 행동의 소거도 매우 느리기 때문에 행동을 유지하는 데 가장 효과적인 방법이다(Schultz & Schultz, 1994).

이러한 네 가지의 강화계획들 중에서 가변비율계획이 가장 높은 반응을 지속적으로 유지시키며, 그 다음으로는 고정비율계획, 가변간격계획, 고정간격계획의 순으로 반응을 지속시킨다(최순남, 2002).

강화계획에서 특정 반응의 가능성을 증가시키거나 감소시키기 위해서 매개물로 활용하는 강화인자(reinforcer)에는 물질적 강화인자, 상징적 강화인자, 사회적 강화인자가 있다. 물질적 강화인자는 음식, 옷, 금전, 상품권 등이 있으며, 상징적 강화인자로는 토큰, 스티커, 막대기 등이 있고 사회적 강화인자로는 칭찬, 미소, 주목, 인정, 호의, 사회적 승인 등이 있다.

(4) 소거

소거(extinction)는 어떤 반응에 대한 강화를 중지하는 것으로서 소거를 통해 특정행동의 발생빈도를 줄이거나 없애기도 한다. 소거와 처벌은 다른 개념으로 소거는 일상생활에서 관심을 받아 강화되어 온 특정 행동을 무시하는 형태로 나타난다. 예를 들어, 떼를 쓰는 아이에게 긍정적 강화물인 아이스크림을 주어 달래곤 했다고 가정하자. 이때 떼를 쓰는 아이에게 긍정적 강화물인 아이스크림을 주지 않고 무시하면 처음 몇 번은 더 오랫동안 떼를 쓰겠지만 떼를 쓰는 행동은 빈도가 줄거나 곧 사라지게 된다. 이와 같이 무시하는 것은 소거의 효과적인 수단이다.

(5) 일반화와 변별

일반화(generalization)는 특정한 상황에서만 반응을 보이던 것이 그와 비슷한 다른 상황에서도 반응을 보이는 것을 말한다. 즉, 강화된 행위가 다양한 관련 상황으로 확장되는 경향이다. 이것은 자극일반화(stimulus generalization)와 반응일반화(response generalization)로 구분할 수 있다. 자극일반화는 하나의 반응이 단 하나의 자극에만 조건형성이 될지라도 특정한 자극에만 반응을 하는 것이 아니라 그와 비슷한 다른 자극들에 대해서도 반응을 보이는 것을 말한다. 반응일반화는 어떤 특정한 반응이 강화되면 그와 비슷한 다른 상황에서도 반응을 보이는 것을 말한다.

변별(discrimination)은 주어지는 자극에 대해서 선택적으로 반응을 보이는 것을 말한다. 이것은 자극일반화 이후에 분화과정을 통해 나타나는 것으로 어떤 자극에 반응하는 행동은 강화해 주고 다른 자극에 반응하는 행동은 강화하지 않음으로써 학습된다. 즉, 특정 행동(반응)이 보상되거나 보상되지 않을 것임을 보여주는 단서(신호)가 되는 자극이다. 예를 들어 접시를 깨뜨린 후 엄마의 표정을 살피게 되는데, 만약 엄마의 표정이 일그러지고 있다면 이는 접시를 깨뜨린 행동의 결과가 처벌임을 알게 해주는 단서가 되고, 이때 엄마의 표정은 변별자극이 된다.

(6) 행동조성

행동조성(shaping)은 유기체의 행동의 바람직한 행동에 가까워질 때까지 점진적으로 형성해 나가는 과정을 의미한다(Engler, 1991). 즉, 유기체 내에 잠재되어 있는 행동이나 학습할 가능성이 있는 거의 모든 종류의 행동들을 조건형성하여 시간을 더 단축하고 더 빨리 학습하도록 접근하는 방법이다.

이러한 행동조성은 복잡한 행동이나 기술을 학습시키는 데 매우 유용한 방법으로, 기대되는 반응이나 행동을 점진적으로 만들어가는 것이다. 예를 들면, 유아에게 대소변 가리기 행동을 형성하기 위해서 먼저 '응아' 하는 말로 배변욕구를 표현할 때 칭찬을 하여 배변욕구를 표현행동을 조성하고 그 다음으로 바지 내리기, 변기에 앉기, 배설하기, 물 내리기 등의 행동들을 차례로 행하게 하여 행동을 만들어 가는 경우를 볼 수 있다(손광훈, 2010).

(7) 행동수정

행동수정(behavior modification)은 조작적 조건형성의 원리를 활용하여 어떤 행동의 빈도를 증가시키거나 감소시킴으로써 행동의 변화를 추구하는 기술이다. 이것은 관찰이 가능한 개인의 문제행동을 대상으로 하며, 이러한 행동의 학습 · 강화 · 유지 · 약화 · 제거에 초점을 두고 있다.

이러한 행동수정은 다양한 기법을 활용하여 문제행동을 수정하며, 그러한 기법에는 정적강화, 부적강화, 소거, 변별, 적응, 충만, 체계적 둔감화, 토큰경제 등이 있다.

행동수정에 활용할 수 있는 대표적인 기법들 중 앞 내용에서 다루지 않았던 몇 가지를 설명하면 다음과 같다(생각의마을, 2019).

- 체계적 둔감법(systematic desensitization) : 부정적 감정을 지닌 물체와의 접촉빈도를 점차 높여 부정적 감정을 조금씩 상쇄시켜 나가는 방법이다. 구체적으로 설명하면, 클라이언트에게 가장 덜 위협적인 상황에서 가장 위협적인 상황까지 순서대로 제시하면서, 불안자극과 불안반응 간의 연결이 없어질 때까지 불안을 일으키는 자극들을 반복적으로 이완상태와 짝짓는 것이다(Corey, 1991).
- 홍수법(flooding) : 클라이언트가 겪은 충격적인 경험을 안전한 조건에서 다시 겪게 하여 공포나 불안 등 충격적인 정서반응을 감소시키는 개입기법이다. 체계적 둔감법과는 달리, 한 번에 매우 강한 자극에 노출시켜, 공포반응이 사라질 때까지 지속한다. 이러한 홍수법은 강박장애의 치료에 효과적인 것으로 알려져 있다. 예를 들어, 고소공포증 환자의 경우 가상현실을 사용하여 가상으로 높은 곳에 있는 것처럼 경험하게 하여 치료한다(생각의마을, 2017). 홍수법을 사용하기 위해서는 전문가들의 신중한 고려가 필요하다.
- 토큰경제(token econmy) : 개인이 적절한 행동을 할 때 상징적 강화물로서 토큰을 주고 토큰이 일정하게 모였을 때 개인이 원하는 것과 교환하는 방법으로 행동을 수정하는 기법이다. 예를 들면, 치킨 집에서 쿠폰 10장을 모으면 치킨 한 마리를 무상으로 제공하는 경우를 볼 수 있다.
- 타임아웃(time out) : 부적절한 행동을 감소시키기 위한 방법으로서 그릇된 행동을 한 다음에 오는 정적강화의 기회를 차단하는 것을 말한다. 일종의 소거 전략이다. 타임아웃 상태에 있는 개인은 일정 시간 동안 어떤 특정 강화를 받을 수 없도록 조치한다.

3) 스키너 이론의 평가

조작적 행동주의는 고전적 행동주의적 사고를 더욱 확장시켰다. 스키너의 연구는 파블로프보다는 왓슨의 이론적 입장에서 파생되었다(Maddi, 1980).

스키너의 이론은 행동주의 학습이론의 범위를 상당히 넓혔으며, 과학적 실험연구를 통하여 인간행동의 발달과 관련된 구체적이고 명확하면서도 유용한 지식을 제공하였다. 특히 정적강화, 강화계획, 행동조성 등과 같은 일련의 뛰어난 연구는 사회생활에서 실용적 가치와 효과성이 입증되고 있으며, 다양한 분야에서 활용되고 있다. 이러한 스키너 이론의 주요 장점으로는 기본 개념의 의미가 명확하고 가설검증을 비롯한 과학적 연구의 중요성을 강조하였다는 점이다.

단점으로는 첫째, 환경의 중요성만을 강조하고 생물학적 영향력을 간과하였다는 점이다. 인간의 행동발달에 있어서 연령에 따른 자연적인 변화나 개인차, 독창적인 문제해결능력 등을 충분하게 설명해 주기 못했다. 둘째, 인간을 포함한 모든 동물의 행동에 동일한 법칙이 적용된다는 가정하에 인간이 아니라 개나 쥐 등과 같은 하등동물을 대상으로 한 연구에서 출발했다는 점이다. 인간은 동물과 달리 복잡한 인지능력을 가지고 있기 때문에 환경이 인간발달에 미치는 영향을 제대로 이해하기 위해서는 실험실이 아닌 자연환경에서 연구해야 한다는 비판을 받고 있다. 셋째, 스키너의 학습이론은 단지 눈에 보이는 행동에만 주의를 집중함으로써 인간행동과 발달을 충분히 이해하는 데 한계가 있다는 지적을 받고 있다.

그러나 스키너는 인간행동을 설명하는 데 선행조건을 강조했던 이론과 다르게 행동주의에 관한 이론을 성공적으로 전개하였다.

3. 반두라(A. Bandura)의 사회학습이론

사회학습이론(social learning theory)은 반두라에 의해 세워진 이론이다. 반두라는 인간의 내적과정을 바탕으로 한 연구를 넘어 사회적 상황 속에서의 행동의 학습에 관심을 갖고 인간행동의 상호결정론과 행동의 습득에서 관찰학습의 중요성을 크게 강조하였다. 반두라의 사회학습이론에서는 행동과 환경뿐만 아니라 인지도 인간발달에 있어서 중요한 요인이 된다고 보았다. 사회학습이론은 사회적 환경과 아동의 인지능력이 학습과 발달에 미치는 중요성을 강조한다. 또한 관찰학습, 즉 다른 사람의 행동에 대해 관찰을 통해서 하는 학습에 초점을 맞추는데 이것을 모방(imitation) 또는 모델링(modeling)이라고도 한다.

사회학습이론이란 인간의 행동이 사회적 상황 속에서 개인의 내적·인지적 과정과 환경적 영향력 간의 상호작용으로 결정된다는 성격이론이다.

1) 반두라의 생애

반두라는 1925년 캐나다 앨버타 북쪽에 있는 작은 마을에서 태어났다. 반두라는 브리티시 컬럼비아대학교(UBC)에서 1949년 학사학위를 받았다. 졸업 후에는 아이오와대학교 대학원에 입학하여 1951년 석사학위, 1952년 박사학위를 받았다. 박사 학위를 받은 후 위치타 캔자스 가이던스 센터(Wichita Kansas Guidance Center)에서 1년간 인턴으로 있다가 스탠포드대학교 심리학과 교수로 재직하였다. 반두라는 1972년 미국심리학회로부터 우수과학자상을 받았으며, 1973년 캘리포니아 심리학회로부터 우수 과학업적성을 받는 등 심리학계의 높은 명성을 얻으면서 1973년에 미국 심리학회의 회장직을 맡았다.

반두라의 저서로는 1959년 출간한 『청소년의 공격성』, 『사회학습과 성격발달』(1963), 『공격성 : 사회학습 분석』(1973), 『사회학습이론』(1977), 『자기효능감 : 통제훈련』(1997)이 있으며, 그는 여기에서 사회학습 분야에서의 이론적·실험적 연구를 통합하고자 노력하였다.

2) 주요 개념

(1) 상호결정론

반두라는 '상호결정론(reciprocal determinism)' 원리를 소개하였다. 반두라는 인간과 환경 그리고 인간의 행동 자체가 인간의 연속된 행동을 낳기 위해 상호작용한다고 하였다. 이 세 요소 중 어떤 것도 인간행동을 결정하는 다른 요인과 분리되어 설명될 수는 없다는 것이다.

반두라는 인간발달은 능동적인 개인, 그 사람의 행동, 환경 사이의 상호작용을 나타낸다는 상호결정론 개념을 제안했다.

이러한 반두라의 '상호결정론'은 인간의 행동이 개인(Person), 행동(Behavior), 환경(Environment)의 요소들 간의 지속적인 상호작용에 의해서 결정된다고 보는 견해이다. 즉, 인간의 행동은 개인의 기질적 요인들과 사회의 상황적 요인들이 상호 의존적으로 영향을 미친 결과인 것이다.

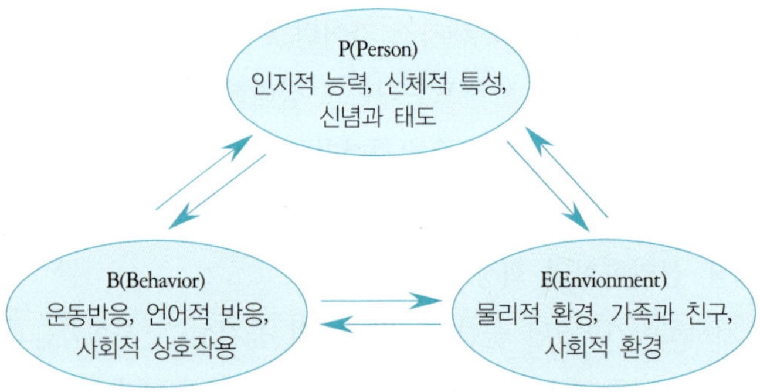

|그림 10-3| 반두라의 상호결정론 모델

(2) 관찰학습

반두라는 인간행동이 직접적인 외적강화가 주어지지 않더라도 관찰학습(observational learning)을 통한 모델의 영향으로 습득될 수 있다고 보았다.

관찰학습이란 직접적 보강 없이 타인의 행동을 관찰함으로써 행동을 습득하는 것이다. 이때에 행동을 보여주는 대상을 모델이라고 한다. 즉, 관찰학습이란 환경적 자극에 대한 반응을 통하여 행동을 학습하는 것이 아니라 타인의 행동을 관찰함으로써 학습하는 것이다.

관찰학습은 다른 사람의 행동을 관찰하여 단순히 모방하는 것이 아니라 여기에는 내적인 인지요소들이 포함된다. 또한 다른 사람들이 새로운 행동을 시도할 때 어떤 결과가 나타나는지를 보게 된다. 이러한 과정을 대리강화(vicarious reinforcement)라고 하는데 이것도 인지적 과정이다.

반두라는 대부분의 인간의 행동은 외적강화 없이 다른 사람을 관찰하고 그 관찰한 사람을 본보기(example)로 삼아 행동을 수행함으로써 학습된다고 믿었다.

(3) 자기강화

자기강화(self reinforcement)는 자신이 스스로 통제할 수 있는 보상과 처벌을 스스로에게 제공함으로써 자신의 행동을 개선하거나 유지하는 과정을 말한다.

반두라는 개인은 감정, 사고, 행동을 통제할 수 있는 자기반응적 능력을 지니고 있기 때문에 개인의 행동은 자아강화와 외적 영향요인에 의해서 결정된다고 보았다. 즉, 인간은 자신의 감정, 사고, 행동을 통제할 수 있는 자기 반응능력을 지니기 때문에 자기강화를 할 수 있는 존재이며, 실제 많은 인간행동은 자기강화에 의해 조정(규제)된다. 또한 인간은 학습을 통해 내적 행동평가 기준을 갖는다. 즉, 내적인 행동 평가기준에 따라 특정행동을 할 것인가를 스스로 평가하여 반응할 수 있는 존재이다(생각의마을, 2019).

개인은 이러한 자아강화의 기준은 학습을 통해서 획득하게 된다. 예를 들면, 동생을 때려서 어머니의 꾸중을 들은 아이는 자신의 공격적 행동과 어머니의 사랑의 감소를 연관시켜 생각하게 된다. 결국 이 아이는 폭력이 나쁘다는 어머니의 기준을 따르지 못할 경우 애정의 감소가 뒤따른다는 사실을 알게 된다.

반두라는 이러한 자신의 내적 행동평가 기준과 자기강화 기제에 의하여 자기효능감이 형성된다고 보고 있다.

(4) 자기규제

사회학습이론에서는 인간의 독특한 자기규제(self regulation) 능력에 중요한 역할을 부여하고 있다. 자기규제란 인간이 당면한 환경적 상황을 조정해 나가고, 인지적 능력을 발휘하며, 그들 자신의 행동결과를 산출해 냄으로써 그들의 행동에 어느 정도 영향력을 행사하는 것을 말한다. 이와 같이 자기규제는 자신의 행동에 영향력을 행사할 수 있는 개인의 능력이기 때문에 창조되며 환경의 영향에 의해서 유지된다.

인간이 자신의 행동에 대해 자기규제를 할 수 있는 가장 강력한 바탕은 바로 인지능력이 있기 때문이다. 즉, 상징적 사고를 할 수 있는 인간의 우수한 지적 능력이 그들의 환경을 다루는 하나의 강력한 수단을 제공하고 있다는 것이다. 또한 인간은 바람직한 미래상을 형성할 수 있는 능력이 있으므로 자기행동이 장기적인 목표를 성취할 수 있도록 해주는 행동전략을 가질 수 있다는 것이다(이훈구 역, 1994).

(5) 자기효능감

자기효능감(self efficacy)이란 바람직한 효과를 산출하는 행동을 성공적으로 수행할 수 있다는 개인의 신념을 의미한다. 즉, 어떤 주어진 과제를 해결하기 위한 인지적·사회적·행동적 기능에 적용하는 기제로서 일정 수준에 그 과제를 수행하여 바람직한 효과를 산출할 수 있다는 개인적 신념이다.

자기효능감은 개인의 삶에 영향을 미치는 사건들을 통제할 수 있는 자신의 능력에 대한 믿음으로 이는 사람이 가지고 있는 실제의 기술이기보다는 특정한 기술이나 능력을 가진 사람이 자신의 업무를 성공적으로 수행할 수 있다는 믿음이다. 따라서 자기효능감은 개인이 소유하고 있는 기술들을 통하여 무엇을 어느 정도 할 수 있는가에 대한 자신의 평가를 측정함으로써 파악할 수 있다. 이에 비해 자아존중감이란 한 개인이 자기 자신에 대한 호감적 평가를 반영하는 하나의 특성이다(Mckay & Fanning, 2000).

자기효능감은 주어진 상황을 효과적으로 대처하는 인간의 능력이다. 높은 자기효능감을 가진 사람은 자신이 극복할 수 있는 어떤 것을 도전으로 여기며, 도전으로 인한 성공은 이후의 자신감을 가져온다. 반면 낮은 자기효능감을 가진 사람은 자신의 능력에 대해 의심을 갖게 되고, 스스로 환경을 다루는 자신의 능력을 인식하지 못한다.

자기효능감은 자기개념(self concept)이나 자존감(self esteem)과는 구별된다. 자기개념은 자신에 대한 전반적인 지각이며, 자존감이 자기 가치에 대한 판단결과라면 자기효능감이란 특정 과제에서의 자신의 능력에 대한 판단으로 자기개념이나 자존감보다는 구체적 상황이나 과제와 관련된 신념이다.

3) 관찰학습의 과정

관찰학습은 직접적인 강화가 주어지지 않은 상태에서 관찰을 통하여 행동에 대한 학습이 이루어지는 것이다. 관찰학습은 네 가지의 서로 관련된 과정에 의해 이루어진다. 이 네 가지 과정의 주의집중과정(attentional processes), 기억과정(retention processes), 운동재생과정(reproduction processes), 동기과정(motivational processes)이다.

(1) 주의집중과정

주의집중과정은 모방이나 관찰학습이 일어나기 위해서 우선 모델의 행동에 주의하거나 정신을 집중하는 과정이다. 즉, 모델의 행동을 관찰하고 주의 깊게 집중하며, 모델을 정확하게 지각하는 과정이다. 이 과정은 단순히 모델과 모델의 행동을 보는 것만으로는 불충분하며, 모델을 모방하는 데 이용할 적절한 관련 정보를 이끌어 낼 수 있도록 지각적 정확성을 가지고 모델에 주의를 기울여야 한다.

주의집중과정에서 모델의 행동에 더욱 밀접하게 주의를 기울일수록 그것을 모방할 가능성은 더욱 높아진다. 즉, 유능하게 보이는 모델이나 개인적인 매력이 있어 보이는 모델은 이러한 속성을 결여한 모델보다 모방할 가능성이 높게 되는

데, 이것은 그 모델이 다른 것에 비해서 주의를 기울일 가능성을 더욱 높여주기 때문이다.

모델링에 영향을 주는 결정요인은 자기 자신과 쉽게 교제하고 상호작용이 용이한 사람들 중에서 선택된다. 즉, 가족구성원인 부모나 형제, 학교집단 구성원인 선생님 그리고 또래 집단들이다.

(2) 기억과정

기억과정이란 언젠가 모델로부터 본받은 내용을 장기간 기억하는 것이다. 만일 사람이 관찰한 행동을 기억할 수 없다면 모델의 행동을 통하여 영향을 받을 수 없으며, 행동의 변화도 가져올 수 없을 것이다. 이 과정에서 모델의 행동을 보고 즉각적으로 반응을 보이는 것이 아니라 나중에 필요할 때 사용할 수 있도록 어떤 방법을 통하여 묘사하는 것이다(Engler, 1991).

모델의 행동을 기억하여 장기간 보존하기 위해서는 이것을 어떤 상징적인 형태로 부호화해야 한다. 반두라는 모델의 행동을 기억하여 다음에 자신의 행동으로 전환하도록 하는 수단으로 심상적(imaginal) 및 언어적(verbal)인 두 가지의 내적 표상체계(internal representation system)를 제안하였다. 심상적 표상체계는 사람이 모델을 관찰할 때 감각조건형성 과정을 통해 관찰된 것을 비교적 지속적이고 용이하게 상기시킬 수 있는 심상으로 만든다. 심상이 형성되면 이전에 관찰된 사건들에 대한 어떤 준거를 통해 즉각적으로 생생한 물리적 자극의 심상이나 영상이 기억된다. 언어적 표상체계는 이전에 관찰한 사건에 대한 언어적 부호화를 나타낸다. 모델을 관찰하는 동안 관찰자는 모델이 행하는 것을 스스로 말로 거듭 되풀이할 수 있을 것이다. 이러한 음성적 묘사는 실제 행동의 실행 없이도 나중에 내적으로 연습될 수 있다(이근홍, 2016).

(3) 운동재생과정

운동재생 과정이란 기억을 행동으로 전환하는 것이다. 모델행동의 상징적 표상을 주의 깊게 형성하고, 기억하며, 연습을 하여도 정확한 행동 수행을 못할 수도 있다. 관찰을 통해서 새로운 반응 양태를 알 수 있지만 새로운 신체적 능력은 얻지 못하기 때문이다. 행동을 정확하게 재생하려면 필요한 운동기술을 갖추어야 한다. 이러한 신체적 능력은 성장과 연습이 포함된다(임은희 외, 2019). 운동재생 과정의 예로는 야구공 치기 학습이다. 야구공 치기 학습은 공을 보고, 공의 정확한 각도와 시간에 맞추어 방망이를 휘두르기로 구성된다. 성공적인 모방을 하기 위해서는 학습자가 이 모든 행동을 하나하나 수행할 수 있어야 한다.

(4) 동기과정

이 단계는 관찰과 모방을 통해 습득한 행동을 자신의 실제 상황에서 앞으로도 수행할 것인지 동기를 갖는 단계이다.

동기는 새로운 행동이 학습되기 위한 주요 요인으로 주로 강화에 의해 이루어진다. 강화를 받으면 동기부여가 촉진되고 이로 인해 학습이 더욱 촉진된다. 그러므로 관찰된 것을 행동으로 재현시키는 데에 필요한 요인으로 동기와 강화가 중요하게 된다. 모델링이나 관찰학습은 긍정적인 자극이 주어질 때 빠르게 동기화되고 또 행동으로 전환될 수 있다.

4) 반두라 이론의 평가

사회학습이론가들은 실험실 연구에 매우 중점을 두었기 때문에 그들의 원리와 결과가 일상생활 상황에 얼마나 잘 적용될 수 있는가에 대해서 확신할 수가 없다. 반두라의 이론이 환경론적이라는 점에 비추어서 외적 환경이 상당한 영향을 발휘하고 있다는 것이다.

스키너와는 달리 반두라는 인간을 대상으로 연구함으로써 스키너가 동물을 대상으로 한 연구결과를 인간에게 적용하면서 받았던 비판을 피할 수 있었다. 그리고 반두라의 사회학습 이론은 인지발달에서 사회적・정서적・동기적 측면을 고려하면서 인지발달에 대한 이해를 넓혔다(정옥분, 2015 재인용).

반두라의 이론은 모방학습의 중요성에 대한 우리의 자각을 증진시켰으며, 사회적 환경이 인간에게 얼마나 많은 영향을 미치는가를 다시 한번 인식하도록 하였다.

반두라의 사회학습이론의 긍정적인 평가는 첫째, 관찰학습의 중요성을 자각하게 했다는 것이다. 이로 인해 클라이언트의 문제행동 수정을 위한 사회복지 실천 개입에서 관찰과 모방을 활용하게 되었다. 모델링, 역할놀이 등의 개입기법은 실천과정에서 매우 유용하게 활용되고 있다. 둘째, 사회적 환경이 인간에게 얼마나 많은 영향을 미치는가를 강조했다는 것이다. 셋째, 관찰학습에서 행동에 영향을 줄 수 있는 자기강화나 자기효능감 같은 인지적 요소의 중요성을 강조하면서 행동주의 학습이론을 한 단계 높은 수준으로 끌어 올렸다는 것이다(생각의마을, 2018).

비판으로는 첫째, 인지구조나 단계(발달단계, 인지적 수준)의 중요성을 간과하고 있다는 점이다. 둘째, 인간발달의 설명을 전체적으로 지나치게 단순화한 것으로 보고, 각각 사람의 개별성이나 개인차의 문제를 지나치게 단순화했다는 비판을 받기도 한다. 셋째, 인간행동에서 외부환경의 중요성을 강조하면서 내적이고 자발적인 측면을 과소평가하고 있다는 것이다. 넷째, 관찰학습은 단순한 행동을 신속하고 쉽게 학습할 수 있다는 장점을 가지고 있지만, 다양하고 복잡한 기능을 필요로 하는 행동의 학습을 설명하는 데에는 한계가 있다.

이러한 비판에도 사회학습이론은 오늘날 인간을 돕는 현장에서 매우 유용하게 활용되고 있으며, 인간을 더욱 낙관적으로 바라보며, 과거보다는 '여기-지금(here & now)', 또는 미래에 강조점을 두고 있다는 장점이 있다.

제10장 행동주의 이론 기출문제

1. 다음 설명 중 옳은 것은?

① 벌 : 바람직한 행동의 발생률을 높이는데 초점이 있다

② 일차적 강화물 : 미소, 칭찬, 점수, 돈 등이 있다.

③ 부적강화 : 특정 행동의 빈도를 증가시키기 위해 불쾌한 자극을 제거하는 것이다.

④ 이차적 강화물 : 배고픈 사람에게는 음식이 이차적 강화물이다.

⑤ 강화물 : 특정한 반응이 보상받거나 혹은 보상받지 못할 것이라는 단서이다.

2. 반두라가 행동의 인지적 기본 원리의 핵심 요소로 규정한 것은 무엇인가?

① 자기강화 ② 자기효율성 ③ 자기조정

④ 모방 ⑤ 인지

3. 공포감을 일으키는 상황을 위계별로 구분하여 가장 공포감을 덜 느끼는 상황에서 긴장을 이완하고 둔감하게 반응하도록 연습하면서 서서히 강도를 높여 마침내 공포감을 느끼는 상황에서도 둔감한 반응을 보일 수 있도록 치료하는 기법은 무엇인가?

① 체계적 둔감법 ② 환기법 ③ 역할연습

④ 이완법 ⑤ 모델링

4. 특정한 수의 행동이 일어난 후에 강화하는 것은 무엇인가?

① 연속적 강화 ② 간헐적 강화 ③ 고정비율 강화

④ 가변비율 강화 ⑤ 고정간격 강화

5. 다음 보기는 행동주의 이론의 주요개념이다. 무엇에 대한 설명인가?

- 특정한 반응이 보상되거나 보상되지 않을 것이라는 단서 또는 신호로 작용하게 되는 자극이다.
- 인간은 이것을 통해서 외적 세계를 예측하고 통제하는 것이 가능하다.

① 변별자극 ② 조건적 자극 ③ 일차적 자극
④ 이차적 자극 ⑤ 조작적 자극

1. 정답 : ③ 부적강화 : 강화란 특정 행동의 빈도를 증가시키기 위한 것이고, 부적이란 무엇인가를 제거하는 것이다.

2. 정답 : ② 자기효율성 : 바람직한 효과를 산출하는 행동을 성공적으로 수행할 수 있다는 개인의 믿음을 말하며, 자신이 행동해야 할지 여부와 얼마나 오래 수행할 수 있을지를 결정하는 근거가 되기도 한다. 자기효율성은 자기효능감이라 부르기도 한다.

3. 정답 : ① 체계적 둔감법은 스키너의 행동주의 이론의 기법으로 혐오스러운 대상이나 물체에 대해 조금씩 빈도나 사고 빈도를 높여 혐오스런 감정이나 반응을 조금씩 상쇄시켜 나가는 방법이다.

4. 정답 : ③ 고정비율 강화 : 특정한 행동이 일정한 수만큼 일어났을 때 강화를 주는 것

5. 정답 : ① 스키너의 행동주의 이론의 개념 중 변별자극에 대한 설명으로 변별자극이란 특정한 반응이 보상받거나 혹은 보상받지 못할 것이라는 단서 혹은 신호로서 작용하는 자극을 말한다. 인간은 변별자극으로 외적 세계를 예측하고 통제하는 것이 가능하다.

11 Chapter

인지이론

인지이론(cognitive theory)은 인간의 생각과 사고에 초점을 두는 이론으로서, 인간의 인지적 사고능력으로 인간의 행동이 형성·발달된다는 관점에서 출발한다. 이러한 인간의 인지적 사고능력을 토대로 인간행동을 이해하기 위해 지각, 기억, 지능, 언어 등에 초점을 두고 강조하는 것이다.

오늘날 인지이론에는 여러 가지 이론이 혼재해 있지만 세 가지 관점으로 살펴볼 수 있다. 첫째, 인지발달이론가 중 가장 존경받는 학자인 피아제(Piaget)는 인지발달의 속성기능과 인지기능의 모델을 제시하였다. 사고의 질과 인지능력 정도의 차이는 어떠한가, 사회·정서적 발달과 기능에 따라 이러한 특성들이 어떻게 강화되는가에 관심을 가지고 있다. 즉, 인간이 지니고 있는 생각과 사고가 잘못되었기 때문에 각종 사회적·심리적·정신적 역기능 현상들이 일어난다고 보는 것이다. 둘째, 인지학습이론가와 인지행동이론가는 행동과 그 행동에 대한 환경적 반응에 대한 영향과 개인의 사고가 행동에 미치는 기본적인 과정을 설명하고 있다. 셋째, 엘리스(Ellis)와 벡(Beck)은 인지발달과 기능에 대한 개념들을 임상적으로 확대하였다. 즉, 사람들이 어려움과 혼란에 빠지고 부적절하게 기능하는 이유를 파악하고자 했으며, 이러한 문제를 변화시켜야 함을 강조하면서 전략을 제시했다.

이러한 인지이론의 등장으로 행동치료, 심리학, 정신의학, 사회복지학에서는 생물학적·환경적 결정론에서 벗어나게 되었고 개인의 사고가 감정과 행동에 미치는 영향력을 중재하는 역할에 초점을 두게 되었다.

1. 피아제(J. Piaget)의 인지발달 이론

1) 주요 생애

피아제는 1896년 스위스의 뉴사텔에서 태어났다. 피아제는 어릴 때부터 과학자로서의 소질을 보였으며, 10세 때 공원에서 본 백변종 참새에 관한 논문을 발표하였다. 1918년 21세에 뇌샤텔 대학에서 연체동물에 관한 논문으로 생물학 박사학위를 취득하였다.

1920년 피아제는 파리의 비넷 실험실에서 일하면서 아동에 관한 연구를 시작하였으며, 1925년 피아제의 첫 아이인 재클린(Jacqueneline)의 출생을 계기로 아동의 인지적 행동에 관한 중요한 연구가 시작되었다. 1940년 피아제는 아동 및 청년에 대한 연구를 진행하면서 초기 연구의 꿈, 도덕성, 아동의 일상적 생활에서의 흥미에 관한 주제에서 수학적·과학적 개념에 대한 아동의 이해로 바뀌었다.

피아제의 대표적인 저서로는 『아동의 언어와 사고』(1923), 『아동의 판단과 추론』(1924), 『아동의 세상개념』(1926), 『아동의 물리적 인과성 개념』(1927), 『아동의 도덕판단』(1932), 『시간에 대한 아동의 이해』(1946), 『운동과 속도에 대한 아동의 이해』(1946), 『수에 대한 아동의 이해』(1952) 등이 있다.

2) 주요 개념

피아제의 주요 개념으로는 도식, 적응, 평형화, 조직화 등이 있다.

(1) 도식(Schema)

도식은 개인이 사물이나 사건, 사실에 대한 전체적인 이해의 틀을 말한다. 즉, 인간이 주변 세계를 이해하고 그것에 대해 생각하는 이해의 틀을 의미한다.

기본적으로 반사를 갖고 태어난 신생아는 반사행동의 반복을 통하여 도식을 형성해 나간다. 예를 들면, 빨기 반사를 갖고 태어난 신생아는 젖을 빨면서 빨기 도식을 지니게 되고 이것이 계속 기억 속에 남아 반복하게 된다.

도식이란 한마디로 유아 자신의 경험적 활동에 의해 조직화된 행동양식이라고 할 수 있다. 또한 도식은 행동이 유사한 상황 속에서 반복되거나 일반화되는 구조나 조직이다(강기정 외, 2009 재인용). 피아제에 의하면 도식이란 사물을 인지하고 대응하는 데 사용하는 자아의 틀을 의미하며, 같은 발달단계에 있다 하더라도 개인은 자신의 인지발달 수준에 따라 환경을 다르게 인식하고 환경의 특정 부분을 더 강조하기도 하므로 사람마다 다른 도식을 갖는다(김규수 외 공역, 2002).

(2) 적응(adaptation)

적응은 환경과의 직접적인 상호작용을 통해 기존의 도식을 유지하거나 새로운 도식을 형성하는 과정으로 동화와 조절이라는 상호보완적 두 가지 수단을 통해 진행된다.

피아제에 의하면 적응이란 인간 개개인들이 자신의 생존을 위하여 주위 환경 상황들과의 상호작용과 자기조절을 통하여 조화를 이루는 과정으로 주위의 환경 조건들을 조정하는 것이다. 즉, 유기체가 자신의 주위 환경조건을 조정하는 능력을 말하며, 이것은 유기체가 주위환경과 조화를 이루면서 생존을 위해 변화하는 과정이다(Zastrow & Kirst-Ashman, 2007).

동화(assimilation)는 자신이 이미 가지고 있는 도식에 맞게 새로운 대상들을 받아들이는 인지과정이다. 즉, 동화는 외부환경을 기존의 도식에 맞게 변형시킴으로써 새로운 자극을 이해하는 것이다. 유아가 다리가 네 개이고 뿔이 두 개인 짐승을 '소'라는 도식을 지니고 있다면, 유아의 기존의 도식에 새로운 대상인 '염소'를 끌어들여 '소'라고 이해할 것이다. 유아는 이미 지니고 있는 도식과 새로운 대상 사이의 차이를 인식해 나가면서 기존의 도식을 변형해 나간다.

조절이란 기존의 도식으로 새로운 사물을 이해할 수 없을 때, 기존의 도식을 변경하는 것을 말한다. 즉, 새로 들어오는 정보가 현존해 있는 도식에 잘 이해할 수 없을 때에 유아는 자신이 가지고 있는 현재의 도식을 수정해서 새로운 정보를 만들어간다. 이러한 과정은 인지적 이해의 틀을 변화시키며 발달해 간다. 예를 들어, 유아가 사자를 보고 고양이라고 말할 때 누군가가 "아니야, 그것은 사자란다"라고 말해줌으로써 잘못을 바로 잡을 수 있고, 이때 유아는 '사자'라고 불리는 새로운 도식을 형성하게 된다.

(3) 평형화

평형(equilibrium)화란 동화와 조절의 균형을 의미한다. 피아제는 유아의 인지성장과 발달을 위하여 동화와 조절 간의 적당량의 균형된 역할이 필요하며, 모든 유기체는 자신과 환경 사이에 조화로운 관계, 즉, 평형을 만들려는 생득적 경향성을 가지고 있다고 전제한다.

유아가 새로운 자극을 접했을 때, 그 자극이 기존의 도식과 맞지 않으면 불평형 상태가 발생하고, 불평형 상태는 긴장과 갈등을 유발하여 평형상태로 되돌아가려는 노력을 활성화시킨다. 즉, 새로운 경험이 불균형을 일으켰을 때 유아의 도식이 변경을 통해 수정되고 균형을 맞추어 가는 것이다(Bukatko & Daehler, 2001).

평형은 피아제의 주요한 동기 개념이며 동화만 발달하면 사물 간의 차이를 구별할 수 없다. 또한 조절만 발달한다면 사물 간의 유사성은 찾지 못하게 되므로 모든 유기체는 평형 상태를 취하려고 애를 쓰게 된다(임은희 외, 2019).

피아제는 인간의 인지발달이 동화와 조절이라는 적응과정을 통여 내면적인 평형이 이루어지면서 가능하다고 주장했다. 따라서 평형상태를 다시 회복하기 위해 적응 과정이 되풀이됨으로써 보다 높은 수준의 인지발달이 이루어지게 된다고 하였다. 한편 동화와 조절이 이루어지는 과정은 모든 연령과 인지발달 단계에서 동일하며, 평형은 모든 연령 단계에서의 인지발달을 설명해 줄 수 있는 보편적인 원리가 된다(이근홍, 2016).

(4) 조직화

조직화(organization)란 상이한 도식들을 결합하는 것을 말한다. 이는 우리가 인지한 것을 의미 있게 만드는 방식으로서, 질서를 추구하고 형성하고자 하는 인간의 타고난 경향을 말한다. 개인은 늘 도식들 간에 논리적 결합을 추구하는 경향이 있다. 다시 말해서 서로 다른 정보나 도식을 상호연결시킨다는 것이다(Ginsbure, 1985). 예를 들면, 아기가 처음에는 장난감 방울을 잡으려 하다가(보기 도식) 좀 더 성숙한 후에는 방울을 보고 그 방울을 잡으려 한다(잡기 도식). 아기가 방울을 보고 잡는 행동은 보기 도식과 잡기 도식이 결합한 행동으로 '보고 잡기'라는 통합뒤 도식으로 확장된다. 이렇게 조직화를 통해 도식이 개발되고 변화된다. 새로운 정보를 조리에 맞게 논리적으로 종합해 보는 것도 조직화의 한 양상이다.

3) 인지발달 단계

피아제는 아동발달에 관한 연구를 증진시키는 데 중요한 기여를 하였으며, 정신과정의 통합과 장점에 대한 관점을 제시함으로써 인지적 사건이 중요한 연구주제로 등장하게 되었다. 피아제의 또 다른 핵심개념은 인지발달이 연속적으로 이루어진다는 것이다. 유아는 초기에는 자기(self)와 외부세계를 구분하는 능력이 없다. 인지발달의 주요 과제는 그러한 자아중심성(egocentricity)을 점차로 줄이는 것이다. 아동은 점차적으로 인지적 조작을 수행하는 것을 배우게 된다.

피아제의 인지발달 단계는 감각운동 단계에서 출발하여 전조작 단계, 구체적 조작 단계, 형식적 조작단계의 네 단계로 제시하였다.

(1) 감각운동기(Sensory Motor Stage)

감각운동기의 발달은 출생에서 약 2세까지 지속되는 감각 및 운동 도식에 집중된다. 감각운동기 대 세상에 대한 영아의 인식은 감각기관과 운동기능을 통해 이해하는 것에 국한된다. 영아가 이해하고 기억하는 것은 자신이 지접 보고, 듣고,

느끼고, 행동하는 것에 의존한다. 즉, 감각기관을 통해 받아들인 정보가 인지발달의 중요한 내용이 된다는 것이다. 이 시기의 발달은 매우 빨라서 처음에는 생득적인 반사가 출발점이 되지만 마지막 단계에 가서는 감각운동적인 활동을 통해서 비교적 지적인 활동도 할 수 있게 된다. 이 시기는 빨기반사와 같은 다양한 반사나 운동기술이 발전하면서 인지적 도식에 영향을 미친다. 대부분 감각운동에 기초하여 행동하는 단계로 여섯 가지 하부단계로 구성되며, 간단한 지각능력이나 운동능력은 이때 발달한다. 반사운동기, 1차 순환반응, 2차 순환반응, 2차 도식들의 협응, 3차 순환반응, 사고의 시작(상징적 표상) 단계로 나뉜다.

① 반사운동기(reflex activity : 0~1개월)

영아는 출생 시 환경에서 받는 자극에 적응할 수 있는 내적 체계를 갖고 있다. 즉, 반사로서 피아제는 반사도 도식의 하나로 보고 빨기반사, 쥐기반사 등이 빨기도식, 쥐기도식으로 동화된다고 하였다.

영아는 세상에 대한 지식을 습득하는 일차적 자원으로서 빨기, 잡기, 큰 소리에 반응하기와 같은 반사적 행동에 의존한다. 출생 직후부터 영아는 입에 닿는 것은 무엇이든 빨고, 손에 닿는 것은 잡으며, 소리 나는 쪽으로 고개를 돌리는 등 일련의 반사기능을 반복적으로 연습한다. 이때 영아의 행동은 의도적인 것이 아닌 반사적인 것이다.

이 하위단계의 중요한 특징은 첫째, 자신과 외부세계 간의 구분이 없으며, 둘째, 다양한 반사도식들을 사용함으로써 영아는 환경의 요구에 더 잘 적응할 수 있다는 것이다.

② 일차 순환반응기(primary circular reaction : 1~4개월)

이 시기의 영아의 관심은 자신의 신체에 있으며, 자신의 신체에 대해 탐색을 하는 시기로 자신의 신체를 빨기, 잡기와 같은 감각운동을 반복한다고 해서 순환반응이라고 한다. 즉, 손가락 빨기 등과 같이 우연히 어떤 행동을 통하여 흥미있는 결과를 얻었을 때 이러한 행동을 반복하는 행동을 하는 특성을 갖는다는 것이다. 영아는 처음에는 단지 우연한 행동을 반복하여 어떤 흥미 있는 결과를 유도하게 된다(김영호 외, 2010 재인용). 흥미를 끄는 행동은 영아의 신체를 중심으로 반복해서 나타나는 매우 단순한 것으로 자신의 신체를 제외한 외부 사건은 이 때 일어나지 않는다(조복희 외, 1988). 예를 들면, 영아가 손가락을 빠는 것이 아주 재미있는 일이라고 생각하게 되면 손가락을 자꾸 입속에 넣으려고 한다. 그러나 어떤 때는 그렇게 할 수 없다. 아기는 여러 번 실패한 후에 빠는 손동작을 조직화하여 엄지손가락을 빨 수 있게 된다.

순환반응의 목적은 기존 도식에 대한 수정이며, 이 도식의 수정은 지적발달에 대한 입증이다. 이 하위 단계 동안 영아는 다양한 반사들에 숙달되며, 이 반사들은 서로 협응하게 된다. 예를 들어, 영아는 눈으로 흥미 있는 물체를 추적하면서 한편으로는 그 물체를 잡으려고 팔을 뻗치기 시작한다. 빨기－잡기 도식과 보기－잡기 도식은 이 단계에서 획득되는 중요한 도식 간의 협응이다(이은희, 2016).

③ 이차 순환반응기(secondary circular reaction : 4~8개월)

2차 순환반응 단계로서 4~8개월까지를 말하며, 인지발달의 특성은 활동 자체의 흥미에서 벗어나 환경변화에 흥미를 가지고 딸랑이 흔들기를 하는 등의 반복하는 행동을 하게 된다. 즉, 자신의 행동과 예상되는 결과를 예측하여, 자신의 욕구충족을 위하여 의도적으로 반복행동을 한다.

일차 순환반응과 이차 순환반응 간의 주된 차이점은 관심의 초점에 있다. 일차 순환반응기 동안에는 영아가 자신의 신체와 신체 주변에 있는 대상과 사건에 관심을 가지고, 이차 순환반응기에는 영아의 관심이 자신의 신체 외부에 있는 대상과 사건에 있다. 즉, 일차 순환반응은 영아의 여러 신체 부분들이 서로 협응하는 것을 말하고, 이차 순환반응은 영아가 그 자신이 아닌 외부에서 흥미로운 사건들을 발견하고 이를 다시 반복하려고 할 때 일어난다.

예를 들어, 우연히 딸랑이를 흔들어 소리가 날 경우 영아는 잠시 멈추었다가 다시 한 번 더 그 소리를 듣기 위해 딸랑이를 흔드는 행위를 반복하게 된다. 그러한 행동이 되풀이 되는 것은 '의도성'이 나타나는 증거이며 심지어 목표지향적 행동의 초기형태가 시작된다는 증거이기도 하다. 그러나 이러한 행동은 우연적이며, 처음부터 목적적이거나 의도적이지 못한 한계를 가진다.

④ 이차 순환반응의 협응기(coordination of secondary schemes : 8~12개월)

이 시기의 영아는 전 단계에서 얻은 여러 도식을 가지고 있다가 새로운 상황에 부딪히면 문제해결을 위해 이 도식들을 협응하여 사용한다. 영아의 관심은 자신의 신체가 아니라 주위 환경에 있으며, 자신의 목표를 달성하기 위해 두 가지 행동을 협응하게 되기 때문에 이 단계를 이차 순환반응의 협응기라고 부른다.

이 시기 인지발달의 특성은 친숙한 행동이나 수단을 통해 새로운 결과를 얻기 위해 행동한다. 목적을 성취하기 위해 새로운 도식 사용을 실험하는 단계이다. 즉, 장난감을 잡고 싶어서 그 장난감을 덮고 있는 천을 치우는 행동을 한다. 이 단계의 행동은 의도적이고 목적적인 1차 도식과 2차 도식의 협응이 이루어지는 단계이다.

⑤ 삼차 순환반응기(tertiary circular reaction : 12~18개월)

3차 순환반응 단계로서 12~18개월까지를 말하며, 이 단계는 감각운동기의 절정기이다. 영아는 새로운 행동이나 진기한 사건을 일으키는 데 적극적인 관심을 보이며, 또한 하나의 목적을 위해 여러 차례의 시행을 해보거나 같은 목적을 얻기 위해 새로운 반응을 시도해 보기도 한다.

이 단계의 인지발달의 특성은 외부세계에 대하여 명백히 실험적이며, 탐색적 접근을 한다. 새로운 대상이 제시되면 이리 저리 탐색하고, 다른 행동양식을 적용해 봄으로써 그 대상의 구조와 기능을 밝히려고 노력한다. 예를 들어, 수도꼭지에 손을 대고 물이 퍼지는 장난을 할 때도 각도를 달리하여 여러 방향으로 물이 퍼져나가게 시도한다. 이것은 모방을 통한 학습이 목적이 아니라 재미로 학습하는 것이며, 선천적 호기심이 그들의 도식을 발달시킨다.

⑥ **사고의 시작**(beginning of thought : 18~24개월)

마지막 사고의 시작 단계는 18~24개월까지의 유아를 말하며, 이때 인지발달의 특성은 직접 경험하지 않아도 행동하기 전에 사고를 함으로써 어떤 행동을 할 수 있게 된다. 생각을 통해 이해와 통찰을 얻을 수 있으며, 수단과 목적의 관계에 대한 정신적 조작이 가능해지면서 몸으로 행동하는 대신 마음속으로 행동의 결과를 예측할 수 있는 능력을 갖게 된다. 예를 들어, 성냥갑 속에 들어 있는 구슬을 찾기 위해 성냥갑을 한참 쳐다보다가 방법을 생각해 낸 후 상자를 열고 그 안의 구슬을 꺼내는 것이다. 이는 단순히 시행착오라기보다 통찰을 통한 새로운 도식을 습득하게 된다.

또한 감각운동기에 일어나는 가장 중요한 인지발달의 변화는 대상영속성의 개념을 획득한다는 것이다. 유아는 여러 가지 도식을 협응함으로써 대상영속성(object permanence) 개념을 획득하게 되며, 지능발달에 필요한 기본적 개념을 초보적인 수준에서 획득하게 된다. 대상영속성이란 어떤 대상이 시야에서 사라져도 그 존재가 소멸되지 않고 살아 있다는 것을 아는 것을 말한다.

(2) 전조작기(Preoperational Stage : 2~7세)

이 단계는 2~7세까지의 시기로 언어를 사용하면서 사물을 기억하고 표현하는 능력을 가지지만 조작능력은 아직 미흡하며, 상징놀이(symbolic play)를 통하여 보이지 않는 어떤 대상이나 상황을 생각하고, 사회, 신체 및 내적 세계를 실험하고 이해하면서 과업을 수행하는 능력을 배우게 된다. 즉, 이 단계에서는 마음속으로 사물의 이미지를 만들 수 있게 되면서 모방, 상징놀이, 언어기술 등을 획득하게 된다.

전조작기의 인지발달의 두드러진 특징은 기호적 기능(semiotic function)과 중심화(centration)이다. 언어를 시작하고 언어능력이 발달하기 시작한다. 언어습득을 통해 개념적 사고를 이해하고 사물이나 사건을 내재화할 수 있는 능력이 생기고 보이지 않는 것을 지적하는 표상이 가능하다. 직접적으로 지각적 경험을 하지 않은 대상을 조작하는 능력은 제한되어 있다.

이 단계의 유아들의 특징은 다음과 같다.

① 자아중심성

자아중심성(egocentrism)은 유아가 자신의 관점과 상이한 다른 사람의 관점이 존재한다는 사실을 알지 못하기 때문에 모든 사람이 자신이 보는 것과 같이 세상을 보고 있다고 생각하는 것을 말한다. 즉, 타인의 감정, 생각, 관점 등이 자신과 동일하다고 생각하는 것이다.

자아중심성이란 이기적·독단적이라는 뜻과는 다르다. 따라서 이 시기의 아동은 함께 놀아도 상대방의 입장을 이해하지 못하므로 따로 노는 것이나 마찬가지이다. 이러한 자아중심성은 성인과의 관계보다 또래와의 상호작용을 통해 극복해야 한다.

② 직관적 사고

직관적 사고(intuitive thought)는 유아가 아직 사물이나 사건의 여러 측면에 주의를 기울일 줄 모르기 때문에 그 속에 내재된 규칙이나 조작을 이해하지 못하고 사물이나 사건이 갖는 단 한 가지의 가장 두드러진 지각적 속성만으로 그것들을 판단하는 것을 말한다.

전 조작기에는 어떤 대상을 단 한 가지 지각적 특성에 의해 판단하는 직관적 사고 때문에 보존개념이 획득되지 못하며, 유목 간의 부분과 전체의 논리적 관계 및 상위유목과 하위유목 간의 위계관계를 이해하지 못하여 분류화와 서열화가 획득되지 않는다(이근홍, 2016).

③ 물활론

물활론(animism)은 사물은 유아의 자연관을 특징짓는 것으로 모든 사물에 생명이 있고, 생각이 있으며 감정이 있다고 믿는 것이다. 움직이는 것에 생명을 부여하고 움직이지 않는 것에는 부여하지 않는다. 탁자나 꽃은 움직이지 않으므로 죽은 것이고 구름이나 자동차는 움직이므로 살아 있는 것으로 본다. 8세경이 지나야 비로소 스스로 움직이는 것에 한해서 생명을 부여하며, 그 이후가 되어야 생명이 있는 것을 식물과 동물에 한정시킨다(서봉연 역, 1993).

④ 상징적 기능

상징적 기능(symbolic function)은 유아가 눈에 보이지 않는 사물이나 행동을 표상하기 위해 상징을 사용하는 능력을 말한다. 상징적 기능은 감각운동기에 최초로 나타나 전조작기에서 가장 많이 발달한다. 이 시기의 아동은 베개를 아기라고 하면서 업고 다니고 손을 문질러 씻는 흉내를 내면서 비누라고 하기도 한다.

상징적 기능은 상상놀이, 그림 및 언어를 통해서 가장 잘 표현하고 있다. 상상놀이란 가상적인 사물이나 상황을 실제사물이나 상황으로 상징화하는 놀이이다. 예를 들면, 나무토막으로 총놀이를 하는 유아는 실제로 나무토막으로 놀이를 한다기보다는 자신의 머릿속에 있는 표상을 나무토막이라는 상징물을 통해 재현하고 있는 것이다.

⑤ 타율적 도덕관

타율적 도덕관(heteronomous morality)은 유아가 성인들에 의해 부여된 규칙에 맹목적으로 복종하는 것을 뜻한다. 유아는 항상 따라야 하는 하나의 강력한 규칙이 있으며, 규칙은 고정되어 있어서 변화될 수 없다고 생각한다. 또한 유아는 규칙이란 지키지 않으면 벌을 받기 때문에 절대적으로 지켜야 한다고 생각한다(유안진·김혜선, 1996). 이 시기의 유아는 산타클로스가 있다고 믿으며, 거짓말을 하면 피노키오처럼 코가 길어진다고 믿는다.

이러한 타율적 도덕관은 구체적 조작기에 들어간 10세경까지 지속되다가 그 이후에 규칙이 협동적인 상호작용을 위한 계약이라는 것을 배우게 되면서 자율적 도덕관이 나타난다.

⑥ 꿈의 실재론

꿈의 실재론(realism)이란 유아가 자신이 꿈꾼 것이 실제라고 생각하는 것이다. 즉, 유아는 꿈이 현실로 존재한다는 것을 전적으로 믿고 있다는 것이다. 유아는 점차 성장하면서 꿈이 실제가 아니라는 것을 깨닫지만 성인들과는 다른 방식으로 꿈을 생각한다. 그들은 자신의 꿈이 타인에게도 보이며, 바깥으로부터 들어오는 것으로 생각하고 꿈을 꾸는 동안 그들의 외부에 그대로 남아 있다고 생각한다. 6~7세경이 되어서야 비로소 그들은 꿈의 성질을 완전히 이해하게 된다(서봉연 역, 1993).

⑦ 인공론적 사고

인공론적 사고(artificial thinking)란 모든 세상의 사물이나 자연현상을 사람들이 필요에 의해서 만든 것으로 생각하는 것을 말한다. 사람들이 집이나 교회를 짓듯이 해와 달도 우리를 비추기 위해서 만든 것이라고 생각하고, 비가 오는 것은 하늘에서 누군가 커다란 스프링클러로 물을 뿌리기 때문이라고 믿는다(송길연 외 공역, 2005).

(3) 구체적 조작기(concrete operation stage)

이 단계는 7~11세까지의 시기로 인지적 능력이 급속도로 발전하는 단계로서 학령기에 해당된다. 비논리적 사고에서 논리적 사고로 전환되고, 사고가 안정되고 일관성이 있으며, 조작적이면서 논리적 추리력을 갖게 되는 단계이다.

이 단계는 전조작적 사고와 형식적 사고 사이의 과도기 역할을 하지만 가장 높은 조작능력을 획득하는 것은 아니다. 자신이 말하는 것뿐만 아니라 상대방 요구도 같이 생각하면서 아동의 사고는 자기중심성을 극복하기 시작한다.

구체적 조작기 단계의 아동의 특성은 다음과 같다.

① 보존개념의 획득

보존개념(conservation)은 어떤 대상의 외적 형태가 변화되어도 그 양적 속성이나 실체가 바뀌지 않는다는 사실을 이해하는 것을 의미한다. 구체적 조작기 아동은 수·길이·면적·무게·부피 등 여러 형태의 보존개념을 획득해 나간다.

이 시기의 아동은 보존개념이 획득되어 동일성(identity : 물을 더 붓거나 덜지 않았으니 양은 같다), 보상성(compensation : 이 컵이 긴 반면, 저 컵은 넓다. 따라서 물의 양은 같다), 가역성(inversion : 이것을 전에 있던 컵에 그대로 다시 부을 수 있기 때문에 두 컵의 양은 같다)의 논리를 사용할 수 있게 된다. 이와 같이 아동이 동일성, 가역성 및 보상을 이해할 수 있게 되면서 보존 개념의 획득이 가능해진다.

② 분류화

분류화(classification)는 여러 사물과 현상들을 그 속성의 유사성에 따라 분류하여 이들의 공통적인 범주를 찾아내는 것을 말한다. 즉, 대상을 구분하고 동시에 두 개 이상의 계층을 고려할 수 있는 능력이다. 색깔이나 크기에 따라 순서를 배열할 수 있는 능력을 갖게 되고 크기를 비교할 수 있게 된다.

분류화는 단순분류화, 중다분류화, 유목화(classification)로 나누어진다.

단순분류화는 하나의 속성을 기준으로 분류하는 것을 의미하며, 중다분류화는 두 개 이상의 속성을 기준으로 분류하는 것이다. 유목화는 사물의 일정한 속성-전체와 부분과의 관계, 혹은 상위와 하위 유목 간의 관계-에 따라 분류할 수 있는 능력을 말한다.

③ 서열화

서열화(seriation)는 여러 사물이나 현상들을 특정 속성에 따라 순서대로 배열하는 것을 말한다. 구체적 조작기 아동은 사물 간의 관련성을 이해할 수 있기 때문에 한 대상이나 사물을 여러 대상이나 사물들과 비교할 수 있게 되어 차례대로 나열할 수 있다.

④ 탈중심화

탈중심화(decenter)는 사물의 어떤 두드러진 특성이나 측면에만 얽매이지 않고 여러 가지 특성이나 측면을 고려하는 다면적 사고를 할 수 있는 것을 의미한다. 구체적 조작기의 아동은 또래와의 관계 속에서 점차 자아중심성으로부터 벗어나게 되며, 자신의 관점과 다른 사람의 관점을 구별할 수 없는 것에서 벗어나 다른 사람의 관점과 사물의 다른 특성을 고려하게 된다. 하지만 구체적 조작을 성취함으로써 아동은 논리적으로 사고할 수 있지만 논리를 가설적 문제에 적용하지는 못한다.

⑤ 자율적 도덕성

자율적 도덕성(autonomous morality)은 규칙이 상호합의에 의해서 제정되며, 서로가 동의하면 언제든지 자율적으로 변화될 수 있다는 것을 의미한다. 예를 들면, 어머니를 간호하기 위해 학교를 결석할 수 있듯이 상황에 따라 규칙은 지켜지지 않을 수도 있으며, 이로 인해 반드시 처벌받는 것이 아니라는 것도 깨닫게 된다. 피아제는 이 단계를 자율적 도덕성의 단계라 지칭한다.

(4) 형식적 조작기(formal operation stage)

이 단계는 인지발달의 마지막 단계로 11세~성인기까지의 시기로서 아동은 자신의 지각이나 경험보다는 논리적 원리의 지배를 받는다. 추상적 사고가 가능하기 때문에 경험하지 못한 사건에 대한 가설적이고 추상적인 합리화를 통하여 과학적 사고를 할 수 있게 된다. 이 단계의 개인은 생산적인 삶을 이끌 수 있는 인지적 능력이 있다. 이러한 형식적 조작사고 단계에서 나타나는 인지발달의 특성은 구체적인 상황을 초월하여 상상적 추론이 가능하며, 가설설정과 미래사건의 예측이 가능하다.

또한 조합적 사고를 통해 여러 가능성을 생각하고 체계적으로 가설을 검증할 수 있고, 관련된 여러 변인들의 관련성을 파악하여 여러 가지 가능성을 탐색할 수 있게 되면서 적절한 문제해결능력과 분석능력이 발달한다. 이러한 형식적 조작능력은 13~15세 사이에 가장 활발히 발달하게 된다(신기원 외, 2016).

이 시기에는 구체적이고 현실적인 세계를 넘어서 추상적으로 사고를 할 수 있게 되며, 과학자와 유사한 가설 연역적 추리를 할 수 있다. 또한 조합적 사고가 가능해지고, 명제적 사고와 다차원적 사고도 할 수 있게 된다(이근홍, 2016).

① 추상적 사고

추상적 사고(abstract thinking)는 실제적·구체적으로 경험할 수 없는 사물이나 사건을 머릿속으로 생각하는 것이다. 형식적 조작기에는 어떤 사물에 대해 다양한 요인을 함께 고려할 수 있을 뿐만 아니라 사물이 존재하는 방식과 기능하는 방식에 대해 창의적으로 사고할 수 있다.

이 시기의 청소년들은 미래에 대해서 자신이 나아갈 사회에 대해 생각하기 시작하며, 종교, 윤리, 철학 등의 주제에 관심이 많아진다. 삶의 의미를 음미하고 사회적 가치관을 이해하며, 예술작품이 상징하는 것을 이해하는 것은 추상적 사고가 가능하기 때문이다.

② 가설 연역적 추리

가설 연역적 추리(hypothetical deductive reasoning)는 제시된 문제에 내포된 정보로부터 하나의 가설을 설정하여 일반적인 원리를 바탕으로 특수한 원리를 논리적으로 이끌어 낼 수 있는 능력을 말한다. 어떤 문제를 해결해야 하는 상황에 놓일 때, 구체적 조작기의 아동은 과거의 문제해결 경험을 바탕으로 그 문제를 해결하려고 하지만, 이와 달리 형식적 조작기의 청소년들은 문제해결 방안과 관련된 가설을 설정하고 체계적인 검증을 통하여 문제해결의 원리를 도출해 낼 수 있다(생각의마을, 2019).

③ 조합적 사고

조합적 사고(combination thinking)는 하나의 문제를 해결하기 위해 여러 가지 가능한 해결책을 논리적으로 구성하여 문제해결에 이를 수 있는 사고를 의미한다. 구체적 조작기의 아동은 하나의 명제적 사고를 하지만, 형식적 조작기는 문제에 직면했을 때 모든 가능한 해결책을 논리적으로 궁리해 봄으로써 결국 문제해결에 이르게 되는 여러 가지 명제 간의 조합이 가능하다.

④ 명제적 사고

명제적 사고(propositional thinking)는 경험적 현상에 대해 추리하는 것이 아니라 진술 간의 논리적 관계를 추리하는 것으로 논리적 판단을 언어나 기호로 표현할 수 있는 능력을 말한다.

형식적 조작기에는 현실세계의 상황을 고려하지 않고 명제의 논리적 진위만을 판단하며, 여러 명제 간의 논리적 추론을 이끌어 내는 명제적 사고를 할 수 있게 된다.

⑤ 다차원적 사고

다차원적 사고(multi dimensional thinking)는 하나의 차원을 넘어 여러 차원을 동시에 추구할 수 있는 능력을 말한다. 즉, 이것은 인식의 범위가 하나의 상황을 단일 상황이 아닌 여러 가지 입체적 · 통합적 흐름 속에서 다면적으로 바라볼 수 있는 의식체계를 말한다.

4) 피아제 이론의 평가

인간의 사고능력을 가장 중요하게 여기는 인지이론에서 인지의 발달은 인간의 모든 성장과정에서 가장 중요한 요소로 간주된다. 피아제의 인지이론은 인지발달을 청소년기까지 제한적으로 설정하였기 때문에 교육적인 측면에서 유아교육의 중요성을 강조하고 있다.

피아제의 업적을 간략하게 요약하면 다음과 같다(송길연 외 공역, 2014).

첫째, 피아제의 이론은 인지발달 이론을 확립시켰다. 아동의 사고에 대한 관심을 통해 이 분야가 단순히 성인의 사고에 대한 연구로부터 알게 된 개념과 방법을 아동에게 적용하는 것이 아니라 '발달적' 연구가 되도록 이끌었다.

둘째, 피아제는 아동이 발달과정에서 중요한 역할을 직접 수행하는 호기심 많고 능동적인 탐색가임을 확신시켰다.

셋째, 피아제의 이론은 발달과정을 단순히 묘사하지 않고 설명하려고 시도한 최초의 이론이었다.

넷째, 지적 발달의 광범위한 연속과정에 대한 피아제의 설명은 아동이 성장해가면서 사고방식이 어떻게 변화해 가는지에 대해 상당히 정확한 견해를 제공하였다.

다섯째, 피아제 식 개념은 사회적 · 정서적 발달에 대한 생각에 중대한 영향을 끼쳤을 뿐만 아니라 교육가들에게 수많은 실용적인 시사점을 제공하였다.

한편 피아제의 인지이론의 비판으로는 첫째, 능력과 수행을 구별하지 못했다는 점이다. 피아제가 신생아, 걸음마기, 유아 그리고 학령 전 아동의 인지적 능력을 과소평가하였다. 그 이유 중 하나는 피아제가 아동이 다양한 인지적 과제를 어떻게 수행하는지를 결정하는 기본적인 능력 또는 인지적 구조를 밝히는데 집중하였기 때문이다. 또한 단순히 결정적 능력의 결여 이외의 많은 요소들이 인지적 검사에서의 수행을 결정하므로 이러한 가정은 잘못된 것이다. 예컨대 생물과 무생물을 구별하는 것처럼 보이는 4~5세 아동은 피아제식 검사를 풀지 못하였는데 그 이유는 피아제가 이들이 이해는 하고 있으나(결정적 능력) 정확하게 표현할 수 없는 원칙들을 설명하라고 요구했기 때문이다.

둘째, 피아제인지 이론에서 인지과정은 자발적인 과정으로서 아동은 성인의 직접적인 가르침이 없이도 그들 스스로 인지구조를 발달시킨다고 하였다. 그러나 많은 이론가들은 훈련이나 연습의 효과를 무시한 것에 대해 비판을 하고 있다(서봉연 역, 1993).

셋째, 피아제의 인지이론은 인지발달에 대해 사회 · 문화적 영향을 거의 고려하지 않았다. 아동은 주변 세계를 구성하는 다양한 사회 · 문화적 맥락에서 살고 있다. 피아제도 문화적 요소가 인지성장에 어느 정도 영향을 끼칠 수 있음을 인정하기는 하였지만, 피아제는 아동의 정신이 보다 성숙한 타인과의 사회적 상호작용을 통해 발달되는 것을 거의 고려하지 않았다.

2. 콜버그(L. Kohlberg)의 도덕성 발달이론

인간의 본성에 관심을 가진 사람들에게 가장 오래된 연구 주제 중의 하나가 도덕성 발달에 관한 것이다.

도덕성이란 선악을 구별하고 옳고 그름을 바르게 판단하며, 인간관계에서 지켜야 할 규범을 준수하는 능력을 말한다. 도덕성 발달은 자신이 속한 사회의 문화적 규범에 따라 행동하도록 배우고 이를 자신의 것으로 받아들이는 과정을 통해 이루어진다.

도덕성 발달이론(moral development theory)은 콜버그가 피아제의 이론을 보다 세분화하고 체계적으로 발전시킨 이론이다.

콜버그에 의하면 개인에게 내면화된 문화적 규범의 가치체계가 도덕성인데 그는 무엇보다 문화적 규범에 합치하는가를 결정하는 도덕적 판단능력을 곧 도덕성이라 정의하였다.

1) 주요 생애

콜버그는 1927년 뉴욕 브롱스빌(Bronxville)의 부유한 가정에서 태어났다. 콜버그는 1949년 시카고 대학을 졸업한 후 박사과정에 들어가 임상심리학과 아동발달 문제에 관심을 가지게 되었고, 보스톤 근교의 아동병원에서 실습을 하면서 정신분석적 관점에 회의를 품게 되었다. 이론적 갈등과 방황 끝에 피아제의 이론을 접하고 그것에 심취하게 되었다. 이를 토대로 1958년 도덕성 발달에 관한 논문으로 박사학위를 받게 된다.

콜버그는 시카고대학교에서 1962년부터 1968년까지 교수로 재직하였으며,

1968년 이후부터 하버드대학교 교수로 자리를 옮겨 학문적 연구와 후학 양성에 매진하였다. 그의 대표적인 저서로는 『도덕적 사고와 도덕적 행동의 발달단계』(1969), 『도덕성 발달의 의미와 측정』(1979), 『도덕성 발달의 철학』(1981), 『도덕성 발달의 심리학』(1984) 등이 있다.

2) 주요 개념

콜버그 이론의 핵심은 인지발달이다. 각기 상이한 도덕성 발달단계에서는 각기 다른 인지능력이 필요하다는 것이다. 전인습 수준의 도덕적 판단은 자기 중심적이며, 인습적 수준에 도달하고 도덕적 규범을 따르기 위해서는 다른 사람의 견해와 입장을 이해할 수 있어야 한다. 그리고 후인습적 수준의 도덕적 추론을 하기 위해서는 형식적·조작적 사고가 필요하다(Wolker, 1980). 따라서 구체적 조작기에 있는 사람이 후인습적 도덕수준에 도달할 수는 없다.

역할수용 능력이나 형식적·조작적 사고는 도덕적 성장에 있어서 필요조건이지만 충분 조건은 아니다. 다시 말해서 역할수용 능력이 있는 모든 사람이 다 인습적 수준의 도덕적 추론을 하는 것은 아니고 형식적·조작적 사고를 하는 모든 사람이 다 후인습적 수준에 있는 것은 아니다(Stewart & Pascual Leone, 1992).

콜버그는 도덕성 발달단계를 세 가지 기본 수준들, 즉 전인습적 수준, 인습적 수준, 후인습적 수준으로 구분하였다.

〈표 11-1〉 콜버그의 도덕성 발달단계의 특성

수준	단계	단계의 기본 특성	도덕적 행위의 동기
전인습적 수 준 (4~10세)	1단계	처벌과 복종지향	• 벌을 피하기 위해 규율에만 복종 • 보상과 처벌의 기준에 따라 행동 판단
	2단계	상대적 쾌락주의	• 목적과 상호교환 지향의 도덕성 자신이나 사랑하는 사람에게 이익이 되는 정도에 따라 행동을 판단
인습적 수 준 (10-13세)	3단계	착한아이 지향	• 타인과 우호적인 관계나 타인의 인정유지 • 권위적 인물의 기대를 충족시키고 인정받는 정도에 따라 행동을 판단

수준	단계	단계의 기본 특성	도덕적 행위의 동기
인습적 수 준 (10-13세)	4단계	법과 질서 지향	• 법적 권위와 그에 따른 죄책감에 의해 책망되는 것을 피함 • 사회의 법률이나 규칙을 지지하는 정도에 따라 행동을 판단
후인습적 수 준 (13세 이상)	5단계	사회계약 지향	• 공동사회의 복지라는 관점에서 판단된 공명정대한 방관자의 존중을 유지하는데 공헌 • 개인의 권리를 존중하고 사회계약을 유지하는 정도에 따라 행동을 판단
	6단계	보편적인 윤리적 원리 지향	• 자기의 비난을 받지 않은 곳에 동조 • 시대와 문화를 초월한 보편적 원리에 근거하여 행동을 판단

(1) 전인습적 수준(preconventional level)

인습적이란 말은 사회규범, 기대, 관습, 권위에 순응하는 것을 뜻하는데, 전인습적 수준에 있는 사람은 사회규범이나 기대를 제대로 이해하지 못한다. 전인습적 수준에 있는 아동의 도덕적 판단의 기초가 되는 추론은 더 높은 수준에 있는 사람들의 추론과는 다르다. 이 수준에 있는 아동은 매우 자기중심적이고 쾌락주의적이며, 다른 사람의 입장을 이해하지 못하고 자신의 욕구충족에만 관심이 있다.

① 1단계 : 처벌과 복종지향

아동의 행동이 도덕적으로 옳고 그른 것은 권위자의 보상과 처벌에 달려있다. 어떤 행동으로 인하여 벌을 받으면 그것은 옳지 않은 것이고 해서는 안 되는 것으로 안다. 이 단계의 도덕관념은 극히 비합리적이며, 무조건적으로 외부의 권위에 순응하려고 한다.

② 2단계 : 상대적 쾌락주의

아동은 보상을 얻기 위해 또는 개인의 목적을 위해 규칙에 동조하며, 자신과 타인을 만족시키려는 도구로서 도덕적 행동을 판단한다. 즉, 이 단계에서 하는 도덕적으로 올바른 행동은 자신의 개인적 욕망을 만족시키는 것에 기초한다. 동기를 유발하는 주요한 힘은 바라던 보상을 획득하기 위해 타인을 이용하는 것이다. 예를 들면, 가능한 한 선물을 많이 받기 위해 크리스마스 바로 전에 착한 행동을 하는 것을 볼 수 있다.

이 단계에서 상호성(reciprocity)의 개념이 나타나기 시작하지만, 어떤 상황에서 상호성이 결과적으로 자신에게 이익이 될 때에만 타인의 욕구를 고려한다.

(2) 인습적 수준(conventional level)

이 수준에 있는 아동은 다른 사람의 입장을 더 잘 이해하게 되고, 도덕적 추론은 사회적 권위에 기초하며 보다 내면화된다. 그리고 사회관습에 걸맞는 행동을 도덕적 행위라 간주하며, 대부분의 청년과 다수의 성인이 이 수준에 있다.

이 수준에서는 힘이 있거나 권위적인 타인의 칭찬을 획득하고 사회질서를 유지하기 위해서 사회적 규칙이나 기준에 따르며, 타인의 관점을 인식하면서 이를 고려할 수 있고, 집단이나 집단성원에 대해 동일시한다.

① 3단계 : 착한 아이지향

도덕이란 타인과 좋은 관계를 유지하는 것이라고 생각하며, 타인으로부터 칭찬을 받고 타인을 기쁘게 해주거나 타인에게 도움이 되는 행동을 도덕적이라고 여긴다. 이 단계에서는 동기나 의도가 중요하며, 신뢰・충성・존경・감사의 의미가 중요한 것이 된다.

이 단계에서 옳은 행동은 타인을 기쁘게 하거나 도와주며, 타인으로부터 인정받는 것이다. 대다수의 사람이 갖는 고정관념에 동조하고, 타인의 반응이 도덕적 판단의 기준이 되지만, 물리적인 힘보다는 심리적인 인정 여부에 관심이 있으며, 착해짐으로써 타인의 인정을 얻는다.

이 단계에서부터 사회적 규제를 수용하며, 의도에 의해 행위의 옳고 그름을 판단하기 시작한다.

② 4단계 : 법과 질서지향

이 단계에서는 권위 고정된 규칙, 사회적 질서를 지향한다. 자신의 의무를 다하며, 권위자를 존중하며, 사회질서를 유지하는 것이 옳은 행동이라고 행각한다. 이 단계의 도덕적 판단 근거는 타인 중심에서 벗어나 사회규범으로 전환되고, 사회의 안전을 위한 법의 기능을 전체로서 개념화하고 있다는 것을 의미한다.

(3) 후인습적 수준(postconventional level)

후인습적 수준에 있는 사람은 사회규범을 이해하고 기본적으로는 그것을 인정하지만, 법이나 관습보다는 개인의 가치기준에 우선을 둔다. 즉, 보편적으로 타당한 원리로서의 정의에 의해 옳고 그름을 판단하며, 도덕적으로 옳은 것과 적접한 것이 항상 일치하거나 같은 것이 아님을 깨닫게 된다.

① 5단계 : 사회계약 지향

이 단계에서는 사회계약이나 개인의 권리 및 민주적인 방식으로 수용된 법률에 따라 행동하는 것을 도덕인 것으로 본다. 즉, 법이란 사람들이 화목하게 살아가기 위해 공동체가 동의한 장치라고 생각한다.

이 단계에서는 개인의 권리를 존중하고 사회 전체가 인정하는 기준을 준수하는 것이 옳은 행동이라고 생각하며, 법은 개인의 자유의 규제가 아닌 극대화하기 위해 제정된다는 것을 인식한다. 사회적 약속은 대다수 성원들의 보다 나은 이익을 위해 항상 바뀔 수 있는 것으로 판단하며, 이전단계와는 달리 도덕적 융통성을 갖는다.

② 6단계 : 보편적인 윤리적 원리 지향

이 단계에서의 도덕적 판단은 개인의 양심이나 자기선택에 의한 윤리적 원칙에 따라 정의된다(Schriver, 1995). 옳은 행동은 자신이 선택한 윤리적 원리와 일치하는 양심에 의해 결정된다. 이 원리는 구체적인 규율이 아닌 인간의 존엄성, 정의, 사랑, 공정성에 근거를 둔 추상적이며 보편적인 행동지침이다.

이 단계의 도덕성 도달한 사람들은 자신의 양심이 가하는 처벌을 사회가 가하는 처벌보다 더욱 고통스럽게 생각한다(Kohlberg, 1984).

3) 콜버그 이론의 평가

도덕성 발달 분야에서 콜버그 이론이 미친 영향은 절대적이다. 콜버그 이론은 세계 여러 나라의 도덕교육의 방향과 내용을 설정하는 이론적 근거가 되었으며, 그가 도덕적 사고의 발달단계를 촉진하는 방안으로 제시한 소집단 토론법은 도덕교육 방법을 혁신적으로 바꾸어 놓는 계기가 되었다. 그럼에도 불구하고 콜버그 이론의 한계와 문제점에 대해 여러 지적들이 있어 왔으며, 이러한 한계를 보완하는 대안적인 이론들이 제시되고 있다.

콜버그의 도덕성 발달단계 이론의 문제와 한계점들은 다음과 같다.

첫째, 콜버그의 이론은 도덕적 사고는 지나치게 강조한 반면, 도덕적 행동이나 도덕적 감정은 무시했다는 비판을 받고 있다(Colby & Damon, 1992; Kurtines & Gewirtz, 1991; Lapsley, 1993).

둘째, 도덕적 판단과 도덕적 행위 간의 불일치 또한 콜버그 이론의 문제점으로 지적되고 있다. 콜버그 이론뿐 아니라 도덕성의 인지발달 이론은 전반적으로 도덕적 행위보다는 도덕 관련 상황에 대한 올바른 판단과 사고능력을 중시하는 이론이다. 일상의 경험에 비추어 이해할 수 있듯이 바른 판단능력을 갖는다고 해서 반드시 바른 도덕적 행동이 나타난다고 보장하기 어렵다.

셋째, 콜버그의 도덕성 발달이론은 문화적 편견을 보이기 때문에 그의 도덕성 발달 단계는 모든 문화권에서 보편적인 현상이 아니라는 지적을 받는다. 저개발 국가, 특히 민주주의를 채택하고 있지 않은 사회에서는 높은 단계에 도달하는 사람이 거의 없다(정옥분, 2010).

넷째, 콜버그의 이론은 또한 여성에 대한 편견을 나타내고 있다는 비판을 받는다. 그의 이론은 남성만을 대상으로 한 연구를 기초로 해서 도덕성 발달수준을 6단계로 나누고, 대부분의 남성은 4단계 수준에 그리고 대부분의 여성은 3단계 수준에 머문다고 하였다. 길리건(Gilligan, 1977)은 콜버그의 도덕성 발달이론은 추상적인 추론을 강조함으로써 남성의 성역할 가치가 높이 평가되고 상대적으로 여성의 성역할 가치의 중요성은 과소평가되었다고 주장하였다(정옥분, 2010 재인용).

다섯째, 콜버그는 도덕성이 한 단계에서 다음 단계로 이행하는 것이 자발적인 행동의 결과라고 하였으나, 도덕적 태도는 부모와 가정의 환경, 학교나 사회의 문제적 영향도 중요함에도 불구하고 교육과 사회화를 간과하였다는 비판을 받는다.

3. 벡(A. Beck)의 인지치료이론

인지치료(cognitive therapy)의 창시자인 벡에 의하면 인지치료의 목표는 인지체계를 통해 작용하는 모든 체계에서 정보처리를 조정하고 긍정적 변화를 주도하는 것이다. 인지와 행동이 밀접한 관계를 가지는 만큼, 인지적 왜곡을 다루는 것과 함께 행동적 관점에서의 개입이 매우 중요하다고 볼 수 있다.

인지치료에서는 생각이 감정과 행동에 영향을 미치고, 행동양식은 사고 패턴과 감정에 영향을 미친다고 가정한다.

벡은 생활사건에 대한 왜곡된 사고 및 비현실적 인지평가로 인해 정신장애가 발생한다고 보고, 왜곡된 인지와 부적응적인 정보처리를 파악하고 재구성하는 인지치료를 개발하였다. 그 후 인지와 행동 간에는 밀접한 관련이 있으며, 인간의 적응을 위해서는 인지적 측면에 행동적 요소를 통합해서 다루는 것이 더 효과적이라고 하여 인지치료를 발전시켰다(김정민 역, 2009).

이러한 벡의 인지치료의 기본가정은 첫째, 감정이나 행동은 어떤 사건이나 상황 자체가 아니라 그것에 대한 자신의 해석에 영향을 받는다는 것이며, 둘째, 심리적 문제의 원인은 왜곡되고 역기능적인 생각과 믿음(인지적 왜곡)에 있다고 전제한다.

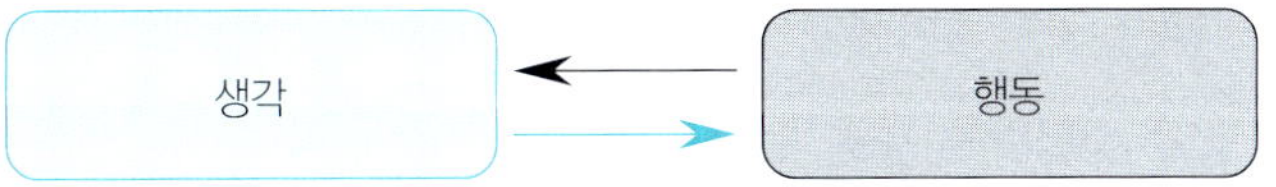

[그림 11-1] 인지치료의 기본 개념

1) 주요 생애

벡은 1921년 미국의 로드아일랜드 주의 유대인 이민자 가정에서 태어났다. 1954년 펜실베이니아 대학 정신과 교수로 재직하면서 정신분석 학회로부터 정신분석 훈련을 받았고 대학 내 인지치료 연구소를 설립하여 우울, 자살, 불안, 물질남용, 공황장애, 성격장애 등에 관한 연구를 하였다. 1957년 펜실베이니아 대학 정신의학과에 합류하였고 현재 명예교수로 있다.

1976년 벡은 "인지치료와 정서장애"라는 책을 출판하고 새로운 치료접근을 소개하였다. 벡은 정신분석학자로서 그의 치료적 접근은 켈리(Kelly, 1955), 피아제(Piaget, 1950)의 과업에 기반을 두고 있다. 벡의 연구는 우울증에 대한 인지치료의 효율성을 확립하게 하였고, 인지치료를 우울증에 성공적으로 적용시켰고, 불안과 공포장애, 알코올 중독과 약물남용, 섭식장애, 부부문제와 대인관계 문제, 성격장애를 일반화 시키는데 공헌을 하였으며, 우울증, 자살위험, 불안, 자기 개념, 성격에 대한 평가척도를 발전시키는 데 큰 공헌을 하였다.

2) 주요 개념

(1) 도식(schema)

도식이란 기본적인 신념과 가정을 포함하여 사건에 대한 개인의 지각과 반응을 형성하는 준거틀(frame of reference)이다. 판단기준 또는 이해의 틀이라고 할 수 있으며, 특정 대상에 대한 과거의 경험, 그 대상에 대해 타인이 겪은 경험의 관찰, 그 대상에 대한 타인과의 대화 등 대개 과거의 경험과 다양한 경로를 통해 형성된다.

이러한 스키마는 한 개인에게 적응적이고 기능적인 기능과 부정적인 기능을 할 수 있다. 또한 스키마는 유지된 기간과 믿음수준에 따라 핵심믿음 체계와 중간믿음 체계로 형성된다.

① 핵심믿음체계

핵심믿음(core belief) 또는 핵심믿음체계는 지속적인 인지현상인 믿음으로부터 나온다. 어린 시절부터 사람들은 자신과 다른 사람, 그리고 세상에 대해 믿음을 형성해 간다. 이렇게 자신도 인지하지 못하면서 근원적으로 깊은 수준에서 형성된 믿음이 핵심믿음체계이다.

사람들은 핵심믿음을 입증하는 정보에만 선택적으로 관심을 가지고 그와 반대되는 정보는 무시하거나 개의치 않는 경향이 있다. 따라서 핵심믿음은 가장 근원적 수준의 믿음으로 모든 영역에 영향을 미치고, 경직되고, 지나치게 일반화되어 있다. 핵심믿음은 크게 '무능력'과 '사랑받지 못함' 두 가지로 나눌 수 있다(신성자 외, 2021).

② 중간믿음

중간믿음(intermediate belief) 또는 중간믿음체계는 핵심믿음체계와 자동적 사고 사이에 태도나 가정들로 이루어진 믿음체계로, 어떤 상황을 보는 관점에 영향을 주어 그 사람이 어떻게 느끼고 행동하는가에 영향을 주고, 또 다시 그 사람이 어떻게 생각하고 느끼고, 행동하는지에 영향을 주지만 자신은 잘 인식하지 못한다.

(2) 자동적 사고(automatic thinking)

자동적 사고는 특정 순간이나 상황에서 자신도 모르게 순식간에 저절로 떠오르는 생각이나 판단을 의미한다. 이것은 전의식 수준에서 일어나는 것으로 주로 부정적인 감정과 역기능적인 행동을 유발한다.

자동적 사고는 자동적이고 자발적으로 떠오르는 생각이기 때문에 사고의 타당성을 검토할 새도 없이 그대로 받아들이게 됨으로써 인지적 왜곡이 발생될 수 있으며, 그 이후 발생되는 부정적 감정을 무비판적으로 받아들일 수 있다.

벡은 어떤 상황에서 사람들이 하게 되는 사고의 유형을 크게 '통제적 사고(controlled thinking)'와 '자동적 사고(automatic thinking)'로 구분했다. 통제적 사고는 사실적 정보를 이해하고 통합하려고 하는 사고를 말하며, 자동적 사고는 이해하거나 통합하려는 노력 없이 자동적으로 매우 빠르게 평가하는 사고를 말한다(생각의 마을, 2019).

부부싸움을 하고 난 후 남편이나 부인이 할 수 있는 사고의 예를 들면, 통제적 사고는 부부싸움의 경위를 다시 한번 돌아보며 남편과 언쟁을 벌이게 된 원인이 무엇이었을까를 생각하는 것을 말하며, 자동적 사고는 부부문제는 항상 자신 때문이라는 핵심적인 신념 때문에 깊게 생각하지 않고 '나 때문이야'라고 자동적으로 생각한다. 이 경우 자신에 대한 분노나 우울에 빠지게 된다.

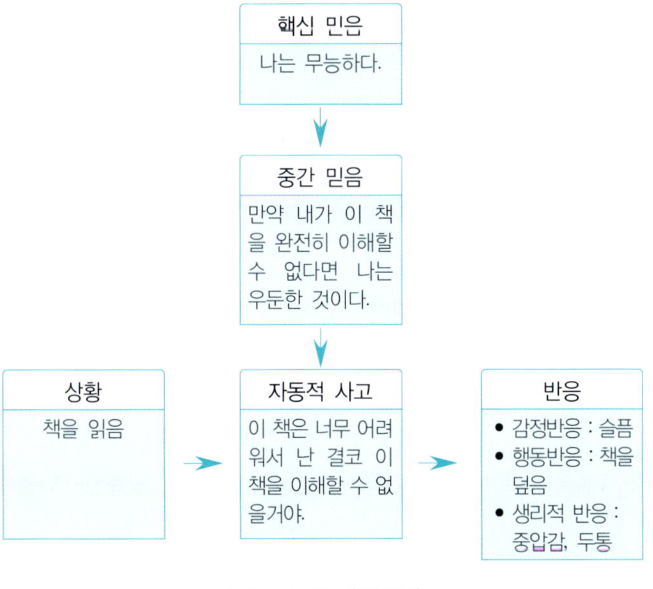

|그림 11-2| 인지모델

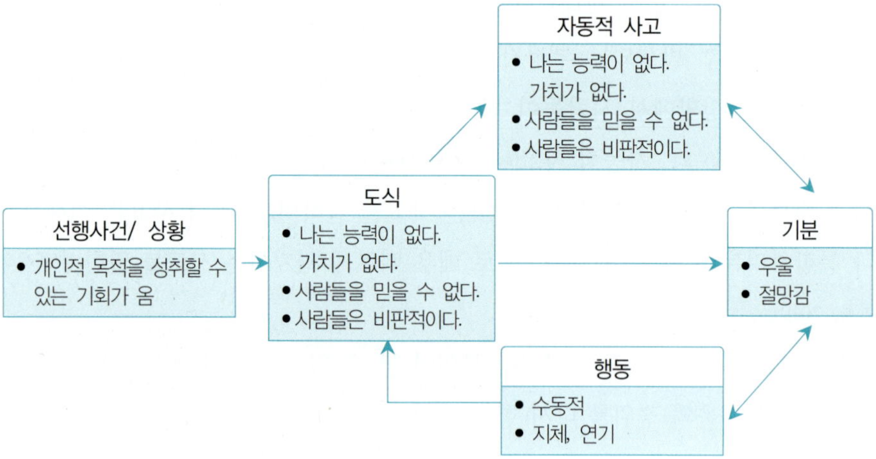

|그림 11-3| 도식이 기능하는 예

출처 : Persons & Davidson(2001).

(3) 인지적 오류 자동적 사고(automatic thinking)

벡이 제시한 추론과정에서의 인지적 오류는 다음과 같다(생각의마을, 2019; 최세영, 2018).

① 임의적 추론(arbitrary inference)

임의적 추론이란 어떤 결론을 지지하는 증거가 없거나 그 증거가 결론에 위배되는데도 그러한 결론을 내리는 것을 의미한다. 예를 들면, “아침부터 그릇이 깨지더니 이번 여행에서 뭔가 좋지 않은 일이 일어날 거야”와 같이 그렇게 추론할 만한 근거가 부족하거나 부적절한데도 불구하고 어떤 결론을 도출하는 오류를 의미한다.

② 선택적 추론(selective abstraction)

선택적 추론은 다른 중요한 요소들을 무시한 채 사건의 일부 세부 사항만을 기초로 결론을 내리고 전체 맥락의 중요한 부분을 간과하는 것이다. 자신이 지지하는 단일의 근거만을 선택적으로 채택한다. 예를 들면, "선생님께서 지난번 과제에 나쁜 점수를 주셨어. 이건 내가 꼴찌라는 것을 의미해"와 같이 일부의 세부사항만으로 전체를 생각하는 것이다.

③ **과잉일반화**(overgeneralizing)

과잉일반화란 한두 가지 고립된 사건에 근거해서 일반적인 결론을 내리고 그것을 서로 관계없는 상황에 광범위하게 적용하는 것을 의미한다. 예를 들면, 이성으로부터 두세 번의 거부를 당한 남학생이 자신감을 잃고 "난 항상 무엇을 해도 누구에게나 거부당해"라고 생각하는 경우, 친구에게 비난을 받은 후 '모든 사람들은', '항상', '어떤 상황에서나', 자신에게 적대적이고 공격적이라고 생각하는 경우를 예로 들 수 있다.

④ **과대평가와 과소평가**(magnification & minimization)

어떤 사건 또는 한 개인이나 경험이 가진 특성이 한 측면을 그것이 실제로 가진 중요성과 무관하게 과소평가하거나 과대평가하는 경우이다.

불완전한 점들을 과대평가하고 좋은 점들을 과소평가하여 결국 자신이 부적절하고, 타인보다 열등하다고 생각하고 우울하게 느끼게 된다. 우울증 환자들은 부정적 사건의 의미나 크기를 확대하는 반면, 긍정적 사건의 의미나 크기는 축소하는 경향이 있다.

예를 들면, '내가 지금 이 자리에 오르는 데 10년이 걸렸지만, 누구라도 이 정도는 할 수 있어'라고 생각하는 것은 과소평가이며, 한 과목에서 F학점을 받은 후 '난 이제 끝이야, 학교생활을 할 수 없어'라고 생각하는 것은 과대평가라 할 수 있다.

⑤ **개인화**(personalization)

개인화는 자신과 관련시킬 근거가 없는 외부사건을 자신과 관련시키는 것으로 자신이 부정적인 상황의 원인이라고 생각하는 것을 말한다. 즉, 실제로는 다른 것 때문에 생긴 일에 대해 자신이 원인이고 자신이 책임져야 할 것으로 받아들이는 경우이다. 개인화의 예로는 "담임 선생님이 아침에 날 보고 웃지 않으셨어. 내가 시험을 잘 못 봐서 선생님 기분이 나빠진 게 틀림없어"라고 생각하는 것은 개인화이다.

⑥ 이분법적 사고(dichotomous thinking)

이분법적 사고는 모든 경험을 양극단 중 하나로 이해하고 '중간지대'가 없이 흑백논리로 현실을 파악하는 것으로 실패나 성공, 흑과 백으로 구분하려는 경향이다. 즉, 사건의 의미를 이분법적인 범주의 둘 중 하나로 해석하는 오류를 의미한다. 예를 들면, "전 과목의 학점을 A학점을 받지 못한다면 이번 학기는 실패한 학기야"라고 생각하는 것이다.

4. 엘리스(A. Ellis)의 합리적 정서행동치료(REBT)

합리정서치료는 엘리스에 의해 창시되었다. 엘리스는 인간의 감정 또는 행동은 일어난 사건에 대한 인간이 갖는 신념의 결과라는 것을 강조하고 합리적 이성이 중요하다는 기본가정하에 1955년 그의 상담접근 방법을 인지치료(rational therapy)라고 하였다가 1961년 인지·정서치료(rational-emotive therapy)로 변경하고 1993년 인지·정서·행동치료(Rational-Emotive Behavior Therapy : REBT)로 다시 변경하였다.

1) 주요 생애

엘리스는 1913년 펜실베이니아 주 피츠버그에서 태어나 4세에 뉴욕으로 와서 일생 동안 뉴욕에서 살았다. 뉴욕시립대학을 졸업한 8년 후 그는 컬럼비아에 있는 사범대학교 임상심리학 프로그램에 등록했다.

초기 활동은 정신분석을 통한 상담치료에 집중하다가, 이후 정신분석을 비과학적인 심리상담의 형태라고 비판하면서 인본주의적이고 행동적인 심리상담치료로서 합리적 정서행동치료(REBT : Rational Emotive Behavioral Therapy)를 개발하였다. 엘리스는 사람들의 문제는 외부적인 사건에 의해 만들어지는 것이 아니라 사람들의 비합리적인 신념에 의해 야기된다는 개념을 만들었다. 즉, 비합리적인 신념이 바로 문제의 핵심이라고 가정하였다.

엘리스는 자신의 청년기 동안의 심리적 장애를 극복하기 위해 인지행동적 기법을 적용하여 심리치료연구를 하였다. 그는 사건이나 상황에 대한 해석방식(스스로 평가하는 자기독백)에 따라 감정과 행동이 달라진다고 하였다. 즉, 개인의 신념에 기반을 둔 지속적인 자기독백은 개인의 가치나 태도와 같은 신념이 된다는 것이다. 따라서 엘리스의 치료기법은 어떤 사건이나 상황에 대한 클라이언트의 비합리적인 신념을 파악하고 수정하는 데 목적을 둔다(신기원 외, 2016).

엘리스의 이론은 미국 심리학계에 더디게 받아들여졌으나, 이제 엘리스는 벡과 함께 인지행동이론의 창시자로 여겨진다. 1959년에 설립된 '합리적 정서치료연구소'는 엘리스의 이론을 전파하는 역할을 맡고 있다(이정은 역, 2008).

2) 주요 개념

(1) 인간의 정서

인간의 정서는 적절한 정서와 부적절한 정서가 있는데 적절한 정서는 행복, 기쁨, 호기심, 사랑과 같은 긍정적인 정서와 불쾌감, 걱정과 같은 부정적 정서로 나눌 수 있으며, 부적절한 정서란 우울, 불안, 적개심, 초조감, 무가치감과 같은 감정이다. 이런 감정은 싫어하는 어떤 조건을 바꾸도록 돕기보다는 오히려 악화시키는 경향이 있다. 비합리적 생각이 부적절한 정서로 이어지고, 또한 부적절한 정서는 결국 부적절한 행동으로 이어지므로 합리적 생각을 하도록 하여 그러한 합리적 생각이 적절한 정서와 행동으로 이어지게 하여야 한다(임은희 외, 2019).

(2) 합리적 신념과 비합리적 신념

합리적 신념(rational belief)은 인간의 행동을 합리적이고 효과적으로 통제할 수 있으며, 객관적인 현실에 근거하여 타인과의 불필요한 갈등을 피하고 편안한 감정을 느낄 수 있도록 하는 사고를 말한다. 즉, 합리적 신념은 우리의 행동을 객관적 현실에 근거하여 합리적이고 효과적으로 통제하므로 다른 사람과의 불필요한 갈등을 피하고, 편안한 감정을 느낄 수 있도록 하는 사고이다.

비합리적 신념(irrational belief)은 우리의 안정된 삶을 방해하고 많은 정서적·사회적 문제를 야기한다. 이러한 신념들은 주로 어린 시절부터 부모나 문화로부터 영향을 받아 형성된 것이다. 여기에는 항상 남으로부터 사랑과 인정을 받아야 하고, 자신은 언제나 성공적이어야 하며, 어떤 위험과 위협도 있어서는 안 된다는 신념들이 해당한다. 이러한 신념들은 대부분 깨어지기 쉽고 그에 따라 여러 가지 정서적·행동적 문제를 야기한다. 예를 들면, '나는 내가 원하는 것은 언제나 가져야만 한다', '훌륭한 사람이 되기 위해서는 완벽한 삶을 살아야 한다', '나의 행복은 타인에게 달려 있다', '인생에 있어 어려움이나 자기 책임감을 직면하여 해결하는 것보다 우선 피하는 것이 보다 용이하다', '자신의 과거가 현재 행동의 중요한 결정요인이라고 생각하며 지금까지 일어났던 중요한 일이 자신의 인생에 영향을 미쳤던 것처럼 유사한 영향을 미칠 것이다', '일이 생각대로 이루어지지 않을 때 이것은 끔찍할 것이다', '어떤 사람은 나쁘고 사악하기 때문에 반드시 가혹한 처벌을 받아야 한다' 등과 같은 비합리적 사고를 가지고 있다.

엘리스의 합리정서행동치료는 '비합리적 신념'에 개입의 초점을 두고 부정적 감정의 뿌리가 되는 비합리적 신념을 규명하고 도전함으로써 이를 재구조화하는 치료이다.

(3) 자기언어

자기언어란 모든 정서적 문제의 주요 원인은 그 상황에 대해 스스로 말하는 자기언어(self-talk)에 있다고 전제한다. 자기언어에 따라 감정과 행동이 달라지므로 자기언어가 변화되면 감정과 행동도 변화될 수 있다고 본다.

어떤 외부적 스트레스에 대항하기 위한 자기독백(스스로 다짐하는 말)이 패배적일 경우에는 정서적 문제로 이어진다. 하지만 자기대화를 긍정적인 생각으로 변화시킨다면 뒤이어 나타날 수 있는 부정적인 생각을 통제할 수 있다는 것이다. 즉, 그는 어떤 외부적인 사건은 변화시킬 수 없다 할지라도 정서장애를 스스로 통제할 수 있는 자기대화(self-talk)를 변화시켜야 함을 강조하였다.

(4) 성격형성

엘리스(A. Ellis)는 인간성격의 세 가지 측면을 강조하였다(신기원 외, 2016).

첫째, 생물학적 측면에서 사람들에게는 사용되지 않은 거대한 성장자원이 있는데, 또한 공격하여 파괴할 수 있는 성향도 존재한다고 하였다. 사람들은 생득적인 자기파괴 방식을 사용하여 자신을 파괴한다고 보았다.

두 번째, 심리학적 측면으로 인간의 정서적 혼란은 비합리적인 신념을 유발한다고 보았으며, 이러한 비합리적인 생각을 통해 불안과 우울을 경험하게 되면서 스스로 불안과 우울을 경험하는 심리적 악순환이 되풀이된다고 하였다. 따라서 사회복지사는 불안과 우울에 대한 감정차단보다는 논리적인 관점으로 어떤 상황을 극복할 수 있는 신념체계에 초점을 맞추며 클라이언트를 도와야 한다.

세 번째, 사회적 측면으로 사람들은 사회적 상호관계 속에서 스스로에 대한 평가를 내리는 경우가 많으며, 다른 사람이 자신을 가치 있는 사람이라고 인정할 때 스스로를 가치 있게 평가한다고 보았다. 즉, 인간은 타인에게 인정받고자 하는 욕구가 매우 강하며, 개인의 정서적 장애는 이러한 것에 대한 지나친 사고에서 비롯되면서 불안과 우울을 피할 수 없게 된다는 것이다.

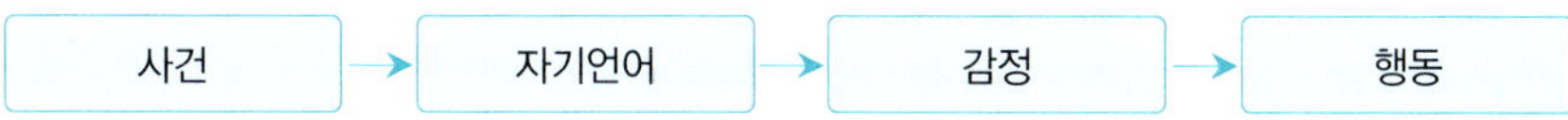

|그림 11-4| 성격형성 과정

출처 : 임은희 외(2019).

3) 합리적 정서행동치료의 개입과정

엘리스(A. Ellis)의 합리적 정서행동치료(rational emotive behavioral therapy)는 클라이언트가 보이는 정서장애의 문제행동을 제거하는 것이 아니라, 문제행동에 내재되어 있는 비합리적 자기패배적인 신념을 최소화시키고 자신의 삶에 대해서 좀 더 현실적이고 합리적인 가치관을 형성하는 데 치료의 목표를 둔다.

치료방법은 인지·정서·행동치료인 ABCDE이론으로 신념체계를 합리적인 것과 비합리적인 것으로 구분하였고, 사람들의 정서적이고 행동적 결과의 원인으로 어떤 사건보다는 개인의 신념체계를 더 중요시하며 강조하였다.

ABCDE이론을 소개하면 다음과 같다(홍경자, 2020).

- A(선행사건, Activating events) : 개인에게 심리적인 괴로움을 느끼게 하는 사건, 상황, 행동 또는 개인의 태도를 말한다. 가령 시험에 떨어졌다든지, 실직하게 되었다든지, 결혼 문제로 자녀와 싸웠다든지 하여 강렬한 정서를 유발하는 어떤 사건(agent)이나 행위(activity)를 의미한다.
- B(신념체계, Belief system) : 어떤 사건이나 환경적 자극에 대해서 개인이 가지게 되는 신념체계 또는 사고방식을 의미한다. 신념체계에는 합리적 신념(rational belief)과 비합리적 신념(irrational belief)이 있다. 합리적 신념은 우리가 바라는 어떤 목표를 달성하는 데에 도움을 주는 생각이며 비합리적 신념은 개인이 경험한 사건을 아주 수치스럽고 끔찍한 현상으로 해석하여 자기를 징벌하고 자포자기하거나 세상을 원망하는 생각을 말한다.
- C(결과, Consequences) : 선행사건을 접했을 때 수반되는 후속반응이 결과이다. 선행사건으로 비합리적으로 해석할 때는 부적절한 정서와 행동이 뒤따르고, 합리적으로 해석할 때는 적절한 정서와 행동이 뒤따른다. 즉, 어떤 사건을 해석함으로써 일어나는 정서적·행동적 결과를 말한다.
- D(논박, Dispute) : 자신이 가지고 있는 비합리적 신념이나 사고에 대해서 도전해 보고 과연 그 생각이 사리에 맞고 합리적인지를 다시 한번 따져보는 반박의 과정을 말한다.

- E(효과, Effect) : 비합리적인 신념을 철저하게 논박하여 합리적인 신념으로 대체한 다음에 뒤따르는 효과이다. 논박 후에는 자기수용적인 생각과 긍정적인 감정, 적응적인 행동이 수반된다. 즉, 효과는 클라이언트가 논박과정을 통해 스스로 비합리적인 신념을 치료자의 조언을 받아들여 상황을 이해하는 합리적인 신념으로 변화하여 자기수용적인 태도와 긍정적인 감정을 갖는 것을 의미한다.

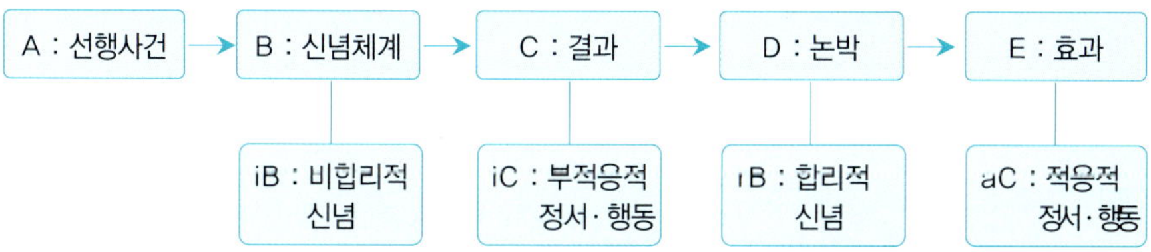

|그림 11-5| 자극–매개요인–반응으로서의 ABC와 그에 대한 논박과 효과인 DE

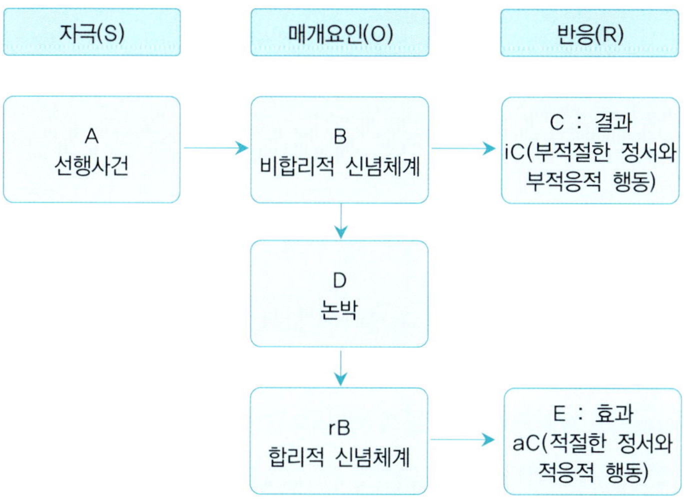

|그림 11-6| 엘리스의 ABCDE 모델

출처 : 홍경자(2020).

〈표 11-2〉 엘리스의 비합리적 신념에 대한 논박 근거

비합리적 사고	타인으로부터 논박
모든 주요 타인으로부터 사랑과 인정을 받는 것은 성인에게 절대적으로 필요하다.	주요 타인으로부터 사랑과 인정을 받기 위해 노력하여도 주요 타인은 자신의 편견이나 선호에 의해 나를 좋아하지 않거나 무관심할 수 있다.
가치 있는 사람이 되기 위해서는 모든 면에서 완전한 능력이 있고 적절하며, 성취적이어야 한다.	잘하는 것보다는 하는 것 자체가 중요하며, 결과보다는 과정이 중요하다. 다른 사람을 이기기 위해서보다 자신을 위해 노력하는 것이 바람직하다.
사악하고 나쁜 사람은 그의 악행에 대하여 비난받고 처벌받아야 한다.	악행을 하는 사람이 반드시 악한 사람은 아닐 수 있으며, 악행을 처벌함으로써 악행이 줄어들기보다 오히려 악화되기도 한다.
원하는 대로 상황이 되지 않는다면 이는 끔찍하고 파멸적이다.	현실을 도전과제로 수용하고 자신의 삶에 유용하게 통합하는 방법을 배워야 한다.
불행은 외부적인 요인에 기인하며, 사람은 슬픔과 근심의 조절능력이 거의 없다.	자신이 슬픈 것은 스스로 슬픈 감정에 빠지도록 만들었기 때문에 자신이 불행하다는 감정이 생긴 것이다.
험하거나 두려운 일이 일어날 가능성을 늘 염려해야 한다.	사전 대비는 필요하지만, 아직 일어나지 않은 일에 대해서 지나치게 염려, 불안해하면 오히려 이에 대한 대처능력이 떨어지고, 지나친 염려가 그 일이 실제로 일어나는 데 기여할 수도 있다.

출처 : 신성자 외(2021).

4) 벡과 엘리스 인지이론의 평가

벡(Beck, 1976)의 인지치료이론은 특징적 사고유형과 우울증 및 불안장애와의 관련성을 탐색하고 있으며, 엘리스(Elis, 1962)의 합리적 정서행동치료(rational emotive behavioral therapy)는 자기패배적 행동과 정서적 고통을 야기하는 비합리적 사고와 신념에 초점을 두고 있다.

벡과 엘리스의 이론은 잘못된 인지적 왜곡이나 비합리적 신념체계를 변화시킴으로써 문제를 일으키는 감정과 행동을 통제할 수 있는 능력이 있다고 가정한다. 또한 엘리스는 정서장애는 비합리적 사고의 산물이라고 보았고, 개인이 독단적이고 무력하게 믿고 있는 비합리적인 사고에 그 원인이 있으며, 자기패배적 감정에 휩싸이게 되어 이를 행동화한 결과라고 보고 있다.

엘리스의 인지행동치료 ABCDE 모델은 사람이 장애가 일어나는 방식과 문제

행동이 변화될 수 있는 방법을 간단·명료하게 보여준다. 또한 클라이언트에게 심리상담·치료자의 직접적인 개입 없이도 스스로 심리상담·치료를 이행할 수 있는 방법을 가르친다. 마지막으로 합리적 정서행동치료의 중요한 공헌점은 포괄적이고 절충적인 심리상담·치료 실체를 강조하는 것이다.

한계와 비판으로는 첫째, 모든 인지행동적 접근은 무의식적 요인과 자기방어에 관심이 적거나 무시하고 있다는 것이며, 둘째, 치료자들은 합리적 사고를 구성하는 자신들의 생각을 강요함으로써 권위를 잘못 사용할 수도 있다는 점이다(손광훈, 2010).

제11장 인지이론 기출문제

1. 다음 빈 칸에 들어갈 알맞은 말은?

> 6~7세경이 되면 새로운 형태의 사고과정이 등장한다. 즉, 유아들은 실제 행동을 통해서가 아니라 사고과정을 통해서도 많은 활동을 대상에게 수행할 수 있게 된다. 이러한 사고 단계를 피아제는 (　　)(이)라고 불렀다.

① 모방능력　② 구체적 조작사고　③ 추상적 사고
④ 인지적 사고　⑤ 상상능력

2. 콜버그의 도덕성 발달단계에서 사회적 규칙을 내면화하면서 기초적인 수준의 도덕성이 발달하는 단계는 ?

① 타율적 도덕기　③ 인습적 도덕기　③ 전인습적 도덕기
④ 자율적 도덕기　⑤ 후인습적 도덕기

3. 유아는 생후 9~10개월 정도가 되면, 눈 앞에 있던 물체가 자신의 눈 앞에서 또는 자기가 잡을 수 있는 거리에서 사라진다 해도 이 세상에 계속 존재한다는 것을 알게 된다. 이러한 개념을 무엇이라 하는가?

① 대상영속성　② 통찰력　③ 애착
④ 상상　⑤ 고착

4. 다음의 개념은 벡(Beck)이 제시한 인지적 오류 중에서 무엇에 해당하는가?

> 맥락에서 벗어난 한 가지 세부 특징에 초점을 기울이고 더 현저한 다른 특징들은 무시한 채 이러한 경험의 단편에만 기초하여 전체 경향을 개념화하는 것을 말한다.

① 임의적 추론　② 과잉일반화　③ 확대와 축소
④ 개인화　⑤ 선택적 요약

5. 엘리스(Ellis)의 합리정서치료의 중심인 ABCDE 모델에 대한 설명이다. 각각에서 의미하는 내용과 거리가 먼 것은?

① A : 인간의 정서를 유발하는 어떤 사건이나 현상
② B : 선행사건에서 유발되는 특정한 행동
③ C : 정저석 · 행동적 결과
④ D : 비합리적인 사고에 도전하는 치료자의 논박과정
⑤ E : 합리적인 신념으로 재구조화된 이후 갖게 되는 태도와 감정의 결과

1. 정답 : ② 구체적 조작기는 7~11세, 12세에 이르는 아동을 일컫는다. 아동은 논리적 사고가 가능해지게 되고 분류, 보존, 연속성 개념을 획득하면서 물리적 세계의 규칙과 대상 간의 관계를 지배하는 원리에 대해 통찰력을 갖게 된다.

2. 정답 : ③ 수준 Ⅰ(9세 이전) 전인습적 수준, 이기적인 도덕적 추리
- 제1단계 : 벌과 복종에 의해 방향이 형성되는 도덕성
- 제2단계 : 욕구충족 수단으로서의 도덕성

3. 정답 : ①
- 통찰력 : 생후 18개월이 되면 행동이나 물리적 조작을 통해 실제로 수행해 보지 않고서도 마음속에서 어떤 행동의 결과를 예측할 수 있는 통찰력이 생긴다.
- 애착 : 자신을 돌봐주는 사람과 확립하는 긍정적인 정서적 관계를 말한다.

4. 정답 : ⑤ 선택적 요약은 맥락에서 벗어난 세부사항에 초점을 두는 것으로서 전체적인 상황이나 맥락을 무시하는 것을 말한다.

5. 정답 : ②
- A는 선행사건, B는 신념체계, C는 결과, D는 논박, E는 효과
- 사건 A에 대해 개인이 갖는 신념체계인 B가 C를 유발하는 주요 원인이다.

12
Chapter

인본주의 이론

인본주의라는 용어는 1960년 초기에 당시 심리학 중 가장 영향력 있던 두 조류, 정신분석학과 행동주의 심리학에 도전하여 새로운 이론적 대안을 세우고자 매슬로우를 중심으로 결속된 심리학자들에 의해 탄생하였다.

인본주의 이론은 무의식적 결정론에 근거하고 있는 정신분석이론과 환경결정론에 근거를 두고 있는 행동주의 입장에 의의를 제기하는 '제3세력의 심리학'에 속한다. 그러나 인본주의 이론가들이 정신분석학과 행동주의 심리학에서 인간을 이해하기 위해 제기한 이론들을 전적으로 부정만 하는 것은 아니었다. 다만, 이러한 이론들은 인간의 일부분만을 설명하고 있다고 보았다. 인본주의 이론은 키에르케고르, 사르트르, 카뮈, 빈스 반거, 보스, 프랭클과 같은 사상가들이 발전시킨 유럽의 실존주의 철학에 기원을 두고 있다. 그러나 실존주의 이론이 인간의 소외, 무의미 등과 같은 인간존재의 제한성에 초점을 두고 있는 반면에, 인본주의 이론에서는 사랑, 창조성, 선택, 의미, 가치, 자아실현 등과 같은 인간의 긍정적인 면에 초점을 두고 있다(최옥채 외, 2007).

인본주의 이론은 인간의 본질에 대하여 자유로운 인간에 대한 믿음에 기반하여, 인간의 이성, 진보, 잠재력과 선택을 핵심으로 인간중심적인 이론을 펼쳐나갔다. 다시 말해서, 정신분석학의 무의식적 정신결정론이나 행동주의의 환경결정론을 반박하고, 인간은 스스로 결정하는 존재이며 자신의 행동을 자유롭게 선택하는 의지를 지닌 존재라는 입장을 취하며, 인간은 자신의 삶에 대하여 스스로 본인이 원하고 목적하는 바를 추구하고 삶의 책임을 인식하여 창조하며 의미를 발견하고 주관적인 자유를 실천해 가는 과정 중에 있는 존재라고 보았다. 즉, 모든 인간은 선천적으로 악하거나, 무능하거나, 가치 없다는 설명을 인정하지 않으며, 어떤 사람이라도 삶의 책임을 인식하여 진정한 내면의 자율성, 창조성과 만나게 되는 환경조건이 적당하기만 하면 자신의 문제를 스스로 해결할 수 있다고 보았다. 그래서 인본주의 이론은 체계적인 이론이라기보다는 인간 잠재력 운동으로 보기도 한다. 한편 인본주의자들은 각 개인이 자신의 행동과 경험의 중요한 결정자임을 강조한다. 즉, 인간은 스스로 결정하며, 자신의 행동을 자유롭게 선택하는 의지를 가진 존재라는 것이다. 대표적인 인본주의 이론가로는 로저스와 매슬로우가 있다.

1. 로저스(C. Rogers)의 이론

로저스는 인본주의 이론의 대표적인 학자로서 인간의 선천적 잠재력에 접근하는 심리·상담요법을 고안해 실행한 성격연구의 혁신자이다. 로저스는 개인마다 현실을 각기 달리 지각하고 주관적인 경험이 행동을 지배한다고 믿었다. 로저스는 인간을 이해하는 데 있어서 기본적인 관점은 '성선설'이며, 인간은 무엇이 선한지 알고 있고, 태생적으로 가지고 있는 잠재력과 이성의 힘에 의해서 자신의 행동에 책임을 지며, 합리적이고, 발전적인 방향으로 성장해 나가는 미래지향적인 존재로 보고 있다. 또한 문제의 역사보다는 '지금－여기(now and here)'의 주관적 경험의 중요성을 강조한다. 이는 인간은 자신과 자신이 사는 세계에 대한 주관적인 인식에 따라 행동한다는 믿음에 기초한 현상학적 전통과 맥을 같이한다(이영희 외 공역, 2007).

로저스는 오랜 임상경험을 바탕으로 하여 인간은 기본적으로 자유로우며 자신의 행동에 책임을 지고, 유목적적이며, 합리적이고 건설적인 방향으로 지속적으로 성장해나가는 미래지향적 존재라고 보고 있다. 따라서 이러한 선천적 잠재력을 발휘할 수 있는 조건들이 적절히 갖추어진다면 인간은 무한한 성장과 발전이 가능하다고 결론지었다.

1) 인간관

로저스의 인간관을 살펴보면, 인간을 이해하는 데 있어 문제의 역사보다는 '지금 여기에서'를 강조한다. 자세히 살펴보면 자유, 합리성 그리고 자아실현의 경향이 서로 연결되어 있다. 로저스는 인간의 삶은 자신이 통제할 수 없는 어떤 힘에 의해 조종당하는 수동적 삶이 아니라 각 개인의 자유로운 능동적 선택에 따라서 얻어지는 결과라고 보았다. 모든 인간은 자신의 과거와 현재 생활 상태를 정확히 인식할 수 있기 때문에 자신의 삶과 미래를 능동적으로 선택할 수 있다. 즉, 인간은 선천적으로 타고난 성장 가능성을 실현하는 과정에서 자신의 인생목표와 행동방향을 스스로 결정하고 이러한 결정에 따르는 책임을 수용하는 자유로운 존재로 규정하고 있다. 로저스는 현상학적 관점으로 인간을 이해하기 위해 사람과 사물을 있는 그대로 보아야 한다고 주장한다. 로저스 이론은 개인의 주관적 경험을 강조한다. 인간행동은 개인이 세계를 어떻게 지각하는지에 달려 있으며, 객관적 현실이란 존재하지 않고 개인별로 주관적 현실만이 존재한다. 인간을 잘 이해하려면 개인의 내적 준거틀(the internal frame of reference)을 잘 이해하여야 하며, 내적 준거틀에 일치하는 방향으로 현실을 재구성해야 한다.

이러한 인간본성에 대한 강한 신뢰, 자유론적 관점과 아울러 로저스는 인간을 합리적인 존재로 규정한다. 이러한 인간의 합리성은 자아실현의 경향이 강해지고 인간이 더욱 자유로워질 때 강하게 표출된다. 또한 인간은 미래의 목적과 자기 지시적 목적으로 지향된 에너지를 가진 능동적인 존재이자, 통합성과 전체성을 향해 발전해 가는 존재이다. 로저스는 인간의 의식과 자기인식이 성격을 설명한다고 보았으며, 특히 '자기(self)'를 중요시하기 때문에 로저스의 이론을 자기이론(self theory)이라고 부르기도 한다. 또한 로저스는 모든 인간이 자신의 내부에 자기이해, 자기개념과 기본적 태도의 변화 및 자기 지향적 행동을 위한 거대한 자원을 가지고 있다고 하였다. 이러한 선천적 능력의 표현이 바로 자아실현 경향이다.

로저스는 자아실현 경향을 자기충족, 성숙의 방향을 지향하는 모든 동기를 포함하는 각 개인의 진보적인 추진력이라고 규정하였다. 로저스는 이러한 자아실현의 경향을 성취하기 위하여 인간은 항상 노력하고 도전하고 어려움을 극복함으로써 진정한 한 개인이 되어간다고 보고 있다. 그러나 로저스는 이러한 자아실현을 완전히 최종적인 것으로 간주하지 않았으며, 인간은 항상 발전하고 성장할 수 있는 창조성이 있으며, 또 그럴 수 있는 가능성이 무한히 잠재되어 있다고 본다. 인간은 각자가 타고난 청사진을 가지고 있으며 그들의 잠재력을 달성하려는 타고난 자성능력이 있어 어떤 역경에서도 금방 회복할 수 있다고 믿었다.

2) 기본 가정

로저스 이론의 기초가 되는 개념은 자아와 자아실현을 지향하는 성장이라고 할 수 있다. 자아는 인식될 수 있는 것이며 자기 자신에 대한 생각이나 자신에 대한 지각이 조직화된 것이라고 할 수 있다. 따라서 자아는 자기 자신의 여러 특징이나 능력에 대한 지각이 구성요소가 된다. 이러한 자기에 대한 지각에는 타인이나 환경과 관계하는 자아에 대한 지각이나 자신의 경험이나 대상에 관련된 가치, 그리고 지향하거나 또는 회피하여야 할 것에 관련된 목표와 이상 등이 포함된다. 자아에 관한 실증적인 연구들은 흔히 자아개념이라는 용어로 많이 이루어졌다. 로저스에 의하면, 자아와 현실 간에 불일치가 이루어지거나 자아에 대한 지각이 이상적 자아와 일치되지 않으면 이는 심리적 부적응의 원인이 된다고 한다.

인간은 자기 자신을 향상시키고 유지하는 데 도움이 되는 양식으로 자신의 잠재능력을 발전시키는 생득적인 경향이 있다. 이러한 자아실현의 경향은 모든 사람에게 있는 것이며, 인간은 자아개념과 일치되는 방향으로 자아를 실현하려고 한다. 프로이트의 인간행동관이 비합리적이고 비사회적인 특성에 중점을 두고 있는 데 반해, 로저스의 자아는 사회적·발달 지향적이며 현실적이라고 할 수 있다. 인간은 자아실현이라는 가장 강력한 동기에 의해서 지배되는 존재이며, 이상심리나 반사회적 행동도 피상적으로 파괴적인 것이 지배하는 것처럼 보이지만, 그 밑에는 자아실현의 동기가 깊이 깔려있다고 볼 수 있을 것이다. 인간은 여러 가지 경험을 통해서 자기 자신이 되려고 노력하고 있는 존재라는 것이 로저스의 입장이다.

현실과의 경험 속에서 완전히 기능하는 사람은 삶의 여러 자료들을 왜곡하지 않고 지각하며 자아 속에 통합하게 된다. 로저스는 이와 같은 기능을 충분히 발휘하는 사람은 경험에 대해 개방적이며, 현실에 충족하게 살고, 자신의 판단과 선택을 신뢰하고 다른 사람의 인정이나 불인정을 개의치 않는다고 하였다. 이러한 사람들은 인간중심이론에서 충분히 기능을 발휘할 수 있는 자아 실현인이 되도록 하는 것을 추구한다. 인간중심의 접근방법이 지니고 있는 기본 가정은 다음과 같다(Greene & Ephross, 1991; 김동배 · 권중돈, 2003).

① 인간은 믿을 수 있으며, 능력이 있고 자기이해와 자아실현을 위한 잠재력을 지니고 있다.
② 자아실현은 일생을 통하여 이루어지는 과정이다.
③ 만약 신뢰하고 존경하는 분위기가 형성된다면 인간은 긍정적 방향으로 성장하고 발달할 것이다. 개인적 성장은 치료적 관계나 다른 형태의 관계를 통하여 발전한다.
④ 진실성, 수용성, 감정이입적인 관심들을 포함하는 원조자의 긍정적 태도는 효과적인 원조관계를 위한 필수적 조건이다.
⑤ 클라이언트의 주관적인 경험을 존중하고, 자유와 개인적인 책임감 그리고 자율성을 고양하고, 선택권을 부여하는 것은 클라이언트의 성장을 촉진시킨다.
⑥ 원조자는 권위적 인물이 아니다. 원조자는 존경과 긍정적 관심을 통하여 긍정적인 성장을 증진시키는 사람이다.
⑦ 클라이언트는 자기인식을 할 수 있는 능력이 있고, 더욱 적절한 행동을 할 수 있는 능력을 지니고 있으며, 모든 사람들과 마찬가지로 부적응적 상태에서 벗어나서 심리적으로 건강한 상태로 옮겨갈 수 있는 성향을 가지고 있다.
⑧ 원조자는 원조관계에서 나타나는 '여기 그리고 지금'(here and now)의 행동에 초점을 두어야 한다. 원조관계에서는 클라이언트가 자신의 세계에서 어떻게 행동할 것인가에 초점을 두어야 한다.
⑨ 진정한 자아에 대하여 아는 것이 원조관계의 중요한 목적이다.
⑩ 원조관계의 목적은 클라이언트가 더욱 독립적이고 통합된 상태로 변화하게 하는 것이다.

3) 주요 개념

(1) 현상학적 장

현상학은 개인의 주관적인 경험, 경험적 세계, 감정 등 세계와 자신에 대한 개인적인 견해와 사적인 개념을 연구한다.

현상학적 장(phenomenal field)이란 경험적 세계(experiential world) 또는 주관적 경험으로 불리는 개념으로 특정 순간에 개인이 지각하고 경험하는 모든 것을 의미한다. 즉, '개인의 주관적 경험의 세계' 혹은 '개인에 의해 구성된 현실'을 의미한다.

로저스(Rogers)는 현재 행동을 결정하는 것은 과거 그 자체가 아니라 과거에 대한 각 개인의 현재의 해석이라고 주장할 정도로 현재의 현상학적 장을 중시했다. 현상학적 장은 개인이 지각하고 경험하는 모든 것을 말하며, 이것은 끊임없이 변화하는 경험의 세계이다. 현상학적 장은 경험적 세계 또는 주관적 경험으로도 불린다. 여기서 중요한 것은 객관적 사실이 아니라 개인에 따라 특정 순간이나 동일한 현상을 어떻게 다르게 지각하고 다르게 경험하는가에 따른 개인적 현실, 즉 현상학적 장이 존재한다고 보는 것이다. 현상학적 심리학자 중의 한 사람인 로저스는 사람이 어떻게 행동하는가 하는 것은 그 사람이 세계를 어떻게 지각하느냐에 달려있다고 보았다. 그러므로 인간의 행동을 정확하게 잘 이해하기 위해서는 그 개인의 내적 준거틀을 이해함으로써 개인이 객관적인 현실을 어떻게 지각하고 해석하는지 알아야 할 필요가 있다(최옥채 외, 2005).

(2) 자기(자아)

자기(self)는 '나'에 대한 의식적 지각과 가치를 말한다. 자기개념이란 인간이 스스로가 어떤 사람인가를 인식하는 방식이라고 볼 수 있다.

로저스는 자기(self) 또는 자기개념(self-concept)을 중요시한다. 이는 자신이 어떤 사람인가에 대한 주관적인 개념으로 전체적인 현상학적 장 또는 지각적 장으로부터 분화된 부분으로 '나'에 대한 일련의 의식과 가치를 말한다. 이 자아는 성격구조의 중심이며 성격발전의 핵심이다. 자아는 유기체의 행동의 일관성을 유지하려고 한다. 자기개념(self-concept)은 자기의 개념과 거의 유사한 개념으로 현재의 자신이 어떠한 존재인가에 대한 자기 자신의 자아상(self-image)이다. 현재 자신의 모습에 대한 지각뿐 아니라, 어떤 존재가 되고자 하는가에 대한 인식, 즉 이상적인 자기(ideal self)까지를 포함한다. 자기는 반드시 의식되는 것은 아니지만 의식이 가능한 것이다. 로저스는 현실적인 자기와 이상적인 자기의 괴리가 큰 개인은 사회에 건강하게 적응하기 어렵고, 이럴 때 인간은 불안, 긴장을 느끼게 된다고 하였다. 이러한 자아가 사용하는 기본적인 방어기제로서 지각의 왜곡과 부정을 제시하고 있다. 지각의 왜곡은 프로이트의 방어기제 중 합리화와 매우 유사한 개념이다. 예를 들어, 진급하는 사람을 보고 사장이 진급하게 해주었다고 왜곡시킴으로써 자신의 현재의 자아상을 유지하는 경우를 들 수 있다. 또 다른 방어기제인 부인은 위험한 경험이 의식화되는 것을 회피함으로써 자기구조를 유지하는 것을 말한다. 예를 들어, 부당한 대우를 받은 여대생이 화를 내지 못하는 것은 화를 내면 사랑받지 못한다는 부모님의 믿음이 내재되었기 때문이다. 경험과 자기의 인식 사이에 부조화를 감소시키려는 방어를 발동하게 하여 걱정이 줄어드는 것이다. 이와 같이 로저스는 자아구조와 주관적 경험 사이의 일치가 매우 중요하며, 이 양자가 일치될 경우에는 적응적이고 건강한 성격을 갖게 되는 반면, 이들 간의 불일치가 심할 경우에는 부적응적이고 병적인 성격을 갖게 된다고 보았다.

(3) 자아실현 경향성

자아실현 경향성(self actualization)이란 인간이 본능적으로 타고나는 자신을 보호하고 고양시키며, 자신의 잠재력을 최대한 실현시켜 개인의 유지나 향상을 위해 노력하는 인간의 본성을 말한다. 다시 말해서 인간의 궁극적인 동기는 잠재력을 개발하는 것, 즉 자기실현을 하는 것을 말한다. 인간은 선천적으로 자신을 유지시키거나 향상시키기 위하여 자신의 능력을 개발하는 경향성을 가지고 있다. 이러한 자기실현 경향이 영아의 경험적 잠재력을 확대하도록 하여 부모와 같은 중요한 타인과의 상호작용이 일어나게 되고, 이러한 상호작용의 결과 영아의 유기체적 경험의 일부가 '자기' 또는 '자기개념'으로 분화된다. 인간행동의 근원을 자아실현의 욕구로 보았는데 이 욕구는 다양성을 가지고 있다. 첫째는 자기유지로 자기의 자아상을 훼손시키지 않고 최소한 현재 상태를 유지하려는 욕구이다. 둘째는 자기향상으로 자기의 자아상을 현재의 것보다 긍정적인 이미지로 변화시키려는 욕구이다. 마지막은 자아실현으로 자아실현의 과정은 자신을 창조하는 과정이고 점진적으로 완성되며 현실적 자아와 미래의 이상적 자아의 차이를 줄여나가는 과정이다.

로저스(1951)는 인간에게는 많은 욕구와 동기가 있지만 그것들은 단지 하나의 기본적 욕구의 일부분에 지나지 않는다고 하였다. 로저스는 모든 인간은 성장과 자기증진을 위하여 끊임없이 노력하며, 그 노력의 와중에서 직면하게 되는 고통이나 성장방해요인에 직면하여 극복할 수 있는 성장지향적 유기체라고 보고 있다. 특히 이러한 자기실현 동기는 성장과 퇴행 중에 어느 하나를 선택해야 하는 상황에 처하게 되면 더욱 강하게 작용한다. 그러나 현실지각이 왜곡되어 있거나 자아분화의 수준이 낮은 개인의 경우에는 퇴행적 동기가 더 강하게 작용하여 유아적 수준의 행동을 나타내는 경우도 있다. 그러나 로저스는 모든 인간이 퇴행적 동기를 지니고 있기는 하지만 그보다는 성장지향적 동기, 즉 자기실현욕구가 기본적인 행동동기라고 보았다. 그리고 자기실현의 과정은 자신을 창조하는 과정이기 때문에, 이러한 과정을 통하여 모든 인간은 삶의 의미를 찾고 주관적인 자유를 실천해 감으로써 점진적으로 완성되어 간다고 보았다.

(4) 긍정적 지향의 경향

인간은 분화(differentiation), 자기 책임감, 협동과 성숙의 방향으로 나아가는 선천적 경향성을 가지고 있으며, 긍정적으로 지향하는 경향성을 가지고 있는 것으로 나타났다. 즉, 인간은 합목적적이며 건설적이고 현실적인 존재로서 어떤 힘에 의해서 이끌려 가는 피동적인 존재가 아니라 미래의 목적과 자기지시적인 목적의 방향으로 에너지를 지향시킬 수 있는 활동적인 존재인 것이다.

(5) 주관적인 경험과 행동

인간행동을 이해하기 위해서는 현재 그 사람이 처해있는 환경과의 관련성을 파악하는 것이 중요하다. 기본적으로 로저스는 개인의 객관적 현실이 무엇이든 그것이 문제가 아니라 개인이 현실을 지각하는 방식이 문제라고 생각했다. 즉, 개인의 행동을 이해하려면 그 개인이 자기 자신과 자신이 존재하는 세계에 대하여 어떤 주관적 인식을 지니고 있는지를 알아야 한다는 것이다. 그런 접근의 기본 가정은 개인의 주관적 경험이 비록 다른 사람에게는 이상하고 오인될 소지가 있더라도 깊이 존중받을 가치가 있다는 것이다. 따라서 로저스가 치료자로서 자기 스스로의 경험을 신뢰하는 것과 자신이 내담자의 경험을 신뢰하는 노력은 모두 평행신상에 위치하고 있다.

로저스는 치료자가 전문가 역할을 수행하려고 하면 권위적인 존재로 인식되고 곧바로 내담자와의 관계에서 힘의 불균형이 생기게 된다고 하였다. 치료자의 이론적 지식이야말로 내담자의 내적 기능에 대하여 내담자 자신보다 치료자가 더 많이 알고 있는 것처럼 추측하게 만든다고 하였다. 일단 그와 같은 위험한 환상이 설정되면 내담자는 자기 스스로의 경험을 신뢰하고 스스로의 지각에 타당성을 부여하기가 더욱 힘들어진다. 주관적 경험의 중요성을 강조하는 로저스는 우리 각자가 자신과 자신이 사는 세계에 대한 주관적 인식에 따라 행동한다고 말한다.

(6) 무조건적인 긍정적 관심

인간은 따뜻함, 존경, 사랑 그리고 수용을 얻고 싶은 기본적인 욕구를 가지고 있다. 무조건적인 긍정적 관심(unconditional positive regard)은 어떤 개인에 대해서 조건 없이 있는 그대로 그 사람을 수용하거나 존경하는 것을 의미하는데, 예를 들어 아이가 부모로부터 한 인간으로서 존중해 주는 무조건적인 긍정적 관심을 받을 때 그 아이는 자신을 가치 있는 존재로 판단하며, 자신의 욕구와 자아개념에 따라 행동하게 되므로 최대한으로 성장하게 되는 것이다. 그러나 사회복지사는 언제나 수용과 무조건적 관심을 보여줄 수는 없으며, 사회복지사의 무조건적 관심과 수용은 단지 연속선상의 정도의 문제를 의미하는 것이다. 그럼에도 불구하고 내담자에 대한 존중과 수용을 강조하는 이유는 사회복지사가 내담자를 존중하지 않거나 싫어하거나 또는 더 나아가 혐오할 경우 내담자는 방어적 태도를 보일 것이므로 성공을 거두기 어렵게 되기 때문이다.

(7) 완전히 기능하는 사람

로저스는 훌륭한 삶이란 어떤 목적지가 아니라 방향이라고 하였다. 여기서 방향은 자유롭게 움직일 수 있는 내적 자유가 있을 때 그가 선택하는 방향으로 움직이는 과정을 말한다. 충분히 기능한다는 것(fully-functioning)은 자기의 잠재력을 실현하며 진정한 자기 자신으로 살아가는 것을 의미한다. 완전히 기능하는 사람은 자신의 잠재력을 인식하고 능력과 재질을 발휘하여 자신에 대한 이해와 경험을 풍부히 하는 방향으로 발전해 나가는 사람이다. 로저스는 충분히 기능하는 사람이 가지고 있는 공통적인 특성으로 다음의 다섯 가지 중요한 특징을 언급하였다(Hjelle & Ziegler, 1976; 이훈구, 1994).

첫째, 완전히 기능하는 사람은 경험에 대해 개방적이다.

경험에 개방적인 사람은 그 자신을 들을 수 있고 자신의 내부에서 무엇이 일어나고 있는가를 경험할 수 있다. 자신이 경험한 것이 전부라고 확신하지 않으며, 새로운 경험을 지속적으로 시도한다. 이러한 자세는 자신의 자아를 확장시키고 더 큰 그릇으로 만들어 갈 수 있다.

둘째, 완전히 기능하는 사람은 실존적 삶을 사는 사람이다.

실존적 삶이란 인간 존재의 매 순간을 충분히 만끽하며 사는 것을 뜻한다. 완전히 기능한다는 것은 잠재력을 인정하고 능력과 기질을 발휘함으로써 발전적인 방향으로 이동해 가는 것이다.

지금 자신에게 필요한 것이 무엇이며, 무심결에 내가 행동한 것은 무엇을 위함인지 안다. 상대가 왜 그렇게 했느냐고 묻는다면 완전히 기능하는 사람은 즉각적으로 자신의 심정을 표현할 수 있다. 왜냐하면 그는 깨어있고, 자신의 내면을 명확하게 바라보고 있기 때문이다.

셋째, 완전히 기능하는 사람은 자신의 유기체에 대한 신뢰가 있다.

자신에 대한 신뢰가 있기 때문에 자신의 이해와 경험을 풍부하게 하여 자신이 해야 할 것과 하지 말아야 할 것을 선택하고 결정하여 자신에 대한 신뢰를 구축한다. 내가 이런 행동을 했을 때 상대가 어떻게 평가할지에 대해 걱정하여 눈치를 보거나 불편한 마음을 가진 채 상대가 원하는 대로 행동하는 것은 완전히 기능하는 사람의 태도가 아니다. 상대가 원하는 것을 하면서도 그 행동의 결과가 자신에게 유익이 있음을 자각하는 것이며, 상대에게 맞추든 그렇지 않든 상관없이 자신에게 만족스러운 방법으로 행동한다.

넷째, 완전히 기능하는 사람은 경험적 자유를 지니고 있다.

로저스는 인간의 행위가 생물학적인 신체구조나 사회적 압력, 과거의 경험에 의해서 강하게 영향을 받는다는 점을 인정하고는 있지만 인간은 자기가 선택한 인생을 자유스럽게 살아갈 수 있다고 보았다. 자신의 행동과 선택에 대해 자유롭고 그 결과에 책임을 지며 자신의 세계를 형성하고 결정하는 데 중요한 역할을 담당할 수 있다는 자신의 의지와 능력을 인정하여 자신이 원하는 것을 이룰 수 있음을 말한다.

다섯째, 완전히 기능하는 사람은 창조성을 보유하고 있다.

창조성은 인간의 가장 보편적인 특질로 누구에게나 잠재되어 있어서 자신의 깊숙한 곳에 있는 욕구를 만족시키며, 사회 속에서 얽매이지 않고 건설적으로 살아간다. 어떤 생각에 얽매이지 않고, 주어진 상황에 대해 긍정적으로 행동할 수 있다. 또한 문화에 대해서도 단순히 적응하는 것이 아니라 자신이 원하는 방식으로, 그리고 자신만의 독특한 방식으로 살아간다.

4) 이론의 평가

(1) 의의

로저스는 초기에 정신분석이나 랭크(O. Rank)의 기능주의 접근법 등 다양한 치료방법들에 관하여 관심을 가졌다. 그러나 당시의 심리치료 분야의 주류였던 지시적인 상담에 회의를 느끼면서 클라이언트를 위한 독특한 관점을 개발시켜야 함을 인식하여 클라이언트 중심의 비지시적인 치료방법을 개발하였다. 로저스 이론은 인간 내면의 주관적 경험을 다룰 수 있는 새로운 과학적 연구모델을 고안함으로써, 클라이언트 중심의 비지시적 · 비위협적 · 비심판적 태도, 공감과 진실성, 무조건적인 긍정과 관심, 사회적 책임과 상호성에 대한 소신, 문제해결자로서 클라이언트에게 중요성을 둔 장점을 가진 치료방법을 개발하여, 심리치료의 영역에 대한 연구의 새로운 문을 열었다. 또한 사회복지사와 클라이언트의 관계를 설명하는 중요한 이론적 기반이 되었다. 이로 인해 다양한 문화를 지닌 사람들의 상호이해를 발전시키는 데 적용됨으로써, 인간관계와 다문화적 치료에 지대한 공헌을 하였다.

(2) 한계점

로저스 이론의 한계점으로는 다음과 같은 것을 들 수 있다.

첫째, 인간은 생활에 있어서 적절한 발전을 지향하는 확고한 기제가 있다고 하였지만 이러한 기제에 대한 명백한 증거가 없으며, 학습을 통한 인간행동의 발달을 무시하고 있다. 둘째, 기본적인 인간 본성에 대한 선한 측면만을 강조하고 있으며, 부정적인 측면에 대한 설명이 부족하다. 셋째, 클라이언트가 자신의 문제를 해결하는 방식에 초점을 두지 않고 문제에 대한 자신의 인식과 이해를 증가시키려는 통찰 지향적인 접근이기 때문에 대안 제시가 어렵고 개입의 효과성을 파악하기가 어렵다. 넷째, 유기체적 경험, 자기개념, 완전히 기능하는 인간 등의 개념이 추상적이고 모호하고 난해하여 너무 포괄적이어서 이해하기 어렵다. 다섯째, 현상학에서는 객관적인 환경이 변하지 않아도 수용방법이 변하면 인간행동이 변한다고 본다. 이러한 생각은 환경이 미치는 영향을 경시하는 경향이 있다. 여섯째, 인간의 무의식적 과정에 대한 관심이 없다. 일곱째, 인간본성에 대한 선한 측면만을 너무 강조하고 있으며, 인간의 악한 면에 대한 설명과 부적응적인 인간에 대한 설명이 부족하다. 여덟째, 인간 성격발달에 관한 자료를 제공해 주지 못하며, 정서적 문제, 예를 들어 우울이나 수치심 혹은 문제행동, 예를 들어 음주나 폭력 등이 왜 생기는지 설명하지 못한다.

이러한 약점에도 불구하고 오늘날 로저스의 접근은 사회복지뿐만 아니라 개인·집단 상담 및 심리치료의 분야, 교육, 사업, 결혼 및 가정생활, 그리고 국제관계 등의 분야에서 인간의 문제해결 및 효율성의 증진을 위한 접근으로 확대·발전해 가고 있다.

(3) 사회복지실천과의 연관성

인본주의 이론은 인간에 관하여 보다 희망적이고 낙관적인 견해를 지니고 있다. 모든 인간은 자신의 자아에 건전하고 창조적인 성장을 위한 가능성을 모두 가지고 있다고 주장한다. 로저스의 이론이 사회복지실천에 미친 긍정적인 영향은 다음과 같다.

첫째, 로저스의 클라이언트 중심적인 비지시적 치료모델은 과거 사회복지사와 클라이언트 관계를 위계적으로, 지시적 관계에서 수평적, 인간적 관계로 전환시켜 주었고, 사회복지사와 클라이언트의 관계를 설명하는 중요한 이론적 기반이 되었다.

둘째, 치료적 관계에서 로저스가 강조하는 개인적 존엄과 가치, 자기결정권, 비심판적 태도, 사회적 책임과 상호성에 대한 소신은 사회복지실천에 있어서 다른 이론보다 더욱 융통성 있게 사회복지실천에 적용할 수 있다. 인본주의 이론은 전체인간에 대한 존중사상이며, 이러한 존중사상은 효과적인 실천의 기본적 부분이며, 사회복지실천에 있어서 가치관과의 토대를 이루면서 사회복지 철학과 조화를 이룬다고 할 수 있다.

셋째, 사회복지사들은 클라이언트가 자신과 자신의 개인적 의미를 탐색할 수 있도록 원조한다. 개인적 의미란 지각하는 세계에 관해 나름대로 의미를 부여하는 것으로, 이것은 나중에 다시 자신에게 영향을 주게 된다. 또한 사회복지사는 클라이언트의 경험에 관해 각기 다른 의미를 구성하고, 클라이언트의 자기에 대한 새로운 사고를 창출해 나가는 것에 관하여 다양한 사고를 이끌어 낼 수 있다.

2. 매슬로우(A. Maslow)의 욕구위계이론

매슬로우는 아들러의 개인심리학에 큰 영향을 받아 인본주의 심리학을 창설했다. 그는 성격발달에 관한 공식적인 틀을 제시하지 않고 욕구의 계층화를 통해 동기와 정신병리에 관한 자신의 견해를 제시하였다. 매슬로우 이론은 인간이 어떻게 동기화되는가를 설명한 이론으로 동기화 이론(motivation theory)이라고도 부른다.

1) 인간관

매슬로우가 인간에 대해서 가지고 있는 인간관은 다음과 같다(Gatchel & Mears, 1982).

① 인간의 본성은 원래 선하며, 합목적, 전진적, 건설적, 현실적이다.
② 인간행동은 내면으로부터 나오고, 인간은 자유롭고 자율적이며, 창조적인 존재이며 인간행동은 무의식적 동기의 산물이 아니다.
③ 인간은 정적이지 않으며 항상 무언인가 다른 존재가 되려고 하는 과정 중에 있다(be가 아니라 becoming의 과정 속에 있다).
④ 인간행동을 연구하고 이해하기 위해서는 인간의 병리적인 측면보다는 건강

한 사람의 행동과 지각에 대해서 탐구를 해야 한다. 즉, 정신 병리를 이해하기 위해서는 정신건강을 먼저 이해해야 한다.

⑤ 인간의 가장 보편적인 특성은 창조성이다. 이는 인간이 생득적으로 갖는 잠재적 본성이며, 누구에게나 잠재해 있으므로 창조성을 갖기 위해 특별한 자질이나 능력이 요구되지는 않는다. 즉, 사람은 누구나 생득적으로 능력 있는 존재이며 기본적인 욕구들이 충족되면 인간성을 성취하고 결국은 자아실현자가 된다.

⑥ 인간은 통합적 유기체이다. 따라서 통합적이고 전체적인 관점에서 접근해야 한다.

⑦ 인간은 성장하고자 하는 경향, 즉 자기실현경향성, 미래지향성, 유목적적 존재의 자기실현 욕구를 가진다.

⑧ 인간은 주관적인 존재이다 인간행동은 개인이 세계를 어떻게 지각하느냐에 달려있다. 그래서 인간의 행동을 잘 이해하려면 개인의 내적 준거틀을 잘 이해해야만 한다.

⑨ 인간은 합리적인 존재이며, 통합성과 전체성을 향해 발전해 나가는 존재이다.

⑩ 인간은 매우 선하고 신뢰할 만한 존재이다. 인간의 악하고 파괴적인 요소는 나쁜 환경에서 비롯된 것이다. 환경조건이 적당하기만 하면 인간은 자신의 잠재능력을 실현해 나가려는 경향을 갖는다.

2) 기본 가정

매슬로우(Maslow)는 인간은 태어날 때부터 생존적 경향(survival tendency)과 실현적 경향(actualizing tendency)을 가지고 있다고 보았다. 매슬로우는 인간을 환경을 능동적으로 창조할 수 있는 존재라고 인식했다. 또한 인간은 누구나 내부에 건전하고 창조적인 성장을 위한 가능성을 가지고 있고, 개인적 성취와 자아실현을 위해서 노력한다고 보았다. 욕구는 인간이 살아가는 데 꼭 필요한 것이다. 이러한 욕구는 선천적인 것이지만 욕구를 충족시키기 위해서 인간이 하는 행동은 후천적으로 학습된다. 매슬로우는 욕구의 계층화를 통하여 동기와 정신병리에 관한 자신의 견해를 제시하였다. 특히 사람들은 인생 초기에 사랑, 보금자리, 음식 등과 같은 욕구가 잘 충족되지 않으면 병리나 일탈행동이 발생한다고 하였다. 초기 인생의 좌절감은 부적응적인 반응유형을 발생시켜 인생 후기의 동기나 욕구를 왜곡시킨다. 매슬로우는 신경증과 정신증과 같은 전통적인 정신적 용어를 사용하기를 싫어한다. 비정상적이거나 정신병리적인 개인은 아직 자아실현을 이루지 못한 상태로 간주한다. 인간은 선하며, 개인의 선천적인 잠재력을 표현할 수 있는 환경이 제공된다면 건강한 방법으로 자기를 개발할 수 있는 능력이 있다고 믿었다.

3) 주요 개념

(1) 내적 본성

내적 본성의 일부는 모든 인간에게 보편적이지만 일부는 개인마다 고유하며, 생물학적으로 결정된 인간의 내적 본성은 기본적 욕구, 정서, 능력 등으로 이루어진다. 내적 본성은 악하지 않고 선하거나 중립적이므로 감추지 않고 장려하는 것이 좋다. 내적 본성에 따라 살면 건강하고 풍요로우며 행복한 삶을 살지만 부인되거나 억제되면 병이 된다. 매슬로우에 의하면, 내적 본성을 드러내고 촉진하며 충족하는 경험은 성취감과 자기의 성장·발달을 가져오며 건강한 자존심과 자신감을 낳는다(이인정·최해경, 2008).

(2) 잠재적 창조성

매슬로우는 인간의 가장 보편적인 특징은 창조성이라는 사실에 최초로 관심을 가졌다. 모든 사람들은 태어날 때 누구나 창조성을 잠재적으로 가지고 있으나 문명화되면서 창조성을 잃게 되었다고 생각했다. 인간은 온화한 환경에서 성장할 때 자신의 본성을 실현시키기 위해 능동적으로 노력하게 됨으로써 사람의 잠재된 창조성은 발현된다고 보았다.

(3) 형성되어가는 것(Becoming)

매슬로우는 적응적 개인이라고 하여 반드시 자아실현을 완성할 수 있는 것도 훌륭한 삶을 사는 것도 아니라고 했다. 그 이유는 인간이란 완성의 존재가 아니라 '형성되어 가는 존재'이기 때문이다. 이러한 형성되어가는 과정을 자기실현의 과정으로 보았으며, 이는 인간본성의 고유한 것으로 간주하였다. 그러므로 형성되어가는 것을 거부하는 사람은 성장하기를 거절하는 것이고, 스스로 인간 실존의 가능성을 부정하는 것이다. 또한 이것은 인간의 실현 가능성에 대한 왜곡이며, 비극이라고 하였다. 사람은 자신의 선택과 운명을 결정할 책임을 져야 한다. 자기가 원하든 원치 않든 간에 이 세상에 있는 한 자신의 삶에 책임을 져야 하는 것이다. 자신에게 주어진 자유와 책임으로부터 도피하는 것은 잘못된 신념을 가진 것이고 결국은 자포자기하는 삶을 사는 것이다(최옥채 외, 2021).

(4) 욕구

매슬로우는 인간행동의 근원이 되는 욕구를 최초로 생리적 욕구, 안전에 대한 욕구, 애정과 소속의 욕구, 자존감의 욕구, 그리고 자아실현의 욕구 등 다섯 가지 단계로 구분했다. 기본적 욕구가 지속적으로 충족되면 역기능과 혼란상태를 예방하고 건강하고 성숙한 상태를 달성하게 된다. 특정 상위욕구의 충족을 위해서는 사전에 보다 근본적 하위욕구의 충족이 이루어져야 하는데, 이러한 매슬로우의 이론을 욕구계층이론이라고 한다. 매슬로우는 인간을 자아실현을 위하여 노력하는 존재라 규정하여 인간은 본능적으로 생존적 경향의 욕구를 충족한 뒤에 궁극적으로는 자아실현을 위해서 노력한다고 보았다. 이러한 욕구는 생존적 경향의 결핍성 욕구인 기본욕구와, 자아실현 욕구·성장욕구인 메타욕구로 구분할 수 있다. 기본적인 욕구 혹은 결핍성의 욕구는 생존을 단순히 생리적 차원에서 유지시키려는 경향을 가진다. 또한 성장욕구 혹은 자기실현 욕구는 잠재능력, 기능, 재능을 발휘하려는 욕구이다.

생존적 경향의 욕구는 메타욕구에 비해 우세하며 계층적인 순서로 배열된다.

결핍성 욕구인 생리적 욕구는 의식주에 대한 욕구, 성적 욕구, 수면욕구, 휴식욕구, 배설욕구 등 생리적 균형을 유지하는 데 필요한 기본적 욕구이다. 위의 조건이 충족되면 외부로부터의 위험이나 공포에서 벗어나 안정을 찾으려는 욕구가 생긴다. 다음으로 집단에 소속되거나 사랑이나 우정 또는 애정을 얻고 싶어 하는 욕구가 이어지고 자기의 행위나 인격을 남으로부터 인정받고 싶어 하는 자존감의 욕구가 생긴다. 자존감의 욕구는 어떤 중요한 책임을 맡아 잘 수행함으로써 자신의 가치를 스스로 인정하고 다른 사람으로부터 존경을 받고자 하는 욕구이다. 자아실현적 경향의 욕구는 자신이 잠재적으로 실현가능한 최대한의 자신이 되려는 욕구, 즉 자아실현의 욕구이다. 기본적 욕구는 대부분 성장욕구에 비하여 우세하며 계층적인 순서로 배열된다.

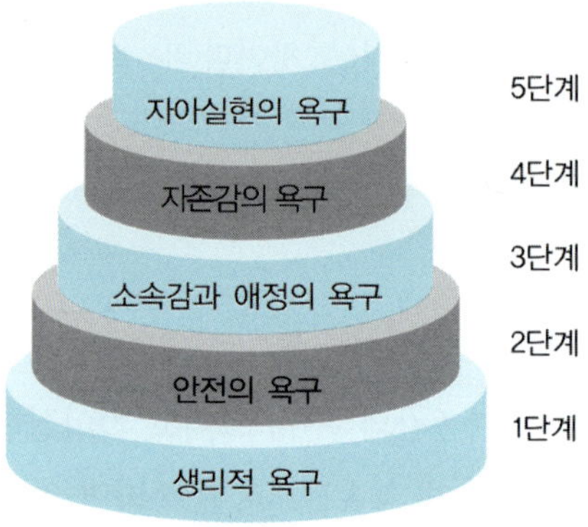

|그림 12-1| 욕구 위계구조

① 1단계 욕구는 생리적 욕구(physiological needs)로 욕구 중에서 가장 기본적이고 강한 욕구이다. 예를 들면 음식, 물, 산소, 수면, 성, 잠, 휴식, 건강, 추위나 더위로부터의 보호, 감각적인 자극에 대한 욕구 등 인간 의식주에 대한 욕구, 인간의 생명을 유지하기 위한 기본적인 욕구이다. 이러한 기본적인 욕구가 만족되지 않으면 더 높은 단계의 욕구를 충족하려는 시도를 할 수 없게 된다.

② 2단계 욕구는 안전의 욕구(safety needs)로 생리적 욕구가 충족되면, 안전의 욕구에 대해서 관심을 갖게 된다. 이 욕구는 기본적으로 신체적인 위험에 대

한 공포로부터 벗어나려는 욕구이고 또 기본적인 생리적 욕구를 충족시키지 못하게 되는 위험으로부터 해방되려는 욕구이다. 예를 들면 안정감, 보호, 의존, 질서, 구조, 공포나 불안, 위험으로부터의 자유 등이 있다. 안전의 욕구는 아동기에 긴급하고 중요한 욕구인데 이는 상대적으로 무력감과 어른에 대한 의존성 때문이다. 안전에 대한 욕구는 전쟁, 범죄, 자연재해, 폭동, 사회조직의 해체 등이 발생할 때도 나타나며, 이것은 자기보존에 대한 욕구이다.

③ 3단계 욕구는 소속감과 애정의 욕구(belongingness and love needs)를 말한다. 인간은 사회적 존재이기 때문에 인간에게는 여러 가지 집단에 소속하고 싶은 욕구와 여러 집단에 의해 받아들여지고 싶은 욕구가 있으며, 그것은 친분, 우정, 소속감, 사랑의 욕구 등에 대한 관심으로 나타난다. 그러므로 소속에 대한 갈망과 소외, 고독, 낯섦, 고립감 등을 극복하고자 하는 욕구는 더욱 심화된다. 사랑의 욕구는 받는 것뿐 아니라 주는 것도 포함되며, 사랑을 받고 포용되는 것을 통하여 자기가 가치 있다고 느끼며, 그렇지 못한 경우에는 공허함, 소외, 무가치감, 적대감 등을 가진다. 따라서 소속감과 사랑의 욕구를 충족할 수 있는 사회의 기틀과 제도들이 마련되어야 한다.

④ 4단계 욕구는 자존감의 욕구(esteem needs)로 소속단체의 구성원으로 명예나 권력을 누리려는 욕구이다. 이 욕구는 두 가지 유형이 있는데, 이는 자기에 대한 존중과 타인으로부터의 존경이다. 자기에 대한 존중이란 스스로 가치 있다고 생각하며, 능력, 신뢰감, 성취, 독립, 자유, 적합성, 칭찬, 명예, 사회적 지위에 따른 자기존중이다. 반면에 자존감의 욕구를 충족지 못한 사람들은 타인과 비교하여 열등감, 무력감, 나약함, 자기 비하감 등을 경험한다. 타인으로부터의 존경이란 수용, 주목, 존중의 개념을 포함하며, 타인들에게 좋게 평가받음으로써 자신이 가치 있는 사람이라고 느낀다. 매슬로우는 가장 바람직한 자존감은 자기와 타인에게 받은 진실된 존중으로부터 나온다고 하였다.

⑤ 5단계 욕구는 자아실현(자기실현)의 욕구(self-actualization needs)로 자신의 재능과

잠재력을 충분히 발휘해서 자기가 이룰 수 있는 모든 것을 성취하려는 가장 높은 수준의 욕구이다. 이 욕구는 자발성, 포부실현, 창조성의 욕구 등 어떤 상태가 아니라 되어가는 과정이다. 따라서 욕구위계 네 수준을 어느 정도 충족하고 나서 자기실현의 욕구를 성취하는 것은 더욱 어려운 문제이다. 자아실현 욕구의 구체적인 내용은 개인이 자신의 장점을 살리고 제한점을 수용하며, 타인의 있는 그대로를 수용하는 것, 자발성을 가지는 것, 창조성을 가지는 것 등의 자신의 가능성을 능력껏 발휘하고 싶은 욕구로서 여기에는 성장욕구, 자기완성 욕구 등이 포함된다. 이 욕구의 구체적인 형태는 사람마다 다르며, 개인차가 많이 난다. 아이로 하여금 자아실현을 성취하게 하려면 낮은 단계에 있는 욕구를 만족시킬 수 있는 기회를 많이 제공해 줄 필요가 있다.

(5) 자아실현자의 특성

매슬로우에 의하면, 자아실현자는 존재가치에 의하여 동기화되며, 성장동기를 가지고서 자신의 체험을 확장하고 삶을 풍부하게 한다고 하였다. 매슬로우는 자아실현자의 특징을 다음과 같이 정의하였다(이인혜 · 최혜경, 1995; Maslow, 1970; Liebert & Spiegler, 1990).

① 현실에 대하여 정확한 현실지각을 하며 편안해한다.
② 어떤 불평이나 지나친 생각을 하지 않고 자신의 본성과 타인, 자기 자신, 자연을 수용한다.
③ 행동에 있어서 꾸밈이 없고, 내적 생활이나 사고, 충동에도 꾸밈이 없다.
④ 자아중심적이지 않고, 문제중심적이며, 자기 자신보다 외부의 문제들에 관심을 가진다.
⑤ 자신에 대해 불편해하지 않으며 혼자일 수 있고 일반사람들보다 더욱 고독과 개인 사생활을 즐기는 경향이 있다.
⑥ 사회적 환경으로부터 비교적 독립되어 있다.

⑦ 자연이나 어린아이와 같이 삶의 기본적인 것에 관하여 기쁨과 즐거움을 느끼며 새롭고 순수하게 감사해하는 놀라운 능력이 있다.
⑧ 환희와 경이로움, 경외의 느낌 등 신비한 경험을 한다.
⑨ 때로는 분노나 혐오감을 느끼기도 하지만 대체로 인간에 대하여 깊은 일체감, 공감, 애정을 가지고 있다.
⑩ 일반사람들보다 더욱 깊은 관계를 가지지만 소수의 사람들과 깊은 유대를 맺는다.
⑪ 민주적인 성격 특성을 가지고 있으며, 누구에게나 조건 없이 우호적이며 모든 사람을 존중한다. 또한 타인들로부터 무엇인가 기꺼이 배우려고 하며, 타인의 출생, 인종, 혈통, 가문, 나이, 힘에 의하여 사람을 차별하지 않는다.
⑫ 수단과 목적을 구분하여 실제생활에서 옳고 그른 것을 확실하게 구분한다. 또한 그들은 인습적이지 않은 윤리적이고 도덕적인 기준을 가지고 있다.
⑬ 철학적이고 사려 깊은 유머감각이 있다. 이들의 유머는 웃음보다는 은근한 미소를 자아내는 유머이다.
⑭ 어린아이의 순수함에 가까운 창조성을 지니고 있다.
⑮ 자아 충족적이고 자율적이기 때문에 특정한 방식으로 생각하고 행동하라는 사회적 압력이나 문화적응에 저항한다.

4) 이론의 평가

(1) 의의

매슬로우는 동기에 관한 이론을 개발하였는데, 특히 자아실현 동기의 역할에 대한 심도 있는 연구를 하였다. 그는 다섯 가지 욕구들이 유기적 연관성을 맺으면서 욕구별로의 우선적 순위에 따라 위계적으로 계층을 이루고 있다고 본다. 매슬로우도 로저스처럼 인간을 무의식이나 환경에 의해 수동적으로 행동하는 존재로 보지 않고 창조적이고 합리적인 능동적 존재로 인식한다. 자기실현의 과정을 다양한 요소들과 연계하여 다차원적으로 이해한다. 로저스가 자아실현이라는 유일한 동기를 가지고 인간행동을 설명하려고 한 데 비해 매슬로우는 사회적 다양한 요소를 통합적으로 고려하여 인간행동의 동기를 설명하고 있다는 점에서 진일보했다고 평가할 수 있다.

(2) 비판

매슬로우의 초기이론은 연구방법에서 과학적 방법론이 취약하다. 표본이 작아 일반화에 어려움이 있으며, 관찰하거나 검증된 수 없는 부분이 많았다. 또한 자기실현의 욕구를 학습된 것이 아니라 선천적인 것이라고 보는 데 무리가 있었다. 또한 인간행동에서 내적인 측면과 환경에 의해 창조적인 인간이 받는 영향을 무시하고 있다. 인본주의 이론은 인간이 정해진 발달단계를 따라 살아가는 존재라는 관점을 거부한다. 따라서 연령에 따른 발달단계를 구체적으로 설명하지 않았다. 또한 지나친 획일성으로 인해 개인차나 상황을 고려하지 못하였고, 사회의 가치에 따라 욕구계층의 순서가 바뀔 수도 있음을 간과하였다. 이러한 현상들을 충분히 고려하지 않은 상태에서 욕구를 위계적으로만 이해하려고 한 한계가 있다. 상위욕구 계층으로 올라갈수록 욕구충족의 수준이 낮아지는 것이 일반적이기 때문이다. 또한 소위 배고픈 예술가처럼 자신의 예술활동에 전념하기 위해서 음식과 잠을 전폐하는 경우나 정치적 투쟁을 위해서 개인적인 안전을 돌보지 않는 경우도 있다. 세계 도처에는 많은 사람들이 빈곤과 약탈로 인하여 고통받고 있지만, 그들 중 많은 사람들은 여전히 타인과 사회에 대한 소속감을 가지고서 정서적 유대감을 맺고 있고, 자존감을 유지하고 있다. 역사적으로 보더라도 재난과 전쟁들의 시기에도 사람들은 긴밀하고 지지적인 공동체를 이루기도 하기 때문에 매슬로우의 욕구이론은 인간행동을 설명하는 데 있어서 한계점과 제한성을 지니고 있다(최옥채 외, 2021).

(3) 사회복지실천과의 연관성

인본주의 이론은 실존주의 이론과 형태치료와 같이 실존주의 철학에 그 기원을 두고 있다. 치료자와 내담자의 관계를 중시하며, 자신의 내부에 건전하고 창조적인 성장을 위한 가능성을 가지고 있다는 공통점을 가지고 있다. 그러나 실존주의 이론이 소외, 무의미, 불안 등과 같은 인간존재의 제한성과 비극적 측면에 초점을 두는 반면 인본주의 이론은 사랑, 선택, 창조성, 의미, 가치, 자아실현과 같은 인간의 자아실현 경향과 긍정적인 면에 초점을 둔다는 점에서 차이를 가지고 있다. 매슬로우는 자아실현을 한 사람의 성격을 건강한 성격으로 보았다. 그의 견해에 따르면, 자아실현의 정도에 따라 성격은 불건강한 성격부터 건강한 성격까지 스펙트럼처럼 나열될 수 있을 것이다. 그러나 자아실현은 건강한 인격을 규정하는 기준은 될 수 있을지 몰라도 인격을 규정하는 기준이 될 수는 없다. 자아실현을 위해서는 건전한 사상과 가치관, 도덕성, 지적 능력 기술기능, 인내력, 불굴의 의지 등 무수한 요인들이 필요하기 때문이다. 이러한 인본주의 이론은 사회복지사와 클라이언트인 내담자의 의사소통과 관계형성에 지대한 영향을 미치며 오늘날의 사회복지현장으로 한 단계 발전시키는 데 큰 역할을 해나가고 있다. 인본주의가 사회복지 실천에 미친 영향은 다음과 같다. 첫째, 사회복지 실천관은 기본적으로 인본주의를 토대로 한다. 인간은 의식적 존재로 이성적으로 생각하고 선택하며 자유롭게 행동할 수 있다고 믿는다. 본인의 삶을 통제하고 수정할 수 있는 개인권리를 가진 존재라는 것을 중시한다. 둘째, 클라이언트 중심의 개입은 사회복지 실천의 주된 원리와도 잘 맞는다. 환경과 상호작용하며 자신의 경험에 관한 이해와 해석을 존중한다. 셋째, 다른 이론들보다 융통성 있는 적용이 가능하다. 덜 결정론적이고, 덜 판단적인 이해를 할 수 있게 돕는다. 넷째, 비자발적이고 스스로 동기가 없는 클라이언트를 위한 실천을 할 때에 인본주의 사상과 지식은 포괄적인 접근방법을 제시한다. 다섯째, 클라이언트가 본인의 개인탐색을 할 수 있는 기술에 원조한다. 자신이 지각하는 것에 나름의 의미를 부여하고, 각자의 경험에 각기 다른 의미를 구성하며, 클라이언트 자신에 대한 새로운 사고를 창출한다.

제12장 인본주의 이론 기출문제

1. 매슬로우(A. Maslow)의 욕구단계이론이 사회복지실천에 미친 영향으로 옳은 것은?

① 클라이언트의 문제행동 수정에 유용하다.

② 클라이언트의 욕구를 사정하는 데 유용하다.

③ 중년기 이후에 발생하는 노화현상을 이해하는 데 유용하다.

④ 클라이언트에 무조건적인 긍정적 관심을 갖는 데 유용하다.

⑤ 클라이언트에 생애발달 단계를 사정하고 개입의 유형을 결정하는 데 유용하다.

2. 매슬로우(A. Maslow)의 자아실현자의 특성에 관한 설명으로 옳은 것을 모두 고른 것은?

ㄱ. 관대하고 타인을 수용한다.
ㄴ. 개방적이고 솔직하며 자연스럽다.
ㄷ. 자율적이고 실수를 두려워하지않는다.
ㄹ. 사람과 주변 환경을 객관적이고 명확하게 지각한다.

① ㄱ, ㄴ, ㄷ　② ㄱ, ㄷ　③ ㄴ, ㄹ
④ ㄹ　⑤ ㄱ, ㄴ, ㄷ, ㄹ

3. 매슬로우(A. Maslow)의 이론에 관한 설명으로 옳은 것은?

① 정신분석이론과 행동주의이론으로부터 긍정적인 영향을 받았다.

② 유전적 요소가 성격발달에 미치는 영향을 부정하였다.

③ 인간의 본성은 본질적으로 악하다고 보았다.

④ 상위 욕구는 하위 욕구가 일정 부분 충족되었을 때 나타날 수 있다.

⑤ 자아실현의 욕구는 인간의 모든 동기 가운데 가장 강력한 동기이다.

4. 매슬로우의 인본주의에 관한 비판으로 옳지 않은 것은?

① 연령에 따른 욕구의 발달단계를 구체적으로 설명하지 않았다.
② 지나친 획일성으로 인해 개인 차이나 상황을 고려하지 않았다.
③ 사회의 가치에 따라 욕구계층의 순서가 바뀔 수도 있음을 간과하였다.
④ 건전하고 창조적인 인간을 지나치게 강조함으로써 내적인 측면의 영향을 무시하였다.
⑤ 유기체적 평가과정, 완전히 기능하는 인간 등의 개념이 추상적이고 모호하다는 비판을 받았다.

5. 인본주의이론이 사회복지실천에 미친 영향으로 옳은 것을 모두 고른 것은?

ㄱ. 클라이언트 자기결정권의 중요성을 인식하게 하였다.
ㄴ. 다양한 체계와의 긍정적 상호작용을 이해하는 틀을 제시하였다.
ㄷ. 치료적 관계에서 일치성과 진실성의 중요성을 일깨워 주었다.
ㄹ. 인간발달에서 조건적 자극의 중요성을 부각시켰다.

① ㄱ, ㄴ, ㄷ
② ㄱ, ㄷ
③ ㄴ, ㄹ
④ ㄹ
⑤ ㄱ, ㄴ, ㄷ, ㄹ

1. 정답 : ② 매슬로우가 욕구단계이론에서 제시한 욕구에 관한 준거틀은 사회복지실천 현장에서 사회복지사가 클라이언트의 욕구를 평가하거나 서비스를 제공하는 과정에서 유용하게 활용되고 있다.

2. 정답 : ⑤ 매슬로우는 자기실현자의 특징을 다음과 같이 제시했다. 정확한 현실지각, 본성・타인・자신에 대한 수용, 솔직하고 자연스러움, 자기 자신 이외의 문제에 대한 몰두와 적극적인 문제 해결, 분리감-사생활에 대한 욕구, 자율적 기능, 계속적인 감상의 신선함, 정정경험

3. 정답 : ④ 매슬로우는 다섯 가지 욕구가 동시에 일어날 수는 없으며, 하위 욕구가 일정 부분 충족되었을 때 상위 욕구가 나타날 수 있다고 보았다.

4. 정답 : ⑤ 유기체적 평가과정, 완전히 기능하는 인간 등의 개념은 매슬로우가 아니라 로저스가 제시한 개념들이다. ⑤는 로저스 이론에 대한 비판이다.

5. 정답 : ② 인본주의 이론가인 로저스는 치료적 관계에서 일치성(진실성), 수용과 경청, 무조건적인 긍정적 관심과 존중, 클라이언트의 자기결정권 등을 강조하였다. 이는 사회복지실천의 핵심적인 가치 및 실천원칙과도 일맥상통한다.

13 Chapter

사회체계이론

인간은 사회환경체계와 분리되어서 존재할 수 없으며, 개인과 환경체계의 지속적 상호작용을 통하여 발달해 간다. 환경 속의 인간을 강조하기 시작한 심리사회적 이론의 발달 이후 인간행동에 대한 관심은 인간과 환경의 상호작용에 초점을 두고 사회복지실천적 접근이 이루어졌다. 사회체계이론에서는 인간의 욕구는 자신이 살고 있는 보다 큰 사회체계로부터 분리해 생각할 수 없다. 즉, 사회사업에서는 개인과 환경 간의 상호작용을 강조하며, 사회사업가는 사회문제나 개인문제에 연관된 다양하고 복잡한 생리적 · 심리적 · 사회적 요인을 파악한다. 따라서 인간행동을 정확히 이해하고 효과적인 사회복지실천을 위해서 인간의 내면체계뿐만 아니라 그를 둘러싸고 있는 환경체계가 인간에게 미치는 영향과 상호작용에 대한 정확한 이해를 갖추어야 한다.

사회체계이론은 개인, 가족, 집단, 조직, 지역사회 간의 상호작용의 관계를 연결하고 구체화할 수 있도록 도와준다. 즉, 효과적인 사회복지실천가가 되기 위해서는 인간의 다양한 행동을 이해할 수 있는 능력과 '환경 속의 인간(person in environment)'이라는 관점이 요구된다. 사회복지전문가는 이러한 맥락에 개입하는데 필요한 이론과 함께 다양한 실천적 지식과 기술까지도 고루 갖추어야 한다.

1. 주요 개념

사회체계이론(social system theory)은 광범위한 의미를 포괄하며, 개인, 집단, 조직, 지역사회 간의 관계를 강조하면서 인간과 환경 간의 이해를 필요로 하는 현장에 다양하게 적용할 수 있는 다양한 사회체계 간의 상호작용을 강조하는 이론이다.

사회체계이론은 생물학자인 베르탈란피(Ludwig von Bertalanffy)가 제시한 일반체계이론의 관점을 적용하였으며, 1960년대부터 주목을 받게 되었다. 그는 인간의 발달은 진공상태에서 일어나는 것이 아니라 언제나 특정한 환경 안에 담겨 있으며 행동으로 표출된다고 하였다. 인간의 환경은 물리적 환경과 사회적 환경으로 구분하였으며, 인간과 환경의 각 부분들 간의 상호관계에 의해 형성되는 광의의 개념으로서 사회환경은 체계로서의 속성을 지니고 있다. 즉, '체계(system)란 독특한 방식으로 상호작용하고 상호 의존적이며, 상호작용을 하는 부분들로 구성된 전체이며, 부분들 간의 관계를 맺고 있는 일련의 단위이다'라는 말로 지칭되면서 상호작용하는 상황을 분석하고자 하는 공학에서 사회학에 이르기까지 다양한 학문에 의해 발전되어 왔다.

한편 파슨즈(Parsons, 1958)는 전체로서의 사회는 근본적으로 형평을 유지하려고 하며, 사회체계의 모든 부분들은 수행하는 역할이 다를지라도 궁극적으로는 전체 사회의 균형을 지향하는 통합적 목적을 위한 기능을 수행한다고 했다. 따라서 체계를 구성하고 있는 요소들은 서로 분리되어 있는 것이 아니라 독특한 방식으로 상호작용을 하고 상호 의존함으로써 조화를 이루는 하나의 통합된 조직을 이루고 있다.

일반체계이론에서 주로 사용되는 개념으로서는 체계의 구조와 특성을 나타내는 경계, 개방체계와 폐쇄체계, 엔트로피, 위계, 안정상태, 항상성 등의 개념이 있다.

1) 경 계

경계(boundary)는 체계의 내부와 외부를 구분하는 틀을 말한다. 체계는 외부환경과 지속적인 에너지 교류를 함으로써 생존이 가능해지고, 내적 체계는 구조에 있어서의 변화와 발달이 이루어진다. 이처럼 경계는 체계의 정체성을 규정해 주며, 주위 환경과 내・외적 교환을 통제하는 기능을 가지고 있다. 체계가 건강하게 기능하기 위해서는 체계 간 경계가 명확해야 한다.

2) 개방체계와 폐쇄체계

개방체계(open system)는 체계 내에서 정보와 자원을 자유롭게 교환하며 체계 안쪽뿐만 아니라 체계 밖으로도 자유롭게 에너지의 통과를 허용한다. 에너지나 정보, 자원을 다른 체계들과 교환한다. 즉, 개방집단은 집단이 지속되는 기간 동안 새로운 성원의 입회가 가능해지며, 구성원들의 출입에 항상 변화가 있는 집단을 말한다.

폐쇄체계(closed system)는 다른 체계와 상호작용을 하지 않는다. 투입을 받아들이지도 않으며, 산출을 생산하지도 않고, 환경들과 고립되어 있다. 즉, 폐쇄집단은 구성원의 자격을 뚜렷이 규정함으로써 집단성원이 동시에 들어와 운영기간 동안 새로운 구성원의 입회 없이 처음부터 끝까지 일정하게 운영되는 집단을 말한다.

3) 엔트로피와 넥엔트로피

엔트로피(entropy)는 체계의 부분들 간의 상호작용이 결여되어 체계를 유지하고 발전시키기 위한 유용한 에너지가 감소하는 것을 말하며, 폐쇄체계에서 주로 나타나며 체계의 무질서의 척도라 할 수 있다. 이것은 열역학 제2의 법칙에서 유래된 것이며, 자연에서 사건의 일반적인 경향이 극도의 무질서 상태로 향하는 것으로 질서가 상실되는 과정과 체계가 붕괴하는 과정을 말한다.

넥엔트로피(negentropy) 혹은 부적 엔트로피(negative entropy)는 체계 내에서 무질서가 질서로 전환되는 과정과 체계의 질서가 증가하는 것을 말한다. 사회체계는 성장과 발달의 잠재력을 가지고 있으며, 외부의 에너지를 받아들임으로써 체계 내의 유용하지 않은 에너지를 감소시키고 체계의 발전을 도모할 수 있다.

4) 위 계

위계(hierarchy)란 체계, 하위체계 및 상위체계 사이의 관계를 말하며, 체계의 각 부분은 여러 가지 방식으로 서로 연결되어 있다. 모든 체계의 기본 단위는 활동이나 에너지의 기능을 위해서 상위체계에 의존하며, 또 그것은 하위체계에 방향을 제시해 준다.

5) 안정상태와 균형

안정상태(steady state)는 부분 간의 관계를 유지시키고 쇠퇴해서 붕괴되지 않도록 에너지가 계속적으로 사용되는 상태를 의미하며, 환경과의 교환, 적응을 위해 구조를 변경시킬 수 있는 개방체계에 속한다. 즉, 체계의 내부와 외부로부터 정보와 자원의 흐름으로 체계가 제대로 기능할 수 있는 상태를 말한다. 따라서 안정상태는 전체 체계가 평형상태를 유지하면서 환경과의 성숙한 관계를 유지하고, 그 기능들이 체계의 유지를 위해서 역동적으로 수행되고 있으면서 고도의 조직성, 복잡성, 환경에 대한 개방의 특성을 지니고 있다.

균형(equilibrium)은 체계가 고정된 구조를 가지고 주위환경과 수직적 상호작용을 하기보다는 수평적 상호작용을 하면서 거의 교류를 하지 않는 상태로 주로 폐쇄체계에서 나타난다. 균형은 외부와 교류나 체계의 구조변화가 거의 없는 고정된 평형상태로 시소와 같다.

6) 항상성과 호혜성

항상성(homeostasis)은 환경과 지속적으로 상호작용하면서 비교적 안정적이며 지속적인 균형상태를 유지하기 위한 체계의 경향을 말한다. 즉, 체계의 일관성을 유지하려는 기능으로서 체계의 균형을 깨려는 것이 있다면, 적응하기 이전의 안정성을 회복하려 한다. 이 기능은 체계에 안정과 외부의 정보를 적절히 통제함으로써 혼란과 무질서로부터 체계를 보호하며, 미래예측을 가능하게 하면서 구성원들에게 안정과 편안함을 제공하려 한다. 즉, 가족의 항상성은 가족 내에서 일어나는 내적이고 지속적인 관계를 유지시켜 주는 상호작용적 과정을 뜻하며 내적인 균형상태를 보장해 준다.

호혜성(homeostasis)은 한 체계의 모든 부분이 다른 부분과 서로 연관되어 있어서 한 부분에 있어서의 변화가 다른 부분의 변화를 야기하게 된다는 것이다. 즉, 호혜성은 체계 내 일부 구성요소들 간 상호작용은 나머지 구성요소들 간 상호작용에 영향을 미치고 또한 그렇게 변화된 상호작용을 통해 결과적으로 처음의 일부 구성요소들 간 상호작용에도 영향을 미친다는 것으로 순환적 인과성(reciprocity)의 관점을 반영한다.

7) 다중종결성과 동등종결성

다중종결성(multifinality)은 처음 시작하는 조건과 수단이 비슷하다고 해도 다른 결과가 나타날 수 있다는 것이고, 동등종결성(equalfinality)은 시작하는 경로와 방법이 서로 다르다고 해도 같은 결과가 나타날 수 있다는 것이다. 사회복지실천현장을 보면 같은 상황에서 출발했어도 다른 결과가 나타날 수 있고, 다른 상황에서 출발했어도 같은 결과를 가져오는 경우가 있는데 이것은 하나의 체계가 주변의 체계들과 상호작용을 하는 체계이기 때문에 나타나는 특성으로 호혜성과도 관련이 있다.

2. 특징 및 이론의 내용

1) 특 징

체계는 어떤 형태의 규칙적 상호작용이나 상호의존성에 의해 통합된 조직으로, 전체를 형성하기 위하여 서로 조화를 이룬 통합된 부분들로 구성되어 있다. 이러한 체계의 특징을 살펴보면 다음과 같다.

첫째, 체계는 상호관련성과 의존성이 있는 요소들로 구성된다.
둘째, 체계는 체계 내부와 외부를 구분하는 경계를 가지고 있다.
셋째, 체계는 독립성과 중심성을 가진 독립된 개체이다.
넷째, 환경이란 경계선 외부를 의미한다.
다섯째, 모든 체계는 그 자체가 하위체계 또는 상위체계가 된다.
여섯째, 체계 내의 성원의 변화는 체계에 영향을 미친다.
일곱째, 체계는 적응적이거나 목표지향적이다.
여덟째, 체계란 외부환경과 정보, 에너지, 자원 등을 교환하며 역동적으로 존재하는 실체이다.
아홉째, 체계는 내·외부의 영향으로 인해 불균형을 이룰 경우 균형상태를 회복하려고 노력한다.

2) 이론의 내용

체계는 지속적으로 변화를 추구함과 동시에 역동적 균형상태를 유지하려 하는데 이러한 체계의 속성을 역동적 속성이라 한다. 이처럼 체계 내에는 성장과 개혁 및 변화를 추구하려는 자기지향적 속성이 있을 뿐만 아니라 체계 내부의 규칙과 가치를 보존하고 안전성을 유지하려는 자기규제적 속성이 있다. 이들 속성에 따라 체계는 환경과 유기적인 관계를 형성하며 재조직화되어 간다.

체계가 외부로부터 정보나 에너지를 받아들여 필요한 자원을 만들어 내는 과정을 투입－전환－산출이라고 한다. 투입(input)이란 체계가 환경으로부터 에너지와 정보를 받아들이는 것으로, 체계의 생존과 성장을 위해서는 외부환경으로부터 적절한 투입이 있어야 한다. 체계 내로 투입이 이루어지면 체계는 투입된 에너지를 적절하게 변형시키는데 이를 전환(conversion)이라고 한다. 체계가 전환과정을 시작하게 되면 체계는 적극적으로 외부환경에 반응하게 된다. 투입과 전환의 결과로 일어나는 체계의 변화는 산출(output)이다. 산출은 체계의 역량을 반영하여 나타나며 산출을 통해 환경에 영향을 미친다.

체계의 에너지 전환과정에 의해서 만들어진 산출은 환류(feedback)를 통하여 다시 체계 내로 투입된다. 환류는 체계의 평형을 유지하거나 변화를 촉진함으로써 체계를 혼란시키는 작용을 하기도 한다. 이러한 환류는 정적 환류(positive feedback)와 부적 환류(negative feedback)로 나뉜다. 전자는 적극적 피드백이라고도 하며 현재의 변화가 지속되거나 증폭되도록 하는 환류로서 체계에 급진적이고 불연속적인 변화를 통하여 체계 전체를 변화시키는 것을 의미한다. 이에 반해 후자는 소극적 피드백이라고도 하며 어떤 상태나 변화 또는 새로운 행동이 부적절하므로 원래의 상태로 되돌아가게 하는 환류로 체계의 항상성을 유지하고 변화를 최소화하면서 체계 자체를 유지시키는 것을 일컫는다(권중돈, 2014).

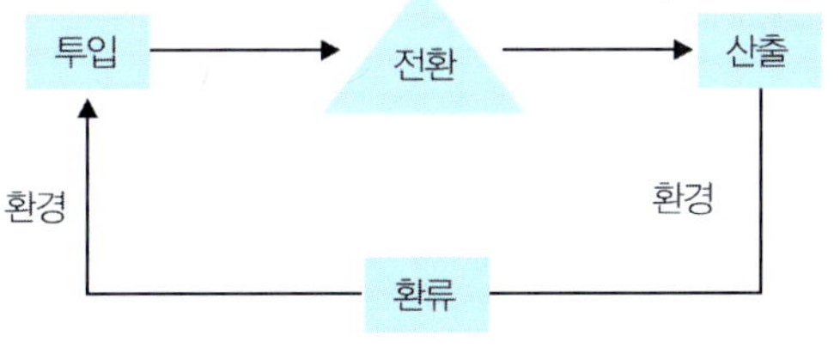

| 그림 13-1 | 체계의 전개 과정

3. 사회복지실천과의 연관성

사회체계이론은 사회복지실천에 많은 도움을 주었다.

체계이론은 개인에 초점을 둔 전통적 사회복지실천으로부터 벗어나 다음과 같은 이점이 있는 것으로 평가되고 있다(김윤재 외, 2009; Payne, 1997).

첫째, 심리학적 접근에 비해 환경변화에 대해 더 많이 강조한다.

둘째, 내부적 사고와 감정보다 개인과 다른 체계 간의 상호작용 결과에 초점을 둔다.

셋째, 같은 목적을 성취하기 위해 여러 가지 접근방식이 있음을 상기시킨다.

넷째, 통합적이고 총체적이다. 개인, 집단, 지역사회와의 협력을 모두 포함하며 어떤 특별한 개입방식을 강조하지 않고 모든 접근방식을 영향력 있는 체계로 이해한다. 사회복지가 개인의 변화에 초점을 두어야 하는가 아니면 사회변화에 초점을 두어야 하는가에 대한 논쟁을 피하게 한다.

다섯째, 행동과 사회환경의 단선적인 원인결과적 설명을 피하고 어떻게 여러 에너지가 서로 다른 방식으로 체계에 영향을 주는가를 보여준다.

그러나 다음과 같은 문제점이 있다.

첫째, 체계이론은 처방을 내리는 스타일이 아니기 때문에 체계에 영향을 주기 위해 무엇을 어디서 어떻게 할 것인가를 구체적으로 말해주지 않는다(Manooske, 1981).

둘째, 체계이론, 특히 생태학적 체계이론은 통합과 유지를 강조하기 때문에 갈등과 급진적 변화를 덜 바람직한 것으로 가정하는 경향이 있다(Leighninger, 1978). 그러나 체계이론이 고정적이라는 비판은 사회복지에 있어 상당한 관심이 개인과 사회의 변화에 주어진다는 데에서 설득력이 약하다는 주장이 있다(Manooske, 1981). 에반스(Evans, 1976)는 체계통합은 갈등적이며 변화지향적일 수 있는 서로 다른 사회구조들의 연결에 관계되는 것이기 때문에 체계이론은 고정적이지만은 않으며, 체계에는 닫힌 체계들과 열린 체계들이 있는데 열린 체계는 매우 유연성이 있다는 주장을 하고 있다.

셋째, 체계이론은 매우 일반화된 이론이기 때문에 어떤 구체적 상황에 적용하기 어렵고, 적용한다 해도 개인마다 상황을 해석하는 방식이 다르기 때문에 응용범위가 매우 다양해진다. 때문에 어느 것이 옳은지 판단하기 어렵다.

넷째, 체계이론의 복잡하고 기계적인 용어는 사회복지실천 같은 인간활동에는 적합하지 않다.

위와 같은 문제점이 있으나 역사적으로 사회체계이론은 사회복지실친에 많은 도움을 주었다. 또한 체계를 구성하는 각 요소들이 상호 관련되어 있으며 상호 의존적인 속성을 가지고 있다는 측면에서 상호관련성과 상호의존성을 강조하는 일반체계 이론은 현실을 관찰하고 구성요소들 간의 관련성을 파악하여 조직화할 수 있는 방법을 제시해 준다(Durkin, 1981; Kearney, 1986).

즉, 일반체계이론은 인간의 행동을 단순한 원인에 입각하여 설명하기보다 다양한 변인들 간 상호작용의 결과라는 준거틀을 제공함으로써 사회복지실천가들로 하여금 개인행동에 초점을 두던 관행에서 탈피하여 체계성원들 간의 역동적 상호작용에까지 초점을 두게 되었다(Hearn, 1979).

사회복지실천과정에서 적용하는 사정이나 개입을 개인뿐만 아니라 그 개인에게 영향을 미치는 다양한 수준의 환경에까지 확대·적용함으로써 클라이언트에 국한하지 않고 클라이언트와 관련된 사회체계의 영향력 모두를 문제의 사정영역에 포함시키게 되었다. 클라이언트의 문제나 욕구를 상황적·환경적인 맥락을 고려하여 해결할 수 있는 준거틀을 마련한 것이다.

이는 궁극적으로 클라이언트의 문제나 욕구사정의 범위와 개입수준을 한층 더 확대시켜 클라이언트의 변화를 촉진시키기 위한 다양한 수준의 개입을 시도할 수 있게 하였다.

위와 같은 체계이론의 영향으로, 사회복지실천에서 개인의 문제해결은 물론 개인의 안녕을 위협하는 사회환경의 변화, 개인의 사회적 기능을 회복하는 데까지 폭넓게 확대되었다.

클라이언트에게 발생하는 여러 가지 변화들이 각각 개별적으로 나타나기보다는 어느 한 요소들의 변화를 통하여 다른 요소들의 변화를 촉진시킬 수 있다는 데에도 관심을 갖게 한 것이다.

이에 따라 개인의 내부성격과 외부행동, 가족, 개인의 삶에 영향을 주는 보다 큰 사회체계 중 어느 한 부분을 변화시키면 다른 부분에서도 변화가 일어날 수 있다.

이 밖에 사회복지실천에서 강조하는 개인과 환경은 상호 영향을 주고받는 개방체계이며, 개인의 행동은 그 개인과 상호작용하는 환경이라는 맥락에서 이해되어야 한다는 점 등은 사회체계이론의 영향이다. 그러므로 사회체계이론을 활용하는 사회복지사들은 클라이언트의 문제에 개입할 때 클라이언트 자신뿐 아니라 전체 환경을 대상으로 접근하기 때문에 개입과정에 포함되었던 주변 체계들에 대해서 개입 후에도 클라이언트를 위한 지지체계로 활용할 수 있다.

제13장 사회체계이론 기출문제

1. 인간발달단계에 대해 거시적인 접근을 한 것은?

① 정신분석이론　② 행동주의 이론　③ 사회체계이론
④ 인지이론　⑤ 인본주의 이론

2. 동일한 집단 프로그램에 참여한 청소년들이라 해도 부모나 교사와의 상호작용 과정에 따라 프로그램의 효과가 다르게 나타나게 된다. 이것은 체계이론의 어떤 특성인가?

① 홀론(holon)　② 시너지(synergy)　③ 엔트로피(entropy)
④ 다중종결성(multifinality)　⑤ 안정상태(steady state)

3. 개방체계의 특징으로 다음 중 옳지 않은 것은?

① 환경과 상호의존적으로 영향을 주고받는다.
② 전체는 각 부분들의 합보다 큰 특징을 갖는다.
③ 반투과성의 경계를 갖는다.
④ 넥엔트로피가 낮은 속성을 가진다.
⑤ 안정적이며 지속적인 균형상태를 유지하고자 한다.

4. 체계이론의 개념에 관한 설명으로 옳은 것을 모두 고르시오.

ㄱ. 균형(equilibrium) : 환경과 상호작용하기 위하여 체계의 구조를 변화시키는 과정 또는 상태
ㄴ. 넥엔트로피(negentropy) : 체계 내부의 유용하지 않은 에너지가 감소하는 상태
ㄷ. 공유영역(interface) : 두 개 이상의 체계가 공존하는 부분으로 체계 간의 교류가 일어나는 장소
ㄹ. 홀론(holon) : 외부와의 상호작용으로 체계 내의 에너지가 증가하는 현상 또는 상태

① ㄱ ② ㄱ, ㄹ ③ ㄴ, ㄷ
④ ㄴ, ㄷ, ㄹ ⑤ ㄱ, ㄴ, ㄷ, ㄹ

5. 다양한 사회체계에 관한 설명으로 옳은 것은?

① 조직의 경계 속성은 조직의 유지 및 변화와 관련이 없다.
② 가족체계 내 반복적 상호작용은 구성원들의 행동에 영향을 미치지 않는다.
③ 집단체계의 전체는 하위체계인 개개인의 고유한 특성의 총합과 동일하다.
④ 지역사회는 완전개방체계의 속성을 유지한다.
⑤ 가상공간은 시공을 초월하여 새로운 공동체 형성을 가능하게 한다.

1. **정답 : ③** 나머지는 미시적인 접근이다.

2. **정답 : ④**

3. **정답 : ④** 개방체계는 반투과성의 경계를 가지고 다른 체계와 자유롭게 에너지를 주고받으며, 체계가 성장하고 발전하는 방향으로 진행하는 넥엔트로피가 높은 속성을 지닌다.

4. **정답 : ③** ㄱ의 내용은 안정상태에 해당한다. 균형은 주로 폐쇄체계에서 나타나는 것으로 환경과 상호작용 없이 체계가 고정된 구조를 가지고 체계 내 부분들 간에 수평적 상호작용을 한다. ㄹ의 내용은 시너지를 설명한 것이다. 홀론은 작은 체계들 속에서 그들을 둘러싼 큰 체계의 속성이 발견되기도 하고 작은 체계들이 큰 체계에 동화되기도 하는 현상으로 체계의 부분성과 전체성이 공존하여 나타나는 속성을 말한다.

5. **정답 : ⑤** ①~③은 반대로 설명했으며 ④ 완전히 개방적이거나 완전히 폐쇄적인 체계는 없다.

14
Chapter

생태학 이론

생태학(ecology)은 동물학자 에른스트 헤겔(Ernst Haeckel)이 1866년 『유기체의 일반형태론』에서 처음 사용한 개념(사지원, 2011)으로 원래 유기체와 환경과의 상호관계를 다루는 생물학의 한 분야였으나, 사회복지학에서는 이를 응용하여 인간과 사회환경의 상호작용관계에 초점을 맞추어 접근하였다.

생태학 이론(ecological theory)은 브론펜브레너(Bronfenbrenner)가 체계화[1]한 것으로 저메인과 기터만(Germain & Gitterman)이 생활모델(life model)을 제시[2]하면서 사회복지 실천 이론모델로 자리잡게 되었다(김진원, 2009). 전통적으로 사회복지 분야에서 '환경 속의 인간(person in environment)'에 대해 관심을 가져왔음에도 불구하고 대부분의 실천은 개인·집단·가족을 중심으로 이루어졌고 사회환경에 대해서는 소홀히 하였는데[3] 생태학적 모델의 출현은 사회복지실천가들의 많은 관심을 불러일으켰다.

---

1) 브론펜브레너에 의하면, 인간발달은 실제 생활하는 환경과 연계하여 이루어져야 한다고 하면서 성장하는 개인과 그가 속한 최인접 환경과의 상호작용에 있어 인간의 능동성을 강조하는 인간발달 생태학 이론(ecology of human development)을 체계화하였다. 그는 이 이론을 통해서 개인은 능동적·역동적 실체이며 환경은 최인접 환경뿐만 아니라 더 큰 맥락까지 포함하여 관찰하여야 한다고 주장하였다. 예를 들어, 유아와 관련하여 일차적인 양육자인 부모나 해당 가정 혹은 아이가 다니는 유아원만 관찰할 것이 아니라 지역사회, 정부의 유아정책 등을 연계하여 이해하면 상호 영향을 주고받고 있다는 것을 알 수 있다는 것이다.

2) 생활모델을 개발한 저메인과 기터만은 개인에 대한 치료와 사회의 개혁이라는 두 가지 측면에 동시 개입하는 사회복지실천을 주장하였다. 이들은 개인과 개인에게 영향을 미치는 제반 환경 간의 역기능적 교환을 개념화하려고 노력했으며, 사회복지사는 개인과 환경 사이의 역기능적 교환에 개입해야 한다고 주장하였다(방미진 외, 2011). 즉, 사회복지사는 개인(클라이언트)과 환경의 역기능적 교환에 개입하여 상호 부적응적 교류를 예방하고 개선해 나가야 한다는 것이다.

3) 전통적 사회복지에서 사회환경에 대한 실천이 부진했던 이유는 인간과 환경·문화 사이의 발달과 기능이 어떠한 영향을 주고받는지를 규명해 줄 유용한 개념이 부족했기 때문이다(홍금자 외, 2011).

모든 살아 있는 유기체와 마찬가지로 인간은 자기를 둘러싼 환경과 함께 생태계를 형성하고 있다. 인간은 이러한 생태계 속에서 생활하면서 자기의 신체적·정신적 요구에 맞게 환경을 변화시키기도 하고 자신이 초래한 변화에 적응하기도 한다. 이러한 현실을 바탕으로 생태학 이론은 인간이 제반 환경 요소들과 지속적인 상호교류를 하면서 적응하고 진화한다는 주장을 하였다. 즉, 인간은 그들의 물리적·사회적 환경을 변화시키며 환경과의 끊임없는 상호적응 과정을 통해 변화된다는 것이다.

이처럼 생태학적 관점은 인간과 환경은 분리할 수 없으며 상호작용하는 단일 체계라는 전제 아래 인간과 인간 주변 환경 간의 상호작용, 상호교류의 적응에 초점을 둔 '환경 속의 인간'이 제시하는 개념적 틀을 구체화하였다. 즉, 생태학 이론은 가족·집단·조직·지역사회·문화 등 인간이 몸담고 있는 환경을 보다 체계적으로 구조화하고 이들 환경체계와 개인 간의 관계를 이해하는 것을 인간발달의 주요 과제로 삼았다. 따라서 생태학 이론은 유기체와 유기체의 생물학적·물리적 환경 사이의 관계에 초점을 두어 한 개인의 환경을 이해하는 데 있어서 체계이론보다 더 구체적인 개념을 제공한다는 평가(방미진 외, 2011)를 받고 있다.

1. 주요 개념

생태학 이론의 주요 개념은 인간의 속성과 관련된 것과 환경의 특성에 관한 것 그리고 인간과 환경 간의 상호교류와 관련된 것의 세 가지로 구분할 수 있다(김동배 외, 2006).

1) 인간의 속성과 관련된 것

인간의 속성과 관련된 것으로 관계성, 유능성, 역할의 개념이 있다. 먼저 관계성(relatedness)은 인간관계를 형성하거나 타인과 연결될 수 있는 능력으로 애착, 우정, 긍정적 친척관계, 지지적·사회적 네트워크를 형성하고자 하는 감정 등과 관련이 있다. 유능성(competence)이란 어떤 과제를 수행하고 상호작용으로 인해 일어나는 결과를 통제할 수 있는 능력으로 환경과의 성공적 상호작용을 통해서 형성된다. 한편 역할(role)은 특정 사회적 지위를 가지고 있는 개인이 타인에게 어떻게 행동해야 하는지에 대한 기대뿐만 아니라 타인이 그 사람에게 어떻게 행동해야 하는지에 대한 기대까지 포함하는 것이다.

2) 환경의 특성에 관한 것

환경의 특성과 관련된 것으로 대표적으로는 인간의 성장과 발달을 촉진하는 물리적 환경과 사회적 환경을 들 수 있다. 먼저 물리적 환경은 자연적 환경과 인위적 환경으로 구성되는데, 전자로는 기후, 지리적 조건, 계절의 변화 등이 있고 후자로는 건축물, 교통시설, 대중매체 등이 있다. 사회적 환경은 인간을 둘러싼 조건, 상황, 대인적 상호작용 등을 포함하며 중요한 것으로 관료제 조직과 사회적 관계망을 들 수 있다. 관료제 조직이란 조직의 목표를 법규에 따라 비정의적(impersonal)으로 처리하는 특정한 형태의 대규모 분업체제로 인간의 욕구를 효과적으로 충족시키기 위해 만들어졌다. 사회적 관계망은 가족, 친척, 친구, 이웃 그리고 직장동료 등을 포함한 주요 타인 간의 관계체계로 개인의 행동에 영향을 미치는 일련의 관계상의 연결성이자 의사소통의 통로라고 할 수 있다. 이 밖에 개인의 안녕상태에 중요한 영향을 미치는 환경적 요소로는 개인의 사회적 상호작용의 양과 거리를 의미하는 공간(space), 속도와 기간과 같은 시간적 리듬(temporal rhythms)이 있다.

3) 인간과 환경 간의 상호교류와 관련된 것

인간과 환경 간의 상호교류와 관련된 것으로 적합성과 적응, 스트레스와 대처를 들 수 있다. 먼저 적합성(goodness of fit)이란 개인의 적응적 욕구와 환경의 질이 어느 정도 부합되는가와 관련된 것으로 인간의 경우에는 환경과의 상호교류를 통해서 적응적일 때 이루어지고 또 일생을 통하여 성취된다고 할 수 있다. 적응(adaptation)이란 상황에 대해 수동적으로 순응하는 것이 아니라 환경의 요청에 부응하기 위해 인간은 환경이 제공하는 기회를 활용하면서 변화하고, 환경은 사람들의 욕구, 권리, 목표에 보다 잘 부응하기 위해 환경을 변화시키는 적극적인 관계를 말한다.

한편 스트레스(stress)는 개인이 지각한 요구와 이러한 요구를 충족시킬 수 있는 자원을 활용할 수 있는 능력 사이에 불균형이 일어난 것으로 결과에 따라 긍정적 · 부정적 의미[4]가 있다. 즉, 인간이 환경의 요청을 잘 해결하여 자존심이나 성취욕구가 충족되었다면 긍정적이지만 환경의 요청이 인간의 처리능력을 넘어설 때에는 위기감이나 불안, 절망감 등을 불러일으키고 자존심을 저하시켜 부정적이라고 할 수 있다. 대처(coping)는 스트레스로 인해 발생되는 고통문제를 해결하기 위해 고안된 새롭고 특별한 행동으로 대처능력을 갖추기 위해서는 내적 자원(자존감과 문제해결기술 등)과 외적 자원(가족, 사회적 관계망, 조직의 지원 등)이 필요하다.

2. 특징 및 이론의 내용

1) 특 징

생태학적 이론은 인간이 환경의 제 요소들과 끊임없이 상호교류를 하면서 적응하고 진화한다는 입장을 강조하고 있다(이근홍, 2012). 인간과 환경은 상호 영향을 미치는 단일체계를 구성한다는 것이다. 인간은 사회적 동물이기 때문에 때로는 사회환경 변화를 유도하고 때로는 사회환경 변화를 수용하거나 사회변화에 적응하면서 발전해 간다. 이러한 현상은 자연생태계에서도 유사하게 나타나지만

4) 스트레스는 그 효과에 따라 긍정적 결과를 가져오는 유스트레스(eustress)와 부정적 결과를 가져오는 디스트레스(distress)로 구분된다. 디스트레스는 고통스럽고 불쾌하며, 부정적인 사건으로 에너지를 소모시키고 질병에 취약하게 만드는 괴로움, 고통, 근심 등을 말한다. 이에 반해 유스트레스는 흥미 있고 즐거우며 활력을 주는 유쾌한 변화나 요구로 긍정적인 반응을 보이는 것을 말한다(오세진 외, 2006).

인간사회처럼 역동적이지 못하고 제한적이다. 또한 생태학적 이론에서는 인간에 대해 낙관론적 관점을 가지고 있으며, 인간을 사회문화적 존재로 보고 있다. 즉, 인간은 자기 내면세계 및 외부세계의 요구로부터 비교적 자유로운 존재로 환경과의 상호교류에서 성공적 경험을 획득하고 자율성과 자기규제능력 및 유능성을 확보할 수 있으며, 학습과 사회화 과정을 통해서 다른 사람 및 사회와 관계를 맺고 생활한다고 보고 있다(김동배 외, 2006).

한편 생태학적 접근은 의료(질병)모델에서의 단선적 사고(linear thinking) 대신 생태학적 사고(ecological thinking)와 순환적 사고(circular thinking)에 기초한 이론으로 사회복지 적용에 훨씬 유용하다(홍금자 외, 2011). 의료(질병)모델은 인간의 문제와 요구의 초점을 인간의 내부에 두는 데 반해, 생태학은 인간과 환경 간의 상호관계를 규명하고 이해하고자 노력하기 때문이다. 생태학적 사고는 문제의 원인에 초점을 맞추지 않고 쌍방의 교류 결과와 부적응적 교환을 수정하기 위한 지원방법에 주목한다. 예를 들어, 클라이언트가 가정 등과 같은 환경과의 교류에 적응적이라면 클라이언트는 성장·발달하고 신체적·정서적 건강도 증진되겠지만 정반대일 경우 개인의 성장과 발전은 물론 신체적·정서적 건강도 위협받게 된다. 이때 생태학적 사고를 통해서 환경과의 교류를 회복하기 위한 방안을 모색하고 제공하여 문제를 해결하는 것이다. 이러한 환경과 클라이언트가 교류한다는 사고방식은 순환적 사고에 기초한 것이다.

2) 이론의 내용

(1) 인간생태체계

브론펜브레너(Bronfenbrenner)는 개인을 중심으로 그를 둘러싼 여러 환경과의 상호작용을 바탕으로 상호 의존적이고 변화하는 구조를 네 개의 주요한 체계, 즉 미시체계, 중간체계, 외부체계, 거시체계로 구분하였다. 미시체계는 중간체계에 포함되며 중간체계는 외부체계에 속해 있고 거시체계는 이들 세 가지 체계를 포괄한다.

먼저 미시체계(microsystem)는 가족이나 친구, 놀이터, 학교, 선생님, 종교단체 등과 같이 개인에게 직접적인 영향을 미치는 가장 인접한 수준의 생태학적 환경을 말한다. 미시체계는 개인의 인생에 있어서 가장 절실하고 지대한 영향을 미친다. 예를 들어, 부모의 자녀양육지침이나 교사의 학생들 교육방식은 성장기 아동들의 정서적 · 인지적 태도에 막대한 영향을 끼친다. 이러한 미시체계는 성장하는 개인이 친밀한 대면적인 환경 내에서 경험하는 활동, 역할, 대인관계의 유형을 포함하며, 개인의 특성과 성장시기에 따라 달라진다. 이를테면 유아기에는 가족이 중요한 미시체계이지만 청소년기에는 또래집단이 더 큰 영향을 미치는 미시체계가 될 수 있다.[5)]

또한 미시체계는 변화하는 일상 때문에 끊임없이 영향을 받는다. 인간은 넓은 의미에서 생리적 · 심리적 · 사회적 체계의 한 형태이며, 이러한 체계들은 상호작용하기 때문이다. 아무튼 이러한 상황에서 사회적 · 물리적 환경은 인간과 직접적이고 대면적인 상호작용을 함으로써 인간에게 영향력을 미치며, 미시체계 내에서 구성원인 아동과 부모, 또래친구, 교사, 종교지도자와 같은 요인들 간에도 직접적인 상호작용이 이루어진다.

한편 건강한 미시체계는 상호호혜성에 기반을 두고 있으며 정보가 충분하게 교류되지만 그렇지 않을 경우 미시체계의 질은 떨어진다고 할 수 있다. 예를 들어, 부모와 자식의 관계에서 상호호혜성이 작용하고 교감이 오고 가는 대화를 통해 의사소통이 원활하면 원만한 가족관계가 형성되고 자녀들의 학습과 발달이 강화되지만 그렇지 않을 경우 부모와 자식 간에 긴장관계가 형성되어 갈등이 조성될 가능성이 많다.

둘째, 중간체계(mesosystem)는 가정생활과 학교생활, 학교생활과 직장생활, 가정생활과 종교생활 등과 같이 서로 상호작용하는 두 가지 이상의 미시체계의 관계망 혹은 특정한 시점에서 미시체계들 간의 상호작용을 의미한다. 즉, 중간체계는 성장하는 개인을 둘러싸고 있는 두 가지 이상의 미시체계 사이에서 일어나는 과정과 연결성을 말한다. 이것은 하나의 미시체계에서 일어나는 사건은 다른 미시

5) 청소년기에 또래집단은 우정, 소속감, 지위, 인기 같은 심리적 지지체계를 형성해 주기도 하지만 흡연, 음주, 약물 사용, 성적 일탈과 같은 역기능적인 면을 부추기기도 한다.

체계에서 일어나는 개인의 행동과 발달에 영향을 끼친다는 것으로 각각의 미시체계에 존재하는 개인에게 적절한 환경적 관점 내에서 자신의 위치를 확보하도록 해준다. 예를 들어, 아동의 경우 가정, 학교, 학원, 또래집단에서 각각 경험한 것이 통합적인 맥락을 가지기 때문에 아동은 여러 가지 역할을 수행하면서 그 역할 사이에 적절한 조정을 하기도 하고 이는 다른 미시체계의 관계에도 영향을 준다.

한편 중간체계의 풍부함은 그들이 공유하는 관계망과 가치관의 수에 따라 좌우되며 미시체계 간에 가치관이 다를 경우 중간체계에는 잠재적인 위험이 따르게 된다.

셋째, 외부체계(exosystem)는 개인이 직접 참여하고 있지는 않지만, 그 개인의 발달에 영향을 주는 사회적 구성요소인 환경체계로 개인의 발달에 간접적으로 영향을 미치는 사건이나 장면을 포함한다. 외부체계는 두 가지 이상의 환경 사이에서 일어나는 과정과 연결성으로서 이 중에 최소한 한 가지 체계는 개인을 직접 둘러싸고 있지 않은 체계이다. 이를테면 부모의 직업이나 보수, 지역의 문화시설, 대중매체, 중앙 및 지방정부기관 등은 개인과 직접 상호작용하거나 개인을 직접 둘러싸고 있지는 않지만 중간체계와 미시체계를 통해서 개인의 행동에 여러 가지 영향을 미치는 외부체계이다.

자녀들 교육과 관련한 해당 학교의 교육방침 같은 외부체계 역시 부모와 자녀의 교육활동이나 직접적인 상호작용에 중대한 영향을 미친다. 이처럼 외부체계는 개인의 행동이 수많은 간접적인 변인에 의해서 영향을 받는다는 것을 설명하고 있다.

넷째, 거시체계(macrosystem)는 개인에게 직접 영향을 미치지는 않지만 사회구조적 맥락 안에서 개인에게 간접적 영향을 미치는 정치, 경제, 문화, 법률, 정책과 같은 광범위한 사회적 맥락을 의미한다. 거시체계는 앞에서 언급한 미시체계, 중간체계, 외부체계에 포함된 모든 요소뿐만 아니라 개인이 살고 있는 사회의 이념이나 제도의 일반적인 형태 및 문화적 환경까지 포함한다.

한 사회가 다른 사회와 다른 이유는 바로 이 거시체계에서 차이가 나기 때문이다. 예를 들어, 자본주의 체제인가 사회주의 체제인가 혹은 민주주의 체제인가

공산주의 체제인가의 논란이나 유교문화권인가 기독교문화권인가 또는 대통령중심제인가 의원내각제인가와 같은 논의 등은 거시체계에 대한 것이다. 이처럼 거시체계는 개인의 생활에 직접적으로 개입하지는 않지만 전체적으로 볼 때 사회구조적인 맥락을 포함하고 있기 때문에 가장 근본적이고 중대한 변화를 초래하는 등 강한 영향력을 발휘한다.

거시체계는 역사적・사회적・문화적 상황 변화, 즉 전쟁이나 선거 혹은 법률제정 등에 의해 형성되고 수정되는 특징을 가지며 하위체계에 대한 지지기반과 가치준거틀을 제공한다. 하위체계는 거시체계의 환경변화에 적응하면서 거시체계의 영향을 지속적으로 받는다.

이상에서 설명한 브론펜브레너(Bronfenbrenner)의 입장은 인간이 어떻게 환경에 영향을 주고 환경에 의해 영향을 받는가를 폭넓게 이해할 수 있으며 인간발달에 영향을 미치는 환경을 체계적으로 구조화한 창의적인 이론이다. 하지만 인간의 행동발달과 관련하여 무의식이나 의식과 같은 인간의 내적 요소에 대해서 거의 논의하지 않았고, 환경과 인간이 어떻게 영향을 주고받는가에 대해 구체적이고 세부적인 방법을 제시하지 않았다는 점에서 비판을 받고 있다(이근홍, 2012).

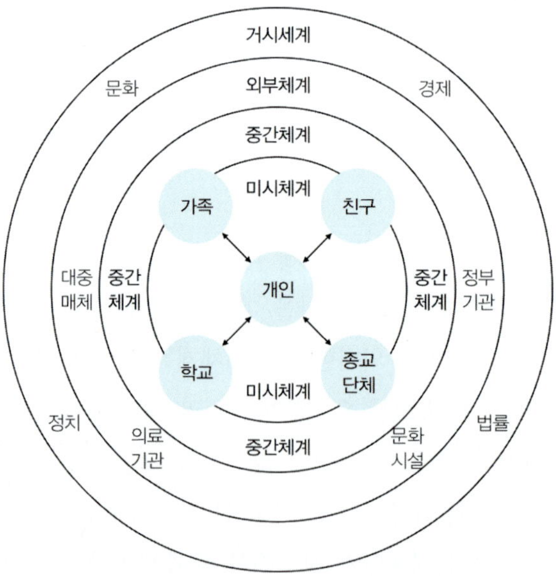

| 그림 14-1 | 브론펜브레너의 인간생태체계

(2) 생활모델

생활모델은 생태적인 관점에서 나온 실천모델로 인간과 환경을 통합적으로 보고 인간과 환경 모두 변화시켜야 한다고 보는 관점으로 마이어(Mayer)에 의해 처음으로 개념화되었고 저메인과 기터만(Germain & Gitterman)에 의해 체계화되었다(방미진 외, 2011 : 212). 생활모델은 임상사회복지의 실천적 접근에 용이하며 문제에 대한 인식의 모델을 전환하는 데 큰 영향을 끼쳤고 실천이론에도 지대한 영향을 주고 있다(홍금자 외, 2011).

생활모델은 인간과 환경 사이에서 지속적으로 이루어지는 상호작용인 교류(transaction)에 초점을 둔다. 인간과 환경은 끊임없는 교류를 통해서 서로가 영향을 주고받는다고 보는 것이다. 또한 문제를 병리적 상태의 반영이 아닌 전체 부분들 간 상호작용의 결과로 본다. 즉, 문제는 성격장애가 아닌 스트레스가 만들어 내는 생활상의 문제로 정의된다는 것이다. 따라서 생활모델은 생활의 변천(갑자기 장애를 입어 당면하는 변화, 자식의 출생에 따른 부모로서의 지위와 역할에서 나타나는 변화 등)이나 환경의 압박(빈곤 · 억압 · 폭력 · 악화된 거주환경 등 사회적 환경 및 물리적 환경에서 제기되는 압력) 및 대인관계의 과정에서 제기되는 문제들(가족 · 집단 · 학교 · 지역에서 의사소통 및 대인관계상 부딪히는 어려움 등)로 인한 생활스트레스에 효과적으로 대처할 수 있도록 대처능력을 신장하고 개인의 스트레스도 완화하며 클라이언트의 요구에 맞는 적절한 서비스를 제공하는 데 도움을 준다.

생활모델의 실천과정은 대체로 초기단계, 진행단계, 종결단계의 세 단계로 구성(홍금자 외, 2011)되는데, 이때 클라이언트는 종속적 수혜자가 아니며 사회복지사 역시 권위를 내세우는 전문가가 아닌 동등한 위치에서 상호교류하는 존재로 클라이언트를 있는 그대로 수용하고 존중하며 의사결정에 있어서도 클라이언트의 적극적 역할을 강조하여야 한다(방미진 외, 2011). 한편 사회복지사는 생활문제를 지닌 사람들을 지원할 때 광범위한 종류의 기법과 기술들을 갖추어야 한다. 생활모델에서는 클라이언트의 행동 · 자율성 · 능력을 강조하고 있어 이러한 특성을 지원할 수 있는 기법과 기술이라면 어떤 것이든 활용대상이 된다. 또한 생활모델에서 사용될 기법들은 인간의 적응능력과 환경적인 특성 및 그들의 상호작용을 지향해야 한다는 점이 강조된다(홍금자 외, 2011).

3. 사회복지실천과의 연관성

생태학적 이론은 이전의 단선적이고 인과론적인 시각에서 통합적이고 전체적이며 역동적인 인간과 환경의 관계로 보는 시각으로의 전환점을 제공하였고, 그 속에서 끊임없이 상호교류하는 인간의 적응적이고 진화적인 면목을 제공하였다. 이런 점에서 생태학적 이론은 체계이론보다 덜 추상적이고 보편적인 인간의 경험과 더 밀접하게 연결된 개념을 제공하였다. 즉, 생태학적 이론에서는 클라이언트 개인을 원조할 때 클라이언트가 속해 있는 체계 내부 및 체계들 사이에서의 생활의 질을 고려하여 접근하므로 실생활에 도움을 줄 수 있는 접근방식이라고 할 수 있다.

또한 사회복지사는 가족을 원조할 경우 가족과 환경의 상호작용에 초점을 두고 가족과 주변 환경 사이의 부적합성을 해결하여야 한다. 왜냐하면 생태학적 관점에서의 사회복지실천은 적응적 인간과 환경의 교류를 증진시키는 대신 부적응적 교류를 예방하고 개선해 나가는 데 중점을 두기 때문이다(홍금자 외, 2011). 이처럼 생태학적 이론에서는 클라이언트의 대처능력을 강화하고 환경을 개선하는 데 목적을 두며 이를 통하여 클라이언트와 환경 사이에 보다 높은 수준의 적합성이 이루어질 수 있도록 원조한다. 생태학적 원조과정의 핵심적 요소인 클라이언트의 역량강화(empowerment)는 이렇게 이루어진다. 역량강화는 발달을 촉진시키고 대인관계상의 영향력을 증대시켜 주는 개인의 기술을 강화하는 과정으로, 그 기법으로는 사회변화에 대한 대처기술과 적응능력을 증진시키는 기법, 동기증진기법, 정신적 안정감과 자존감 증진기법, 문제해결 및 자아지향성 증진기법, 사회적 변화 증진기법 등이 있다(김동배 외, 2006).

한편 생태학적 관점에서 사회적 관계망을 분석하고 클라이언트와 환경 사이의 상호교류를 이해하고 접근하기 위한 도구로 생태체계도와 가계도가 있다. 생태체계도(eco-map)는 생활공간 속에서 개인 또는 가족이 차지하는 위치를 도면으로 표시해 주며 가족생활과 가족관계를 파악할 수 있는 수단을 제공해 준다. 가계도(genogram)는 적어도 3세대 이상의 가족성원과 관련 정보를 상징을 사용하여 기록하는 도표로, 복잡한 현재 가족유형의 전체적 상황을 파악할 수 있고 제시된 문제의 진전 과정과 가족맥락 사이의 관련성 등을 이해할 수 있다. 또한 집단사회사업에서도 생태학 이론의 도입으로 전체 맥락에서 집단을 이해하고 개인, 집단 그리고 전체 환경의 상호작용을 통하여 각각의 조직이 형성되고 그 기능과 과정이 결정되는 상호작용모형이 등장하였다(임은희, 2010). 이 밖에 사회적 관계망은 사회적 지지의 분석을 위한 유용한 틀로서 사회복지실천에서 매우 중요한 위치를 차지하고 있다.

제14장 생태학 이론 기출문제

1. 생태학적 관점으로 옳은 것은?

가. 인간과 환경의 상호작용
나. 개인과 환경 사이의 상호작용의 산물로서의 인간
다. 환경 속의 인간
라. 단순한 인간관계

① 가, 나, 다 ② 가, 다 ③ 나, 라
④ 라 ⑤ 가, 나, 다, 라

2. 브론펜브레너의 생태체계이론에 관한 설명이다. ( )의 내용으로 옳은 것은?

- (ㄱ)는 개인이 참여하는 둘 이상의 미시체계 간의 상호작용으로서, 미시체계 간의 연결망을 의미한다.
- (ㄴ)는 개인이 직접 참여하고 있지 않지만, 그 개인의 발달에 영향을 주는 사회적 환경을 말한다.

① ㄱ : 외체계 ㄴ : 중간체계 ② ㄱ : 미시체계 ㄴ : 외체계 ③ ㄱ : 중간체계 ㄴ : 외체계
④ ㄱ : 미시체계 ㄴ : 중간체계 ⑤ ㄱ : 중간체계 ㄴ : 미시체계

3. 생태학이론에 관한 설명으로 옳지 않은 것을 모두 고른 것은?

ㄱ. 인간과 환경을 서로 영향을 주고받는 단일체계로 간주한다.
ㄴ. 인간본성에 대한 정신적·환경적 결정론을 이론적 바탕으로 한다.
ㄷ. 성격을 개인과 환경 사이의 상호작용의 산물로 이해한다.
ㄹ. 타인과 관계를 맺는 인간의 능력은 환경과의 상호작용을 통하여 후천적으로 습득된다고 전제한다.

① ㄷ ② ㄱ, ㄷ ③ ㄴ, ㄹ
④ ㄱ, ㄴ, ㄷ ⑤ ㄱ, ㄴ, ㄷ, ㄹ

4. 생태학적 관점에서 생태학적 환경을 구분할 경우 체계에 해당하지 않는 것은?

① 가족 ② 학교 ③ 시너지
④ 사회복지관 ⑤ 사회적 관계망

5. 사회복지실천에 있어서 생태체계이론의 유용성에 대한 설명으로 옳지 않은 것은?

① 직·간접적인 사회복지 실천의 통합이 가능하게 되었다.
② 여러 사회복지 영역에 포괄적으로 적용될 수 있다.
③ 개인, 가족, 지역사회 그리고 더 큰 체계에 어려움을 유발하는 상황을 좀 더 적응적 상황으로 재구조화한다.
④ 원조과정은 회복과 권한강화의 과정이라는 신념을 통해 사회복지전문직의 인본주의적 철학을 뒷받침하게 해준다.
⑤ 사회복지사에게 하나의 개별적 접근방법을 가능하게 하였다.

1. 정답 : ① 생태학적 접근은 인간과 환경의 상호작용을 강조하는 것으로 단순한 인간관계를 의미하지 않는다.

2. 정답 : ③ 미시체계는 인간이 가장 밀접하게 상호작용하는 가족, 친구, 소집단, 학교를 의미한다.

3. 정답 : ③ 정신적 결정론은 프로이트의 정신분석론에, 환경적 결정론은 스키너의 행동주의 이론에 속한다. 생태학이론은 환경과 상호작용하고 다른 사람들과 관계를 맺는 능력은 타고난다고 본다.

4. 정답 : ③ 시너지는 체계의 개념이다.

5. 정답 : ⑤ 생태체계이론은 환경과 인간의 상호작용에 중점을 두므로 다양한 접근방법을 통하여 통합적이고 거시적인 개입을 가능하게 하였다.

참고문헌

강기정 외(2009). 인간행동과 사회환경. 경기 : 공동체.

강봉규(1992). 발달심리학. 서울 : 정훈출판사.

공계순 · 이현주 · 이상균 · 박현선 · 오승환(2005). 아동복지론. 서울 : 학지사

국립특수교육원(2009). 특수교육학 용어사전. 국립특수교육원.

권민균 · 김정민 · 최형성(2007). 아동의 발달. 서울 : 시그마프레스

권중돈(2014). 인간행동과 사회환경-이론과 실천-. 서울 : 학지사.

______(2021). 인간행동과 사회환경. 서울 : 학지사.

권중돈 · 김동배(2010). 인간행동과 사회환경. 서울 : 학지사.

김광희(2012). 지역사회복지론. 경기 : 공동체.

김규수 외 공역(2002). 인간행동과 사회환경. 서울 : 나눔의집.

김기태 · 김수환 · 김영호 · 박지영(2019). 사회복지실천론. 경기 : 양서원

김동배 · 권중돈(2003). 인간행동과 사회복지실천. 서울 : 학지사.

김상아 외(2014). 인간행동과 사회환경. 경기 : 공동체.

김성이 · 김상균(1994). 사회과학과 사회복지. 경기 : 나남.

김영호 외(2010). 인간행동과 사회환경. 경기 : 양서원.

김정민 역(2009). 인지행동치료. 서울 : 학지사.

김정택 · 심혜숙(1991). MBTI 검사(MBTI-GS). 서울 : 한국심리검사연구소.

김정휘(1996). 유전병과 기형아 및 유전상담. 교육연구, 14.

김제한(2001). 발달심리학. 경기 : 양서원.

김진원(2009). 인간행동과 사회환경. 서울 : 대왕사.

김혜경 외(2008). 가족복지론. 경기 : 공동체.

대한신경정신의학회(2005). 신경정신의학. 서울 : 중앙문화사

민성길(2006). 최신정신의학. 서울 : 일조각.

박경애(2011). 상담심리학. 경기 : 공동체

박차상 · 김옥희 · 신민정 · 강윤경(2017), 사회복지개론. 서울 : 양서원

박태영(2008). 지역사회복지론. 서울 : 현학사.

방미진 외(2011). 사회복지실천론. 서울 : 나눔의 집.
백정현(2006). 조직과 인간. 서울 : 학문사
사지원(2011). 생태정신의 녹색사회:독일. 경기 : 한국학술정보(주).
생각의마을(2017). 예시가 풍부한 사회복지실천기술론. 경기 : 공동체.
_________(2019). 인간행동과 사회환경. 경기 : 공동체.
서봉연 역(1993). 발달의 이론. 서울 : 중앙적성출판사.
손광훈(2010). 인간행동과 사회환경. 서울 : 학지사.
______(2014). 인간행동과 사회환경. 경기 : 공동체.
손병덕 · 성문주 · 백은령 · 이은미 · 최인화 · 정정호 · 송현아(2020). 인간행동과 사회환경. 서울 : 학지사.
송길연 외 공역(2005). 발달심리학. 서울 : 시그마 프레스.
송영혜 · 김귀남 · 한종수(2017). 아동이상심리학. 서울 : 박학사.
신기원 외(2016). 인간행동과 사회환경. 경기 : 공동체.
신성자 외(2021). 사회복지실천기술론. 경기 : 양서원.
오세진 외(2006). 인간행동과 심리학(개정판). 서울 : 학지사.
유안진 · 김혜선(1996). 인간발달. 서울 : 한국방송통신대학교출판부.
유영주 외(2004). 새로운 가족학. 서울 : 신정.
이경화 · 김연진(2010). 유아동기 정신건강의 이해, 서울 : 동문사.
이근홍(2016). 인간행동과 사회환경(제3판). 경기 : 공동체.
이부영(2011). 분석심리학 : C.G.Jung의 인간심성론(제3판). 서울 : 일조각.
이옥형(2002). 아동 · 청년발달. 서울 : 집문당
이윤로(2006). 인간행동과 사회환경. 서울 : 창지사.
이은희(2016). 인간행동과 사회환경. 경기 : 공동체.
이인정 · 최해경(2008). 인간행동과 사회환경. 경기 : 나남출판.
이정은 역(2008). 내 인생의 탐나는 심리학 50. 서울 : 흐름출판.
이훈구 역(1994). 성격심리학. 경기 : 법문사.
임선아 · 김종남 역(2012). 행동수정. 서울 : 학지사.
임은희(2010). 인간행동과 사회환경(개정판). 경기 : 양서원.
임은희 외(2019). 인간행동과 사회환경. 경기 : 양서원.
임혁 · 채인숙(2012). 정신건강의 이해. 경기 : 공동체
장수한(2014). 인간행동과 사회환경. 경기 : 공동체.
장수한 · 김현주 · 임 혁(2012). 인간행동과 사회환경(제2판). 경기 : 공동체.
장인협(1990). 사회사업실천방법론 (하). 서울 : 서울대학교 출판부.
전재일 · 김상규(1997). 개별사회사업. 서울 : 형설출판사
정옥분(2009). 아동발달의 이해. 서울 : 학지사.

______(2015). 전생애 인간발달의 이론. 서울 : 학지사.
조복희 외(1988). 인간발달 : 발달심리적 접근. 서울 : 교문사.
조흥식 외(2010). 가족복지론. 서울 : 학지사.
최순남(2002). 인간행동과 사회환경. 경기 : 법문사.
최옥채(2005). 인간행동과 사회환경. 서울 : 양서원
최옥채・박미은・서미경・전석균(2021). 인간행동과 사회환경(제6판). 경기 : 양서원.
한상복 외(1997). 문화인류학 개론. 서울대학교출판부.
현성용 외(2009). 현대심리학의 이해 2판. 서울 : 학지사.
홍경자(2020). REBT와 인지이론의 실제. 서울 : 학지사.
홍금자 외(2011). 사회복지실천론. 서울 : 나눔의 집.

국가건강정보포털 http://health.kdca.go.kr
미국정신의학회(APA) https://www.psychiatry.org
표준국어대사전 https://stdict.korean.go.kr
한국생명존중희망재단 중앙자살예방센터 홈페이지 http://www.spckorea.or.kr.

APA(2015). 정신질환의 진단 및 통계 편람(제5판). 서울 : 학지사.
Ashford, J. B., Lecroy, C. W., & Lortie, K. L.(2001). Human Behavior in the Social Environment - A multidimensional perspective. Belmont, U.S. : Brooks/Cole.
Berk, L. E.(2011). *Infants and children*(7th ed.). Boston : Allyn & Bacon.
Bukatko, D., & Daehler, M.(2001). *Child development : A thematic approach*. Mifflin Company Houghton : New York.
Chalmers, J. B., & Townsend, M. A. R.(1990). The effects of training in social perspective taking on socially maladjusted girls. *Child Development, 61,* 178-190.
Colby, A., & Damon, W.(1992). Gaining insight into the lives of moral leaders. *Chronicle of Higher Education. 39*(20). 83-84.
Corey, G.(1991). *Theory and Practice of Counseling and Psychotherapy*(4th ed.). Pacieic Grove, CA : Brooks/Cole.
Corsini, R. J. & Marsella, A. J.(1983). *Personality Theories, Research and Assessment*. Ltasca, I L : F.E.. Peacock.
Crain William C.. 서봉연 역(1992). 발달의 이론. 서울 : 중앙적성출판부.
Dewld, P. A.(1998). 정신치료의 역동요법. 서울 : 하나의학사
Drummond, D. C., Tiffany, S. T., Glautier, S., & Remingyon, B.(1995). *Addictive Behavior :*

Cue Exposure Theory and Practice. Chicherster, England : Wiley.

Durkin, H. E.(1981). *Living Groups*. NY: Brunner/Mazel.

Engler, B.(1991). *Personality Theories*(3rd ed.). Boston : Hougton Miffilin Company.

Ginsburg, H. P.(1985). Jean Piaget. In H. I. Kaplan & B. J. Sadock(eds.). *Comprehensive Texbook of Psychiatry*(Vol. 4, pp. 178-183). Baltimore : Williams & Wilkins.

Greene, R. R., & Ephross, P. H.(1991). *Human Behavior Theory and Social Work Practice*. NY : Aldine de Gruyter.

Hall, C. S., & Nordby, V. J.(1973). *A Primer of Jungian Psychology*. NY : A Meridian Book

Harter, S.(1990). Issues in the Assessment of the Self-Concept of Children and Adolescents. In A. LaGreca(de.), *Through the Eyes of A Child*. Boston : Allyn & Bacon, 292~325.

Hjelle, L. A., & Ziegler, D. J.(1976). *Personality Theories*. London : McGraw-Hill, Inc.

Kearney, J.(1986). A Time for Differentiation: The Use of a Systems Approach with Adolescents in Community-based Agencies. *Journal of Adolescence, 9*(3).

Kohlberg, L.(1984). *The Psychology of Moral Development : The Nature and Validity of Moral Stages, Vol. 2*. New York : Harper & Row.

Kurtines, W. M., & Gewirts, J.(Eds.).(1991). *Moral Behavior and Development : Advances in Theory, Research, and Application*. Hillsdale, New Jersey : Erlbaum.

Lapsley, D. K.(1993). Moral Psychology after Kohlberg. Unpublished manuscript. Department of Psychology. Brandon University. Manitoba.

Lieber, R. M & Spirgler, M. D.(1990). *Personality : Strategies and Lssues. Pacific Grove.* Califonoa : Brooks/Cole Publishing Company.

Maddi, S.R.(1980). *Personality Theories : A Comparative Analysis*. The Dorsey Press.

Marans, S., & Adelman, A. (1997). Experiencing violence n a developmental context. In J. Osofsky(Ed.), *Children in a violent society*(pp. 202-222). New York: The Guilford Press.

Maslow, A. H.(1970). *Motivation and Personality*(2nd ed.). NY : Harper and Low.

Mckay, M., & Fanning, P.(2000). *Self Esteem : A Proven Program of Cognitive Techniques for Assessing, Improving, and Maintaining Your Self Esteem*. Oakland, CA : New Harbinger Publications, Inc.

Newman, B., & Newman, P. R.(1987). *Development Through Life : A Psychosocial Approach*. IL : Dorsey Press.

Northen, H.(1982). *Clinical Social Work*. NY : Columbia University Press.

Nye, R. D.(1981). 이영만 · 유병관 역(1991). 프로이트, 스키너, 로저스 Three Psychologies : Perspectives from Freud, Skinner, Rogers(2nd ed.). Monterey, CA: Brooks/Cole Publishing Co.

Parsons, T.(1960). *Structure and Process in Modern Societies*. IL : The Free Press.

Payne, M.(1997). *Modern Social Work.* Chicago, IL: Lyceum Book, Inc.

Persons, J. B. & Davidson, J.(2001). Cognitive behavioral case formulation. In K. S. Dobson(Ed). *Handbook of Cognitive behavioral therapies*(2nd ed.). New York : Guilford. pp. 86-110.

Polsky, H.(1969). Systems as Patient: Client Needs and System Function. In G. Hearn(ed.), *The General Systems Approach: Contribution toward a Holistic Conception of Social Work.* NY: Council on Social Work Education.

Rita Wicks-Nelson, Allen C. Israel.. 정명숙 등 역(2015). 아동 · 청소년 이상심리학, 서울 : 시그마프레스.

Ryckman, R. (2004). *Theories of Personality*(8th ed.). Belmont, CA: Thomson Learning Inc.

Sadock, B. & Sadock, V., (2007). Kaplan & Sadock's synopsis of psychiatry-Behavioral science /clinical psychiatry(pp. 275-294), Springer, Dordrecht.

Santrock, J. W., & Yussen, S. R.(1992). *Child development: An introduction*(5th ed.). Wm. C. Brown.

Schriver, J. M.(1995). *Humam Behavior and the Social Environment : Shifting Paradigms in Essential Knowledge for Social Work Practice.* Boston : Allyn and Bacon.

Schultz, D., & Schultz, S. E.(1994). *Theories of Personality*(5th ed.). Pacific Grove, CA : Brooks/Cole Publishing Company.

Siegler, R., Deloachem, J., & Eisenberg, N.(2006). *How Children Develop*(2nd ed.). New Yor k : Worth Publishers.

Simmons, R. G., Blyth, D. A. (1987), *Moving into Adolescence.* NY : Aldine & de Gruyter.

Stewart, L., & Pascual-Leone, J.(1992). Mental capacity constraints and the Development of moral reasoning. *Journal of Experimental Child Psychology. 54,* 251-287.

Walker, L. J.(1980). Cognitive and perspective kaking prerequisities of moral development. *Child Development. 51,* 131-139'w,

Watson, J. B.(1924). *Behaviorism.* New York : W. W. Norton.

Weick, A.(1981). Reframing the Person-in-environment Perspective. *Social Work, 2.*

Weinberg, R.A.(1989). Intelligence and IA. *Amefican Psychologist. 44*(2). 98-104.

Yalom, I. D., & Leszcz, M(2005). *Theory and Praction of Group Psychotherapy.* New York : Basic books.

Zastrow & Kirst-Ashman, K. K.(2007). *Understanding Human Behavior and the Social Environment.* Belmont, CA : Wadsworth/Thomson Learning.

찾아보기

인 물

기터만(Gitterman) ······ 339
뉴만과 뉴만(B. Newman & P. Newman) ······ 148
던햄(Dunham) ······ 54
레빈슨(D. Levinson) ······ 148, 157, 165
로렌츠(Lorenz) ······ 19
로서스 ······ 302
리치몬드(Mary Richmond) ······ 12
마르시아(Marcia) ······ 135
마이어스(Isabel B. Myers) ······ 231
매슬로우 ······ 301
머독(Murdock) ······ 35
반두라(A. Bandura) ······ 250
베르탈란피(Ludwig von Bertalanffy) ······ 328
벡(A. Beck) ······ 284, 261
보스 ······ 301
브론펜브레너(Bronfenbrenner) ······ 339
비오스트(J. Viorst) ······ 166
빈스 반거 ······ 301
사르트르 ······ 301
스키너(Skinner) ······ 26
아들러(Alfred Adler) ······ 193
안나 프로이트(Anna Freud) ······ 211
얄롬(Yalom) ······ 42
에른스트 헤겔(Ernst Haeckel) ······ 339
에릭슨(E. Erikson) ······ 71, 72, 109, 116, 134, 135, 155, 183
에인스워스(Ainsworth) ······ 92
엘리스(Ellis) ······ 261
왓슨(Watson) ······ 26
웩슬러(Wechsler) ······ 181
융(Jung) ······ 157
저메인(Germain) ······ 339
카뮈 ······ 301
카텔과 혼(Cattell & Horn) ······ 181
캐서린 브릭스(Katherine C. Briggs) ······ 231
켈리(Kelly) ······ 285
콜버그(L. Kohlberg) ······ 278
클라인(Melanie Klein) ······ 166
키에르케고르 ······ 301
파블로프(Pavlov) ······ 26
파슨스(Parsons, 1960) ······ 52, 328
펙(Peck) ······ 156
프랭클 ······ 301
프로이트(S. Freud) ······ 26
피아제(J. Piaget) ······ 261, 262
하비거스트(Havigust) ······ 21

C. Wissler ······ 59
Edward Taylor ······ 59
Etzioni ······ 49
F. M. Keesing ······ 59
Gaus ······ 49
Holland ······ 49
J. P. B. de Josselin de Jon ······ 59

R. S. Lynd ········· 59
Simon ········· 49
Waldo ········· 49
Weber ········· 49

본 문

가계도 ········· 349
가변간격계획 ········· 246
가변비율계획 ········· 246
가상적 목적 ········· 223
가설 연역적 추리 ········· 275
가역성 ········· 273
가족 ········· 34, 327
가족관계 ········· 136
가족의 개념 ········· 35
가족의 구조 ········· 37
가족의 기능 ········· 36
가족의 문제 ········· 35
가족의 생활주기 ········· 40
가족형상 ········· 222
각인(Imprinting)행동 ········· 19
감각 ········· 181
감각기능 ········· 176
감각기억 ········· 181
감각운동기 ········· 265
강제적 조직 ········· 52
강화 ········· 240
강화계획 ········· 245
강화와 처벌 ········· 243
개방집단 ········· 329
개방체계 ········· 328, 329
개별사회사업 ········· 12
개별성 ········· 18
개인무의식 ········· 227
개인심리학 ········· 314
개인화 ········· 289
갱년기 ········· 156, 160
갱년기 장애 ········· 169
거세불안 ········· 206
거시체계 ········· 343, 345
거울실험 ········· 95
건강가정기본법 ········· 35
걷기반사 ········· 82
결정론 ········· 195
결정성 지능 ········· 160, 161
결정화된 지능 ········· 182
경계 ········· 328
경제적 기반 ········· 54
경험주의 ········· 237
고립감 ········· 132
고전적 조건형성 이론 ········· 238
고전적 조건화 ········· 238
고정간격계획 ········· 245
고정비율계획 ········· 246
고착 ········· 203
공리적 조직 ········· 52
공유성 ········· 61
공통목표 ········· 45
공포증 ········· 141
관계성 ········· 340
관념문화 ········· 64
관습(custom) ········· 65
관찰학습 ········· 252
교우관계 ········· 137
교육집단 ········· 44
구순기 ········· 204
구조 ········· 51
구체적 조작기 ········· 271, 272
권력과 통제 ········· 51
규범문화 ········· 65
규범적 조직 ········· 53
균형 ········· 330
근면성 ········· 109
근면성 대 열등감 ········· 214
근원반사 ········· 81

긍정적 지향의 경향 ········ 308
기본욕구 ········ 317
기억과정 ········ 256
꿈의 실재 ········ 88
꿈의 실재론 ········ 272
꿈의 해석 ········ 195

남근기 ········ 204, 206
남근선망 ········ 207
남성성 ········ 183
내적 본성 ········ 316
내향성 ········ 230
내현적 행동 ········ 13
넥엔트로피 ········ 329
노년기 ········ 176
노인가족 ········ 38
노인성 치매 ········ 184
노인연령 ········ 175
노인자살 ········ 186
노인차별주의 ········ 183
노화 ········ 175, 176
눈깜짝반사 ········ 81

다문화가족 ········ 40
다양성 ········ 61
다운증후군 ········ 102
다중종결성 ········ 331
다차원적 사고 ········ 276
단기기억 ········ 181
단기기억력 ········ 161
대상영속성 ········ 269
대처 ········ 341
도덕성 발달 ········ 96
도덕성 발달이론 ········ 278
도덕적 불안 ········ 200
도식 ········ 262, 285
독신가족 ········ 39
독특성; uniqueness ········ 27
동공반사 ········ 81
동기과정 ········ 257
동기화 이론 ········ 314
동등종결성 ········ 331
동일 ········ 116
동일성 ········ 112
동일시 현상 ········ 207

리비도 ········ 195

머리에서 아래로 ········ 18
메타욕구 ········ 317
명제적 사고 ········ 276
모로반사 ········ 81
모성인물 ········ 106
모자보건법 ········ 97
무의식 ········ 109, 197
무조건적인 긍정적 관심 ········ 309
문제해결단계 ········ 48
문화 ········ 58
문화변용 ········ 61
문화사대주의 ········ 62
문화상대주의 ········ 62
문화생태학 ········ 62
문화의 개념 ········ 60
문화의 기능 ········ 62
문화의 유형 ········ 64
문화의 정의 ········ 59
문화의 특성 ········ 60
물리적 환경 ········ 328
물질문화 ········ 64
물활론 ········ 270
물활론적 사고 ········ 86, 88
미성년자 ········ 99
미시체계 ········ 343, 344
미혼모 ········ 99
미혼모가족 ········ 35
민간사회단체 ········ 57
민습(folkways) ········ 65
바빈스키반사 ········ 81

반동형성 ········· 202
반사운동기 ········· 266
발달과업 ········· 20, 21
발달단계 ········· 20
발달의 개념 ········· 14
방어의 기능 ········· 57
방임 ········· 102
배변훈련 ········· 205
배아기 ········· 73
배타성 ········· 46
법과 질서지향 ········· 282
변별 ········· 248
변별화 ········· 241
보상성 ········· 112
보울비 ········· 91
보존개념 ········· 273
보편성 ········· 60
부모역할 ········· 162
부적 엔트로피 ········· 329
부적 환류 ········· 333
부정 ········· 201
분류기술(유목화) ········· 113
분류화 ········· 270, 273
분리불안 ········· 91
분석심리이론 ········· 224
분화 ········· 50
분화과정 ········· 248
불가역성 ········· 86, 87
불안 ········· 199
불임 ········· 99
비물질문화 ········· 64
비합리적 신념 ········· 292
빈 둥지 시기 ········· 169, 186
빈 둥지 증후군 ········· 186
빈 둥지 현상 ········· 167, 168

사고의 시작 ········· 269
사회계약 지향 ········· 282
사회복지 ········· 11
사회복지실천 ········· 12
사회성 ········· 61
사회적 관심 ········· 222
사회적 기능에 따른 유형 ········· 52
사회적 발달 ········· 90, 91
사회적 인지발달 ········· 95
사회존속 ········· 63
사회통제 ········· 63
사회통제기능 ········· 56
사회통합의 기능 ········· 56
사회학습이론 ········· 250
사회화 ········· 63, 156
사회화 기능 ········· 56
사회화집단 ········· 44
사회환경 ········· 33
산후 우울증 ········· 98
삼차 순환반응기 ········· 268
상관성 ········· 16
상대적 쾌락주의 ········· 280
상징적 기능 ········· 271
상징적 사고 ········· 87
상호결정론 ········· 252
상호부조의 기능 ········· 56
상황적 측면 ········· 14
샌드위치 세대 ········· 155
생리적 욕구 ········· 318
생산 · 분배 · 소비의 기능 ········· 55
생산성 대 침체 ········· 216
생산성(generativity) ········· 156
생식기 ········· 204, 208
생애주기별 맞춤형 사회복지서비스 ········· 23
생태체계이론 ········· 58
생활모델 ········· 347
생활양식 ········· 221
서열화 ········· 113, 273
선택적 추론 ········· 288
성 역할 ········· 156
성격 ········· 13
성격의 정의 ········· 24

성격형성 ········ 293
성숙 ········ 15
성인기 ········ 145
성인병 ········ 168
성장 ········ 15
성장집단 ········ 44
세계보건기구 ········ 186
소거 ········ 247
소멸 ········ 240
소속감과 애정의 욕구 ········ 319
순서성 ········ 18
스키너 ········ 242
승화 ········ 204
시각 ········ 177
신뢰감 대 불신감 ········ 213
신체기능 ········ 157
심리사회적 발달 ········ 147
심리적 노화 ········ 182
심리학(psychology) ········ 25

아니마 ········ 229
아니무스 ········ 229
아동기 품행장애 ········ 123
아동학대 ········ 125
안전의 욕구 ········ 318
안정상태 ········ 330
애착행동(Attachment Behavior) ········ 19
억압 ········ 201
언어발달 ········ 89
언어장애 ········ 102
엔트로피 ········ 329
여성성 ········ 182
연령차별주의 ········ 183
연속성 ········ 17
열등감과 보상 ········ 220
오리엔테이션 단계 ········ 47
완전히 기능하는 사람 ········ 310
외부체계 ········ 345
외향성 ········ 230
외현적 행동 ········ 13
욕구 ········ 317
욕구위계이론 ········ 314
욕구충족 ········ 63
운동재생과정 ········ 257
원규(mores) ········ 65
원초아 ········ 198
원형 ········ 228
웩슬러 ········ 146
위 계 ········ 330
유동성 지능 ········ 160, 161, 182
음영 ········ 228
의사소통의 기능 ········ 57
의식 ········ 196, 226
이차 순환반응기 ········ 267
이차 순환반응의 협응기 ········ 268
인간생태체계 ········ 343
인간의 행동 ········ 13
인공론적 사고 ········ 272
인공유산 ········ 97
인구구성의 사회적 특수성 ········ 55
인구의 크기 ········ 54
인본주의 ········ 27
인습적 수준 ········ 281
인지발달 ········ 111
인지유형 ········ 161
인지이론 ········ 261
인지적 발달 ········ 132
인지적 · 행동적 기능장애 ········ 184
인지주의 ········ 26
인지치료이론 ········ 284
일반화 ········ 241, 247
일차 순환반응기 ········ 266
임의적 추론 ········ 288

자기 ········ 230, 306
자기(자아)중심적 사고 ········ 87
자기강화 ········ 253
자기규제 ········ 254

자기실현 ········· 230
자기언어 ········· 292
자기조직화 ········· 46
자기효능감 ········· 254
자녀역할 ········· 163
자동적 사고 ········· 286
자동조정기능 ········· 177
자발적 회복 ········· 241
자아 ········· 198, 226
자아 통합 ········· 184
자아개념 발달 ········· 94
자아실현 경향성 ········· 307
자아실현(자기실현)의 욕구 ········· 319
자아정체감 대 정체감 혼란 ········· 215
자아중심성 ········· 270
자아통합 대 절망 ········· 216
자연집단 ········· 43
자율성 대 수치심 ········· 213
자율적 도덕성 ········· 274
자존감의 욕구 ········· 319
자폐스펙트럼장애 ········· 103
잠복기 ········· 204, 208
잠재적 창조성 ········· 316
재혼가족 ········· 38
적기성 ········· 19
적응 ········· 262, 263
전의식 ········· 196
전이 ········· 203
전인습적 수준 ········· 280
전정감각 ········· 177
전조작기 ········· 269
전체운동에서 특수운동으로 ········· 19
전치 ········· 203
전환적 추론(전도추리) ········· 88
정부의 행정구역 ········· 55
정서적 발달 ········· 93
정서적 빈곤성 ········· 156
정서적 유연성 ········· 156
정신기능 ········· 160
정신분석이론 ········· 26, 193
정신적 경직성 ········· 156
정신적 유연성 ········· 156
정체감 성취 ········· 135
정체감 유예 ········· 135
정체감 혼란 ········· 135
정체성 ········· 46
조손가족 ········· 39
조작적 조건화 ········· 242
조직 ········· 49, 327
조직의 개념 ········· 49
조직의 유형 ········· 52
조직의 특성 ········· 50
조직화 ········· 262, 265
조합기술 ········· 113
조합적 사고 ········· 275
종결단계 ········· 48
주도성 대 죄의식 ········· 214
주의력결핍 과잉행동장애 ········· 121
주의집중과정 ········· 255
준비단계 ········· 47
중간믿음 ········· 286
중간체계 ········· 344
중년 컴퓨터 불안증후군 ········· 165
중년기 ········· 155, 160, 162, 167
중년기 위기 ········· 162
중년의 위기 ········· 166
중심에서 말단으로 ········· 18
중심화 경향 ········· 88
중앙자살예방센터 ········· 186
지각 ········· 181
지도력 ········· 51
지배형 ········· 221
지역사회 ········· 53, 327
지역사회의 개념 ········· 54
지역사회의 기능 ········· 55
지역사회의 유형 ········· 54
지적장애 ········· 101
직관적 사고 ········· 270
직무수행능력 ········· 165
직업 상실 ········· 170

직업 스트레스 ··· 169
집단 ··· 327
집단무의식 ··· 228
집단의 개념 ··· 42
집단의 발달단계 ··· 47
집단의 유형 ··· 43
집단의 특성 ··· 45

착한 아이지향 ··· 281
창조적 생산성 ··· 161
창조적 자기 ··· 222
책임성 ··· 51
처벌과 복종지향 ··· 280
청소년기 ··· 129, 139
체계성 ··· 61
체계적 둔감법 ··· 249
초자아 ··· 199
추상적 사고 ··· 275
축적성 ··· 61
치료집단 ··· 43, 44
치매유병률 ··· 184
친밀감 대 고립감 ··· 215
침체성(stagnation) ··· 156

콤플렉스 ··· 207, 227

타율적 도덕관 ··· 271
타임아웃 ··· 249
탈중심화 ··· 274
탐색과 시험단계 ··· 47
테스토스테론 ··· 160
테크노 스트레스 ··· 165
토큰경제 ··· 249
통제형식에 따른 유형 ··· 52
퇴직(은퇴) ··· 187
퇴행 ··· 203
투사 ··· 202
특정 목적 ··· 50

파블로프 ··· 238
페르소나 ··· 28, 226
평형화 ··· 262, 264
폐경 ··· 160, 169
폐쇄체계 ··· 329
프로이트 ··· 193

학교공포증 ··· 118
학습 ··· 15
학습성 ··· 61
학습이론 ··· 237
학습장애 ··· 119
한부모가족 ··· 37
합리적 신념 ··· 292
합리적 정서행동치료 ··· 290
합리화 ··· 202
항문기 ··· 204, 205
항상성 ··· 178, 331
핵심믿음체계 ··· 286
행동수정 ··· 248
행동조성 ··· 248
행동주의 ··· 26
행동주의 이론 ··· 237
현상학적 장 ··· 306
형성집단 ··· 43
형식적 조작기 ··· 274
호혜성 ··· 331
혼합조직 ··· 53
홍수법 ··· 249
회피형 ··· 221
획득형 ··· 221
후인습적 수준(postconventional level) ··· 282

1차 집단 ··· 43
2차 집단 ··· 43

ABCDE 모델 ··· 296
ABCDE이론 ··· 294

저자약력

■ **신기원**
신성대학교 사회복지과 교수

■ **김상아**
동서울대학교 사회복지학과 부교수

■ **김용준**
전 마산대학교 사회복지과 교수

■ **오하나**
경복대학교 복지행정학과 조교수

■ **이우언**
수성대학교 사회복지과 교수

■ **임중철**
부천대학교 사회복지학과 교수

인간행동과 사회환경

|공저자| 신기원 · 김상아 · 김용준 · 오하나 · 이우언 · 임중철

|1판 1쇄| 발행 2023년 8월 10일
|1판 2쇄| 발행 2025년 1월 15일
|1판 3쇄| 발행 2026년 3월 20일

|발행인| 김동훈
|발행처| 공동체

|주소| 경기도 고양시 일산동구 호수로 358-39, 동문타워 1차 905호(백석동)
|전화| 031)814-3000(대표)
|팩스| 031)814-3100
|홈페이지| http://www.compub.co.kr
|전자우편| compub@naver.com
|출판등록| 2005년 10월 6일
|등록번호| 제396-2005-36호

|ISBN| 979-11-6725-452-8
정가 20,000원